A Família Frank que Sobreviveu

Gordon F. Sander

A Família Frank que Sobreviveu

Uma saga da Segunda Guerra

Tradução:
Roberto Franco Valente

ZAHAR
Jorge Zahar Editor
Rio de Janeiro

À memória de Anne Frank e de sua família,
de minha bisavó, Leontine Marburger, de Edgar Reich e
dos cento e dois mil judeus holandeses que não sobreviveram

;
Título original:
The Frank Family That Survived
(A Twentieth-Century Odyssey)

Tradução autorizada da edição inglesa
publicada em 2005 por Arrow Books,
de Londres, Inglaterra

Jorge Zahar Editor Ltda.
rua México 31 sobreloja
20031-144 Rio de Janeiro, RJ
tel.: (21) 2108-0808 / fax: (21) 2108-0800
e-mail: jze@zahar.com.br
site: www.zahar.com.br

Capa:
Ilustração da capa:

(entra ficha catalográfica)

SUMÁRIO

Lista de ilustrações 7
Introdução, por John Keegan 9
Prólogo 13

Parte I

A TERRA NATAL / ALEMANHA, 1866-1933

1. Breitenheim 27
2. Os dias ultradadá 48
3. Quem tivesse Berlim, teria o mundo" 69

Parte II

O FALSO SANTUÁRIO / HOLANDA, 1933-1942

4. A longa miragem 91
5. Terra de sombras 118
6. A decisão 138

Parte III

SUBERGINDO / HOLANDA, 1942-1944

7. A submersão 171
8. "Meu nome é Toni Muller" 200
9. A moça da casa em frente 223

Parte IV

O INVERNO DA FOME / HOLANDA, 1944-1945

10. O ataque *241*
11. SOS Holanda *267*

Parte V

UM PORTO SEGURO / HOLANDA-EUA, 1945-1949

12. Ver o céu *303*
13. Uma maravilhosa cidade *326*

Epílogo *337*
Posfácio *343*
Pós-escrito *359*
Referências *372*
Bibliografia *372*
Agradecimentos *386*

LISTA DE ILUSTRAÇÕES

Primeiro caderno:

Breitenheim (*Gustav Ahlers*)
Papel timbrado de Max Frank (*Celia Frank*)
Max e sobrinhos (*Dorrit Sander*)
Myrtil num barco a remo (*Dorrit Sander*)
Myrtil com duas amigas (*Dorrit Sander*)
Flory *en famille* (*Dorrit Sander*)
Myrtil no escritório de Frankfurt (*Dorrit Sander*)
Myrtil de uniforme (*Dorrit Sander*)
Foto do casamento de Myrtil e Flory (*Dorrit Sander*)
Briga de rua em Berlim (*King Features Syndicate*)
Veterano de guerra aleijado (*AKG*)
Walter Rathenau (*Ullstein Pictures*)
Dorrit e Leontine em Lugano (*Dorrit Sander*)
Myrtil e seu cão de caça (*Dorrit Sander*)
Myrtil e Flory com charutos (*Dorrit Sander*)
Dorrit e Sybil na traseira do automóvel (*Dorrit Sander*)
Flory, a jovem moderna (*Dorrit Sander*)
Manifestação nazista em Nuremberg (*National Geographic*)
Os Frank em Tiergarten (*Dorrit Sander*)
Myrtil e Flory no mar do Norte (*Dorrit Sander*)
Gustav Stresemann e Jacob Schurman (*National Geographic*)
Joseph Goebbels (*AKG*)
O incêndio do *Reichstag* (*AKG*)

Hindenburg e Hitler (*AKG*)
Sybil e Dorrit em Scheveningen (*Dorrit Sander*)
Flory e amigas de férias (*Dorrit Sander*)
A bicicleta com guirlandas de Sybil (*Dorrit Sander*)
Myrtil e sua mãe (*Dorrit Sander*)
Fred na Holanda (*Dorrit Sander*)
Sybil e Jeanne (*Dorrit Sander*)

Segundo caderno:

Myrtil e Dorrit em Scheveningen (*Dorrit Sander*)
Dorrit, Sybil e amigos (*Dorrit Sander*)
Desenho de Dorrit e Edgar dançando (*Dorrit Sander*)
Desenho de Dorrit e Edgar na neve (*Dorrit Sander*)
Edgar em Westerbork (*Dorrit Sander*)
Annie van der Sluijs e amiga (*Dorrit Sander*)
Pieter van den Zandestraat n.14 (*Gordon Sander*)
Pieter van den Zandestraat em 1965 (*Gordon Sander*)
Caçada de judeus em Amsterdam (*Instituto de Documentação de Guerra da Holanda*)
Crianças holandesas famintas (*Instituto de Documentação de Guerra da Holanda*)
Os *hagenaars* saúdam os "bombardeios de alimentos" (*Instituto de Documentação de Guerra da Holanda*)
Os Frank depois da libertação (*Dorrit Sander*)
Myrtil e Julius em Israel (*Dorrit Sander*)
Sybil e Dorrit em Nova York (*Dorrit Sander*)
Flory no navio (*Dorrit Sander*)
Dorrit e Kurt Sander recém-casados (*Dorrit Sander*)
Flory em vernissage (*Dorrit Sander*)
Três gerações de Frank (*Dorrit Sander*)
Dorrit visita o n.14 (*Dorrit Sander*)

Mapas:

Norte da Europa e Holanda
Haia durante a Ocupação

INTRODUÇÃO

John Keegan

A história contada em *A família Frank que sobreviveu* impressiona tanto quanto a daquela outra família Frank — a de Anne Frank —, que não sobreviveu. Mas com a seguinte diferença: antes de mais nada, é a história de uma triunfante vitória sobre as circunstâncias, e não de uma fatal submissão a elas.

São tantas as tragédias associadas à Segunda Guerra Mundial e ao período posterior que a tragédia dos judeus holandeses facilmente poderia passar despercebida. Poderia mesmo — não fosse a sobrevivência do diário de Anne Frank — ter ficado esquecida de modo geral. Entretanto, embora em menor escala que a vivida pelos judeus poloneses, ela merece ser lembrada. A comunidade judaica de nativos holandeses era dotada de excepcional talento, além de estar totalmente integrada à sociedade daquele país. A ela se haviam juntado, nos anos 1930, um grande contingente de judeus alemães perseguidos pelo Reich de Hitler. É dessa comunidade de emigrados que a história dos Frank, de Gordon Sander, se ocupa.

Ironicamente, os judeus alemães fugiram da Alemanha para a Holanda por acreditarem que ali estariam a salvo. Na Primeira Guerra Mundial, a Holanda proclamara sua neutralidade, que foi sempre respeitada por todas as nações em guerra. No entanto, em 1940, Hitler decidiu invadir o território holandês em seu *blitzkrieg*,* seguindo pela Bélgica até

* Guerra-relâmpago, uma ofensiva poderosa realizada pelos nazistas com fins expansionistas. (N.T.)

o interior da França. No período subseqüente ao seu triunfo, a Holanda tornou-se, assim, mais uma parte da Europa ocupada pela Alemanha, e os judeus holandeses ficaram reféns das políticas raciais de Hitler.

Até 1942, os judeus holandeses puderam sobreviver graças à tolerância alemã. Depois, ficou claro que os invasores pretendiam mobilizar-se contra eles, deportando-os para o leste. Prevendo os horrores que se seguiriam a essa deportação, alguns deles começaram a procurar locais para se esconder. Ambas as famílias Frank o fizeram, em Amsterdam e em Haia, respectivamente.

Os Frank de Amsterdam foram traídos ao final, caindo nas mãos dos alemães. Os de Haia foram protegidos e abastecidos por bons amigos holandeses, até que, em 1945, os soldados do Exército Canadense de Libertação finalmente apareceram e eles puderam sair dos esconderijos e emergir para a liberdade.

Tenho o privilégio de conhecer pessoalmente Dorrit Frank, hoje sra. Sander, que conseguiu sobreviver à guerra escondendo-se em Haia. A experiência parece não lhe ter deixado marcas, e na verdade ela encara aqueles anos como uma "aventura". Essa aventura poderia ter terminado na câmara de gás. Só a coragem e a resistência que ela demonstrou já fazem com que a história mereça ser contada. Gordon Sander, seu filho, transformou essa saga pessoal num emocionante e importante relato sobre a ocupação da Holanda e sua libertação. O livro *A Família Frank que sobreviveu* é uma grande contribuição para que se possa compreender a Segunda Guerra Mundial em toda a sua complexidade.

Mar do Norte
GRÃ-
BRETANHA
Amsterdam
HOLANDA
Berlin
POLÔNIA
ALEMANHA
Bruxelas
BÉLGICA
Frankfurt
Breitenheim
TCHECOSLOVÁQUIA
LUXEMBURGO
Paris
FRANÇA
SUÍÇA
(Neutra)
ÁUSTRIA
ITÁLIA

Mar do Norte
Assen
Westerbork
Zwolle
Amsterdam
Leiden
Hilversum
Scheveningen
Haia
Hoek-van-
Holland
Roterdam
HOLANDA
ALEMANHA
BÉLGICA

PRÓLOGO

14 de julho de 1942

"Agora precisamos desaparecer..."

Foi o que disse Myrtil à sua família, na Eendrachtstraat n.9, em Amsterdam, uma noite antes de os Frank "submergirem"

O dia 14 de julho de 1942, uma terça-feira, foi o mais longo das vidas de Myrtil e Flory Frank, e de suas filhas Dorrit e Sybil, quatro imigrantes judeus alemães surpreendidos na Holanda ocupada. Dorrit recorda que, aproximadamente às dez da manhã, ela, a mãe e a irmã deixaram a última residência legal onde haviam vivido, no n.9 da Eendrachtstraat, uma pequena e inexpressiva rua no Rivierenbuurt — ou Bairro dos Rios, no distrito de Zuid, em Amsterdam — e começaram a caminhar para o norte, em direção à principal estação de trens da cidade, a Centraal Station. Estavam acompanhadas por Annie van der Sluijs, professora de holandês de Dorrit e muito amiga da família, que concordara em que os Frank se escondessem em um pequeno apartamento que ela alugava em Haia. Caminhando duas a duas com determinação — se bem que não muita, para não atrair atenção sobre si —, as quatro mulheres, vestidas displicentemente, concentravam-se numa única coisa, naquela manhã abafada de julho: chegar sãs e salvas a Haia. "Fazia muito calor, e estávamos apavoradas", comentou Dorrit. Haia, que normalmente fica a cinqüenta minutos de trem de Amsterdam, "parecia estar a milhões de quilômetros de distância". E, na prática, considerando o verdadeiro campo minado que elas teriam de atravessar, realmente estava.

Quando as Frank saíram do n.9 da Eendrachtstraat e deram os primeiros passos em meio à clara luz do dia da Holanda ocupada, o terror palpitante que sentiram no dia 10 de maio de 1940 (o dia da invasão alemã) — o sentimento de que mais uma vez estavam sendo caçadas pelos nazistas, aqueles mesmos nazistas de que já tinham conseguido escapar sete anos antes — inundou-as novamente, fazendo com que as três *onderduikers* (ou "pessoas que submergem", como eram chamados os judeus e as outras pessoas que, em número cada vez maior, estavam indo se esconder) se sentissem desfalecer e ficassem com o passo inseguro. A partir daquele instante, as Frank, que agora não estavam usando as suas *sterren* amarelas obrigatórias, o que por si já era considerado um verdadeiro crime, estavam com as próprias vidas entre as mãos. Mas não havia retorno possível.

Anos mais tarde, Dorrit e Sybil recordariam alguns detalhes daquela longa e perigosa caminhada até a estação de trens, no distante centro da cidade. "Estávamos em verdadeiro transe", disse Dorrit. Entretanto, examinando um mapa de ruas de Amsterdam, é possível recompor o provável trajeto que as quatro mulheres fizeram naquela manhã, como também Myrtil, que decidira juntar-se a elas mais tarde, achando que um grupo de cinco pessoas poderia despertar muitas suspeitas. Como o mapa demonstra, existem apenas uns tantos modos de se atravessar os cerca de três quilômetros, de sul a norte, desde a Eendrachtstraat até a Centraal Station. E é quase certo que as mulheres tenham tomado o caminho mais direto.

Primeiramente, as quatro devem ter feito um curto ziguezague ao saírem da pequena e confusa parte do Rivierenbuurt, onde ficava a Endrachtstraat: virando primeiro à direita, por várias centenas de metros da Grevelingenstraat; depois à esquerda, pela Volkerakstraat, e em seguida novamente à direita, pela Deurloostraat. Isso as levaria até a Scheldestraat, uma importante artéria norte-sul que, depois do Amstelkanaal, se transforma na Ferdinand Bolstraat, e é uma das principais ruas que saem da zona sul de Amsterdam.

Nas calçadas apinhadas de gente, naquilo que se tornara um grande curral para o grosso da população judaica da Holanda, Flory, Dorrit, Sybil e Annie devem ter encontrado no início uma grande circulação de pedestres. Ali — enquanto passavam por vários grupos de judeus, todos ainda com suas estrelas, juntamente com a usual mistura dos cidadãos não-judeus de Amsterdam a caminho da Ferdinand Bolstraat e suas ruas adjacentes, em busca das lojas de artigos baratos — estariam testando pela primeira vez sua serenidade.

Naquele dia, a realidade da ocupação alemã não era mais evidente do que na maioria dos setecentos e noventa e tantos outros dias decorridos desde 16 de maio de 1940, quando a vitoriosa Wehrmacht marchou por Amsterdam, arrastando os seus equipamentos, inclusive uma clamorosa banda marcial, à qual seguia-se a Gestapo e outras unidades da nova administração "civil", enquanto milhares de holandeses assistiam a tudo em lágrimas.

Os alemães, para não se indisporem ainda mais com a população local — que pretendiam ganhar para a causa nazista —, mantiveram-se bem mais discretos desde então, permitindo que a maior parte da administração do dia-a-dia, na antiga cidade de oitocentos mil habitantes, ficasse entregue aos seus "primos" holandeses, que tinham mentes disciplinadas. Esse confortável arranjo deu tão certo que eles raramente sentiram necessidade de colocar mais de cem policiais na cidade de uma só vez.

A principal e memorável exceção a essa regra ocorreu durante a *Februaristaking* — ou a "greve de fevereiro" — no ano anterior, quando grandes setores da população se rebelaram contra o aumento das medidas antijudaicas, interrompendo as atividades de transporte e mergulhando a cidade no caos. A greve (classificada por pelo menos um acadêmico holandês como a única greve antipogrom da história) deixou desnorteados os alemães, para quem a batalha pelos corações e mentes dos holandeses já fora vencida. A quase-insurreição foi rapidamente reprimida com a ajuda armada de centenas de policiais alemães adicionais, com ordens de atirar à vontade — o que realmente eles fizeram, assassinando nove grevistas e simpatizantes e ferindo muitos outros.

Desde então as coisas se tinham acalmado consideravelmente, e assim permaneceram, permitindo que as forças alemãs retornassem à situação reservada que preferiam, deixando a vigilância de Amsterdam nas mãos da polícia local. Se Flory, Dorrit, Sybil e Annie viram algum policial, enquanto subiam rapidamente pela Ferdinand Bolstraat afetando o máximo de jovialidade que podiam em tal situação, provavelmente seria um holandês. Claro que se tivessem procurado teriam visto passar algum veículo alemão, militar ou do setor administrativo. Entretanto, pelo menos à distância, tudo parecia perfeitamente normal. Apenas o usual enxame de compradores, carros, caminhões e, é claro — pois se estava na Holanda —, de miríades de bicicletas.

Isto *se* as mulheres estivessem procurando ver alguma coisa. Mas é claro que não estavam. Naquele momento, seu único interesse era chegar logo à estação e subir no trem. Seus olhos fixavam-se diretamente adiante.

Da mesma forma, aquelas mulheres sem dúvida poderiam ter visto de relance os cartazes de propaganda sobre a mais recente vitória dos exércitos de Hitler na Rússia, que então se aproximavam decididamente de Moscou; ou sobre os submarinos alemães em manobras no Atlântico, afundando navios cargueiros dos Aliados; e muitas outras variadas manifestações do governo nazista. É evidente que elas não precisavam de nenhum cartaz para lembrar-lhes que qualquer rumor mais corajoso (e ilícito) sobre um suposto Segundo Front na Europa e qualquer esperança plausível de uma invasão aliada à *Festung Europa** poderiam acontecer apenas nos anos vindouros. Elas sabiam disso. Por essa razão é que iam "submergir".

Também não era preciso que ninguém lhes recordasse o principal motivo da sua decisão de se esconder: a eliminação, em escala rápida e cada vez mais visível, da população judaica. Seria possível discernir isso no próprio olhar assombrado dos judeus com os quais elas cruzavam na rua, devidamente assinalados com a estrela, muitos deles certamente perguntando-se quando as "autoridades", juntamente com o *Joodsche Raad*, ou Conselho Judaico (a "organização da comunidade" criada pelos alemães às vésperas do *Februaristaking* para lidar melhor com as "ques-

* "Europa fortificada" era uma estratégia de defesa alemã contra uma possível invasão aliada, e consistia em uma linha de fortificações armadas ao longo da costa oeste. (N.T.)

tões judaicas"), dariam o próximo passo. Debaixo de intensa pressão de Berlim para que se cumprisse a estipulada contribuição holandesa à *Endlösing* (Solução Final), elaborada recentemente, Ferdinand Aus der Fünten — o administrador austríaco da *Zeentralstelle*, ou Escritório Central da Emigração Judaica, como era eufemisticamente chamada a organização para a agilização da *Endlösing* — já comunicara ao Conselho o seu extremo desagrado diante da insuficiente resposta à primeira chamada oficial de judeus, dez dias antes, para a "preparação para o trabalho" no leste: menos da metade dos convocados compareceu.

Na semana anterior, a cidade de Amsterdam fervilhara com boatos de que Aus der Fünten e seu colega nazista austríaco Hans Albin Rauter, chefe da SS local, preparavam uma espécie de ataque maciço aos três semiguetos judeus em bairros da cidade, inclusive no Rivierenbuurt. Evidentemente, um certo número de judeus convocados já começara a suspeitar qual seria o significado real da expressão "preparação para o trabalho". Aus der Fünten e Rauter haviam concordado, confidencialmente, que alguma coisa tinha de ser feita.

De fato, naquele mesmo momento, enquanto as mulheres caminhavam para o norte pela Ferdinand Bolstraat, os homens de Rauter preparavam-se para realizar uma batida relâmpago (*razzia*) na Amsterdam judaica, a fim de agilizar as coisas. Seria a primeira de uma série de batidas que acabariam por limpar a cidade de sua população judaica da superfície. Após dois anos de jogo de gato-e-rato com a comunidade de judeus (se é que se poderia chamar de comunidade aquela população de cento e quarenta mil judeus nativos, encurralados e divididos), a ratoeira nazista estava a pique de se fechar de repente.

Sem dúvida, se estivessem olhando alguma coisa, Flory, Dorrit, Sybil e Annie teriam visto as evidências dessa crescente tensão, naquela manhã em Amsterdam. Se não, poderiam senti-las.

Em frente caminhavam aquelas três judias acompanhadas pela amiga holandesa, passando pelo famoso mercado das pulgas da Albert Cuypstraat, repleto como sempre de pechincheiros e de barracas estendendo-se a perder de vista; pela cervejaria Heineken, alta, com as grandes letras douradas "HEINEKEN BROUWERIJ" orgulhosamente destacadas na parte lateral; pela Stadehouderskade e pelo coração do centro; pelo Prinsengracht, o primeiro dos grandes "anéis" de canais abrangendo toda Amsterdam; pelo anel seguinte, o Keizergracht, e pela sede do banco estatal, o Nederlandse Handelsmaatschappij, cujo corpo de direção era colaboracionista e cujo prédio mais parecia uma fortaleza. Esculpida na fachada de granito do banco, uma frisa mostrava três vigorosos operários que pareciam olhar fixamente as fugitivas, indiferentes ao seu destino.

Em frente, em direção ao alvoroçado coração da cidade ocupada — haveria agora mais paletós e gravatas, como também mais uniformes alemães —, elas se preparavam para a ainda mais arriscada e ilegal viagem de trem até Haia, cuja silhueta avultava-se ao longe. O grupo de fugitivas continuou andando, subindo pela Rokin lotada de gente, atravessando a praça Dam e passando pelo palácio vazio da rainha Guilhermina. Após a invasão alemã, em 1940, a exilada *Moeder des Vaderlands* — Mãe da Nação, como era carinhosamente chamada antes da guerra — fugira para a Inglaterra, de onde transmitia inflamados discursos radiofônicos de resistência pela rádio britânica ilegal. Alguns súditos de Guilhermina escutavam. Outros, resignados com a inevitabilidade da vitória alemã, não. De qualquer modo, é possível que estivesse estacionado ali algum carro blindado alemão, nem que fosse apenas como um alerta a lembrar quem realmente governava a terra de Guilherme o Taciturno. Teria sido difícil evitá-lo.

Em frente andavam elas, os olhos sempre direcionados adiante, como haviam combinado na noite anterior, quando Myrtil revelara pela primeira vez à família os seus preparativos para "submergir" em Haia. "Agora vamos ter de desaparecer", dissera ele a suas filhas, que o ouviam de olhos arregalados (sua mulher, é claro, já sabia). Passaram pelo café restrito apenas a judeus, o mesmo onde Dorrit e seu noivo Edgar haviam se encontrado no último mês de março. Agora ele estava "interno" (como se dizia) em Kamp Westerbork, o campo de trabalho alemão situado no nordeste e ainda acessível ao público. (Sem que Dorrit soubesse, Edgar estava prestes a ser chamado para tomar o primeiro trem em direção ao leste, seguindo para Auschwitz na manhã seguinte.)

Naquela ocasião, Edgar fora liberado de Westerbork durante o dia para que pudesse se registrar no último censo. Os alemães ainda tentavam manter as aparências. O dono do bar, no início, tentou impedir sua entrada no café porque, para ele, aquele jovem de olhos azuis e cabelo louro não parecia suficientemente judeu! Imaginem: *não era suficientemente judeu!* E eles só puderam rir, apesar de tudo. *Não era suficientemente judeu!*

Talvez Dorrit se lembrasse disso, enquanto caminhava.

Em frente, pela Damrak apinhada de passantes, mais perto, mais perto, depressa, porém não depressa demais, para frente, para a liberdade, ou o que quer que as esperasse no recém-prometido *onderduikers*, na Pieter van den Zandestraat n.14, o endereço do apartamento de Annie.

Finalmente, às onze e trinta, cerca de uma hora e meia depois de terem saído da Eendrachtstraat, as quatro mulheres penetraram na cavernosa Centraal Station.

A primeira etapa da submersão chegara ao fim.

Agora vinha a segunda parte, a mais perigosa: a viagem de cinqüenta e cinco minutos de trem até *Den Haag*. Saindo pouco depois do meio-dia, o trem, com dez vagões e três *Klasse*, estava programado para fazer uma parada em Leiden antes de prosseguir até Haia, onde os Frank tinham vivido durante os sete primeiros anos de seu exílio holandês. Durante os dias tranqüilos anteriores à guerra e à invasão alemã, quando a família morava numa casa grande, de três andares, em Scheveningen — o litoral de praias junto a Haia —, eles haviam ido e vindo por aquele caminho várias vezes.

Mas, é claro, aquilo fora no tempo em que os judeus eram livres para viajar, antes que começasse o jogo de gato-e-rato com os nazistas. No caso deles, o jogo incluíra uma mudança intermediária para Hilversum — pois os alemães obrigaram todos os refugiados judeus alemães a se retirarem do litoral, sob o vago pretexto de que poderiam facilitar uma futura contra-invasão aliada — e uma outra posterior, forçada, para Amsterdam, na Eendrachtstraat, como parte da maior concentração da população judaica.

As mulheres subiram num vagão com o aviso de "*2nd Klasse*". Myrtil e Annie, ao elaborarem os planos para aquele dia, tinham concordado que seria melhor fazerem a viagem em segunda classe, embora naquele trem todas as classes representassem, essencialmente, o mesmo risco. Em silêncio, as quatro penetraram numa das cabines atapetadas do trem, que estava vazia. Flory e Dorrit sentaram-se diante de Annie e Sybil, deliberadamente evitando se olharem, cada qual desempenhando seu papel.

As três mulheres, sem o sinal da estrela, embarcaram no trem como se fossem criminosas, e sua amiga não-judia sentia-se uma terrível conspiradora. Agora realmente tinham passado do ponto além do qual não haveria retorno. Antes de embarcarem, se fossem apanhadas sem as suas *sterren* por um policial holandês — especialmente algum mais simpático à sua causa —, as prováveis *onderduikers* poderiam ser liberadas depois de uma simples repreensão. Mas tomar um trem, qualquer trem, era diferente. Flory e as meninas, num declarado desafio ao ato amplamente divulgado de 15 de junho, proibindo os judeus de viajarem de trem ou em qualquer outro meio de transporte público, como também ao edito de 29 de abril exigindo que todos eles usassem as *sterren*, agora eram presumivelmente fugitivas e não mais poderiam ser liberadas com uma simples repreensão: teriam ido presas. Enquanto Flory aguardava a partida — lembrou-se ela depois —, não podia evitar recordar a última vez em que os Frank haviam tomado um trem, fugindo dos nazistas, em março de 1933, depois da decisão inicial de partir em busca do santuário holandês. Mas então fora diferente: pelo menos eles sabiam o que os aguardava à frente, ou *pensavam* que sabiam.

Mas havia pouco tempo para retrospectos. A única coisa que importava agora era *chegar lá*, na Pieter van den Zandestraat n.14.

Depois do que parecia uma eternidade, finalmente o velho trem a vapor saiu serpenteando da Centraal Station, com destino a Haia. Todo o pessoal do trem era composto de holandeses. Arthur Seyss-Inquart, o *Reichskommissar* alemão e chefe da chamada "máfia austríaca" nazista na Holanda, concordara em permitir que os holandeses conduzissem seus próprios trens, contanto que fossem cumpridas as exigências alemãs relativas aos transportes. Na hora exata, o eficiente cobrador holandês entrou no compartimento das Frank, pedindo polidamente os tíquetes a elas e a Annie, que se mostrava tão apática quanto as outras, e saiu. Agora, as mulheres estavam sozinhas com seus pensamentos e seus temores.

A qualquer momento, algum dos soldados alemães regularmente designados para vigiar os trens a fim de prender infratores — uma categoria muito ampla, que incluía pilotos de aviões aliados abatidos e judeus em fuga — poderia surgir à porta e exigir os documentos de todos.

Nenhum deles apareceu. O trem prosseguiu seu percurso programado...

"STATION LEIDEN... LEIDEN", o cobrador anunciou da frente do vagão, passados longos quarenta minutos, enquanto o trem avançava pela famosa cidade. Sua celebrada universidade, que cedo se tornara um centro de resistência, já havia sido fechada. "LEIDEN... LEIDEN..."

Um casal de meia-idade aproximou-se do vagão, na parada de sete minutos. A mulher viera assistir à partida do marido. Por causa do calor, as janelas do vagão estavam abertas e, sem querer, o grupo de fugitivas escutou as tranqüilas palavras de despedida do casal.

"Você estará de volta às seis?", exclamou a mulher, quando o trem se pôs em movimento. Enquanto as Frank, abrigadas em seu universo paralelo, continuavam escutando, o zeloso marido holandês, no corredor próximo à sua cabine, gesticulava que sim. Sim, estaria de volta às seis. "Então vou pôr as batatas no fogo!"

As mulheres reprimiram um sorriso, pensando consigo mesmas como seria bom ter apenas esse tipo de preocupações.

Passados mais vinte minutos de acabar com os nervos, o trem proveniente de Amsterdam, com as três Frank e mais a sua guardiã não-judia, chegou à Station Hollandse Spoor. Myrtil dera-lhes instruções para tomarem o trem até ali, em vez do que se dirigia à estação principal de Haia, a Station Staatspoor (hoje Estação Central), embora esta ficasse na verdade mais perto do seu destino final; tinha o pressentimento de que o primeiro, sendo de menor tamanho, seria menos vigiado.

E foi isso o que elas fizeram. A segunda parte da arriscada viagem estava terminada. O pai estava certo: nenhum sinal ainda de soldados ou da polícia (ou, pelo menos, nada que mais tarde elas pudessem recordar, mas, repetindo, talvez elas não estivessem olhando para coisa alguma).

As quatro mulheres saíram silenciosamente duas a duas e, guiadas por Annie, caminharam por ruas que, de certa forma, pouca relação tinham com o apartamento designado como local para o esconderijo. Tendo vivido em Haia por sete anos, as Frank já conheciam a maior parte da cidade, porém não tão bem as tortuosas ruas daquela região povoada por classes mais baixas, entre a estação e o Centro. A Pieter van den Zandestraat era uma minúscula rua ladeada por duas filas de modestos prédios geminados de dois andares. Não ficava longe do Binnenhof, antigo local da extinta legislatura holandesa e que agora constituía o centro nervoso da ocupação alemã.

Depois de sua segunda fuga do flagelo nazista, aquelas três judias alemãs chegaram, com sua cúmplice holandesa, à modesta porta de madeira do número 14. Era adornada apenas com uma pequena argola de bronze e um painel de vidro de estilo Stijl na parte superior. Elas entraram.

Anos antes, Dorrit encontrara-se com Annie ali, naquele apartamento que mais parecia uma toca de coelhos, para aulas de holandês. Na época, ele não parecera tão pequeno. Agora sim, quando as três deram uma primeira olhadela desconfiada em torno. Aquele espaço — aquele abençoado, maldito espaço — continuaria a encolher de tamanho pelos próximos trinta e quatro meses, que foi o período do auto-encarceramento dos Frank.

Claro, elas ainda não sabiam disso, naquele momento. Acima de tudo, haviam chegado ali.

Mas onde estava o Pai?

Flory e as meninas esperaram. Annie achou melhor ir-se. Finalmente, pelas seis da tarde, ainda com claridade — como mais tarde Dorrit recordou —, seu pai abriu a porta, lançou o sorriso sempre pronto e caloroso e abraçou sua família. Acabara de chegar de Amsterdam, disse. Estava tudo fechado. Grupos de busca arrancavam as pessoas de suas casas, no Bairro dos Rios. As *razzias* haviam começado.

Os Frank saíram no momento exato. Haviam conseguido desaparecer. Mas *onde* tinham ido se meter? Quanto tempo teriam de ficar ali, naquele *pied-à-terre** modestamente mobiliado, que Myrtil e Annie haviam estocado com suprimentos, um esconderijo não especialmente seguro?

"Se soubéssemos que íamos ficar ali por quase três anos", recordou Flory, "não tenho muita certeza de que empreenderíamos aquilo."

* Pequeno apartamento só usado ocasionalmente. (N.T.)

Parte I

A TERRA NATAL

ALEMANHA, 1866–1933

1
Breitenheim

"Nós, judeus, somos alemães e nada mais."
Israelit, jornal judaico-alemão

Tal como seu marido Myrtil, Flory Frank pertencia à geração de judeus alemães que tiveram, a um só tempo, a maior e a pior sorte: a maior sorte, porque os judeus dessa geração nasceram em fins do século XIX, entrando na fase adulta por volta da Primeira Guerra Mundial, sendo os primeiros a saborear os frutos de uma emancipação total, inclusive o sucesso nos negócios e na vida pública. E a pior, porque essa emancipação coincidiu com a ascensão de Adolf Hitler.

Quase meio século depois de os Frank fugirem da Alemanha para exilarem-se na Holanda, em 1933, Flory ainda sofria ao descrever como se sentira ao chegar àquele país. "Foi como se houvesse perdido a minha terra natal", disse ela numa tarde ensolarada de 1979, em seu apartamento de cobertura em Riverside Drive, Manhattan, onde ela e Myrtil (que falecera em 1968) puderam recriar uma aparência da boa vida que certa vez tinham levado em Berlim.

Mas era uma aparência apenas. Nada poderia substituir o sentimento de pertencimento e de aceitação que os Frank haviam desfrutado como judeus — como judeus *alemães* — antes da doença nazista.

Flory estava então na casa dos oitenta anos, mas sua memória era como uma lâmina afiada. "Eu tinha orgulho de ser judia", falou, cercada por sua coleção de obras de arte, ao recordar aqueles dias perdidos há tanto tempo. Seu acervo de pinturas incluía ao menos uma obra que os Frank puderam carregar consigo, ao fugirem da Alemanha, e que conseguiram conservar, depois de mais uma vez fugirem dos nazistas, em 1942, para se esconder: assim como a própria Flory, aquela obra era uma sobrevivente. "Eu tinha orgulho de ser judia", repetiu, enquanto o sol se punha por detrás dela, "mas também tinha orgulho de ser uma alemã." Não havia a menor amargura em sua voz. Apenas tristeza.

E por alguns anos, quando Weimar vivia o seu apogeu, que maravilhoso mundo aquele, como comprovavam as divertidas fotografias dos dias berlinenses dos Frank.

"É claro", acrescentou ela, depois de refletir um instante, "eu sabia que existiam fraquezas no caráter alemão. Excesso de pretensão, por exemplo..."

"Se não somos alemães, então não temos pátria", dissera em 1867 Gabriel Riesser, o político judeu alemão, expressando muito daquele mesmo sentimento de Flory. Tal como Flory e Myrtil, e também como os pais destes, Riesser não via a menor contradição em ser alemão e judeu ao mesmo tempo. Ou, como colocou o poeta Erich Muhsam, contemporâneo de Riesser: "Meu germanismo e meu judaísmo são assim como dois irmãos, amados igualmente pela mesma mãe."

Sem dúvida, esses entusiasmados sentimentos assimilacionistas ainda eram relativamente novos na época em que Riesser e Muhsam os verbalizaram. A Alemanha, comparada a outros países europeus — a França, por exemplo, onde os judeus viveram uma plena emancipação sob Napoleão e a assimilação cultural fora admitida desde o início do século XIX —, conhecera um processo gradual que encontrou resistência por vezes violenta. Os pogroms ainda eram uma realidade na vida dos judeus alemães do início dos anos 1800. São prova desse fato os bárbaros tumultos "*Hep! Hep!*", que varreram a Alemanha em 1819 e que foram uma retomada do grande pogrom de 1617. Igualmente dá testemunho disso a pobreza dos judeus. Metade da população judaico-alemã de meados do século XIX fora banida da agricultura, de todas as profissões (inclusive a militar), e de praticamente todos os ofícios, vivendo na mendicância, ou quase isso, de acordo com Amos Elon, autor de *The Pity of It All*, sua seminal história dos judeus na Alemanha.

Antes daquele tempo, um dos piores lugares para um judeu alemão viver era a cidade imperial livre de Frankfurt, berço da família de Flory, os Marburger. Governada por uma tacanha oligarquia anti-semita de famílias de comerciantes patrícios, a cidade às margens do rio Main, fundada por Carlos Magno em 794, havia, desde o século XIV, e mais ou menos continuamente, confinado sua população judaica em um gueto numa única rua, a Judengasse, da qual ninguém tinha permissão para sair à noite ou aos domingos. Também era proibido que mais de duas pessoas caminhassem juntas. Somente as nações papistas davam tratamento tão duro aos judeus. Só a partir de 1864 é que foram removidas todas as restrições aos seus direitos civis.

O grande libertador dos judeus da Alemanha foi Otto von Bismarck, o Chanceler de Ferro do Primeiro Reich, que presidiu à unificação dos diversos estados e conduziu a Alemanha à vitória sobre sua vizinha, a França, na Guerra Franco-Prussiana de 1871. Foi Bismarck que, no edito de 1871, garantiu plenos direitos civis aos judeus na constituição da recém-unificada Alemanha, ratificando sua emancipação e agilizando sua assimilação na sociedade germânica. "Os judeus trazem à variada mistura de tipos alemães algo como as bolhas do champanhe, o que não se deve subestimar", declarou o herói do conflito com a França, resolvido pouco antes. Três gerações depois de o filósofo judeu Moses Mendelssohn chegar aos portões de Berlim, apenas para ser ali tratado como um proscrito, o judeu alemão surgia finalmente.

Nada menos do que sete mil judeus demonstraram sua fidelidade à pátria alistando-se para lutar pela Alemanha na Guerra Franco-Prussiana. Quando o kaiser Guilherme I marchou a cavalo pelo Portão de Brandemburgo, após o triunfo do Exército alemão, foi uma jovem judia, Molly Ring, que lhe colocou sobre a cabeça a coroa da vitória.

Um considerável número de judeus, entretanto, particularmente os que viviam nas províncias da Alsácia e da Lorena — que logo a seguir seriam anexadas, e cuja lealdade estava dividida — optou por não usar o uniforme alemão, fugindo para oeste: os crescentes laços entre os judeus e sua terra natal eram fortes, porém não ainda a ponto de um compromisso total. Um dos que se recusaram, um tio de Flory que haveria de desempenhar importante papel em sua vida, instalou-se em Paris.

Ainda assim, aquele foi um caso excepcional. Quando o Segundo Reich entrou em sua segunda década, nos anos 1880, pode-se dizer que a maioria dos judeus não via nenhuma contradição em ser judeu e alemão. Além disso, a maioria dos alemães, liderados por Bismarck — que tinha entre seus mais importantes assessores um judeu, Gerson Bleichroder —, tentava suprimir a própria desconfiança antijudaica inata e tratar seus compatriotas judeus como iguais e próximos. A maioria, mas não todos. Como diz Paul Johnson em *A History of the Jews*, "a verdade é que [até o final do século XIX], a despeito da longa tradição alemã de um perverso sentimento antijudaico, na Alemanha os judeus sentiam-se em casa".

Enquanto isso, na medida em que se firmava a Revolução Industrial, a população de judeus passava de rural a urbana, tal como acontecia com a população alemã. Em 1870, apenas vinte por cento de toda a população de cem mil judeus alemães viviam nas cidades. Quarenta anos mais tarde, a proporção de judeus nas cidades saltou para sessenta por cento.

Myrtil Frank, filho de Max Frank de Breitenheim e futuro marido de Flory, fazia parte dessa geração de transição dos judeus alemães.

Se havia uma região, na moderna Alemanha, onde os judeus podiam sentir-se mais livres do que em qualquer outra parte e menos vulneráveis ao vírus anti-semita aparentemente encravado na personalidade alemã, essa região era a do Rheinland-Pfalz (Palatinato) — região de suaves colinas e generosa agricultura, limitada a leste pelo Reno e ao sul pelo Sarre.* Em primeiro lugar, os judeus tinham uma longa história como habitantes daquela região, criando algo como um precedente para os que vieram depois. O registro do primeiro estabelecimento judeu no Reno é do século II d.C.. Embora aquele punhado de judeus que conseguiu se estabelecer nas pequenas cidades e aldeias da Renânia jamais tenha ficado livre do preconceito e da perseguição (um judeu foi vítima de assassinato ritual na aldeia de Xanten-sobre-o-Reno, em fins de 1911), a maioria veio a amar aquela terra tanto quanto seus vizinhos não-judeus, ainda que não endossasse necessariamente o "Nibelungenlied", o poema épico sobre o rio e o mito correspondente, sobre uma jovem perdida de amor que se teria lançado nas suas águas do alto de uma rocha, em Lorelei.

Evidentemente, uma das principais razões por que os judeus da Renânia amavam o seu país, ou pelo menos a região em que viviam, o Palatinato, era que, ao contrário do resto da Alemanha — onde de um modo geral não se permitia que os judeus possuíssem terras —, ali eles podiam comprar alguma para se tornarem produtores de vinhos, uma forma de agricultura aberta a judeus, e que os judeus alemães adotaram. Em meados do século XIX, a maioria das vinícolas renanas, conhecidas por seu sofisticado vinho branco, pertencia a judeus.

Foi daí que teve origem Max Frank de Breitenheim. De acordo com a neta de Max, Lotte, que hoje vive em Israel, o primeiro Frank chegou a Breitenheim por acaso. Tratava-se de um pequeno vilarejo de umas centenas de habitantes, e que permaneceu praticamente estagnado nos três últimos séculos (um censo de 1990 indicava uma população de quatrocentos e oitenta e quatro pessoas), abrigado entre os picos e vales do Palatinato central, numa região fértil e cercada de lendas conhecida como Hünsruck. Junto com Bad Kreuznach, a mais próxima cidade de tamanho razoável, situada mais de trinta quilômetros a nordeste — um dia inteiro a cavalo, que era então a forma mais comum de transporte

* Não que os vizinhos franceses fossem imunes ao vírus anti-semita, como em breve o escândalo Dreyfus mostraria.

(caso se tivesse dinheiro suficiente para possuir um) —, e com Mainz, cidade de certa importância cinqüenta e cinco quilômetros ao norte, isso significava — e ainda significa — o mais perto que se pode chegar, na Alemanha, do que os norte-americanos chamam de "meio do nada". Frankfurt, a cidade grande mais próxima, fica ainda mais distante, quase cem quilômetros ao nordeste. O bisneto de David, Julius Frank, irmão de Myrtil e tio-avô do autor deste livro, costumava dizer de brincadeira que Frankfurt ficava a meia hora de distância de Breitenheim, por telefone.

Tudo isso era ótimo para a mente rústica de David Frank e seus descendentes imediatos.

É claro que os cidadãos conservadores de Breitenheim também simpatizaram com David, a quem permitiram mudar-se para a casa n.61, e seu filho, Gottlieb, nascido em 1815, que está mencionado nos registros da cidade como comerciante de gêneros, provavelmente também vinho, que deveria tornar-se o negócio da família.

As leis originais do vilarejo, redigidas em 1750, mostram como eram fechados os cidadãos de Breitenheim. Entre suas dezenas de regulamentos, pelos quais a vida ali era regida e organizada da forma a mais detalhada — e germânica — possível, havia artigos puritanos declarando que qualquer cidadão que fizesse algum ruído impróprio durante a noite teria que pagar a multa de uma garrafa de vinho. A maior parte das penalidades tinha a ver com o vinho, o que não era de surpreender naquela fortaleza da vinicultura. Havia um artigo proibindo que se fumasse em currais ou estábulos, como também vários outros referindo-se a estrangeiros e mendigos *verbotenen*. Um regulamento proibia qualquer habitante de acolher um mendigo em sua casa para passar a noite. Possivelmente esse último artigo dirigia-se basicamente a judeus, já que muitos deles *eram* mendigos naqueles tempos.

Entretanto, permitiu-se que os Frank ficassem. E eles se tornaram a única família judia de Breitenheim, permanecendo assim pelo resto do século, embora uma segunda família viesse depois a se estabelecer, em 1908. Ganharam o respeito e a confiança da pequena aldeia por meio de sua dedicação e trabalho duro, e também obtiveram a permissão, em meados de 1860 — ao tempo das reformas de Bismarck —, para comprarem e reformarem um vinhedo fora da cidade, contribuindo, dessa forma, para a indústria mais importante da região.

"Nenhum país do mundo pode-se comparar com as Províncias Renanas na excelência e na grande variedade dos vinhos produzidos ali", declarava com entusiasmo o guia *Baedeker* sobre a Alemanha, publicado em 1878. Entre os muitos judeus viticultores que tornaram conhecidos os vinhos renanos — para não falar da pequena localidade onde se baseavam — estavam Gottlieb Frank e seu filho Max.

Max nasceu em 1866, ano em que Bismarck derrotou a Áustria, excluindo-a do emergente Reich alemão (ato que o seu sucessor no século XX, Adolf Hitler, iria reverter com a ajuda de seu factótum austríaco, e mais tarde *Reichkommissar* para a Holanda, Arthur Seyss-Inquart). Ao receber a vinícola de Gottlieb, nos anos 1890, ele sentia um justificado orgulho pelo negócio da família, e se comprometera a expandi-lo e modernizá-lo. Em 1890, casou-se com Johanna Pump, uma judia da aldeia próxima de Muhlheim, e ali foram lançadas as bases para a geração seguinte de vinicultores da família Frank. Johanna agraciou Max com quatro filhos, dois homens — Myrtil, nascido em 1893, e Julius, em 1895 — e duas filhas: Irma, nascida em 1892, e Lisbeth, em 1897. A família morava em uma enorme, para não dizer opulenta, casa de três andares, perto da vinícola.

O orgulho que Max sentia pelo seu negócio — e a sua vida — se evidencia num papel timbrado da firma do início dos anos 1900. O timbre muito ornamentado anuncia: *M. FRANK WEINBAU WEINHANDLUNG*, em grandes caracteres elaborados; e, na parte inferior, em letras menores: *Lager in Rhein-Nahe-Mosel-Pfalzweinen/ Alle Sorten Cognac, Likör und Südwein*. A parte principal da ilustração é tomada por uma gravura reproduzindo a vinícola, desenhada com todo carinho e detalhe, mostrando uma dezena de empregados, satisfeitos e assíduos, a caminho de suas respectivas tarefas. Ali, na *Kellerei* — a principal sala de vinhos — um grupo de trabalhadores dirige-se concentradamente aos grandes tonéis de fermentação, enquanto na *Lager Keller* — a adega de armazenamento —

mais um grupo arruma os barris da bebida recentemente pronta. Na parte superior da ordem de pedidos está o número do telefone de Max, *Amt Meisenheim 22*: ele ainda não ingressara na era do automóvel, mas era avançado o bastante para ter um telefone. Em frente ao complexo de construções da família Frank, que parece abranger algo em torno de cinco acres pelo menos, uma carroça com barris de vinho recém-fabricado, puxada por dois cavalos, está pronta para sair. Sobressaindo a essa rústica cena renana vê-se a casa dos Frank, absurdamente grande. No alto da mansão de aspecto austero, na parte superior de toda a imagem, tremula ao vento, orgulhosamente, uma grande bandeira da Alemanha. Era esse o mundo de Max Frank, e também o mundo que seus filhos Myrtil e Julius herdaram.

Se Max era um devoto viticultor e um devoto alemão, antes de mais nada ele era um devoto judeu. Toda sexta-feira ia a cavalo até Meisenheim, onde ficava a sinagoga mais próxima, para participar do *shul* com os demais judeus da região, depois do que retornava a pé para Breitenheim, como era o costume. Ambos os seus filhos fizeram o *bar-mitzvah*. Isto também pertencia ao mundo de Max Frank, ao mundo que ele esperava passar para seus filhos, e os seus filhos para os filhos que teriam, tal como tinham feito as gerações passadas dos Frank. O único problema era que nem Myrtil nem seu irmão Julius demonstravam qualquer interesse por essas coisas.

Myrtil era desordeiro desde muito jovem. Sua história mais antiga foi a de uma briga com um pobre alfaiate das redondezas, a quem Max contratara para fazer o terno para o seu *bar-mitzvah*, em 1906. Myrtil — ou Til, como os amigos o chamavam — era uma espécie de dândi, e continuaria sendo detalhista com seu vestuário pelo resto da vida, embora aquela vez tenha sido a única em que ele chegou às vias de fato devido a seu senso de elegância.

As qualidades mencionadas acima — como também talvez a característica pessoal mais espantosa de Myrtil, uma autoconfiança que chegava às raias da *hubris* — ficam evidentes na sua mais antiga foto. Tirada em 1910 ou 1911, quando ele teria dezesseis ou dezessete anos, ela o mostra sentado em um barco no rio Main, em Frankfurt, com três colegas de internato, todos, evidentemente, membros da equipe de remadores do colégio. Ao fundo ergue-se um dos mais característicos pontos de referência da arquitetura alemã, a imensa torre de arenito vermelho da catedral de São Bartolomeu, de noventa metros de altura — a majestosa igreja do século IX, onde os reis e imperadores romanos eram escolhidos e coroados, e que foi cuidadosamente restaurada após o incêndio de 1867 que quase a destruiu.

Na fotografia aparecem outros remadores, todos desfrutando do lindo dia de verão ou de início do outono. E, em primeiro plano, sentado no meio do barco, está Myrtil, nitidamente dominante, o cabelo bem repartido ao meio e mostrando um sorriso carismático, os braços cruzados timidamente sobre o remo, de forma a exibir melhor para o fotógrafo o seu largo bíceps. Ali estava um jovem que claramente não estava para brincadeiras.

Em 1913, quando Myrtil tinha vinte anos, Max enviou a Frankfurt esse seu filho mais velho, que já dera provas de ter uma boa cabeça para os negócios, como aprendiz em uma firma comercial naquela cidade. Sem dúvida tinha esperanças de que Myrtil posteriormente trouxesse de volta a Breitenheim e à vinícola da família toda a habilidade e perspicácia que adquirisse no grande centro comercial. Desejo compreensível, porém ilusório. Dos cabelos engomados até as botas muito bem polidas, Myrtil Frank era, para desespero do pai, um perfeito moço da cidade, e Frankfurt, desfrutando ainda do boom econômico que desde 1866 fizera quadruplicar a sua população, era uma estimulante cidade para um jovem esperto. Não haveria meios de Max manter Myrtil na vinícola, depois de o filho ter conhecido as brilhantes luzes de Frankfurt.

A mesma coisa aconteceu com Julius, o irmão mais moço de Myrtil, que, tocado pelas belas paisagens que o cercavam, decidiu exercitar-se na pintura e no desenho, o que deixou seus pais perplexos. Mais tarde ele se tornaria um artista profissional.

Outra foto reveladora desse período da vida de Myrtil Frank mostra o jovem negociante, engalanado num chapéu e num terno de corte impecável (presume-se que ele não tenha esmurrado também esse alfaiate), de novo às margens do Main, porém desta vez o jovem Don Juan está ladeado por duas senhoritas alegremente enchapeladas e que lhe dedicam toda a atenção possível. Sem dúvida havia outras admiradoras femininas como aquelas. Mas em uma memorável noite, em inícios de 1914, numa apresentação da Ópera de Frankfurt, o olhar errante de Myrtil caiu sobre o atraente rosto de Flory Marburger, e seu coração sentiu-se *giocoso*.

Se alguma cidade alemã representava as oportunidades abertas para os judeus alemães emancipados e intensificadas de forma tão espetacular na Alemanha de fins do século XIX, essa cidade era Frankfurt. Rompendo as barreiras do humilhante gueto ao qual ficaram confinados por tanto tempo, os membros da dinâmica comunidade judaica rapidamente se deslocaram para o primeiro plano dos poderosos negócios bancários, de propaganda e das indústrias têxteis da cidade, aderindo avidamente ao "frenesi de ganhar dinheiro", tal como Goethe, natural dali, o chamou certa vez. Até os anos 1880, as famílias nativas Rothschild, Oppenheim e Warburg — que uma vez estiveram na Judengasse e que agora alegremente mudavam-se para a arborizada vizinhança do Palmengarten, um parque na região noroeste da cidade, e também para outras áreas elegantes — haviam ascendido até se tornarem os três maiores nomes dos ramo bancário alemão. Outro clã judeu, o dos Sonneman, controlava o *Frankfurter Allgemeine Zeitung*, um dos jornais da cidade e o mais lido de todo o país. Até o fim do século, a comunidade judaica de Frankfurt chegava a vinte e cinco mil habitantes, de uma população total de trezentos e setenta mil pessoas, o que fazia dela a segunda comunidade judaico-alemã depois de Berlim e, o que é discutível, a de maior influência.

"Toda a aparência da cidade demonstra o bem-estar generalizado dos seus habitantes", era o que informava a edição de 1911 do *Baedecker's Rhine* aos seus visitantes. A família de Flory, os Marburger, certamente estava entre as numerosas famílias de judeus a participarem daquele amplo bem-estar que perpassava a cidade. Embora não no mesmo nível que os

Oppenheim e os Rothschild, os Marburger certamente tinham ido bem. Proprietário de uma manufatura têxtil especializada em linho, Herman Marburger estava em uma situação suficientemente boa, nos anos 1880, para comprar um grande apartamento próximo ao Palmengarten.

Herman, homem um tanto sério, dedicado aos negócios, casara-se em 1890 com Leontine Ullman, uma jovem alegre — embora contida — e bem-humorada. Dessa união nasceram três filhos: dois homens — o mais velho, Ferdi, nascido em 1893, e Fred, em 1899 — e uma filha, Flory, que veio ao mundo em 1897 e pela qual Herman e Leontine tinham um apego especial.

Assim como muitos judeus urbanos dessa ascendente geração divisora de águas, Herman e Leontine assumiam com firmeza a reverência pela *Bildung*, a cultura, achando que a mais rápida maneira para um judeu se tornar um alemão pleno e assimilado era absorver a cultura alemã. Assim, enquanto Ferdi e Fred eram preparados para se tornarem homens de negócios, Flory foi enviada para uma espécie de escola de etiqueta para moças judias, onde pôde impregnar-se dos clássicos alemães. Nos fins de semana, Leontine costumava acompanhar a filha até o Städel, o famoso museu de arte fundado pelo banqueiro local, Johann Friedrich Städel, que legara ao mesmo sua magnífica coleção de antigos mestres. Ali, vagueando pelas salas em meio a obras-primas tais como *A cegueira de Sansão*, de Rembrandt, e *Velho vendedor*, de Rubens, o próprio amor de Leontine pela arte — para não dizer o seu próprio gosto artístico — foi-se transmitindo para a menina, impressionável esteticamente.

A paixão de Flory pela arte foi ainda mais estimulada em 1913, quando seus pais, que tanto valorizavam a *Bildung*, enviaram-na a Paris para passar um ano com um tio alsaciano e francófilo que fugira para aquela cidade em 1871 a fim de evitar a participação na luta em nome do kaiser. A experiência deixou a jovem judia com uma acentuada paixão pelos impressionistas e também por outros artistas modernos, além de uma maior consciência da própria beleza esguia, de linhas sinuosas. Aprendeu também a tocar piano. A jovem Flory Marburger deve ter virado a cabeça de muitos homens ao caminhar pelos Champs Elysées dirigindo-se ao Louvre.

Não que isso realmente tivesse alguma importância para ela. Séria e puritana como o pai, Flory achava o contato físico com homens algo que se deveria evitar o máximo de tempo possível (sentimento este, é bom observar, que muitas de sua geração pré-liberação, senão a maioria, compartilhavam) — embora dificilmente alguém pudesse suspeitar disso vendo aquela charmosa adolescente, de olhar convidativo, que aparece nas fotos que se conservaram desse período.

Uma delas, um retrato dos cinco Marburger por volta de 1912, no que parece ser uma tarde de fim de semana, em seu apartamento de Frankfurt, mostra os pais e os filhos ao redor de uma grande mesa, sobre a qual está um jogo de xadrez em andamento. Flory, que por então mal poderia ter quinze anos, é claramente a menina dos olhos dos pais e ocupa o centro da foto, sorrindo com benevolência para o fotógrafo, a cabeça delicadamente apoiada na mão, o ar levemente sério com sua blusa e gravatinha-borboleta, uma espécie de princesa judia dos tempos antigos.

À sua direita aparece sua mãe, Leontine, confortavelmente reclinada sobre uma cadeira de espaldar de couro forrada para evitar manchas, com uma expressão majestosa no rosto; e à sua esquerda seu pai, Herman, que no ano seguinte morreria subitamente de apendicite, a aparência bastante severa, de paletó e gravata, com seu bigode grosso como pincel de barba. O irmão mais velho de Flory, Ferdi — segundo todos, o mais emocionalmente contido da família Marburger —, está de pé, por trás da irmã e do pai, num elegante terno com colete, o laço da gravata feito com capricho. Ao fundo, no que parece ser um grande jardim, Fred, o irmão mais jovem e o palhacinho da família, que evidentemente acabou de chegar ali, olha para o interior. Parece satisfeito por trazer algum colorido cômico àquela imagem de certo modo rígida, e dá um largo sorriso.

Em outra fotografia, tirada após sua volta de Paris, em cerca de 1913, uma Flory um pouquinho mais velha está sentada de perfil, a sinuosa silhueta em ângulo reto com o observador, num vestido florido alegre e com certo ar de expectativa. Foi essa a Flory Marburger que Myrtil Frank viu quando encontrou por acaso a encantadora adolescente num intervalo da Ópera de Frankfurt, no início de 1914. Segundo a lenda familiar,

Flory, que estava esperando a mãe, perguntou as horas a Myrtil. Ela não tinha segundas intenções...

Mas Myrtil tinha. Já enamorado, o jovem comerciante seguiu sua nova paixão de volta até em casa, a pouca distância dali. Anotou cuidadosamente o endereço, e a partir daí começou a bombardeá-la com cartas de amor. Flory respondeu a elas.

E assim, segundo a moda daqueles tempos, o tórrido romance epistolar prosseguiu (com a permissão de Leontine, é claro). Já se falava em casamento.

Só houve um problema. Como declarou o ministro do Exterior da Grã-Bretanha, Edward Grey, no mês de agosto, enquanto o continente se mobilizava para a monstruosa deflagração da Grande Guerra: "As lâmpadas irão apagar-se por toda a Europa. Não haveremos de vê-las novamente acesas pelo resto das nossas vidas."

Não que os milhões de britânicos que correram para lutar pelo rei e o país, ou os alemães que marcharam para lutar pelo kaiser e o país, ou ainda os milhões de outros jovens dos respectivos países aliados que se lançaram na confusão concordassem com essa opinião. Para os britânicos, tratava-se da "guerra para acabar com todas as guerras". Para os alemães, uma vez que os não menos eficientes propagandistas de seu país conseguiram racionalizar o conflito, aquele choque de civilizações significava a defesa da honra e da *Kultur* alemãs. Alguns poucos, de idéias claras e antinacionalistas, tentaram provar que tudo aquilo não passava de um chauvinismo absurdo, porém era o mesmo que assobiarem ao vento. A geração de 1914 queria guerra, e guerra ela teria.

Os judeus alemães correram em massa para alistar-se e lutar pelo país que amavam com fervor não menos intenso que o de seus conterrâneos não-judeus.

A despeito — e, em certa medida, em decorrência — da melhoria de sua posição social e econômica, as quatro décadas desde a proclamação de sua emancipação efetiva por Bismarck não se passaram sem problemas para os trezentos mil judeus da Alemanha. Os anos 1880 assistiram a novas irrupções de tumultos anti-semitas. Alguns desses novos anti-semitas inspiraram-se nas observações amplamente divulgadas de Heinrich von Treitschke, um professor da Universidade de Berlim que qualificara o anti-semitismo como "uma reação natural do sentimento nacional alemão contra um elemento externo que usurpou um lugar grande demais em nossa vida". "*Die Juden sind unser Unglück*", declarou ele, distorcendo alguns versos de Heine: os judeus são o nosso infortúnio. Meio século mais tarde, Joseph Goebbels, chefe da propaganda nazista, iria ressuscitar a frase.

Apesar de tudo, Von Treitschke e seus pares ainda constituíam uma minoria quando o século XIX se abriu para o XX. Particularmente animadoras para os judeus alemães foram as medidas para conter a progressão do vírus, tomadas pelos próprios alemães não-judeus de maior importância. Assim, quando Adolf Stöcker, capelão da corte do kaiser Guilherme I, fundou o Partido Socialista Cristão e insistiu na conversão forçada dos judeus, um grupo de cristãos liberais reagiu fundando a União para Combater o Anti-Semitismo. Sabe-se que seu líder, Heinrich Rickert, teria dito a Stöcker no *Reichstag*: "Estou convencido de que três quartos da nação alemã estão do meu lado." Sem dúvida, Max Frank e Herman Marburger leram com satisfação a resposta de Rickert a Stöcker. Se três quartos da população alemã estavam do lado *deles*, então não havia por que se preocupar.

A população judaico-alemã sentiu-se vacilante com o chauvinismo daquelas precipitadas primeiras semanas de guerra, quando a nação irrefletidamente se mobilizava e o ministro da Guerra esperava colocar finalmente em prática o plano do general Schlieffen para derrotar rápido a França. Muitos judeus encararam a guerra como a apoteose da sua longa luta para se tornarem alemães e serem aceitos como tais. Como declarou o importante jornal judaico-alemão *Israelit*, em sua convocação às armas de 1914: "Nós, judeus, somos alemães e nada mais." Mais de cem mil judeus, um sexto da população total, correram para participar da Grande Parada. Noventa e três importantes judeus, de todos os setores da vida alemã, inclusive pessoas ilustres como Max Reinhardt, o grande diretor teatral, assinaram uma declaração de apoio à guerra contra a pérfida Grã-

Bretanha e seus aliados — a França, a Rússia e a Itália — afirmando que a guerra era "necessária à defesa da cultura alemã".

Evidentemente, isso era um absurdo. Mas levaria cinco anos de impensada carnificina — e um milhão e oitocentas mil de vidas alemãs, sem mencionar as perdas ainda maiores dos franceses e ingleses — para que a maioria daqueles "Noventa e Três", assim como seus devotados compatriotas, se dessem conta disso.

Entre os signatários que entusiasticamente colocaram seu talento a serviço do governo estava Fritz Haber, o famoso químico e diretor do Instituto de Química e Física Kaiser Wilhelm. Patriota ardoroso, Haber ganhara fama por ter inventado um processo de síntese direta da amônia a partir do hidrogênio e do nitrogênio. Mais tarde ele receberia o Prêmio Nobel de Química de 1918. Durante a guerra ele dirigiu o desenvolvimento do uso de gás venenoso como arma, algo sobre o que os químicos judeus, nacionalistas fanáticos, evidentemente não tinham muitos escrúpulos.

Outro importante judeu que daria uma contribuição igual, se não ainda mais significativa, aos esforços de guerra alemães foi Walter Rathenau, famoso industrial e intelectual. Nascido em 1867 — um ano depois de Max Frank —, Rathenau era filho de Emil Rathenau, que fora sagaz o suficiente para comprar os direitos europeus da invenção da lâmpada elétrica de Thomas Edison e que fundou a imensa Allgemeine-Elektrizitäts-Gesellschaft (AEG), o maior complexo de eletricidade da Alemanha — sem dúvida, uma estirpe imponente.

Uma espécie de *beau idéal* de sua geração, particularmente para os judeus alemães, e ao mesmo tempo uma *bête noire* para seus pares na indústria, que desconfiavam de tendências bolchevistas, o primeiro amor de Rathenau foi pela literatura, e em 1899 ele se afastou da empresa a fim de se dedicar aos escritos filosóficos, nos quais refletia sobre o futuro da motivação pelo lucro. Com a deflagração da guerra, aquele prodígio judaico-alemão e autodenominado grande homem, que falava quatro idiomas e tocava piano, tinha, de forma meio relutante, retornado ao negócio da família, assumindo o posto do pai como chefe da AEG.

Como a maioria dos judeus alemães assimilados — tal como Max, e certamente, como Myrtil e Flory —, Rathenau considerava-se em primeiro lugar alemão, e em segundo, judeu. "Sou um alemão de fé judaica", dissera, para explicar a sua notória lealdade. Foi um dos poucos industriais alemães a se darem conta de que a direção dos recursos econômicos da nação pelo governo seria necessária à vitória. E o apaixonado Rathenau conseguiu convencer o governo da importância de se criar um Departamento de Matérias-Primas de Guerra, dentro do Ministério da Guerra, para organizar o lado logístico das questões — antes de aceitar chefiá-lo. Mais de um historiador afirmou que a brilhante contribuição de Rathenau aos esforços de guerra permitiu que a Alemanha prosseguisse por pelo menos mais um ano, talvez dois — mais tempo do que seria possível de outro modo (o que talvez ele tenha lamentado, àquela altura).

Um intelectual judeu alemão que se recusou a aderir àquela parada foi Albert Einstein, o físico, que já adquirira renome internacional por suas experiências na teoria da relatividade. Praticamente só, em meio à *intelligentsia* judaico-alemã, Einstein não acreditava que a guerra fosse absolutamente necessária à continuidade da civilização.

Mas, naquele tempo, o que Einstein sabia?

Com toda certeza, Max Frank, de Breitenheim, queria dar sua contribuição à causa quando enviou os quatro filhos para a guerra: Myrtil e Julius para a infantaria, Irma e Lisbeth como enfermeiras. Muitas outras famílias judaico-alemãs e patriotas fizeram o mesmo, consumindo com avidez as notícias nas primeiras semanas da Grande Guerra, enquanto a situação no Ocidente ainda estava fluida e tudo era possível.

Do ponto de vista do público alemão, as manchetes pareciam promissoras, enquanto as mais de oitenta divisões designadas para conquistar a França colocavam-se em posição, tal como requeria o Plano Schlieffen. Formulado em 1905, quando a Alemanha deu início ao planejamento da guerra, aquele plano estratégico, um tanto empoeirado e tão cheio de remendos, propunha que a maior parte do Exército do kaiser executasse um ataque de grande alcance, ceifando a região dos Países Baixos e evitando as imensas fortificações francesas na fronteira com a Alemanha.

Segundo o cenário original de Schlieffen, o *Schwerpunkt* inicial do Exército, ou a investida principal, cairia sobre todos os três Países Baixos: a Holanda, a Bélgica e Luxemburgo. O plano foi modificado por Helmuth von Moltke, chefe do Estado-Maior alemão, que propôs que o Exército se desviasse da Holanda e que a neutralidade holandesa, em vigor desde as Guerras Napoleônicas, fosse novamente respeitada, ainda que apenas por questões de conveniência. Von Moltke tinha confiança de que o pequeno Exército belga não seria capaz de impedir as forças alemãs de atingirem logo seus objetivos. A proposta foi aceita, e o *Schwerpunkt* iria seguir através de Flandres.

Essa pretendida revisão dos planos alemães, evidentemente, foi boa para os holandeses, que não tinham nenhum interesse em se verem sugados para o iminente conflito. Entretanto, ninguém garantia que, quando as hostilidades realmente estourassem, os belicosos alemães não ficassem tentados a atacar de qualquer maneira o interior da Holanda. Quando os terríveis canhões de agosto finalmente chegaram, a Holanda estava preparando-se para o pior, mobilizando seu Exército de meio milhão de soldados e construindo uma cerca eletrificada ao redor das fronteiras, como se isso pudesse adiantar alguma coisa.

Para alívio dos holandeses, o Exército alemão manteve-se firme quanto à revisão do Plano Schlieffen, e a colérica máquina militar alemã, com destino a Paris, interrompeu no último minuto, a poucos quilômetros da fronteira, o avanço contra a Holanda, precipitando-se, ao invés disso, sobre os seus desafortunados vizinhos, Bélgica e Luxemburgo.

A Grande Guerra viria a tornar-se uma época de extrema privação para a região metropolitana da Holanda, cujo comércio exterior, do qual dependia quase que inteiramente, fora suspenso pelo bloqueio aliado do canal da Mancha, paralisando a vida econômica. O Exército foi forçado a permanecer alerta pelo resto da guerra, o que constituiu outro fardo considerável. Entretanto, comparando-se com a Bélgica e o Luxemburgo, devastados pela ofensiva inicial alemã, os holandeses saíram-se razoavelmente bem. A neutralidade holandesa foi confirmada mais uma vez, sendo-lhe atribuído o mesmo status internacional que o da Suíça e o da Suécia, e reforçando a crença do pacífico Reino de que, de algum modo, ele existia em um lugar à parte.

Infelizmente, como os holandeses iriam descobrir em 10 de maio de 1940, não era bem assim.

Afinal, a guerra no Ocidente não seguiu o modelo que o Estado-Maior alemão planejara. Os belgas, ultrajados com as atrocidades reais ou imaginárias cometidas pelos invasores, opuseram uma luta muito mais eficaz do que esperavam o comandante alemão, general Erich von Ludendorff, e seus generais, protelando assim a "ceifa" alemã. A Força Expedicionária Britânica também chegou mais rápido do que se esperava.

A inconclusiva batalha que finalmente teve lugar na França em setembro de 1914 — na qual os alemães quase romperam as forças de franceses e britânicos reunidas às pressas, mas foram finalmente combatidos pelos Aliados — seria conhecida como a Primeira Batalha do Marne. Ela também seria decisiva na determinação das características do restante da guerra no Ocidente.

Rechaçados, os alemães se retiraram. Mas de modo algum saíram derrotados. O moral das tropas estava nos píncaros. Não havia falta de material bélico, e nem haveria por algum tempo — graças, em grande parte, à astuciosa logística de Rathenau. A única coisa a ser modificada era a tática. O que por um breve espaço de tempo fora uma guerra de movimentação, agora era uma guerra de posição, enquanto os Aliados e as potências do centro, em seus mundos paralelos, agachavam-se nas trincheiras, ajustavam as máscaras contra gases, armavam suas baionetas e se preparavam para a mais estupenda — senão a mais estúpida — de todas as batalhas da história militar: a Primeira Batalha de Somme, Verdun, Passchendaele. Imensa, pesada, como uma guerra de formigas em que os homens da infantaria lutavam e morriam por algumas centenas de metros de lama sem a menor importância, para começarem tudo de novo no dia seguinte.

Isso podia ter sido diferente. Os alemães simplesmente poderiam ter vencido a Primeira Batalha do Marne, abrindo caminho através de Paris, se não se houvessem desviado para a esquerda na fronteira com a Holanda. Mas eles o fizeram — fato pelo qual o kaiser no fim acabou agradecido, pois, quatro anos mais tarde, quando a injeção de tropas norte-americanas no lado aliado finalmente rompeu o impasse no oeste e provocou a capitulação dos exaustos alemães, Guilherme, junto com o príncipe que abdicou à coroa, fugiu pela fronteira da Holanda, conseguindo asilo permanente naquele país (asilo este que os holandeses se recusaram a revogar quando, em 1919, os Aliados exigiram que ambos fossem entregues).

Um dia Myrtil Frank, soldado da infantaria e ainda súdito leal ao kaiser, também iria sentir-se grato à neutralidade holandesa.

Assim como muitos judeus alemães que se juntaram sob o estandarte dos Hohenzollern em 1914, Myrtil e Julius, os Frank que lutaram, cumpriram seu dever para com a pátria. Myrtil foi transferido para o front oriental, para guerrear com os russos, um lance de sorte no seu caso, e sem dúvida alguma uma explicação para o fato de ele não ter sido mais um do desproporcional número de judeus mortos. Em última análise, doze mil soldados judeus alemães morreram durante a guerra — quase um de cada oito alistados —, a maioria deles no front ocidental.

Como grande parte, senão a maioria, dos veteranos de ambos os lados, Myrtil não costumava falar muito sobre o seu serviço na guerra, preferindo esquecer o que tinha visto. Mais tarde, Dorrit e Sybil recordariam apenas que ele serviu na Rússia e na Polônia, e que esteve nas linhas do front, ou próximo a elas. Depois, em seguida à Revolução de 1917 e à retirada da guerra do governo bolchevique, recém-empossado, Myrtil, ainda um soldado raso, foi novamente designado para os quartéis em Berlim, provavelmente para lidar com suprimentos, o que fazia sentido, tendo-se em conta sua experiência anterior no comércio.

As poucas fotos que restaram de Myrtil uniformizado e os escassos instantâneos que ele bateu enquanto estava servindo lançaram um pouco mais de luz sobre os seus anos de guerra. Há uma foto formal dele de uniforme, tirada pouco antes de sua transferência, em que ele parece, senão empolgado por estar ali, ao menos resoluto. Há outra em que ele está com a mesma típica expressão, já no barco. Como outros soldados ávidos por registrarem sua "grande aventura", Myrtil de fato levou consigo uma pequena câmera, e ainda sobrevive certa quantidade de pequenas fotos amarfanhadas, mas é difícil identificar alguma coisa a partir delas. Há muitos instantâneos de camponeses russos sorridentes, alguns com compridas barbas. Talvez fizessem parte dos judeus russos ainda escravizados, e que, segundo se dizia, viam aqueles alemães emancipados como verdadeiros libertadores, o que poderia explicar seus rostos radiantes. É difícil dizer.

A destruição dos arquivos militares alemães pelos bombardeios aliados durante a Segunda Guerra Mundial torna ainda mais difícil a reconstrução da carreira militar de Myrtil. Se ele foi condecorado, manteve isso em segredo. Não foi ferido (pelo menos, ao que se sabe). Como quatro milhões de outros alemães que atenderam à convocação do kaiser, Myrtil Frank cumpriu seu dever. O resto permanece um tanto misterioso.

Também Julius cumpriu o seu papel. Enviado para o oeste, aconteceu de o comandante regimental reparar naquele artista aspirante rabiscando o tempo todo, e prontamente pediu-lhe que trabalhasse como ilustrador no jornal do regimento. Foi assim que Julius pôde registrar o caos da batalha de Passchendaele e de outras, tarefa que, segundo declarou mais tarde, salvou-lhe a vida.

E assim, Johanna e Max puderam ter de volta os seus filhos. Tiveram sorte, e muito se regozijaram com isso. Mas o seu júbilo, entretanto, foi emudecido. A Alemanha perdera a guerra. A monarquia caíra. O kaiser abdicara. Havia uma revolução em Berlim. E, num golpe de ordem mais pessoal, os dois filhos deixaram enfaticamente claro que não estavam interessados em entrar no negócio de vinhos.

Para começar, Myrtil jamais se interessara por política. Mas a Grande Guerra — como ficou conhecida antes de acontecer a outra, muito maior — fizera dele um liberal, senão mesmo um radical, abalando sua crença no direito do Estado de declarar guerra. Meio século mais tarde, quando os Estados Unidos se imiscuíram no atoleiro do Vietnam, Myrtil jurou que preferia mandar seu neto, em idade para o serviço militar, à Europa do que vê-lo lutar no que considerava outro conflito sem sentido. Parece que a temporada na guerra lhe deu um certo sentido de invencibilidade, o que ajudaria a explicar alguns dos incompreensíveis riscos que assumiu mais tarde, quando os Frank foram para a clandestinidade na Holanda. Por último, mas não menos importante, a guerra também reforçou-lhe o desejo de se casar com a encantadora Flory Marburger, que conscienciosamente o esperou por quatro longos anos.

Em 27 de novembro de 1919, Flory e Myrtil casaram-se em Frankfurt. Segundo todas as versões, o evento foi muito alegre. A foto do casamento ainda existe, e nela ambos parecem absolutamente radiantes.

Por mais decepcionante que tivesse sido a guerra, ela não conseguiu abalar a fé essencial de Myrtil em sua pátria, ou o seu orgulho de ser um "alemão de fé judaica", como memoravelmente enunciara o seu contemporâneo Walter Rathenau. Na verdade, se algum efeito ela teve, foi o de reforçar esses sentimentos. Nada havia de intrinsecamente errado com a Alemanha — era isso o que sentiam ele e os outros judeus alemães sobreviventes que lealmente haviam servido a ela. Ela apenas fora mal orientada. O que se precisava era de uma liderança mais iluminada.

Em 1919, assim como em 1914, não era possível, tanto para Flory quanto para Myrtil, imaginarem a si próprios como outra coisa *a não ser* alemães leais.

Isso, evidentemente, haveria de mudar.

2
Os dias ultradadá

"Uma revolução terrorista sob a liderança do dr. Liebknecht, o socialista radical, estourará na próxima sexta-feira à noite, dizem algumas notícias. Segundo estas, Liebknecht conta com quinze mil homens bem armados. A população de Berlim está à mercê de gangues de desordeiros, e parece não haver nenhuma autoridade ali."

The New York Times, 5 de dezembro de 1918

"Chega um momento na existência de todo homem, seja ele bom ou mau, em que, apavorado com a melancolia e o tédio da sua vida quotidiana, a sua alma anseia por alguma coisa diferente — ele sonha com o desconhecido, com o encanto e a emoção que pensa ser a sorte daquele outro homem — o homem da rua."

Texto de abertura do melodramático filme alemão *A rua* (1923)

"Jedermann sein eigner Fussball"

Título de uma publicação dadaísta alemã do início dos anos 1920, e que significa: "A cada um o seu próprio futebol"

A edição de 1905 do guia *Baedecker Berlin*, produzida quando a antiga colônia estabelecida às margens do rio Spree começava a ser reconhecida como uma das grandes cidades européias, senão mesmo a capital alemã, traça um convidativo retrato de uma cidade dinâmica e diversificada, uma cidade jovem, uma cidade movimentada.

A transformação de Berlim, de um pequeno cruzamento de estradas para a grande metrópole da Europa central, com uma população — naquele tempo — de pouco mais de três milhões de habitantes, fora muito rápida. Em torno de 1860, quando a cidade comportava menos de oitocentas mil pessoas, Henry Adams, o conhecido escritor e diplomata norte-americano, ainda descrevia Berlim — que progredia à sombra de sua bem-sucedida irmã, a portuária Hamburgo — como "uma pobre cidade de província: simples, suja, pouco civilizada e, quase sempre, desagradável".

Agora, não era mais assim. "Quase cada setor de Berlim oferece uma agradável imagem", declarava o escritor do guia alemão.

> Suas ruas exibem uma limpeza exemplar. Há poucas calçadas ou aléias escuras, mesmo nas partes mais antigas da cidade. Quase todas as casas mais recentes possuem varandas, que no verão ficam alegres com plantas e flores. As praças públicas são embelezadas por jardins, monumentos e fontes. Os centros do tráfego, com suas redes de linhas férreas, e a navegação sobre o rio oferecem cenas de notável animação.

"É uma nova cidade, a mais nova que já vi", entusiasmou-se Mark Twain, o escritor norte-americano, que por diversas vezes visitou a Berlim do boom pós-bismarquiano. Para Twain, que vinha do Meio-Oeste dos Estados Unidos, a Berlim dos anos 1890 e início dos 1900, alvoroçada e sedenta de novidades, lembrou-lhe Chicago, a mais ativa então das metrópoles dos Estados Unidos, embora ele ainda preferisse Berlim.

Tal como muitos estrangeiros, Twain impressionou-se sobretudo com os enormes bulevares da cidade. Frederico o Grande fizera construir os amplos Unter den Linden e Kurfürstendamm para que pudessem comportar as manobras militares, mas agora, assim como os Champs Elysées ou a Quinta Avenida, eles haviam adquirido vida própria. "Só algumas partes de Chicago podem ser tão grandiosas e lindas", declarou entusiasticamente Twain, "ao passo que tudo em Berlim é majestoso e sólido, e a cidade é uniformemente linda, e não apenas em algumas partes."

Acima de tudo, juntamente com a energia e a "animação" contagiosas da "nova Berlim", havia a paz e a ordem, e o respeito pelos antigos valores — "*Eine christliche Weltanschauung*", como dizem os alemães.

Essa era a divertida, apesar de um tanto sóbria, Berlim anterior a 1914, a Berlim do *Kaiserzeit,* antes que o kaiser e seus exércitos, que incluíam milhares de berlinenses patriotas — e milhares de berlinenses judeus-alemães igualmente patriotas — marchassem para a guerra e para o abismo.

Mas em março de 1919, aquela Berlim estava morta. George Renwick, correspondente do *New York Times*, encontrou a *Großstadt* — a Grande Cidade — ainda atordoada pelo recente levante, e também sofrendo com o prolongado bloqueio de alimentos imposto pelos Aliados. "A luta civil em Lichtenberg" — um distrito na região leste de Berlim onde milhares de combatentes espartaquistas, de esquerda, morreram lutando contra unidades direitistas do Exército, os Freikorps (que, com certa incoerência, tinham vindo ajudar a abalada República Social-Democrata, de cinco meses de existência) — estava, segundo observou esperançado o norte-americano, "quase no fim. São visíveis os indícios de um aumento na ordem. Os trens estão operando e os metrôs funcionam."

Mesmo assim, percorrendo de táxi a cidade, Renwick impressionou-se com o contraste entre a sombria cidade que encontrou e a outra, cheia de alegria, que certa vez conhecera:

> ... Começou então um passeio por uma cidade fantasma, pois é assim que se pode descrever Berlim hoje. As ruas e as longas avenidas estavam fracamente iluminadas, meninos deslizavam em seus patins. Pessoas tristonhas moviam-se devagar e, ao que parecia, sem objetivo. Aqui e ali, pude escutar a voz rouca de um vendedor de rua.

Aquela Berlim agradável e de cores suaves dos tempos de Guilherme tornara-se agora um lugar sombrio e ameaçador, onde muitos edifícios ainda tinham os buracos de bala das recentes batalhas de rua entre os Freikorps, bem treinados e armados, e os vermelhos — cujos líderes, Karl Liebknecht e Rosa Luxemburgo, tinham sido mortos e massacrados no Hotel Eden e depois jogados no Tiergarten (não longe de onde em breve os Frank iriam morar) apenas algumas semanas antes. O corpo inchado e irreconhecível de Rosa Luxemburgo apareceu boiando no canal Landwehr. Era uma cidade faminta e atacada pela doença: o bloqueio aliado, que se prolongara de forma cruel, fora suspenso havia pouco, depois que os vencedores extorquiram enormes somas dos prostrados alemães em troca de reassumirem os fornecimentos emergenciais de alimentos, prenunciando o espírito vingativo que dentro em pouco reinaria na Conferência de Paz de Versalhes; uma aterrorizante e macabra cidade, que serviu de inspiração ao filme mudo que breve seria lançado, *O gabinete do dr. Caligari*, no qual Cesare, o primeiro espectro do cinema, obedece cegamente à voz assassina do seu mestre e rapta uma jovem inocente — presumivelmente uma berlinense — e a carrega por sobre os telhados da cidade, tal como King Kong, até que, exausto (e um tanto incompreensivelmente) cai morto. Mas não há mesmo lógica nesse tipo de coisas.

Tampouco havia muita lógica na Berlim do pós-guerra, onde George Grosz, o autoproclamado artista dadá, celebrava o vazio em seus desenhos escabrosos e inesquecíveis da cidade, nos quais misturavam-se generais de direita e capitalistas de monóculo, poderosos e famintos de poder, com veteranos de guerra mendigando por uma moeda. O novo movimento niilista da arte/antiarte tomara como seu improvável nome a palavra absurda "dadá". O próprio Grosz levava consigo uma bandeira jocosa porém exata: *DADA ÜBER ALLES.**

"Não se vêem mais os cafés e restaurantes com a iluminação feérica, as ruas brilhantes e a pressa do trânsito", lamentava-se Renwick, espantado. "Por toda parte havia uma obscuridade subterrânea. Como era diferente tudo aquilo, se comparado às luzes vivas e movimentadas da Berlim de antes da guerra!"

Logo abaixo do deprimente relato de Renwick vinha um comunicado da Associated Press, igualmente apocalíptico, informando que antes do fim de maio estariam esgotados os estoques de alimentos da Alemanha.

Foi essa a Berlim que acolheu Myrtil Frank em dezembro daquele tumultuado primeiro ano do pós-guerra, quando ele se mudou para o novo apartamento em Brückenallee, uma rua arborizada bem diante do Tiergarten. Preparava-se para assumir os seus deveres como um dos recém-contratados gerentes do todo-poderoso escritório municipal de distribuição de alimentos.

---

* "Dadá acima de tudo", em uma referência ao início do hino nacional alemão, "Alemanha acima de tudo". (N.T.)

Sem dúvida, o simples fato de que a República, sacudida assim pela tempestade, continuasse existindo era um grande milagre. Em junho, tão logo silenciaram os ecos dos últimos tiros da revolta espartaquista, o governo e o país ficaram chocados com a promulgação dos termos do acordo firmado em Versalhes, como preço final pela paz. Entre os muitos e onerosos artigos do tratado — ou do Diktat, como logo foi chamado o documento — incluíam-se exigências de que a Alemanha devolvesse à França a Alsácia-Lorena (o que não era uma surpresa), mas também o Sarre, a Silésia Superior e outras partes do seu território, como também todas as suas antigas colônias.

Além disso, segundo os termos de Versalhes, o Exército alemão seria reduzido a uma força remanescente de cem mil homens. Mais e mais prosseguiam os termos humilhantes, como constataram os alemães com desânimo. A Força Aérea Alemã seria abolida. A Renânia, incluindo o Palatinato, deveria ser desmilitarizada e ocupada por tropas francesas: o Hunsrück, como souberam os Frank e seus vizinhos de Breitenheim, seria infestado de *zouaves*.

Apenas na criação de uma Liga das Nações para arbitrar conflitos futuros foi que a influência dos idealistas Quatorze Pontos de Woodrow Wilson se fez sentir. Entretanto, nos artigos que especificamente se referiam à Alemanha, os vingativos britânicos e os ainda mais vingativos franceses já tinham ganho o dia.

Tudo isso era já ruim o suficiente. Mas os artigos que mais ficaram atravessados na garganta dos alemães foram os de número 227 a 232, as chamadas cláusulas de honra, particularmente a 231 — a "cláusula da culpa da guerra" —, que declarava a Alemanha responsável "por causar todas as perdas e os danos" sofridos pelos Aliados. Esta foi usada para justificar a cláusula seguinte, a 232, que criava uma comissão encarregada de determinar o valor das reparações — e que afinal estipulou a risível soma de cento e trinta e dois bilhões de marcos de ouro, cerca de trinta e dois bilhões de dólares de ouro. Os alemães sentiram-se ultrajados. Com toda a certeza, poucos acreditavam que a Alemanha fosse a única responsável pela guerra. Ali, já pronta, estava a futura plataforma de Hitler.

Como observou Herbert Hoover, chefe da missão norte-americana de ajuda (e futuro presidente dos Estados Unidos): "O ódio fervilhava [nas negociações de Versalhes], com exigências de punições, vinganças, indenizações e reparações ... Nós e o nosso mundo temos de conviver com esses setenta milhões de alemães." Hoover, que depois, ironicamente, seria afastado pelos norte-americanos nas eleições de 1932 devido à sua notória insensibilidade, prosseguiu advertindo: "Não importa saber o quão forte é nosso sentimento neste momento, a nossa visão deve se estender pelos próximos cem anos."

Mas tanto a visão idealista de Hoover como a visão original de Wilson fracassaram em Versalhes. O ódio triunfou. O ódio haveria de ser devolvido.

Houve tumultos no governo provisório de Weimar quando da publicação dos termos propostos. "Qual mão não se encolheria vendo a si mesma e a todos nós agrilhoados dessa maneira?", exclamou Philipp Scheidemann, o primeiro presidente, que seis meses antes fizera a proclamação da república "acidental". Ele preferiu renunciar a assinar aquele ofensivo documento. Só um ultimato vindo de Paris, deixando claro que os Aliados estavam dispostos a invadir a Alemanha, obrigou uma relutante delegação alemã — que incluía um corajoso judeu alemão, Matthias Erzburger, posteriormente aviltado e assassinado por seus esforços — a assinar o *Diktat* em 28 de junho de 1919.

Em agosto, o prestígio ainda abalado do governo sentiu-se um tanto alentado pela promulgação formal da nova e ultrademocrática (ainda que talvez não inteiramente considerada em detalhes) Constituição de Weimar. Combinando elementos retirados tanto do sistema presidencialista norte-americano quanto dos sistemas parlamentaristas britânico e francês, o documento altamente idealista redigido por Hugo Preuss — professor de direito da Universidade de Berlim, um liberal e, além disso, mais um judeu — incluía artigos dando espaço para a iniciativa e o referendo popular, como também um presidente forte, eleito pelo total da população, e um chanceler responsável pela legislatura.

Infelizmente, a Constituição de Weimar também continha os meios de sua própria morte, inclusive artigos sobre a autonomia dos governos estatais locais — o que breve permitiria que autoridades locais da Baviária deixassem florescer os nazistas sob o seu leniente governo — e, mais fatalmente, o artigo 48, que dava poderes ao presidente para governar por decreto. Esse artigo acabaria por levar à instalação, na Chancelaria, de um antigo cabo austríaco chamado Adolf Hitler, então se recuperando de ferimentos num hospital, e ao fim do democrático Segundo Reich.

Na época, entretanto, a nova Constituição parecia dar à Alemanha a base para um recomeço. Em setembro, os novos assessores republicanos julgaram seguro retornar à capital, ainda que não seguro o bastante para realizar eleições nacionais. Assim, voltaram a Berlim para, gentilmente, assumirem as rédeas da situação.

Mas Berlim, na verdade, ainda não era um lugar seguro, nem para o governo, nem para o povo comum. O sistema de distribuição de alimentos, que contratara Myrtil para ajudar na organização, estava inapelavelmente arruinado. Em agosto, só para citar um exemplo do caos que ali reinava, setenta e cinco mil revendedores de alimentos fecharam suas lojas em protesto contra a iminente comercialização dos suprimentos alimentícios. Havia dezenas de outras greves, algumas sérias, outras por motivos fúteis. Os crimes nas ruas aumentavam. A alegre e animada Berlim de Karl Baedecker se fora. Agora, era a Berlim do dr. Caligari, e continuaria assim por bastante tempo.

Brückenallee, uma rua outrora elegante, próxima ao Tiergarten, onde Myrtil havia encontrado um apartamento para ele e Flory, parecia um tanto sinistra. Olhando-se à volta, era possível encontrar buracos de bala da última rebelião. Havia muitos fantasmas por ali.

Não muito antes, durante a guerra, a rua recoberta de folhas repercutia o som dos carros fúnebres que transportavam os caixões dos mortos vindos de Bellevue, a estação de bondes situada nas proximidades. À noite, esse mórbido espetáculo seria seguido, no zoológico de Berlim —

antes tão grandioso, e agora abandonado —, pelo aulido arrepiante dos animais sendo mortos para serem devorados pelos alemães famintos. Os vizinhos dos Frank juravam que se alguém prestasse atenção ainda poderia escutar os uivos.

Em suma, aquele não era o local mais auspicioso para se começar uma vida nova. Mas os Frank se recusavam a desanimar. A nova e responsável posição de Myrtil junto à administração de alimentos de Berlim era a sua chance, a chance de ambos, e com o apoio de Flory ele decidiu apostar tudo o que tinha, ignorando o caos.

Os primeiros anos da República de Weimar — 1920, 1921, 1922 — coincidiram com os primeiros anos da vida de casados dos Frank, como também de suas vidas como adultos independentes e berlinenses autênticos. Foi um tempo feliz e excitante, um desabrochar no vazio. No mundo externo, da Berlim do dia-a-dia, ainda reinava o Dadá — o caos —, porém no mundo deles, na Brückenallee n.4, as coisas eram perfeitamente gemütlich.*

O trabalho de Myrtil na distribuição de alimentos continuava difícil. Ele e seus companheiros de logística faziam o máximo para distribuir os suprimentos desordenados que recebiam, ao mesmo tempo em que enfrentavam o caos. Apesar dos seus esforços e os de sua enérgica equipe para manter Berlim alimentada, a situação social e econômica, de modo geral, permanecia extremamente instável. A probabilidade de um completo colapso no sistema jamais estava muito distante.

Em janeiro de 1920, um mês depois de Myrtil começar seu trabalho logístico, o jornal *The New York Times* noticiava que, em decorrência do atraso dos últimos estoques de alimentos vindos do campo, a situação da alimentação na capital permanecia "crítica". Era iminente outra revolta espartaquista, segundo o jornal.

De algum modo, entretanto, os suprimentos de que se necessitava tão desesperadamente foram encontrados, transportados e distribuídos.

* Confortável, agradável. (N.T.)

Embora os berlinenses continuassem a reclamar — tanto os cidadãos de modo geral quanto os comerciantes de alimentos, que tinham de se submeter às novas regras de racionamento —, não se repetiram os casos de tumultos por comida que haviam assolado a cidade no outono anterior. A catástrofe foi evitada. Os espartaquistas, ou o que sobrou deles, ficaram em casa.

Entretanto, durante certo tempo, a ameaça de fome generalizada continuou a pairar sobre Berlim e sobre o trabalho de Myrtil e o de outros encarregados da alimentação. A imagem das famílias berlinenses vasculhando o lixo em busca de algum suplemento à sua magra ração tornou-se comum durante todo o início dos anos 1920. Em janeiro de 1921, na Suíça, um observador das questões mundiais famoso na época — seu nome era F. Foerster — declarou publicamente que, em decorrência da continuada escassez, a Alemanha estava à beira da anarquia. "Se a Alemanha continuar sofrendo tão agudamente devido à subalimentação", advertia o professor, "ela irá tornar-se um terrível paiol de pólvora, ameaçando toda a Europa." A situação de escassez e fome vivida no início dos anos 1920 — conseqüência em grande parte do rancor dos Aliados (fator que pode explicar o motivo de esse vergonhoso episódio estar hoje quase esquecido no Ocidente) —, aquela terrível situação que Myrtil e seus companheiros de trabalho tentavam melhorar, fazia parte dos ressentimentos ocultos que acabaram levando à explosão nazista.

Enquanto isso, segundo o mesmo artigo com a fatalista predição do dr. Foerster, pelo menos um importante médico de Berlim estava advertindo os jovens berlinenses sobre o seu dever de não "conceberem filhos num mundo desses". E que mundo.

O escritor Ilya Ehremburg, um dos muitos artistas e intelectuais russos que viajaram para Berlim no período imediatamente posterior à guerra — um importante grupo incluindo notáveis como o pintor Wassily Kandinsky (que participou da inauguração da escola vanguardista da Bauhaus, em Weimar), além de outros —, ficou chocado com a violência e a miséria ao chegar a Berlim, em 1921. "Os alemães estavam vivendo como se estivessem numa estação de trens", escreveu o russo, impressionado. "Ninguém sabia o que poderia acontecer de um dia para o outro. Todos os dias, os donos das lojas trocavam os preços das mercadorias. O marco perdia o valor. Bandos de estrangeiros perambulavam pela Kurfürstendamm, comprando por uma bagatela tudo o que restara da antiga opulência."

Apesar de tudo, as chaminés das fábricas continuavam lançando fumaça, os guarda-livros prosseguiam com suas contas astronômicas, as prostitutas dolorosamente continuavam a maquiar-se. A cada esquina viam-se os pequenos *Diele*, salões de dança onde esguios casais balançavam-se concentrados, para lá e para cá. O jazz retumbava. As canções populares anunciavam: "Sim, não temos bananas" e "Amanhã será o fim do mundo". Entretanto, de um dia para o outro, o fim do mundo era sempre protelado.

E Myrtil e Flory jamais haviam estado mais felizes ou mais apaixonados.

A despeito de muitas vezes ser frustrante o trabalho de Myrtil no escritório de distribuição, por outro lado este também conferiu-lhe poder. Era deprimente, é claro, caminhar todos os dias pela Friedrichstrasse, quando se dirigia ao trabalho, passando pela fila de veteranos aleijados a vender fósforos, ou esmolando uma moeda. Mesmo assim, enquanto Myrtil elaborava o planejamento logístico para alimentar Berlim — a *sua* Berlim —, ele sentia que estava contribuindo com a sua parte. Além disso, o salário não era ruim. E todo dia ele fazia novas relações, relações que poderiam ser-lhe úteis na carreira que pretendia seguir, como corretor na bolsa de Berlim.

Em suma, nada mau para um simples frangote iniciante, principalmente um judeu saído de Breitenheim. Quando Myrtil chegava em casa, depois de uma curta caminhada desde a parada de bondes de Bellevue, quase sempre se sentia com uma alegre disposição, e assim também sua linda e jovem mulher.

Esses foram também os anos em que, pela primeira vez, Myrtil e Flory puderam conhecer-se melhor. Houve algumas surpresas, a maioria boa. Primeiro, como Flory verificou, aquela pessoa tão compenetrada não perdera o contato com seu lado ingênuo, coisa rara num homem tão sério. No futuro, Myrtil iria divertir os netos equilibrando uma bandeja de prata na cabeça e dando voltas, sem mais nem menos. Agora, ele fazia proezas semelhantes para Flory. Também sabia soltar longas gargalhadas, como ganidos que pareciam vindos de parte alguma. Quando Til estava trabalhando, concentrava-se só no trabalho, mas quando estava livre, então topava tudo, e seus olhos faiscavam com uma alegria levemente louca.

Flory também tinha suas próprias peculiaridades, como Myrtil descobriu por sua vez. Uma otimista de nascença, ela era grande adepta da auto-sugestão — ou da auto-sugestão consciente, como era tecnicamente chamado o popular sistema de auto-ajuda que se tornara uma verdadeira mania na Europa e nos Estados Unidos, principalmente entre as sugestionáveis jovens de classe média. Criado pelo farmacêutico francês Emile Coué, esse sistema de auto-ajuda, fácil e de certa forma ilusório — o precursor do pensamento positivo dos dias atuais —, girava em torno da repetição de uma frase parecida com canção de ninar: "Dia a dia, em todos os sentidos estou cada vez melhor."*

O extremo senso estético de Flory, herança daquela sua adolescente passagem por Paris, também a ajudava de vários modos. Quando não estava ao piano, a jovem de Frankfurt, dotada de talento musical, gostava de cantarolar. Flory cantava muito bem. Também adorava decoração. Isso era bom, a não ser quando os gostos entravam em choque, os do marido mais extravagantes, e os dela, de certa forma, mais circunspectos. Nas raras ocasiões em que isso acontecia, Myrtil, que reverenciava a esposa de várias maneiras, ficava feliz por ceder diante de sua opinião mais cultivada. Afinal de contas, ela passara um ano em Paris!

Não era um par perfeito. A personalidade de Myrtil, mais relaxada, chocava-se um pouco com a de Flory, mais conservadora e reprimida. Mas era um bom par, e continuaria sendo por muito tempo. Se o alegre

---

* *"Day by day, in every way, I am getting better and better."* (N.T.)

Myrtil era *schnapps*, para colocar a coisa em termos de bebidas, Flory era Dubonnet.* E juntos eles faziam a festa.

Se tudo em volta fracassou, ainda assim os Frank podiam juntar-se ao número sempre crescente de berlinenses que iam ao cinema fugindo da realidade. Se a Berlim do pós-guerra era louca por jazz, também era por cinema, e aderiu a essa nova moda com um entusiasmo semelhante ao da corrida do ouro. Em 1919, enquanto começava a se desfazer a trama social da Berlim revolucionária, erguiam-se dezenas de salas de exibição pela cidade, extravagantes santuários onde, por uma ou duas horas, o povo ansioso podia esquecer-se de si mesmo, enquanto as silenciosas imagens tremeluziam à sua frente, na maioria das vezes com um acompanhamento musical.

A première do já mencionado *O gabinete do dr. Caligari*, em 1920, foi um sucesso entre os jovens freqüentadores de cinema. Ainda mais populares, contudo — e mais ao gosto clássico de Flory, quando o casal foi assistir a eles no opulento Palast am Zoo, situado ali perto —, foram os grandes épicos históricos como *Madame du Barry* e *Os amores do faraó*, que o renomado diretor Ernst Lubitsch criara para o pioneiro estúdio de cinema de Berlim, a UFA. Otto Friedrich escreveu em seu best-seller de 1972, *Before the Deluge*:

> Quase todos os dias nas ruas de Berlim ... multidões de manifestantes marchavam para lá e para cá, defendendo esta ou aquela causa, enquanto, abrigados no Palast am Zoo da UFA, os berlinenses podiam escapar para um imaginário mundo em que as multidões de Lubitsch atacavam uma Berlim artificial, ou sitiavam uma falsa Torre de Londres, tudo acompanhado por uma orquestra sinfônica de setenta músicos.

Os Frank tinham-se um ao outro. Isso é que era importante, principalmente nas ocasiões em que as luzes da cidade, outrora confiáveis, efetivamente se apagavam, como fizeram brevemente durante os cinco dias do *Kapp Putsch*.

---

* *Schnapps* é um tipo de aguardente, e Dubonnet, um aperitivo de vinho. (N.T.)

Em 1919, tinha sido a vez de a esquerda revolucionária tentar ocupar o governo. Foi apenas uma questão de tempo até a direita revolucionária tentar fazer a mesma coisa. Em 13 de março de 1920, Berlim e o mundo espantaram-se ao saber que um grupo de soldados de direita liderado por um obscuro político chamado Wolfgang Kapp havia ocupado a Chancelaria e instalado postos com metralhadoras por todo o distrito governamental. Apoiando Kapp estava a experiente brigada Ehrhardt, uma unidade endurecida pelas batalhas, que lutara no Báltico durante a Grande Guerra e que também servira como unidade da Freikorp na repressão à rebelião espartaquista. Ao que se dizia, os rebeldes eram apoiados pelo general Ludendorff, o comandante alemão que atuara durante a Grande Guerra e que ainda impunha seu modo imperial de ser.

No dia em que sucedeu a tentativa de golpe de estado, o governo republicano destituído convocou uma greve geral. Para sua surpresa e satisfação, a greve foi atendida, enquanto os sindicatos, os militantes de esquerda, o governo e os próprios berlinenses se uniam para derrubar o golpe. Berlim já se habituara às greves, mas esta foi a primeira vez em que absolutamente nada funcionou. Nem mesmo os cinemas. Durante cinco dias, os berlinenses permaneceram em casa, lendo à luz do dia e jantando à luz de velas.

No final, o Kapp Putsch revelou-se mais uma *opéra bouffe* do que um *coup d'état*. O infeliz Kapp, sem a menor experiência de governo (como ficou provado quando, no mesmo dia, resolveu dissolver e em seguida não dissolver a legislatura estatal prussiana), ficou a maior parte do tempo caminhando meio atordoado pelos escritórios desertos e escuros do governo, até ser convencido a desistir e fugir para a Suécia.

"Se tivéssemos matado mais gente, tudo tinha dado certo", comentou depois um soldado que apoiara o golpe de curta duração.

Em 20 de maio de 1920, o dia seguinte ao da fuga de Kapp e sua lacrimosa esposa para o exílio, os homens da brigada Ehrhardt (cujo estandarte de guerra era adornado com uma miniatura da suástica pré-nazista) deixaram comportadamente, em fila, as instalações do governo, cantando entusiasmados as suas canções de caserna, tal como o tinham feito cinco dias antes, quando entraram lá.

O fracasso do *Kapp Putsch* deu a Ebert, o chanceler socialista, uma última chance para realizar as reformas básicas e tão desesperadamente necessárias para os serviços civil e militar. Entretanto, essas mudanças só eram populares entre parte dos alemães, que ainda se dividiam em esquerda e direita. A coalizão governamental não conseguiu obter maioria nas eleições de junho de 1920, o que resultou num *Reichstag* dividido, o primeiro dos *Reichstags* divididos que iriam sobrecarregar a condenada República pelo resto dos seus treze anos de existência.

Mas a República sobreviveu. Adiou-se o fim do mundo. E os casais dos *Diele*, esguios e apaixonados, continuaram dançando ao som da canção "Sim, não temos bananas".

Em 27 de dezembro de 1920, quando Myrtil completava vinte e sete anos, Flory presenteou-o com o primeiro filho, uma menina. Admiradora da Inglaterra e da França, Flory, com sua mente internacional (embora sempre profundamente patriótica), decidiu colocar na menina de cabelos castanhos e olhos cor de avelã o nome de Dorrit, por causa da *Little Dorrit* de Charles Dickens, um de seus romances favoritos. Aquele foi um verdadeiro gesto de *rapprochement* anglo-germânico.

Fiel às raízes dickensianas, a linda filha dos Frank, que logo já engatinhava por todo o grande apartamento da Brückenallee n.4, iria se tornar a grande romântica da família. Sincera, determinada, temperamental, adorável, Dorrit era um misto do espírito alegre do pai e do estilo *grande-dame* da mãe. Que se danassem todos esses médicos em estilo Cassandra: Flory e Myrtil sentiam-se muito felizes por terem trazido uma criança tão radiante ao seu mundo.

Apesar disso, certas mudanças preocupantes no mundo além do *Hansa Viertel* — ou o bairro de Hansa, como era conhecida a sua ativa vizinhança — não podiam ser negligenciadas, especialmente a volta do anti-semitismo à vida pública alemã.

Essa perniciosa mudança coincidiu com um surto de anti-semitismo na Europa e no resto do mundo. Foi nesse período que o notável industrial Henry Ford, com seu ódio fanático pelos judeus, proclamou muitas vezes, nas páginas de seu amistoso jornal provinciano *The Dearborn Independent*, que acreditava nos Protocolos de Sião — um documento forjado do século XIX que supostamente "provava" estarem os judeus ligados a uma antiga conspiração para dominar o mundo. Muitos norte-americanos acreditaram nele.

Nesse meio tempo, a Europa Oriental consumia-se em uma nova onda anti-semita. Na Hungria, gangues cognominadas de "terror branco" atacavam os judeus nas ruas de Budapeste, enquanto o governo, anti-semita confesso, ordenava a expulsão de todos os judeus que tivessem ali chegado depois de 1914. A Polônia, o país historicamente mais aberto ao anti-semitismo, foi sacudida por esses pogroms, como o foi também a Tchecoslováquia.

Na democrática e intempestiva Weimar, com seu estilo "vale tudo", os judeus não eram mais reprimidos, porém não podiam contar com a proteção da Coroa, como nos tempos de Bismarck e do kaiser. Havia mais oportunidades do que nunca — testemunho disso é, por exemplo, a importante posição conseguida por Myrtil —, mas a exposição também era maior.

Ataques públicos a judeus — quando os agressores tinham certeza de ter um espécime legítimo em suas garras — eram muito comuns nesses tempos de turbulência, como relata um judeu alemão, de nome Conrad Rosenstein, em suas memórias:

> Eu estava num trem certa noite, a caminho de Frankfurt. O trem estava às escuras. As luzes apagadas, o que não era incomum depois da guerra, quando as estradas de ferro alemãs estavam profundamente danificadas e pouca coisa funcionava direito. Foi em 1919, ou 1920, durante um dos primeiros períodos em que sucederam atos anti-semitas violentos, que podiam acontecer em qualquer parte, e se algum judeu tivesse coragem para brigar podia se envolver numa séria escaramuça. Muitas vezes aquilo acontecia nos trens, e era difícil deixar de reagir aos insultos e às calúnias que nos

> lançavam. Naquela noite, éramos sete ou oito pessoas sentadas num compartimento de quarta classe, no escuro, em profundo silêncio, até que um dos homens começou com o refrão de costume: "Esses malditos judeus, eles é que são a raiz de todos os nossos problemas."

Enfurecido, Rosenstein desafiou os valentões, no escuro, declarando que ele era judeu.

> Aquele era o sinal que eles esperavam. Então vieram em minha direção, ameaçando-me fisicamente. Não contive minha língua, e a discussão prosseguia. Eles começaram a me dar empurrões, até que um deles, mais perto de mim e da porta, e na certa mais encorajado pelo escuro do que pela própria valentia, sugeriu: "Vamos jogar esse judeu fora do trem."

Nesse ponto, sabiamente, Rosenstein resolveu não retaliar mais.

Os ataques a autoridades públicas judaicas — e não meramente ataques verbais — também cresceram durante esse incendiário período. Estariam ainda três quartos da nação alemã do lado dos judeus e contra o anti-semitismo, tal como declarara Rickert tão abertamente no *Reichstag* quarenta anos antes? Seria difícil para os judeus responder.

Um ataque anti-semita que abalou a fragilidade da República de Weimar foi o assassinato a sangue-frio de Walther Rathenau, então ministro do Exterior da Alemanha, em junho de 1922.

Famoso industrial e típico homem do Renascimento, ele não se aliara logo de início à República, ou esta a ele. Na Assembléia Constituinte de 1919, uma moção para nomeá-lo presidente provocara vaias dos membros da direita. Abalado, o grande homem retirou o seu nome. "Em qualquer outro Estado civilizado, o Parlamento teria demonstrado respeito bastante por um homem de posição intelectual reconhecida", protestou ele, de forma algo preciosa. "Mas o Parlamento da República alemã [me] recebeu com vaias e gargalhadas."

Entretanto, Rathenau, que ajudou o Partido Democrático Alemão, era um democrata convicto, e o novo governo achou que não podia desperdiçar por mais tempo a sua capacidade. Em maio de 1921, ele se tornou ministro da Reconstrução e, em janeiro de 1922, foi nomeado ministro do Exterior. Passou a ser um verdadeiro símbolo da República e, como o mais eminente membro da comunidade judaica, o bode expiatório ideal para os nacionalistas alemães descontentes com ela e também para os que queriam vingar-se da "punhalada pelas costas" que supostamente teria sido aplicada pelos judeus, levando à humilhação de Versalhes.

As medidas de Rathenau só fizeram recrudescer o ressentimento da direita contra ele. Em seu primeiro e muito controvertido discurso no *Reichstag* como ministro da Reconstrução, ele propôs que a Alemanha cumprisse as obrigações que lhe foram impostas em Versalhes, por mais desagradáveis que fossem, como a melhor forma de promover "novamente a sua ligação com o mundo". Continuou com o seu programa de relacionamento com o mundo exterior, inclusive com antigos inimigos da Alemanha, ao assinar o Tratado de Rapallo com a União Soviética, restabelecendo assim relações políticas e econômicas com sua ex-inimiga. O tratado, uma hábil manobra, significava o ressurgimento da Alemanha como um agente independente na arena das relações exteriores.

Infelizmente, ao estender a mão àquele mesmo governo bolchevique que patrocinara os espartaquistas, ele também se tornava vulnerável às críticas da direita, que o acusavam de ser uma espécie de agente comunista — além do fato de ser judeu. Da forma como aconteceu, a clarividente medida do *rapprochement* com os soviéticos — a qual, ironicamente, do ponto de vista da oposição conservadora, iria desempenhar um papel catalisador no rearmamento da Alemanha, uma vez que secretamente os soviéticos começaram a ajudar o Reich a reconstruir seu poderio militar — acabou por se tornar a sentença de morte do diplomata judeu alemão.

Por volta da primavera de 1922, Rathenau se tornara alvo de várias ameaças de morte. Em maio, Karl Wirth, então chanceler da Alemanha, ficou abalado ao receber informações confirmadas sobre um complô para assassinar o seu idealista ministro do Exterior. Preocupado, Wirth comunicou a trama a Rathenau, insistindo para que ele aceitasse proteção policial. Depois de uma longa pausa enquanto avaliava a notícia em seu íntimo, Rathenau recusou a oferta. "Meu caro amigo", disse ele para tranqüilizar Wirth, colocando as mãos sobre os ombros do preocupado chanceler, "isso não é nada. Quem iria me fazer mal?"

Na manhã de 24 de junho de 1922, quando Rathenau era conduzido de sua *villa* em Grunewald para o trabalho em seu carro aberto, um grupo de três veteranos da Freikorp, chefiado por um furioso ex-tenente da Marinha chamado Erwin Kern, atirou nele ao ultrapassá-lo em outro carro, e para completar ainda lançou uma granada sobre o político já mortalmente ferido.

O assassinato de Rathenau, equivalente em Weimar ao assassinato de Kennedy, deixou boquiaberta a Alemanha. "Esse crime atroz atingiu não somente Rathenau", declarou o presidente Ebert no discurso em homenagem ao ministro do seu gabinete que fora eliminado, "mas também o povo alemão!" Calcula-se que dois milhões de berlinenses — mais da metade da população inteira da cidade — acompanharam o cortejo fúnebre ou manifestaram-se em vários protestos simultâneos. Como registrou o historiador David Lange, "tanto os judeus quanto os não-judeus compreenderam igualmente que a frágil nova República não podia permitir-se a perda de verdadeiros patriotas como ele".

Entre os berlinenses que acompanharam o cortejo fúnebre estavam Flory e Myrtil Frank. Para judeus aculturados e assimilados como os Frank, o assassinato de Rathenau — o extraordinário filho da *Bildung* alemã — foi como um verdadeiro abalo sísmico. Pela primeira vez em suas vidas de adultos, os Frank sentiram-se inseguros como judeus na Alemanha.

Naquele mesmo ano, a avassaladora hiperinflação destruía a moeda alemã. Em julho, o marco, já abalado pela agitação econômica e política da Alemanha, chegava a seiscentos e setenta por um dólar, comparados aos tezentos e trinta e um de apenas algumas semanas antes.

O governo republicano, num compreensível mas mal elaborado desejo de agir contra o governo francês, que ainda ocupava o vale do Ruhr, decidiu apoiar uma "resistência passiva" à ocupação, pagando salários aos operários grevistas ali. Entretanto, o Tesouro de Weimar, já quase na bancarrota devido aos gastos com as reparações de guerra, nada tinha para dar sustentação ao papel-moeda que continuava imprimindo.

O marco, então, despencou em queda livre. Em fevereiro, chegou a valer doze mil por dólar, e isso foi só o começo. Até agosto, atingiu um milhão — e continuou subindo. Uma passagem de bonde que em julho custava três mil marcos logo passou a custar dez mil, e depois cinqüenta mil, e em seguida cem mil. Os preços dos restaurantes mudavam enquanto os freqüentadores ainda estavam no meio da refeição. Se alguém quisesse uma prova de que o Dadá verdadeiramente governava a Alemanha, ali estava ela.

Cidadãos de classe média que viviam com uma renda fixa e que conscientemente haviam depositado seu dinheiro em contas de poupança simplesmente não podiam se manter. Alguns nem sequer tentavam. Numa típica história de horror, contava-se que um desconsolado escritor berlinense gastou todas as economias de sua vida numa viagem de metrô pela cidade; depois foi para casa e se deixou morrer de fome.

Entre os alemães patriotas e esforçados que foram varridos pela inflação galopante estava Max Frank, que teve de vender a vinícola da família. Isso certamente acelerou sua morte, alguns anos mais tarde, ainda com relativa pouca idade, aos sessenta e três anos.

Ao avaliar todo o caos que o cercava, inclusive a falência do pai, em outubro de 1923, Myrtil acomodou cuidadosamente a esposa e a filha de dois anos num táxi, acompanhou-as até a estação de trem e as embarcou num expresso para Lugano, a estação de férias da Suíça, onde providenciara acomodação para elas, por algum tempo, em um chalé. Ele ficou — afinal de contas, ainda tinha de ganhar a vida —, prometendo telegrafar tão logo as coisas se acalmassem.

Mas a loucura prosseguia. No início de novembro, o marco chegou a valer um bilhão por dólar.

Alguns tentavam lançar a culpa daquela trágica situação da economia na expansão da comunidade judaica em Berlim, particularmente no grande número de judeus da Europa Oriental, notoriamente não-assimilados, que recentemente se haviam estabelecido na cidade. Mantinham suas vestes diferentes, sua língua e seus costumes. Eram chamados *Ostjuden*,* e se instalaram no bairro Scheunenviertel durante o início dos anos 1920, transformando-o numa espécie de gueto e tornando-se um verdadeiro pára-raios do anti-semitismo.

Escreveu Lange: "Além de acharem os *Ostjuden* desagradáveis, os judeus assimilados da Alemanha receavam que aquela comunidade, demasiadamente evidente, pudesse alimentar as fogueiras do anti-semitismo, provocando talvez a violência dos pogroms, que até então a Alemanha conseguira evitar." E foi isso o que eles fizeram. Em 5 de novembro de 1923, uma espécie de pogrom estourou no bairro judeu, quando bandos de desempregados furiosos caíram em cima daqueles moradores de longas barbas, supondo — erradamente — que eles tivessem comprado os seus fundos de garantia a taxas de usura.

Cada vez mais o marco subia, enquanto lá embaixo imperava o caos. "Agora", escreve o historiador Sebastian Haffner no seu emocionante *Defying Hitler*, "esperávamos a queda do Estado, até mesmo a dissolução do Reich ... Nunca houve tantos rumores: a Renânia se havia separado; o kaiser [então no exílio na Holanda] havia regressado; os franceses invadiram o país. Era difícil distinguir o possível do impossível. Pessoas desapareciam às dezenas ... Salvadores surgiam por toda a parte, gente de cabelo comprido e portando cilícios, declarando terem sido enviados por Deus para salvar o mundo."

Agora, o marco praticamente desaparecera. O pintor norte-americano Marsden Hartley, que passava um mês em Hamburgo, fascinado e estupefato com a crise nervosa coletiva da Alemanha, escreveu uma carta a seu amigo Alfred Stieglitz no verso de três notas de dez milhões de marcos. Disse a Stieglitz que era mais barato fazer aquilo do que usar papel de carta comum.

---

* Judeus orientais. (N.T.)

Cada vez mais rapidamente os casais dançavam nos *Diele*. Talvez pensassem, meneando os ombros, que o dia seguinte fosse verdadeiramente o fim do mundo.

Em 15 de novembro, o marco chegou a valer mais de quatro bilhões por dólar. Três dias depois, no que para muitos pareceu uma fraca reedição do *Kapp Putsch*, Adolf Hitler — o cabo-que-virou-político — fez sua primeira aparição no cenário político alemão, conclamando uma revolução de direita no saguão de uma cervejaria em Munique. O autoproclamado revolucionário e vingador de Versalhes conseguiu que alguns companheiros novatos do Partido Nacional-Socialista fossem mortos, antes de ser enxotado dali pela polícia da Bavária. Seu cabelo era mais para curto do que comprido, mas ele não parecia assim tão diferente de outros salvadores de olhar fanático que o haviam precedido.

3
"Quem tivesse Berlim, teria o mundo"

"Quem tivesse Berlim, teria o mundo."
Carl Zuckmayer, dramaturgo judeu, alemão e cidadão de Berlim, 1925

"Enquanto eu vir suas calcinhas penduradas no lustre, saberei que ainda me amas..."
canção popular de Berlim dos anos 1920

Durante os meses que se seguiram, foi possível retornar a uma espécie de normalidade. O marco, que subira como num balão até chegar a um bilhão por dólar, acabou descendo de volta à terra e foi substituído por uma nova moeda, mais estável, o *Rentenmark*. Insuflada por empréstimos dos Estados Unidos, a economia se recuperou. A tempestade passou. O que Sebastian Haffner chama de "a década louca" do país — o período de 1914 a 1923 — havia chegado ao fim:

> O dólar parou de subir, e o mesmo aconteceu com as ações. E quando alguém as convertia em *Rentenmarks*, elas se reduziam a nada, como tudo o mais. Assim, ninguém ficou com coisa alguma. Mas os soldos e os salários eram pagos em *Rentenmarks*, e algum tempo depois, milagres sucedendo-se a milagres, as moedinhas também surgiram, sólidas e brilhantes. Podíamos sacudi-las nos bolsos, e elas mantinham o valor. Numa quinta-feira, podia-se comprar alguma coisa com o dinheiro recebido na sexta anterior. O mundo era, no fim das contas, cheio de surpresas.

Em abril de 1924, Myrtil telegrafou a Flory para que retornasse. Finalmente, as luzes na Alemanha tinham voltado a funcionar.

Atribuiu-se a responsabilidade técnica pela contenção da avassaladora inflação a Hjalmar Schadt, o brilhante banqueiro dono de um feio mas tranqüilizador nariz bulboso, e que de fato desenvolveu o *Rentenmark* apoiado num rigoroso programa monetário de restauração. Schadt certamente era um mago, concordavam todos os alemães, examinando aturdidos a mágica moeda nova. Vivas a Hjalmar Schadt!

Entretanto, o homem que melhor personificou a recuperação da economia alemã, de meados dos anos 1920 até o final da década, foi outro tecnocrata e político alemão, até ali um tanto obscuro: Gustav Stresemann. Antes de juntar-se ao governo durante a guerra e fazer a sua aposta na república, o reconfortante Stresemann foi assistente administrativo do presidente da Associação Alemã de Fabricantes de Chocolate. Enquanto era chanceler alemão no confuso outono de 1923, ele estabeleceu as condições necessárias para a estabilização da moeda, possibilitando o retorno de algo que se poderia aproximar de uma normalidade econômica e política.

E assim Stresemann, à maneira do tranqüilo presidente norte-americano Calvin Coolidge, que governou os Estados Unidos durante a contemporânea "era dos bons sentimentos", tornou-se a própria encarnação da normalidade, o amuleto alemão contra o abismo. Enquanto Stresemann estivesse por perto, pensavam os alemães, as coisas iriam bem.

Nos seis anos seguintes, Stresemann, que agora se tornara ministro das Relações Exteriores, deu prosseguimento à política do seu antecessor — o mártir Walther Rathenau — de *rapprochement* com o Ocidente, orientando a Alemanha de volta a algo que se assemelhasse ao antigo prestígio internacional e permitindo o progresso de uma modesta recuperação.

"Durante a era Stresemann", diz Haffner, "o povo perdeu o interesse pela política ... o dinheiro chegava ao país, a moeda mantinha o valor e os negócios iam bem." Todos os que lá chegavam, durante a versão alemã da "era dos bons sentimentos", eram bem recebidos. "O setor público exigia apenas funcionários competentes, e o setor privado, apenas profissionais que quisessem trabalhar."

Em 1924, Myrtil Frank, tendo concluído sua missão como administrador da alimentação da cidade, transferiu suas capacidades e energia do setor público para o privado, tornando-se um ativo e bem-sucedido negociante no mercado futuro de grãos.

O anti-semitismo alemão, um dos fatores que pesaram na sua decisão, no ano anterior, de enviar a família para fora do país, aparentemente fora controlado com sucesso. O vazio deixado na alma da nação pela guerra e pela destruição da velha ordem estabelecida também desaparecera. Ou, pelo menos, assim parecia. A presença contínua e estimulante de Stresemann, que em 1926 recebeu o Prêmio Nobel da Paz pelo sucesso no restabelecimento das relações da Alemanha com o mundo — Stresemann, com o seu chapéu-coco e seu suave sorriso; Stresemann, o "fazedor de milagres" —, parecia a prova positiva dessa bem-vinda recuperação do espírito germânico.

É claro, Hitler e sua turma ainda andavam por ali. Ele então ditava o seu "testamento político" nos confortáveis confins do castelo de Landsberg, onde cumpria pena pela participação no *putsch* da cervejaria de Munique. Democratas convictos, tais como Sebastian Haffner e seus amigos, não tinham ilusões sobre isso. "Mas, enquanto Stresemann estivesse ali", escreveu o historiador liberal, "tínhamos mais ou menos segurança de que eles seriam mantidos em xeque."

Pelo menos, agora a Alemanha encontrava-se de novo em atividade. Comandando a marcha, levantando-se do abismo, estava Berlim. Naqueles anos — os *Goldene Zwanziger Jahre* (os Dourados Anos 20) —, Berlim atingiu o seu zênite como cidade da juventude e da imaginação. Estavam de volta o alvoroço e a "notável animação" — expressão usada pelo *Baedecker* de 1905 — da Berlim do *Kaiserzeit*, como também, felizmente, a sua harmonia cívica. Fora-se embora a atmosfera enfadonha, o respeito pela "ordem estabelecida" que impedira a cidade de se tornar uma fornalha cultural, como acontecia agora. Foram esses os anos em que Berlim se tornou a moderna *Großstadt* — a metrópole —, o triunfal tema do filme

Berlin: die Symphonie einer Großstadt, o famoso documentário futurista feito em 1926 por Walter Ruttman sobre a nova Berlim.

Aquele foi o grande momento de Weimar, e também o de Berlim.

Nesse período, Berlim tornou-se a capital da população judaica renascente. Levado por sua energia e pelas oportunidades, tal como acontecera com Myrtil em 1919, o número de judeus da cidade, noventa e dois mil em 1900, pulara agora para cento e setenta e três mil, ou seja, aproximadamente quatro por cento da população. Era uma minoria, ainda, mas cada vez mais uma minoria cuja contribuição — no que se referia a talento, energia e capital — era desproporcional a seu número.

Aquele, verdadeiramente, era o grande momento da população judaica de Berlim, como recorda Conrad Rosenstein:

> Em Berlim, tudo era melhor. A comunidade judaica era grande e influente, graças ao capital judeu. Com alguma pitada de veneno, dizia-se que os judeus eram os melhores pagadores de impostos da Alemanha. Sua excepcional inteligência tinha o efeito de "acionar a alavanca" da vida comercial. Eles estimulavam todas as experiências artísticas, como também a imprensa. Contribuíram decisivamente para o notável desenvolvimento de Berlim nos anos 20. Naqueles dias — precisamente, durante oito ou nove anos apenas —, Berlim tornou-se o centro da Europa. Assim, parecia tentador viver em Berlim, sobretudo para um judeu.

Era assim que se sentiam muitos na privilegiada e prolífica população judaica de Berlim. Para onde quer que se olhasse na grande e recrudescente metrópole, tanto nos negócios quanto nas artes, os judeus estavam sempre na vanguarda. As modernas e imensas lojas de departamentos, talvez o símbolo mais visível daquela nova prosperidade — Tietz, famosa por sua "*white sale*"* anual (a favorita de Flory), Wertheim, N. Israel e outras —, pertenciam a judeus. O principal jornal da tarde, o *Das Berliner Tageblatt*, que Til costumava ler ao retornar do trabalho para casa, era de um judeu — Rudolf Mosse — que também era dono da principal agência de publicidade da cidade.

---

* Venda especial de roupas de cama, travesseiros etc. (N.T.)

Ter negócios, entretanto, não era o mesmo que *controlar* as indústrias. Essa distinção não foi percebida pelo *Gauleiter* (o líder distrital) Joseph Goebbels, com seus discursos incendiários, escolhido pessoalmente por Hitler para enfrentar a cosmopolita e antifascista cidade de Berlim. Enfurecido com o número desproporcional de judeus importantes na vida econômica da Alemanha, ele os atacava em discursos perante os fiéis do partido. "Os judeus", clamava ele, ressuscitando um antigo lamento anti-semita, "são a nossa desgraça."

Mas, por enquanto, poucos alemães — e menos ainda berlinenses — levavam a sério aquele futuro ministro da Propaganda nazista, e tampouco iriam fazê-o enquanto a economia se mantivesse relativamente forte.

Nesse meio tempo, os judeus continuavam ocupando a vanguarda da renascença cultural de Berlim, de que todos tanto se jactavam. Quando os berlinenses não estavam assistindo a peças escritas por Carl Zuckmayer ou outros talentosos dramaturgos judeus, ou então dirigidas pelo internacionalmente famoso Max Reinhardt, ou estreladas por aclamados atores judeus tais como Ernst Deutsch ou Max Pallenberg, com certeza estariam indo ao salão da Ópera Municipal para ouvirem o maestro judeu Bruno Walter, ou os grandes astros judeus da ópera, como Richard Tauber e sua potente voz ou a esfuziante Fritzi Massary. Poderiam também estar assistindo a um filme com a iluminada Elisabeth Bergner, conhecida como "*a* Bergner", uma das primeiras atrizes alemãs de cinema.

Nem todos os principais luminares da chamada Renascença de Weimar eram judeus. Bertolt Brecht, o mais conhecido autor teatral daquele período, como também o mais controvertido, não era judeu, como também não o era Walter Gropius, seu mais celebrado arquiteto, nem Fritz Lang, o mais famoso cineasta, além de muitos outros destaques. Os judeus controlavam as artes não mais do que faziam com os negócios.

E havia também Einstein, o teórico da física. Poucos judeus sabiam ou se importavam com o que aquele grande cientista estava pesquisando. O homem não freqüentava a sinagoga desde que fizera o seu *bar-mitzvah*. Não que os judeus berlinenses fossem particularmente religiosos: os Frank, por exemplo, só de vez em quando celebravam o *shabbath*. Mas seus companheiros de religião certamente se sentiam orgulhosos de que aquele grande cientista todo descabelado também fosse um berlinense, confirmando assim a contribuição judaica naquela área de grande esforço intelectual.

Será que os judeus "tinham", ou sequer controlavam, a Berlim de Weimar? Não. Mas podemos perdoá-los por terem pensado que o faziam.

Mais tarde, tal como outros judeus berlinenses, Flory iria sentir saudades do período de 1925-1928, aqueles anos em que o Hansa Viertel recuperou sua característica como um dos mais seletos bairros de Berlim. Tempos em que, com a indulgência daquele apaixonado marido comerciante de grãos, o apartamento de dez cômodos desabrochou num verdadeiro *lar* berlinense, com uma varanda coberta de flores e, no interior, "cenas de notável animação". Por volta de 1925, um ano após o nascimento da segunda filha dos Frank, Sybil, a equipe de criados da casa incluía uma cozinheira e uma babá, além de Schwann, o motorista.

Aqueles foram tempos dourados em que Flory tinha o café da manhã servido na cama, enquanto as *Kinder* comiam sob os benevolentes e vigilantes olhos de Annie, a fantástica cozinheira da família. Em seguida, depois de frau Frank levantar-se, herr Schwann a levaria no Chrysler da família para visitar o costureiro em Wedding — um bairro simples de Berlim, no outro extremo da cidade, onde muitos comerciantes tinham aberto suas lojas. Aquele alfaiate da moda fazia freqüentes visitas a Paris para comprar artigos para suas clientes.

Ou talvez frau Frank fosse juntar-se aos seus amigos da sociedade na recepção pelos oitenta anos de Max Liebermann, o decano da arte moderna e apaixonado defensor do Impressionismo, movimento que continuava sendo o favorito de Flory (embora ela também admirasse os expressionistas). Ou talvez ela fosse participar de uma tarde de bridge com outras senhoras. E depois, todas poderiam ir de limusine refazer-se com um *Kaffee und Strudel* na Dobrieu's. E talvez, se fosse sábado, Dorrit e Sybil seriam exibidas para as outras senhoras, com a condição de que estivessem com seus sapatos de verniz da marca Mary Janes (era uma exigência de Flory), e pelo que depois seriam recompensadas com um sorvete.

Algumas vezes Flory convidava as amigas para o seu espaçoso e bem decorado apartamento, com mobília Art Déco e assoalho de parquete, e todas ajustariam os *pince-nez* para examinar a impressionante coleção de obras de arte, cujo destaque era uma cena de dança camponesa pintada por Rubens: um requinte! *"E vocês sabiam que Flory já passou um ano em Paris?"*

E depois possivelmente as crianças, para divertimento dos convidados, mais uma vez seriam trazidas à sala, com a ajuda de uma das *Kinderfräulein*. *"Mein Gott!"*, exclamariam as visitas referindo-se ao narizinho de Sybil (para o evidente aborrecimento da irmã), "Não é uma *gracinha?"* E então elas seriam despachadas de novo, e a *Klatsch** prosseguiria.

Talvez, como declarou Haffner para explicar o vazio que ainda espreitava sob a cintilante superfície de Weimar, a maioria dos alemães, "habituada a ter todo o conteúdo de sua vida de graça, ... jamais tivesse aprendido a viver dentro de si mesma, a tornar grande, linda e valiosa uma vida pessoal comum, ou a desfrutar dela e torná-la interessante".

Mas os Frank com certeza sabiam como tornar a vida grande, linda e valiosa. Isso ficava especialmente claro nas noites em que Myrtil e Flory recebiam visitas. Til poderia convidar alguma autoridade do comércio de grãos, ou Flory suas amigas da sociedade, tais como a condessa de Heinemann e seu animado marido. E talvez, como muitas vezes acontecia, aparecesse por lá o talentoso irmão de Myrtil, Julius, agora um artista em ascensão no cenário berlinense, que vivia ali perto e a quem Myrtil sustentava; ou Fred, o banqueiro, irmão de Flory e muito chegado a ela.

Como sempre, Annie serviria alguma coisa especial. E então Flory — que se vivesse nos dias de hoje provavelmente seria tachada de maníaca — pressionaria o botão da campainha sob a mesa (como ela gostava

---

* Fofoca, mexericos. (N.T.)

daquilo!) e as empregadas surgiriam, limpariam tudo e desapareceriam, tal como ela as orientara a fazer.

E depois, quando o grupo se houvesse retirado para a sala de estar, com móveis acolchoados forrados de couro, todos insistiriam para que a dona da casa tocasse duas ou três peças mais simples ao piano, depois do que os homens iriam para a biblioteca fumar charutos, tomar brandy e conversar sobre assuntos "de homem" — na maioria das vezes esportes, pois agora toda a Alemanha estava louca por isso, e cada vez menos por política. Afinal, por que se preocupar com política quando Stresemann estava no controle da situação?

"Ah, os Frank!", comentaria entre si o grupo, após deixar o n.4 da Brückenallee (já no andar térreo, depois de polidamente tirarem o chapéu para cumprimentar o apático porteiro atrás da cabine de vidro). Ou ao surpreenderem Flory e Myrtil dançando à noite, impecavelmente vestidos, durante as férias de verão em Westerland ou Nodernei, ou algum outro balneário alemão no mar do Norte. "Os Frank sabem como viver! E não são completamente apaixonados?"

Infelizmente, não era bem assim. Mais tarde, Dorrit e Sybil se mostrariam decididamente menos saudosas do que a mãe em relação a esses "anos dourados". "Eu tive uma infância horrível", revelou Dorrit sem rodeios, meio século depois.

Evidentemente, havia coisas boas na vida que Myrtil e Flory proporcionaram às filhas. A primeira escola de Dorrit, de que ela gostou muito, foi a de frau Motteck, um colégio particular de elite, onde ela fez os estudos de 1925 a 1929. Também gostou da escola seguinte, o *Kleist Lyceum*. Transferiu-se para lá em 1930, e ali pôde entregar-se a sua inclinação por história e inglês, além de poder contar com uma moderna piscina. Flory sempre quis certificar-se de que Dorrit, e mais tarde Sybil, quando esta também foi para a escola, recebessem um belo *Zuckertüte*, uma caixinha de doces que toda criança alemã recebia no primeiro dia de aula.

A equipe de criados da casa era também excelente, talvez até mesmo mais do que isso. Dorrit adorava especialmente Eve, uma babá inglesa que os Frank contrataram em 1926, e que alimentou com o amor pela literatura a menina de sete anos sob seus cuidados, lendo para ela passagens de *Alice no país das maravilhas*, *O ursinho Puff* e outros clássicos, procurando também fazer todo o possível para tornar alegre o mundo dela e de Sybil. As meninas adoravam Eve. E é claro, amavam também Annie e herr Schwann.

Havia belas coisas naquele mundo, mas era um mundo separado do dos pais. "Eles viviam na parte deles da casa", disse Dorrit, "e nós vivíamos na nossa." E raramente se encontravam. O fato de a separação entre pais e filhos em famílias como a dos Frank ser uma prática comum não interessava às meninas, que muitas vezes se sentiram órfãs em seu próprio lar.

Mas também havia exceções. Algumas vezes Flory levava as filhas consigo no carro, quando ia até Wedding (também conhecida como "Wedding a Vermelha", por causa do grande número de comunistas que lá viviam) reformar seus vestidos. E as meninas ficavam observando pela janela as casas dos arredores, soturnas e sem flores, e as outras crianças brincando na rua, com um aspecto que nada tinha de feliz. E começavam a entender que lá fora existia um outro mundo, mais rude e menos privilegiado.

Isso era emocionante.

E houve uma certa tarde de sábado de 1928, quando Flory levou Dorrit pela primeira vez ao cinema. O filme era *O gato Felix*, da Warner Brothers, que lá chamou-se *Felix der Kater*. Aquilo foi algo muito especial. Mas eram muito poucas as tardes assim.

Além do mais, em primeiro lugar, por motivos que retrospectivamente se podem compreender sem dificuldade, nem Dorrit nem Sybil nutriam grandes entusiasmos pela mãe. Elas a *admiravam*, é claro, e talvez mesmo a amassem, não sabiam ao certo. Mas o fato é que não eram loucas por ela, por mais que ela tocasse bem piano e soubesse os nomes de todos os pintores no museu.

Vendo-os de longe — se num domingo alguém passasse por Flory e Myrtil passeando pelo Tiergarten ou ao longo da Unter den Linden em seus melhores trajes domingueiros, Flory com o seu chapéu mais novo, Til com o dele, de feltro e enfeitado por uma pequena pluma, nas mãos casualmente um cigarro, com Dorrit e Sybil caminhando comportadas ao lado, de mãos dadas, uma delas segurando um balão; ou se talvez os surpreendessem observando a jaula dos leões no zoológico —, sem a menor dúvida, eles *pareciam* uma família perfeita. E talvez mesmo o fossem. Poder-se-ia até dizer que eles tinham a sua própria *Weltanschauung*.*

Apenas eles não eram uma família particularmente feliz ou, a despeito das aparências, uma família especialmente unida.

O problema real era que, apesar de cercados pela crescente revolução nos costumes sexuais — como davam prova as canções no rádio, dizendo a todos para pendurarem suas peças íntimas nos candelabros —, Flory era reprimida sexualmente. Myrtil sempre teve consciência dessa tendência um tanto seca da esposa, mas tentara vencer isso antes de 1924, quando tiveram Sybil, a segunda filha.

Talvez outro homem, menos sexualmente ativo, pudesse continuar passando por cima da frigidez da mulher. Myrtil, entretanto, tinha uma sexualidade muito intensa. E em determinado ponto ele decidiu, com ou sem a tácita permissão da mulher, arranjar uma amante.

Evidentemente, os Frank jamais discutiram isso ou, se o fizeram, foi longe dos ouvidos das crianças. É significativo que a pior discussão de que Dorrit e Sybil se lembrariam mais tarde tenha ocorrido quando Myrtil (certamente ainda influenciado pela escola dadá de Berlim) resolveu laquear a mobília da sala de estar sem consultar Flory — um verdadeiro *faux pas* que quase resultou numa briga séria.

Naqueles tempos, ter amantes não era um fato incomum. Afinal de contas, no filme *Blind Husbands*, de Erich von Stroheim, de 1919, por exemplo, cujo tema era um casal sem amor, tal como eles, a esposa sedenta de sexo fazia exatamente isso. E o mesmo também acontecia com alguns amigos de Myrtil.

A amante de Myrtil chamava-se Lola. Dorrit a encontrou uma vez, e naquele momento deu-se conta de que o casamento dos pais não era

---

* Visão de mundo, filosofia de vida. (N.T.)

feliz. Levou um pouco mais de tempo para a irmã menor compreender, mas ela acabou também percebendo.

Um dia, Lola, uma atraente loura de vinte e poucos anos, que Myrtil conhecera na bolsa, chegou mesmo a posar para uma foto ao lado de Flory. Esta, ao invés de desempenhar o papel da mulher iludida, preferiu ser a esposa consciente.

Mas, depois disso, raramente as meninas viam o pai.

Em contraste com a mãe, altiva e dominadora, elas amavam Til, com seu sorriso sedutor, os olhos renanos brilhantes e a risada sonora. Para elas, pelo menos, ele parecia ser tudo o que Flory não era: despretensioso, calmo, caloroso, generoso e um pouquinho maluco. Elas *idolatravam* aquele pai, mas, ou ele trabalhava até tarde na bolsa de grãos, ou ia para sua cabana de caça em Spandau, ou estava com... você sabe com quem (e as crianças olhariam uma para a outra com ar de quem sabe).

Uma ou outra vez elas podiam ver os pais juntos, à noite, quando os Frank tinham visitas. Flory e Til viriam dar uma espiada no quarto delas, e as meninas podiam ver de relance o sorriso do pai, tal como o do gato de Alice, antes que ele desaparecesse sob o olhar benevolente de Flory.

E, é claro, sempre havia os domingos no parque...

No entanto, o que os Frank conseguiam de mais próximo a uma verdadeira união acontecia durante as férias de verão, quando Myrtil dirigia o automóvel até um dos balneários do mar do Norte, com a babá a tiracolo.

Em 1924, quando ainda constituíam um trio, foram passar as férias em Scheveningen, na Holanda, há tempos o local favorito dos alemães. Alugaram um daqueles cercados com cadeiras de praia e barracas, característicos do balneário, e deram passeios ao longo do comprido calçadão, comprando saquinhos de *patat-mayonais* e posando para fotos convencionais, como qualquer um.

Depois do nascimento de Sybil, os Frank preferiam locais de férias como Westerland-Sylt, na costa alemã do mar Báltico. Não que tivessem nada contra os holandeses. Myrtil e Flory *amavam* Scheveningen. Mas Westerland ficava mais perto. E, além do mais, eles *eram* alemães, não eram?

Ou então, a família percorria de carro todo o norte da Alemanha, visitando os diversos locais históricos da região, como Wittemberg, onde Martinho Lutero afixou suas noventa e cinco teses na porta da igreja.

Havia também as estações de esqui na Suíça, para onde os Frank iam todos os invernos.

Outras vezes, também, a família ia de carro ou de trem até Frankfurt para visitar a mãe de Flory, Leontine, que ainda vivia perto do Palmengarten com seu filho Ferdi. Ou a mãe de Myrtil, Johanna, que residia nas proximidades. Ou, com maior tristeza, o avô Max, que agora vivia em um sanatório, lamentando ainda a sua vida perdida. E depois iam passear pelas montanhas Taunus, onde às vezes passavam pelos *Wandervögel* — grupos de jovens itinerantes que percorriam decididos os campos, dedilhando acordes ao violão.

Era esse o mundo dos Frank — ou, poderia-se dizer, *os seus mundos*: o de Flory, o de Myrtil e o de Dorrit e Sybil. Algumas vezes esses mundos podiam combinar-se. Mais freqüentemente, não o faziam, mesmo se à distância os Frank parecessem uma família de cartão-postal.

De qualquer modo, podia ter sido pior.

Mas, em fins de 1929, Gustav Stresemann caiu morto de repente (segundo dizem, enquanto escovava os dentes), e o mundo dos Frank, e mais todo o privilegiado mundo judaico de Berlim, começou a se fragmentar.

A morte do ministro das Relações Exteriores foi, ao que tudo indica, acelerada pela disputa sobre o Plano Young — o previdente esquema, apoiado pelos norte-americanos, de reforçar a economia alemã através da redução em dois terços das reparações de guerra e do fim da ocupação aliada na Renânia. Era um plano justo, que obteve a aprovação de Stresemann e de todo o *Reichstag*, mas não a de Hjalmar Schadt.

Weimar começou a ficar sufocada. A direita tachava o plano apoiado por Stresemann, por mais generoso que fosse na aparência, de ser um novo endosso do odiado *Diktat* de Versalhes, e empregou os processos constitucionais da República, relativos às iniciativas populares e aos referendos, para convocar um plebiscito a fim de forçar o governo a repudiar o plano. Alfred Hugenberg — o barão proprietário da UFA e de muitos outros setores da mídia — convocou Adolf Hitler, chefe do aparentemente moribundo Partido Nazista, para promover o plebiscito.

Por vários anos, Hitler, operando de sua base em Munique, e Goebbels — que aceitara com relutância o posto de *Gauleiter* de Berlim, em 1926, fazendo pouco progresso ali — prosseguiram com sua arenga de sempre, sem muito sucesso. Nas eleições de 1928, os nazistas obtiveram apenas 2,8 por cento da votação total, confirmando sua situação como partido dissidente. Um artigo publicado pela *National Geographic* pouco tempo depois naquele mesmo ano, em que se exaltava a "Alemanha Renascente", trazia a fotografia de uma pequena tropa de camisas-marrons em Nuremberg, todos portando ramos de flores, como uma demonstração da atmosfera reinante. Um detalhe muito interessante é que o artigo também exibia uma foto de Stresemann, o símbolo da normalidade alemã, caminhando de braços dados com um sorridente Jacob Schurman, embaixador dos Estados Unidos, ao longo da Unter den Linden. Quem haveria de pensar que esses dois países já tivessem sido adversários, ou que viriam a sê-lo novamente?

Mas agora, em 1929, Hugenberg — o primeiro de uma longa e desonrosa lista de magnatas sobre cujas costas Hitler deu o salto para o poder — conferiu aos nazistas uma plataforma nacional pela primeira vez, e forçou Stresemann a se colocar na defensiva.

O movimento de recusa ao magnânimo plano de redução das reparações aos Estados Unidos foi um fracasso, conseguindo apenas quatorze por cento da votação total. Ainda assim, o episódio como um todo foi desgastante para Stresemann, que já não estava bem de saúde, e provavelmente contribuiu para seu falecimento.

Em outubro de 1929, vários dias após a morte de Stresemann, a bolsa de valores de Nova York quebrou, o que teve imediatas e graves repercussões sobre a economia alemã quando nervosos investidores norte-americanos retiraram seu dinheiro. Os créditos de capital encolheram, os salários foram reduzidos, operários e funcionários de escritório tornaram-se coisa supérflua. As conseqüências do *crash* também foram sentidas na bolsa de grãos onde trabalhava Myrtil. Agora, quando ele vinha tarde para casa, Flory sabia que o motivo era o trabalho, e não Lola.

Em meados de 1930, seis milhões de alemães estavam desempregados, e os vendedores de fósforos por quem Myrtil costumava passar na Friedrichstrasse, nos velhos tempos do Dadá, estavam de volta. Também retornaram os valentões-do-escuro, que anos antes tinham ameaçado jogar Conrad Rosenstein fora do trem. Só que agora eles faziam parte de um movimento seguro, com um Führer loucamente articulado. Com seus bonés e uniformes, os *Sturmabteilung* agora dispunham de uma linguagem já pronta que poderiam usar para se dirigirem aos objetos do seu ódio. Palavras e expressões revoltantes, tais como *Einsatz* (força de impacto), *Volksgenosse* (companheiro de raça) e *Untermensch* (subumano) passaram a fazer parte do discurso nacional daquele mesmo idioma de Goethe, Schiller, Heine e Schubert.

Nas eleições de setembro de 1930, os nazistas conseguiram os votos de seis vírgula quatro de eleitores, o que agora fazia deles o segundo maior partido do país, em seguida aos social-democratas. Aquele partido dissidente de outros tempos não mais existia. Agora, eles constituíam uma força eleitoral, e Adolf Hitler — o autoproclamado salvador da Alemanha e arquivingador da "corja judia-sionista-internacionalista" — encontrava-se na metade do caminho para realizar seu magistral plano: tomar o poder supremo pela via da Constituição, conduzindo a pátria e o *Volk* de volta à glória.

"Acabou-se a Alemanha, acabou-se a Europa", foi o que declarou o grande violoncelista judeu alemão George Rosenman às três horas da madrugada, após o anúncio dos resultados finais.

O resto da meteórica ascensão de Hitler até o poder, que John Gunther chamou de "a súbita flecha selvagem", é bem conhecido por todos. Houve muitas tempestades, muitas fogueiras, muitas intrigas. Mas permaneceu real o trajeto da flecha hitlerista a precipitar-se sobre o corpo semimorto da República.

Sempre, por toda parte, em 1931 e 1932, à medida que se aproximavam as próximas eleições, lá estava Hitler dirigindo-se incansavelmente ao seu alvo, enfeitiçando o povo com intermináveis discursos no gigantesco *Sportpalast* de Berlim ou em outros grandes palcos, atravessando a Alemanha de avião em todas as direções ("Hitler sobre a Alemanha"), repetindo os mesmos lugares-comuns, as mesmas mentiras, até que o povo — e agora não só os valentões, mas um número cada vez maior de alemães da classe média que haviam resistido ao brilho da cultura cosmopolita de Weimar e aos judeus que pareciam tê-la incentivado — começou a acreditar nele. Enquanto isso, por detrás do cenário, o maníaco líder partidário manipulava todos em seu caminho, industriais, diplomatas e conservadores.

Se Hitler tinha o dom da ubiqüidade, também o tinha o seu principal propagandista e seguidor, Goebbels. "Estamos no ponto decisivo do destino da Alemanha", declarou este durante a campanha presidencial de 1932. "Lutamos hoje! Lutaremos amanhã!"

Desta vez, o povo alemão escutava de verdade. Hitler conseguiu trinta e seis vírgula oito por cento na segunda votação para presidente na Alemanha, forçando Hindenburg, ainda respeitado no cargo, porém cada vez mais acometido por lapsos mentais, a oferecer a Hitler, por quem sentia desprezo, o posto de vice-chanceler.

Hitler recusou. Sua intenção era o poder total, e isso era apenas uma questão de tempo.

Cabaret, o filme de 1972 adaptado de *I Am a Camera* — as memórias de Christopher Isherwood sobre a vida irrequieta em Berlim nos últimos anos de Weimar —, retrata brilhantemente a forma pela qual o contágio nazista aparentemente irrompeu de lugar nenhum, nos tempos finais da condenada República, antes de a consumir por inteiro. Talvez a cena mais impressionante e de maior impacto seja aquela em que Sally Bowles, a peculiar cantora de cabaré interpretada por Liza Minnelli, e seus dois animados amigos — um escritor, Brian Roberts (Michael York), e um milionário príncipe bissexual (Helmut Griem) — vão parar num festival ao ar livre quando percorriam de automóvel a região da Bavária.

Todos ali estão muito animados, tudo está em ordem, até que um jovem da Juventude Hitlerista começa a cantar a canção nazista "O amanhã pertence a mim", e a atmosfera subitamente se torna grave. Um a um, todos os participantes do piquenique, vestidos com *lederhosen*,* ficam de pé como sonâmbulos, enquanto o angélico menino continua cantando:

> Agora, ó Pátria, ó Pátria, mostra-nos o sinal
> Que teus filhos esperaram para ver
> O amanhecer chegará quando o mundo for meu
> O amanhã pertence a mim...

Quando Sally e seus amigos abandonam a repulsiva cena e vão-se embora no automóvel, o menino nazista acaba de cantar e estende o braço direito em riste, sendo imitado pelo resto dos participantes.

Dr. Caligari estava de volta.

Os primeiros sinais de problemas partiram da escola de Dorrit, o *Kleist Lyceum*. Um dia, em 1931 ou 1932, ela contou aos pais que várias colegas a tinham empurrado, todas membros da Liga das Meninas Alemãs. Ela se portou bem, até levou na brincadeira o incidente. Entretanto, a notícia deixou Myrtil e Flory preocupados, principalmente depois de descobrirem que alguns professores da filha eram nazistas declarados, capazes de recitar de cor todos os capítulos e parágrafos do *Mein Kampf*.

Então, o grupo de criados da casa também se infectou: Ursula, a governanta contratada para cuidar das meninas em 1930, confidenciou às companheiras que era nazista. E depois as criadas começaram a falar bem dos nazistas. Braços se erguiam em riste por toda parte ao redor dos Frank. E assim as coisas foram indo.

Num domingo, quando os Frank iam de carro até Grunewald, eles se depararam com uma visão estarrecedora, tal como Sally e seus amigos: um

* Calções de couro. (N.T.)

enorme pelotão de choque nazista marchava pela Heernstrasse, evidentemente dirigindo-se a algum tipo de manifestação, ou talvez para uma das batalhas de rua contra os comunistas que assolavam a cidade naquela época. Eram centenas de soldados. Os nazistas cantavam "A canção de Horst Wessel", um hino acirrador, cujo título vinha de um camisa-marrom que havia "tombado em batalha". Enquanto a tropa passava cantando, o povo que viera assistir e que era simpático a ela erguia o braço em saudação.

Certamente nem todos os empregados da casa dos Frank eram nazistas. Por essa época, recorda Dorrit, herr Schwann (as crianças nunca souberam o seu primeiro nome) explodiu de repente, enquanto conduzia os Frank de carro: "Podem esperar, quando Hitler chegar ao poder, *eu* não vou ser um nazista." Aquele motorista amigo revelou-se um inveterado comunista.

Não era mais *se* Hitler chegasse ao poder, mas sim *quando*...

Algumas semanas mais tarde, já se ouvia Hitler novamente no rádio, logo depois de uma fanfarra de trombetas. Estava no grande Grunewald Stadium, lotado acima da capacidade e com milhares de pessoas ouvindo pelos alto-falantes do lado de fora. Um repórter alemão, tão impressionado quanto qualquer um, descrevia a cena pelo rádio. Enquanto milhões de alemães, inclusive os Frank, escutavam petrificados, lá estava ele, sob um foco de luz, sem chapéu, saudando com aspereza, de volta de seu "exílio". Não era mais o "louco de Munique", mas sim a encarnação do salvador da Alemanha.

E então Hitler começou a falar — era esse o momento em que Myrtil costumava desligar o rádio.

Mas era tarde demais para se desligar Hitler. O gênio já havia saído da garrafa.

Houve um raio de esperança no outono de 1932, após as eleições de novembro, quando a votação dos nazistas diminuiu ligeiramente, o que provocou uma queda no número de seus deputados. Talvez, pensaram alguns, a maré nazista estivesse baixando. Mas não estava.

Finalmente, como a Alemanha soube em 30 de janeiro de 1933, depois de uma rodada de intrigas de bastidores entre Schleicher, o chanceler, Papen, seu antecessor, e Oskar Hindenburg, filho do frágil presidente de oitenta e cinco anos, este último fora convencido a nomear Hitler como chanceler. A decisão que Hitler tomara vários anos antes, de buscar o poder por meios democráticos antes de tornar inválidos esses mesmos meios, aparentemente havia vingado.

Naquela noite, uma enorme parada com centenas de milhares de nazistas em júbilo marchou à luz de tochas pelo Portão de Brandenburgo e subiu a Unter den Linden, gritando e cantando junto com as multidões festivas.

Os líderes comunitários judeus, por sua parte, aconselhavam cautela. "Em geral, hoje mais do que nunca", declarava a Associação Central dos Cidadãos Alemães de Fé Judaica, "nós devemos observar a orientação: esperar com calma." Mas os judeus alemães sabiam que era a sua vez de serem novamente lançados no exílio.

Na sexta-feira seguinte, à noite, como escreve Conrad Rosenstein, milhares de judeus cheios de ansiedade compareceram ao *shul*:

> Eu fui para a sinagoga, como muitos outros judeus ... Ali vi rostos desesperados, cheios da mais profunda angústia mental, pálidos e trêmulos. Nunca antes os judeus rezaram com tanto fervor quanto naquela noite, em que experimentaram de forma tão profunda o fato de serem judeus. Meu coração também tremia e minha alma clamava secretamente a Deus. "Meu Deus, por que me abandonastes?"

Depois, durante o *shabbath*, Rosenstein caiu em pranto diante dos filhos:

> Todo o peso das experiências daquele dia me atingiram, e eu não resisti ... As crianças não sabiam e nem entendiam por que eu estava chorando tanto, mas eu sabia: eu me despedia de tudo o que era alemão, era a minha íntima separação do que havia sido a minha pátria – era um funeral. Ali foram enterrados quarenta e três anos da minha vida.

O chefe da família Frank também estava angustiado. Todos os judeus alemães sentiam-se angustiados naquela noite. Entretanto, sua principal preocupação — na realidade, sua única preocupação — era proteger a família. Mais uma vez, tal como fizera durante a loucura da hiperinflação, Myrtil percebeu que tinha de sair do país com a esposa e as filhas.

A Holanda — especificamente Haia — foi o local para onde decidiram ir: a segura, a pacífica, a neutra Holanda. Ali estariam a salvo. Conheciam Haia. Tinham parentes lá — a prima de Til, Betty, e seu marido holandês, Paul. Também ficava perto de Rotterdam, onde Til tinha ligações no ramo de grãos. Ele poderia fazer negócios lá.

Em 27 de fevereiro de 1933, a fumaça podia ser vista de longe: a fumaça do incêndio do *Reichstag*. Berlim agora estava literalmente em chamas.

"A gota d'água, para nós, foi quando ouvimos, em 15 de março, que os passaportes dos judeus estavam sendo confiscados em Breslau e na Silésia", lembrou Flory.

As eleições parlamentares de março foram tecnicamente uma decepção para os nazistas. Apesar de Hitler ser agora chanceler e de a SA* ter praticamente total controle das ruas, os nazistas conseguiram obter nas urnas apenas 43,9 por cento dos votos, ou seja, ainda menos que a maioria. Mas, em 23 de março, Hitler apresentou ao *Reichstag* a Lei Plenipotenciária, disposta na Constituição original — a mesma Constituição elaborada pelo judeu Hugo Preuss —, dissolvendo completamente a Assembléia. Agora estava tudo acabado para a Alemanha.

Seis dias mais tarde, em 29 de março de 1933, os Frank embarcavam num trem para Haia.

"Este não é o caminho para Frankfurt!", exclamou Sybil. Não, não era, tranqüilizou-a Flory enquanto o trem acelerava em direção à fronteira com a Holanda. Seria uma curta viagem, prometeu ela, mais curta do que a de Frankfurt, algumas horas apenas. Na verdade, era um pouco mais longa.

---

* Sigla da *Sturmabteilung*, a organização paramilitar nazista. (N.T.)

A Alemanha que os Frank estavam abandonando parecia em grande parte a mesma de outras viagens anteriores, cheia de grupos de *Wandervögel* fazendo caminhadas e cantando pelos campos. Mas agora muitos daqueles mesmos alegres *Wandervögel* cantavam uma outra canção:

> Agora, ó Pátria, ó Pátria, mostra-nos o sinal
> Que teus filhos esperaram para ver
> O amanhecer chegará quando o mundo for meu
> O amanhã pertence a mim!

Os Frank passaram pela alfândega sem dificuldade. Mais tarde, Flory ficou horrorizada ao descobrir que Sybil, a mais religiosa da família, trazia secretamente consigo um livro de orações judaico. Será que ela não se dava conta do que poderia ter acontecido, se os nazistas o tivessem descoberto?

De qualquer maneira, agora estavam salvos.

Parte II

O FALSO SANTUÁRIO

HOLANDA, 1933–1942

4
A longa miragem

"'Antiquada' não é um adjetivo que se aplique mais à Holanda de 1933 do que a qualquer outro lugar da Europa, onde os costumes e o passado sejam dez vezes mais distantes. 'Fascinante' pode se aplicar, com certeza; 'pitoresca' também, e a sua vida, hoje, poderia igualmente ser qualificada como 'vigorosa'. Mas, ah, 'antiquada', não...
... Sede do governo e residência da rainha, Haia é uma das cidades mais belas, limpas e elegantes da Holanda..."

Travel n.16, abril de 1933

"... a proximidade da Holanda com a Alemanha não torna a sua posição muito confortável, atualmente. Durante séculos a Holanda defendeu a cultura e a justiça, a liberdade de religião e da consciência — ideais pelos quais Guilherme de Orange deu sua vida. Por isso, não surpreende que a Holanda tenha generosamente recebido tantos refugiados..."

Travel n.37, março de 1939

"O sr. Colijn [Hendrikus Colijn, primeiro-ministro da Holanda, 1933-39], quando me visitou em 1937, explicou-me a maravilhosa eficácia das inundações holandesas. Segundo ele, bastava uma mensagem telefônica feita na mesa de almoço, em Chartwell, para acionar um botão que poria o invasor diante de obstáculos aquáticos instransponíveis. Mas isso tudo era um absurdo..."

WINSTON CHURCHILL, *Their Finest Hour*

Heinrich Heine, o grande poeta judeu alemão (um dos preferidos de Flory), escreveu certa vez que se algum dia achasse que o mundo estava chegando ao fim, iria para a Holanda porque, segundo ele, lá tudo acontecia cinqüenta anos depois.

Mas às quatro e meia da manhã de 10 de maio de 1940, depois de um intervalo de paz que remontava até as Guerras Napoleônicas, a história contemporânea emparelhou-se com a da Holanda e a da família Frank.

Myrtil, Flory, Dorrit, Sybil e também Leontine, a mãe de Flory, que em 1938 se juntara à família no exílio holandês, encontravam-se confortavelmente aconchegados em suas camas, como a maior parte de seus vizinhos em Scheveningen — a tranqüila e arejada região de praias junto a Haia, onde os Frank tinham ido viver desde que deixaram a Alemanha —, quando uma rápida nuvem de Junkers, Heinkels e Stukas alemães irrompeu pelo claro céu de cobalto, e os primeiros estampidos em *staccato* da artilharia antiaérea holandesa sacudiram os ares.

"Jamais vou esquecer aquela manhã", recordou mais tarde Sybil, que na ocasião tinha dezesseis anos. "Eram seis da manhã [na verdade, eram quase cinco], Dorrit e eu dormíamos profundamente, e de repente foi aquele terrível BA-BA-BOOM!"

No princípio, Sybil pensou que o barulho viesse das tropas sediadas na base militar holandesa de Alexandria, que ficava ali perto, e cujos exercícios de guerra —como os da maior parte dos soldados holandeses em tempos de paz — há muito eram motivo de aborrecimento para os residentes de Scheveningen, porém nunca foram levados muito a sério.

"Ah não!, pensamos nós, os soldados holandeses estão de novo brincando de guerra. Mas nunca tínhamos escutado nada tão alto, ou de manhã tão cedo."

Aquilo eram *bombas*? E o que eram aquelas coisas — *pára-quedas*?

Deve-se ter em mente que, em maio de 1940, era muito recente a idéia de se usarem pára-quedistas na guerra. E.N. van Kleffens, o então ministro das Relações Exteriores da Holanda, recebera na noite anterior informações precisas da inteligência sobre aquele ataque, a mais recente advertência sobre as intenções da Alemanha. Em *The Rape of the Netherlands*, suas agitadas memórias publicadas mais tarde naquele ano, na Inglaterra, depois que ele e o resto do gabinete fugiram para Londres de hidroavião, ele relatou:

> O governo logo começou a receber relatórios de natureza particularmente alarmante. Mensagens telefônicas chegavam de vários pontos das proximidades. Em Haia, os pára-quedistas haviam descido em um amplo círculo ao redor da sede do governo. Os homens tinham sido lançados de aviões especialmente desenhados para aquele fim: o piloto, ao se encontrar sobre o local indicado, simplesmente puxava uma alavanca a seu lado que fazia o fundo do avião se abrir, e então os pára-quedistas eram lançados no ar. Esses homens portavam não apenas pequenas armas de fogo, como também metralhadoras e aparelhos de rádio.

Sybil prosseguiu: "Então corremos até a janela, e vimos todas aquelas *coisas brancas* descendo — e o que eram? Pára-quedas alemães! Não podíamos acreditar!"

A reação de sua mãe, que também correra até a janela com o marido, foi mais distante, como se ela estivesse diante de uma imensa tela de Kandinsky ou de Nolde, pintada em grande escala no azul do céu.

"Lembro de ver as explosões da artilharia antiaérea no céu e de pensar como se pareciam com flores, vermelhas por dentro, cor-de-laranja por fora", disse Flory, sempre uma esteta. "Era estranho, mas eu não me sentia absolutamente em perigo."

Mas a calamitosa situação da Holanda ficou bem clara quando os Frank ligaram o grande rádio Philips e escutaram horrorizados as reportagens sobre o terror mecanizado que Hitler lançara sobre os três Países Baixos, como também sobre a França.

Era difícil aceitar tudo aquilo. No leste do país, tanques Panzer alemães haviam esmagado as defesas das fronteiras, de que a Holanda tanto se vangloriava, e agora se dirigiam a outros objetivos. Os pára-quedistas alemães também haviam descido em Moerdijk, perto de Roterdam, onde já haviam tomado as importantes pontes sobre os rios Meuse e Waal. A Bélgica fora invadida. Luxemburgo acabara.

A Associated Press informava: "Os Países Baixos foram [hoje] varridos por um verdadeiro furacão de guerra aérea. Nunca se viu nada assim antes. A *blitzkrieg* polonesa fica pálida em comparação."

Ao longe, próximo ao palácio da rainha, podiam-se ouvir mais tiros; um destacamento de pára-quedistas alemães designados para tomar o aeroporto fora da cidade e prender Guilhermina, a soberana holandesa, entrava em confronto com as forças nacionais que — mais tarde se soube — incluíam em suas fileiras o corajoso genro da rainha, o príncipe Bernhard.

A luz do sol agora penetrava no quarto.

Uma das coisas que todos se lembram sobre aquele dia 10 de maio — o equivalente holandês a Pearl Harbor — era de como o tempo estava agradável.

"Era uma manhã tão *linda* de primavera, clara como um cristal, sem chuva", lembrou Dorrit meio século depois, ainda triste com a recordação da inocência que tanto ela quanto a Holanda haviam perdido naquele dia. "Mas então, é claro, chegaram os alemães."

O dono da casa recostou-se na cadeira, vencido. Por sete anos, desde que os Frank desembarcaram do trem que os trouxera de Berlim e desceram na principal estação ferroviária de Haia, a Staatsspoor, Myrtil, orgulhoso por ter sempre reagido aos acontecimentos com vigor e presteza, estava certo de haver tomado a decisão correta ao escolher a Holanda como local de exílio para sua família. Sua reação tornara possível que a família e seus bens fossem retirados intactos. Muitos outros judeus alemães, principalmente os mais abastados, preferiram ficar e esperar o curso dos acontecimentos, tal como haviam recomendado os líderes da comunidade judaico-alemã.

Poucos países estavam tão nitidamente a salvo da crescente ameaça nazista quanto a Holanda — pacífica, tolerante e *gezellig*.* A família conhecia bem a hospitalidade holandesa, já tendo passado férias lá diversas vezes. Quando as meninas descobriram que sua casa, na Mechelschstraat n.6, ficava a curta distância de bicicleta da praia de Scheveningen, e viram o famoso e comprido píer avançando sobre o mar, e a calçada, ainda mais longa, perdendo-se à distância, e as gaivotas voando em círculos ao redor, e no antigo porto os velhos pescadores manchados pelo sol ainda fazendo seu tradicional comércio, elas ficaram arrepiadas de emoção.

Evidentemente, houve um período de adaptação. Não foi fácil para os Frank, particularmente para Til e Flory, se acostumarem com a perda de tantos familiares e amigos alemães, que agora andavam espalhados aos quatro ventos, ou com a extinção da confortável vida que tinham na Brückenallee n.4, ou com a própria idéia do exílio.

---

* Palavra emblemática holandesa que desafia uma tradução exata. *Gezellig* quer dizer, aproximadamente, "aconchegante".

O que talvez não seja surpreendente é que foi Flory quem ficou mais abalada com a mudança. Ela sentia falta de encontrar seu grupo de amigos no Café Dobrieu e no Kempinsky. Sentia falta das criadas, da campainha sob a mesa para chamá-las — embora, felizmente, a cozinheira Annie tenha ido depois se juntar aos Frank. Flory sentia falta do seu mundo, de ser uma berlinense, de ser uma alemã.

Nos primeiros anos do exílio holandês, ela se consolava pensando que os Frank ainda conseguiriam retornar à Alemanha. Que, de alguma forma, Hitler poderia dar um mau passo e ser derrubado do poder, e que a maioria sensata do povo alemão — que, como lhe assegurava seu coração, ainda estava com os judeus — acabaria por ver a luz e repudiar a revolução nazista. Que a maré anti-semita que devastara sua terra natal poderia baixar, assim como quando a loucura da inflação foi sanada, e que ela iria novamente para casa.

Por sua parte, Flory ainda não estava pronta para, nas palavras de seu desiludido conterrâneo Conrad Ronsenstein, despedir-se de tudo o que fosse alemão. A presença em Scheveningen de uma população de quase dois mil judeus alemães expatriados — os mais recentes acréscimos a uma comunidade judaica cujo estabelecimento remontava ao início do século XIX — ajudava aquela mulher emigrada, que tinha trinta e seis anos quando fugiu de sua terra, a permanecer em seu casulo mental.

A transição da condição de um alemão de fé judaica para a de um expatriado exigira também grande esforço de Myrtil. Ele, que completara quarenta anos em dezembro de 1933, no primeiro ano de exílio, também sentia saudades da vida confortável e segura (ainda que um tanto sem amor) que levava em Berlim. Não do botão da campainha sob a mesa (que sempre detestara), ou de algumas prerrogativas da vida agora perdida dos Frank. Sentia falta da sua cabana de caça em Spandau. Sentia falta de sua Lola. Sentia falta de ser uma figura de projeção.

Mas acabou se ajustando, assim como Flory, com o passar do tempo.

Também não é de surpreender que as meninas tenham achado mais fácil a aclimatação, embora viver na Holanda não fosse bem uma brincadeira, principalmente para Dorrit. Matriculada na escola Nieuwe Meijses, um colégio particular para meninas em Haia, a jovem impressionável de doze anos sentiu-se observada por algumas colegas. Talvez o povo holandês adulto fosse tolerante e amigável, mas naquela verdadeira esgrima que as *meijses* da escola Nieuwe Meijses praticavam, os refugiados, principalmente os provenientes da Alemanha, fossem ou não judeus, não gozavam de muita popularidade.

Tradicionalmente, Holanda e Alemanha sempre tiveram um relacionamento de amor e ódio, mesmo antes do advento de Hitler. Todo verão, hordas de turistas alemães falando muito alto, considerados antipáticos aos olhos e ouvidos dos holandeses, "tomavam conta" da praia de Scheveningen. Como ficavam felizes os holandeses, e não só as crianças, quando podiam corrigir qualquer alemão que tentasse falar no gutural dialeto local (que Edmundo de Amicis, o escritor viajante do século XIX, acuradamente descrevia como parecido com o alemão, só que "com um fio de cabelo na garganta"). Por mais que tentassem, os turistas alemães não conseguiam se aproximar da pronúncia correta de Scheveningen, com a sua primeira sílaba arrastada e extremamente gutural — *Scheee*veningen —, e a maioria deles nem se dava ao trabalho de tentar. Depois se disse que a Resistência holandesa usava a pronúncia de Scheveningen como um meio para descobrir agentes duplos alemães.

E havia, também, a questão menos importante da forma como se vestia aquela alemã recém-chegada. "Todas as meninas tinham vestidos de arrasar, comprados na Bonnetierie [uma loja de departamentos que era o máximo em Haia]", recordou Dorrit, "e eu não."

Foi quando uma colega *meijse*, Gerda Buchsbaum, tomou Dorrit sob sua proteção, e foi esse, basicamente, o fim do problema de adaptação. Gerda era judia também, o que facilitou a empatia com Dorrit, e as duas rapidamente se tornaram melhores amigas. Anos mais tarde, Dorrit teria afetuosas lembranças de passeios com sua amiga holandesa. "Nós costumávamos ir até as dunas para fumar nossos primeiros cigarros e rir muito de tudo. Ela [Gerda] realmente salvou a minha vida." Às vezes ela passava horas com outra jovem judia holandesa, Edith Velmans.

A afinidade de Dorrit com as línguas, inclusive o holandês, também foi de grande utilidade. Ela conseguia até mesmo pronunciar corretamente o nome de sua nova cidade. "Vocês estão vendo?", dizia ela a suas céticas colegas: "Eu também sei pronunciar *Scheeevenigen*!"

Secretamente, claro que ela preferia o inglês ao holandês. Na década de 1930, quando andava na casa dos dez anos, aquela apaixonada pela cultura inglesa vivia num mundo praticamente anglo-americano. A maioria de suas leituras de entretenimento consistia em números antigos da *Vogue* e da *Harper's Bazaar*, que ela costumava devorar em seu quarto elegantemente decorado, situado no último dos três andares da casa avarandada dos Frank.. Algumas vezes, Gerda também levava as últimas revistas de cinema, para ficarem ambas folheando.

O autor preferido de Dorrit era Galsworthy, seguido de perto por Dickens, de cuja obra fora retirado o seu nome. Errol Flynn, que ela e Gerda viram estrelando *Capitão Blood*, o popular capa-e-espada de 1935, era o grande herói. Como também Brenda Frazier, a "Garota do Momento", ou a "celebutante", como a chamava Walter Winchell, o colunista de fofocas. Como milhares de outras adolescentes nos dois lados do Atlântico, Dorrit teve o seu período "Brenda Frazier", caracterizado pelo penteado bem esticado para trás e os lábios cuidadosamente delineados em vermelho.

Com o tempo, Dorrit iria aprender também a se vestir com elegância, tal como suas colegas de escola (só que não dispunha do mesmo dinheiro que elas para gastar com roupas). Aos dezesseis anos, por volta de 1937, a jovem judia alemã emigrada revelou aos pais que desejava tornar-se estilista. Myrtil e Flory, então, foram diligentemente pesquisar sobre escolas de desenho para a filha que demonstrava aquela vocação para a moda.

Dorrit, na verdade, desabrochou na Holanda, o que também aconteceu com Sybil, a irmã mais jovem. Esta, que tinha apenas oito anos quando chegou com o seu livro de orações escondido, foi de toda a família a que menos apresentou problemas de adaptação. Matriculada numa escola pública local, a Harting, ela aprendeu rapidamente o holandês, mas ao contrário da irmã mais extrovertida, Sybil não tendia a se gabar disso. Menos romântica, mais estudiosa, mais pé no chão, aquela jovem em ebulição logo iria mostrar-se tão brilhante quanto a irmã mais velha — só que atraída por matérias como matemática e química.

Ela também amava a Holanda, e logo se adaptou aos costumes locais. Sybil tinha um pendor para os floreios, ou pelo menos para as flores, como demonstrou de forma muito convincente em 1935, ao participar de uma corrida de bicicletas enfeitadas com guirlandas, uma tradição dos jovens holandeses. E, para alegria dos amigos e da família — e com a ajuda da irmã, que confeccionou as guirlandas de papel exigidas pelo regulamento —, ela venceu a competição.

A vida dos Frank no exílio era muito menos extravagante do que o fora em Berlim. Agora não havia mais motorista, nem o batalhão de criadas, nem governantas. Mas isso não era problema para as meninas. Com certeza elas não sentiam falta de governantas (a não ser de Eve, é claro) e, com menos intermediários em volta, dispunham de mais tempo para passar com a mãe, acompanhando-a aos belos museus de arte locais, especialmente o Mauritshuis, tão cheio de verdadeiras jóias — o mais celebrado pequeno museu da Europa, com seus Vermeers e Rembrandts. Ali Flory compartilhava o seu vasto conhecimento sobre arte holandesa com elas e com uma fila inteira de curiosos, aturdidos e fascinados, que se aproveitavam para ouvir as palavras daquela *grande dame* exilada. Ela estava sempre no auge, naquelas ocasiões.

As meninas viam o pai com freqüência agora, com certeza muito mais do que nos velhos tempos. "Definitivamente, estávamos mais próximos nos anos 1930", concordou Sybil. As fotografias dos Frank nos primeiros cinco anos do exílio holandês são muito alegres, mostrando as meninas e seus amigos — como também Flory, apenas com algum vestígio de tristeza no rosto — rindo ou fazendo piruetas na areia em Scheveningen, aguardando que o fotógrafo, na maioria das vezes o pai, clicasse. Quando o próprio Myrtil aparece no quadro, alerta e bem-vestido como sempre (aquilo são roupas de banho *listradas*?), o seu sorriso é sempre o mais largo de todos.

E por que seria diferente? Tudo havia saído da melhor forma, não? Está certo, os Frank não eram mais tão prósperos. Mas isso não importava realmente. De qualquer modo, o despreocupado renano dos velhos tempos nunca fora mesmo muito materialista. A renda de Myrtil na bolsa de grãos de Roterdam era apenas uma fração do que fora em Berlim, mas estava tudo bem. Ele ainda era capaz de proporcionar à família os passeios de carro nas férias, só que agora era ele mesmo quem dirigia.

E assim, em 1937, nas férias que talvez tenham sido as melhores que a família passou reunida, os Frank foram de carro até Paris, onde visitaram os Invalides e percorreram avidamente os pavilhões da Paris Expo. Um dia, por sugestão de Myrtil, foram até Verdun, o local da mais selvagem batalha da Grande Guerra, onde tantos soldados franceses, britânicos e alemães morreram. O lugar é marcado por um gigantesco cenotáfio, além de um mar de túmulos, e ali eles puderam refletir sobre a inutilidade da guerra. Também passaram uma tarde com o irmão de Flory, Ferdi, que no exílio havia se tornado um vendedor de selos. Todos concordaram que aquela profissão era muito adequada a sua personalidade retraída. Então, depois de comprarem mais alguns postais, eles viajaram de volta a Scheveningen.

"Nós tínhamos uma bela vida na Holanda", comentou Flory.

Assim como os milhares de outros judeus alemães que tinham se refugiado na Holanda àquela época, os Frank ficaram preocupados, em 1935, quando a versão local do nazismo, o NSB (*Nationaal-Socialistische Beweging*), chefiado por um pretenso Napoleão — o ex-engenheiro hidráulico Anton Mussert —, conseguiu nas urnas um resultado de oito por cento nas eleições provinciais daquele ano. Os democratas de todo o mundo ficaram preocupados. Será que a Holanda teria contraído o vírus nazista?

Felizmente, não. A estridente propaganda do partido, que dava ênfase aos "laços de sangue" da Holanda com os alemães e louvava as virtudes fascistas do Estado dominado por um único homem do outro lado da fronteira, arranhou os ouvidos dos holandeses e o apoio ao partido caiu.

Quando ocorreu a próxima votação importante para o *Staats-General* — o Parlamento holandês —, em 1937, a quota de votos do NSB caiu para cinco por cento, o que, no sistema de representação proporcional da Holanda, significou apenas quatro cadeiras, muito menos do que tantos temiam e do que Mussert tão avidamente havia previsto. As coalizões dominadas pelo Partido Social-Democrata, decididamente antifascista (mas também antissemita), permaneceram no poder pelo resto da década.

"Polegares para baixo: Holandeses esmagam fascismo nas urnas" era a manchete da importante revista norte-americana *Literary Digest* daquela semana.

Enquanto isso, o apoio à monarquia holandesa permanecia forte por toda a sociedade. Poucos soberanos modernos desfrutaram de tanta popularidade com seu povo quanto a rainha Guilhermina no período das duas décadas entre as guerras mundiais — período este que acabou sendo o do declínio do império holandês, então o terceiro maior do mundo, contando com as imensas possessões nas Índias Orientais.

Houve uma breve crise em 1918, depois que o líder socialista holandês Troelstra propôs uma revolução de esquerda, semelhante à que acabara de acontecer na Rússia, e que poderia se realizar também ali ao lado, na Alemanha. Com uma meticulosidade típica holandesa, Troelstra anunciou a *sua* revolução com uma semana de antecedência! Mas a semente comunista não conseguiu germinar em solo holandês, não mais que a do fascismo. Finalmente, o dia marcado para a instauração da república na Holanda ocasionou uma das maiores manifestações de lealdade à monarquia desde a sua instituição, no século XVI, por Guilherme o Taciturno. Milhares de súditos leais à rainha, diante da possibilidade da revolução (que no entanto fora propriamente anunciada), desceram até o palácio de Noordeinde, próximo ao centro de Haia, para demonstrar apoio à rainha e sua família, como também desprezo pela abortada república.

Os mais antigos cidadãos de Haia podiam recordar a emocionante cena histórica, quando Guilhermina, tocada por aquela extraordinária manifestação, com sua única filha nos braços — a princesa Juliana, de nove anos — pediu que o coche onde se encontrava fosse conduzido vagarosamente em torno do pátio do palácio: "Eu queria saber quem estava me prestando aquela homenagem", disse ela à sua escolta. Nesse momento, uma voz se ergueu: "A Holanda inteira, Vossa Majestade!", e milhares de outros espectadores se juntaram com suas aclamações. Era o fim da chamada república holandesa.

Dezessete anos depois, Haia foi palco de mais outra vigorosa manifestação de apoio, quando do casamento de Juliana, que, assim como a mãe, já deixara os futuros súditos impressionados pelo seu caráter democrático e desinteressado. A princesa Juliana casou-se com seu noivo alemão Bernhard, ou Benno, como ficou conhecido o escolhido e o mais novo membro adotado pela grande família real, a quem muitos holandeses no início haviam olhado de esguelha.

"Este é o casamento da minha filha com o homem que ela ama, e que eu achei digno dela", declarou Guilhermina (que também se havia casado com um alemão, Heinrich de Mecklenburg), respondendo aos que censuraram a união dizendo "não ao casamento da Holanda com a Alemanha!" Os críticos holandeses foram parcialmente aplacados com a decisão de Bernhard, no mês de setembro anterior, de abdicar completamente a todas as suas relações com o Reich, preparando-se para adotar a cidadania holandesa. Eles ficaram ainda mais satisfeitos quando, em mais uma prova de que ele trocara o marrom de sua antiga bandeira alemã pelo laranja da Holanda, o ex-soldado da tropa de assalto permitiu que as autoridades substituíssem o hino nazista obrigatório por uma alegre canção em louvor a Lippe-Biesterfeld, capital do seu antigo principado.

Anos mais tarde, Dorrit lembrava-se de Bernhard na rádio holandesa, falando com o objetivo de atenuar a oposição ao controvertido casamento. "Lembro dele dizendo que, na verdade, não era da Alemanha, mas sim de Lippe-Biesterfeld, um pequeno país adorável *dentro* da Alemanha", disse Dorrit, que, àquela altura, assim como sua irmã, considerava-se uma súdita leal à rainha.

Se por um lado essas medidas para dissociá-lo da Alemanha e a já mencionada resposta de sua futura sogra ajudaram a aplacar os ânimos dos holandeses, por outro elas incendiaram os de Berlim. O *Essner*

Nationale Zeitung, jornal porta-voz do general nazista Hermann Goering, ministro da Aeronáutica, denunciou Bernhard por sua "falta de caráter". O vaidoso *Reichsmarshall*, que então era o número dois de Hitler e que esperava poder participar da cerimônia vestido em sua capa cor de baunilha, com todas as suas medalhas, ficou furioso quando sua solicitação por um convite foi recusada.

Berlim irritou-se cada vez mais quando os holandeses antinazistas realizaram várias manifestações contra o Reich, nas semanas que precederam o casamento. A tempestade em copo d'água, de ambas as partes, culminou finalmente no confisco, em Berlim, do passaporte de três princesas alemãs que seriam as damas de honra de Juliana. As princesas — juntamente com o resto da família de Bernhard, inclusive seu irmão Aschwin, piloto da Força Aérea alemã — só puderam estar presentes depois que Guilhermina, num lance extraordinário, escreveu uma carta pessoal a Hitler solicitando-lhe que as mulheres obtivessem a permissão.

Hitler, que até então não tinha plano algum relativo ao pequeno país vizinho, e que pretendia evitar um incidente internacional, tentou reparar a questão enviando, no dia do casamento, calorosas saudações ao casal. Por sua parte, Joseph Goebbels, que agora era o ministro nazista da Propaganda e da Informação, deixou claro que *não* estava satisfeito retirando de Haia todos os correspondentes dos jornais do Reich, à exceção de um.

Em 14 de janeiro de 1937, dia do casamento, milhares de holandeses compareceram à capital para manifestar apoio aos recém-casados da realeza e à Casa de Orange. As meninas Frank, com os olhos marejados de lágrimas, estavam em meio aos que saudavam o feliz casal que saía da Groote Kerk com a tradicional expressão holandesa: "Contenham o mar! Contenham o mar!"

Nem mesmo a visão do sorridente irmão do príncipe trajado em seu uniforme da Luftwaffe — a mesma Luftwaffe que, dali a três anos, iria incendiar o coração de Roterdam —, acenando para a multidão ao lado de Juliana e Bernhard, foi suficiente para arrefecer o entusiasmo dos espectadores, ou o dos Frank.

Apenas para o caso de os alemães terem idéias de invadir o neutro vizinho, Hendrikus Colijn, o prático e decidido primeiro-ministro holandês, que durante a Grande Guerra fora o hábil ministro da Defesa da Holanda, queria que todo o país — e o mundo inteiro — soubesse que a Holanda estava preparada para enfrentar qualquer eventualidade. Entre 1935 e 1937, Colijn, conhecido como o "homem forte holandês", presidiu a um gigantesco plano de rearmamento orçado em $47 milhões, uma soma tremenda para um país cujo orçamento total era então de menos de $400 milhões. Numa crise, asseverava Colijn, que era amigo e confidente de Guilhermina, ele poderia mobilizar pelo menos trezentos mil homens, possivelmente até mais. O impressionante plano de Colijn também previa cem aviões bombardeiros (como eram então chamados), além de novos submarinos e cruzadores, para defender as Índias Orientais Holandesas.

A peça central do plano de Colijn diante de uma possível invasão alemã era o esquema de empregar a própria topografia aquática da Holanda contra o agressor, por meio de uma seqüência de imensas inundações interligadas, como explicou a Winston Churchill durante uma visita à Inglaterra, em 1937. Mais tarde, Churchill comentou: "Ele me explicou a maravilhosa eficácia das inundações holandesas. Segundo ele, bastava uma mensagem telefônica feita na mesa de almoço, em Chartwell, para acionar um botão que poria o invasor diante de obstáculos aquáticos instransponíveis. Mas isso tudo era um absurdo."

Em meio à primeira onda de judeus alemães que, como Myrtil, optou pelo caminho da Holanda, aparentemente o caminho mais prudente, estava Otto Frank, que tinha o mesmo sobrenome e era também veterano da Grande Guerra, além de antigo vizinho de Flory em Frankfurt. Em dezembro de 1933, depois que Otto e a esposa Edith realizaram uma série de viagens preliminares, o comerciante de Frankfurt colocou Edith e suas duas filhas, Anne e Margot, num trem com destino à Holanda. Otto Frank decidiu transferir a família para Amsterdam. Seus motivos para escolher a Holanda foram, na prática, os mesmos de aproximadamente vinte e cinco mil judeus alemães que partiram para o exílio holandês de início até meados dos anos 1930, antes que os holandeses começassem a fechar as portas. Ele tinha família e relações ali. E também, claro, havia o fato de que a Holanda era um local seguro, especialmente para os judeus. Afinal de contas, a liberdade e a tolerância religiosas eram pilares daquela nação. Há muitos séculos havia judeus na Holanda. Rembrandt os havia pintado. Onde, na verdade, poderiam estar mais seguros?

Foi só no ano seguinte, 1938 — o ano da *Anschluss*, da crise de Munique e de outras medidas agressivas por parte do Reich, juntamente com a aterrorizante escalada da violência anti-semita no outro lado da fronteira e que culminou na *Kristallnacht*, o pogrom organizado pelo governo —, que Myrtil e Flory começaram a encarar de outra maneira o local onde se haviam exilado.

Em fevereiro e março eles assistiram, fascinados e estarrecidos, a força destrutiva engendrada por Hitler e Goebbels (e pelo seu cavalo-de-tróia, Arthur Seyss-Inquart, o advogado que fora chefe do Partido Nazista austríaco) encaminhar-se inexoravelmente em direção à Áustria. A convocação pelo Führer de Kurt von Schuschnigg, o pressionado chanceler austríaco, para uma conferência particular com ele em Berchtesgaden, seu retiro nas montanhas; a intimidação para que ele nomeasse Seyss-Inquart como ministro do Interior, dando assim plenos poderes aos nazistas locais; o corajoso repúdio do obstinado Von Schuschnigg ao acordo, e sua decisão de convocar um plebiscito.

As potências ocidentais observavam de longe, tal como fizeram na re-militarização da Renânia: viram Von Schuschnigg ser intimidado a cancelar o plebiscito; viram sua renúncia e prisão depois da *Anschluss*, a invasão "pacífica" do Exército alemão; viram o triunfal retorno de Hitler a Linz, sua cidade natal, em companhia de seu radioso quinta-coluna Seyss-Inquart (sobre o qual o mundo, e principalmente os holandeses, haveriam de ouvir falar muito mais); e, finalmente, viram o discurso de Hitler diante de uma multidão de mais de um milhão de austríacos, roucos de tanto gritar na Heldenplatz, em Viena.

Então, depois do verão de 1938, que foi razoavelmente feliz e, também, a última vez em que os Frank puderam viajar *en famille* para fora do país, aconteceu a crise tcheca, igualmente eletrizante, quando Hitler decidiu anexar ao seu crescente império também os Sudetos, a parte da Tchecoslováquia de fala alemã. Os Frank, juntamente com a grande maioria de seus vizinhos holandeses, ficaram novamente estarrecidos quando britânicos e franceses capitularam em Munique, concordando em desmembrar a antes soberana Tchecoslováquia a fim de tentar apaziguar "Aquele Homem", como cada vez mais o ditador alemão era chamado pelo grupo de detratores, pequeno porém crescente, que ele tinha no Ocidente, liderado por Winston Churchill, o parlamentar britânico sem papas na língua. Escutaram atentos quando Chamberlain declarou, ao retornar a Londres depois do encontro com *herr Hitler*, que o acordo significava a "paz no nosso tempo", enquanto, durante a assinatura, o presidente tcheco, Benes, esperara servilmente numa sala anexa.

Enquanto isso, os Frank acompanhavam alarmados os relatórios que recebiam, por telefone, de seus amigos e familiares judeus que ainda se encontravam na Alemanha a respeito da campanha, cada vez mais crescente e violenta, contra a população judaico-alemã que ali ficara.

Após anos de boicotes e de outras restrições visando a colocar no ostracismo o resto da população de trezentos mil judeus alemães (reduzida de meio milhão de pessoas antes do nazismo), os nazistas agora queriam esmagar o que restara da vida profissional e econômica dos judeus. Um dos alvos das novas medidas foi o irmão de Flory, Fred, que ficara para trás em parte para cuidar da mãe, Leontine. Um dia, em 1937, a polícia surgiu à sua porta. Vagas acusações foram lidas com estardalhaço diante dele (formalidade esta que, dentro de pouco tempo, passaria a ser dispensada). Passados alguns dias, Fred foi encarcerado em Buchenwald, o campo de concentração nazista recentemente inaugurado (o primeiro, Dachau, fora estabelecido em 1933).

Aquilo poderia ter sido o final de linha para Fred Marburger. Mas ele sempre fora um homem esperto. Ainda lhe restavam alguns fundos, de que os nazistas não tinham conhecimento. Dentro de algumas semanas, misteriosamente, ele foi libertado. Logo em seguida solicitou, com sucesso, um visto para os Estados Unidos, para onde se mudou relutantemente no ano seguinte, 1938, sem levar Leontine.

Então, entre 9 e 10 de novembro de 1938, aquela nova onda de medidas anti-semitas culminou no aterrorizante pogrom da *Kristallnacht*, assim chamado por causa do grande número de janelas de lojas e sinagogas "espontaneamente" destruídas. O gatilho específico para aquele horror foi o assassinato de Ernst von Rath, terceiro-secretário da embaixada alemã em Paris, por um certo Herschel Grynszpan, um estudante judeu polonês. Mas isso foi apenas um pretexto. Durante meses os capangas de Hitler já vinham procurando uma desculpa para acionar a alavanca da campanha antijudaica, preparando-se para sua completa expulsão da vida do Reich. Não se falava em extermínio. Naquele ponto, Hitler ainda não decidira o que fazer com os judeus, ou para onde enviá-los, e tampouco os nazistas se importavam para onde eles iriam, afinal. Se outros países, como a Holanda e a Inglaterra, quisessem aceitar os *Juden*, tudo bem — pelo menos, naquele momento. Contanto que eles deixassem para trás os bens de valor. Debateu-se mesmo a possibilidade de se criar uma comunidade judaica no exílio, em Madagascar. O único ponto em que notoriamente concordavam Himmler, Goebbels e Goering, naquela conjuntura de prolongada campanha contra os judeus, era que ela devia ser intensificada: já era tempo de entrar em guerra de verdade com "o judeu". Entretanto, por causa das aparências, era necessário algum tipo de desculpa. Ainda prevalecia a questão da forma.

E então, como resultado de um trágico acaso, enquanto Hitler estava em Munique celebrando o aniversário do *putch* do saguão da cervejaria chegou a notícia do assassinato de Von Rath. Naquela noite e nas seguintes, tornaram-se rubros os céus de várias cidades alemãs, quando uma centena de sinagogas foi incendiada. Aquele foi o início do fim do que restou da comunidade judaico-alemã.

Uma das pessoas apanhadas na correnteza final da *Kristallnacht* foi Leontine, que, juntamente com milhares de outros judeus ricos, viu-se forçada a deixar o país e ter os seus bens confiscados. Myrtil, que agora era um judeu "sem nação" depois do cancelamento do seu passaporte e dos de sua família em 1937, retornou a Frankfurt, arriscando-se a ser preso, para escoltar sua abalada sogra até Scheveningen, um porto seguro.

À medida que o trem sacudia-se ruidosamente nos trilhos, dirigindo-se à fronteira entre Alemanha e Holanda, Myrtil, ao lado da pálida Leontine, certamente devia estar imaginando se teria de fato tomado a decisão correta cinco anos atrás. Talvez tivesse sido melhor colocar toda a família num barco e enviá-la para a Inglaterra, tal como fizeram seu irmão Julius e a esposa Else, em 1936; ou para a Palestina, onde sua irmã Lisbeth, que também fugira naquele ano, instalou-se no norte ainda deserto da cidade de Nahariyah, sendo logo acompanhada pela mãe, Johanna, depois que seus dois filhos a puseram num navio em Marselha. Ou então para os Estados Unidos, onde Fred, com sorte por ainda estar vivo após o contratempo com os nazistas, estabelecera-se em Canton, Ohio, no seguro coração daquele país.

Myrtil conseguiu dar um jeito de passar pela alfândega da Alemanha, mesmo sem ter um passaporte válido — mas, naqueles tempos, Myrtil era sempre capaz de dar um jeito nas coisas. De todo modo, não houve problemas. E agora os Frank eram cinco.

A certa altura do caminho de volta à Holanda, o trem de Myrtil passou a cerca de noventa quilômetros de Breitenheim, a cidade, outrora tão amada, onde ele nascera e crescera. No que se tornara Breitenheim, ou a casa e o negócio do pai, dava-lhe medo até pensar.

Na verdade, um livro publicado sobre Breitenheim em 1992, por ocasião de seus setecentos anos, lança alguma luz sobre a questão. Numa das páginas, vê-se uma fotografia da antiga casa dos Frank, que aparece como a de n.61. Segundo a foto, datada de 1938, a casa fora transformada em uma hospedaria, chamada Gasthaus Heinrich. Em frente à Gasthaus encontra-se um grupo jovial de sete rapazes, todos saudáveis e alegres — a julgar pelos sorrisos e pelo imenso copo de cerveja que Alfred Miller, um dos que comemoram, exibe.

Felizes dias para a Alemanha, e também para Breitenheim.

Aquilo entretanto haveria de mudar, tal como mostra outra parte do livro. Esta contém uma lista das dezenas de homens da cidade que perderam a vida na Segunda Guerra Mundial. Uma rápida comparação entre os nomes dos jovens reunidos diante da casa n.61, naquele dia feliz em Breitenheim em 1938, com a lista de mortos na guerra mostra que não menos do que seis daqueles sete rapazes, inclusive Alfred Miller, iriam morrer no combate.

Por sua parte, jamais algum filho de Max esteve novamente em Breitenheim.

Os Estados Unidos soavam bem aos ouvidos de Myrtil. Em dezembro de 1938, pouco depois de voltar para Haia acompanhado de Leontine, ele foi a Roterdam solicitar vistos para a família no consulado norte-americano. O cônsul dos EUA aceitou polidamente o requerimento, mas também sentiu-se no dever de informar àquele decepcionado postulante ao asilo que pouca probabilidade havia de que o pedido fosse aprovado num futuro próximo. O senhor entende, existe a questão das quotas... Talvez dentro de alguns anos as coisas fossem mais fáceis, revelou ele ao cabisbaixo visitante.

Alguns anos, pensou Myrtil. Seria o mesmo dizer uma eternidade. Os Estados Unidos deram prova do seu pouco entusiasmo em aceitar refugiados judeus alemães no ano seguinte, quando o *St. Louis*, um navio de passageiros transportando milhares deles, não obteve permissão para atracar em Nova York, ou em qualquer outro lugar, sendo por fim obrigado a retornar à Alemanha (episódio este que foi imortalizado no livro de Katherine Porter, *A nave dos loucos*).

Os holandeses também já estavam ficando preocupados por receberem um número tão grande de judeus alemães refugiados. Mais de sete mil requisitaram asilo, logo depois da *Kristallnacht*. Entretanto, só uns poucos afortunados, como Leontine, que já tinha família na Holanda, puderam entrar. A maioria foi mandada embora, enquanto milhares dos novos "judeus do limbo" eram abrigados em campos especiais construídos pelo governo holandês na província de Drenthe, ao norte, próximo a um local em que os Frank jamais tinham ouvido falar antes: uma cidadezinha chamada Westerbork.

E era isso. Sabendo da espera indefinida por um asilo nos Estados Unidos, Myrtil adiou seus planos de conseguir algum outro destino. Talvez ele e Flory começassem a se convencer de que a Holanda, afinal de contas, não fora uma má escolha. Talvez a situação internacional melhorasse.

E, em último caso — como seu destemido primeiro-ministro continuava a lembrar-lhes —, sempre havia os diques.

O apetite de Hitler não foi mitigado pela oferta dos Sudetos, pelo contrário: isso só fez com que crescesse ainda mais. Mal cessaram os aplausos a Chamberlain quando, naquele inverno, ficou claro que o ditador alemão queria também o que restava da Tchecoslováquia de fala não-alemã, sem qualquer pretensa justificativa de autodeterminação. No mês de março seguinte, ele se apossou dela com toda voracidade. Agora, Praga era sua também. Enquanto isso, suas intenções quanto à população judaica continuavam a cristalizar-se.

Mortificadas mas determinadas, a Grã-Bretanha e a França juntaram com atraso as suas fileiras, e recusaram-se a ceder sem luta qualquer outra parte da Europa. A Wehrmacht, que agora era o segundo maior Exército do mundo, depois do da Rússia — e de longe o mais moderno —, estava pronta. A Luftwaffe, cujas táticas aéreas de terror se haviam aguçado durante a recente Guerra Civil Espanhola — aquela mesma Força Aérea ofensiva que, supostamente, pelo Tratado de Versalhes, os alemães tinham sido proibidos de montar —, estava pronta. A Alemanha, reunida por detrás do seu Führer, subjugadas todas as possíveis dúvidas, virtualmente esmagadas todas as resistências remanescentes, estava pronta.

A única questão era onde e quando o Reich deveria atacar. Logo ficou claro: seria a Polônia. Era ali que a linha seria traçada. Preparou-se a necessária aliança defensiva. Os poloneses assinaram. A Europa se mobilizou. O mundo aguardava.

Hendrikus Colijn, confiante em seu plano de rearmamento e em seus diques, aconselhou seus compatriotas a não caírem em desespero.

"Aconselho a todos a que não fiquem indevidamente ansiosos", declarou o bravo líder holandês em fins de abril, após dar ordens para que as Forças Armadas holandesas se mobilizassem.

As nuvens da guerra se encapelavam sobre o resto do continente. Mas, dali onde se encontrava o venerável estadista holandês, parecia ainda estar-se em tempos de paz. "O destino da humanidade não está nas mãos de um homem", declarou ele. "Não seremos arrastados como caniços pelo vento."

A Holanda queria acreditar em Colijn. Também os Frank queriam acreditar nele. Não que tivessem muita escolha. E assim fizeram, ou, pelo menos, convenceram-se de o terem feito.

Enquanto isso, a vida que os Frank haviam construído em meio às protetoras dunas de Scheveningen começava a cair aos pedaços. A renda de Myrtil na bolsa de grãos de Roterdam despencou, uma vez que a situação de incerteza econômica afetava o comércio de alimentos da Europa. Ele decidiu então suplementar os ganhos trabalhando como vendedor de equipamentos para dentistas. Além disso, envolvera-se romanticamente com outra mulher, Tine van der Sluijs, uma atraente moça de Haia, quinze anos mais jovem, irmã da primeira professora de holandês de Dorrit, de quem ele se tornou amante. A certa altura de 1938 ou 1939, ele passou a ir viver com ela, lançando uma mortalha sobre a casa dos Frank. Algumas vezes ele aparecia em casa, outras não. Não era absolutamente uma boa situação, especialmente para as meninas. Suas amigas adivinhavam que algo não estava indo bem.

Dorrit recordou: "Gerda perguntava: 'Onde é que está seu pai? Ele nunca está em casa.' Eu não sabia o que lhe responder."

Foi por essa razão, como também pela situação mundial a piorar nitidamente, que os Frank não foram passar no exterior as habituais férias em família, durante o verão de 1939. Na verdade, eles não constituíam mais uma unidade familiar coesa.

Então Julius, que agora se tornara um bem-sucedido desenhista de papéis de parede com ateliê e residência no subúrbio londrino de Hendon, telefonou com uma sugestão: talvez Dorrit gostasse de ir passar umas férias em Londres? Ele estava ciente dos problemas da família, é claro. Talvez, sugeriu, ela também pudesse dar uma ajuda no estúdio, de alguma forma.

Naturalmente, a sobrinha de dezoito anos, cheia de amor pela Inglaterra e que pouco antes concluíra o aprendizado em design num estúdio em Amsterdam, ficou exultante. A Inglaterra! Ela ia para a Inglaterra! Seus pais estavam completamente de acordo com a sugestão. Era uma boa idéia, assentiram eles, ela sair por uns tempos. Hitler podia esperar.

E assim, em meados de julho, partiu Dorrit de navio para passar o que esperava ser uma temporada prazerosa de dois meses na Inglaterra.

Mas o que iria vestir? Ela não tinha roupas! Os Frank não estavam em condições de providenciá-las. "Lembro-me de quando fui para a Inglaterra. Não tinha quase nada para vestir", disse Dorrit. Aquela foi uma das vezes em que ela sentiu saudades dos antigos luxos, por exemplo o de ter um costureiro à mão, como em Berlim. Mas ela estaria bem. De qualquer modo, ainda usava o penteado à "Brenda Frazier".

Como era de se esperar, Dorrit passou uma adorável temporada com o tio. Visitou os pontos turísticos, ajudou Julius no estúdio, falou inglês sem que ninguém a corrigisse. Foi uma glória; até o clima estava maravilhoso.

Mas Hitler não podia esperar. Com a aproximação de agosto, Berlim começou a causar problemas para a cidade livre de Dantzig. Ficou claro que o início da Segunda Guerra Mundial estava apenas algumas semanas adiante.

"Lembro que estavam construindo trincheiras no Hyde Park", disse Dorrit.

Preocupados, Myrtil e Flory telefonaram para Julius pedindo-lhe que mandasse a sobrinha de volta para a Holanda. Ali — afirmaram eles —

ela estaria a salvo quando as hostilidades irrompessem. Afinal de contas, todos sabiam que a Holanda era um país neutro. Era isto também o que pensavam a rainha e o gabinete holandês — que agora, depois da derrota do Partido Católico de Colijn nas eleições do último verão, era chefiado por um novo premier, de fala igualmente vigorosa, D.J. de Geer. Era isso, igualmente, o que a maioria dos holandeses pensava. Afinal, Hitler lhes havia garantido!

Em 30 de agosto, enquanto a Alemanha fazia os seus abertos preparativos para invadir a Polônia, um abatido Julius acompanhou a sobrinha até a Euston Station para tomar o trem até Harwich e daí atravessar o ainda calmo, ainda seguro canal da Inglaterra, de volta a cidade de Hoek van Holland.

Antes que Dorrit partisse, Julius, impressionado com a capacidade demonstrada pela sobrinha para o design e as vendas, perguntou-lhe se ela não gostaria de tentar vender na Holanda alguns papéis de parede que ele produzia. Ela respondeu que adoraria.

Não havia motivos para se preocupar, tio e sobrinha diziam um para o outro, com palavras que ecoavam dezenas de outras conversas acontecendo ali, naquela plataforma. Tudo ia dar certo. Dentro em breve, eles haveriam de se ver novamente.

Flory, Myrtil e Sybil aguardavam no cais quando o ferry de Dorrit chegou. Por um breve momento delirante — enquanto os pais e a irmã interpelavam-na nervosamente e Dorrit respondia pontuando as frases com palavras em inglês, falando profusamente sobre o *brilliant* estúdio do tio, e o *brilliant* isso e aquilo —, foi como se os divididos Frank fossem novamente uma família. E o que era mais importante: Dorrit estava salva.

No dia seguinte, 1º de setembro, Hitler invadiu a Polônia, e o povo polonês teve sua própria experiência da *blitzkrieg*.

Mais tarde, Dorrit lembrou-se de que estava com seu primeiro namorado, um belo rapaz chamado Ed Weinreb, na quadra de tênis do clube judeu quando outro amigo chegou e deu a notícia. Houve uma pequena pausa enquanto os jogadores a digeriam.

Depois retomaram o jogo.

Passados dois dias, um exausto e mortificado Chamberlain, vendo que Hitler ignorara suas últimas advertências, foi para a BBC tornar o fato oficial.

E assim, ela começara mais uma vez.

A não ser pela campanha da Polônia — reconhecidamente terrível, marcada pelo bombardeio e o esmagamento de Varsóvia — e pela bem-sucedida perseguição que a Marinha britânica infligiu à pequena fragata alemã *Graf Spee*, que acabou fugindo às pressas para o porto de Montevidéu, enquanto milhões acompanhavam com avidez o dramático conflito naval, a Segunda Guerra Mundial dificilmente mereceria tal nome. Nesses primeiros meses, houve relativamente pouco derramamento de sangue. Em particular, a *Sitzkrieg*, ou guerra sentada, chegou a ser cômica. No front ocidental, soldados franceses e britânicos sentaram-se em seu lado da Linha Maginot à espera de que alguma coisa acontecesse, enquanto alemães, igualmente satisfeitos por não estarem fazendo nada, esperavam sentados no seu lado da não menos formidável e imóvel Linha Siegfried.

"*We're going to hang out the washing on the Siegfried Line*", dizia a mais popular canção londrina daquele outono. "*Have you any dirty washing, mother dear?*"* Na Holanda, os holandeses, igualmente satisfeitos pela ausência de combates, também cantavam alegres. Décadas depois, as meninas Frank sabiam repetir todos os versos.

Entretanto, os alemães decididamente não estavam inativos. Em outubro, o Führer instruiu o staff da Wehrmacht para dar início, de fato, aos planos de uma invasão da França e dos Países Baixos na primavera seguinte.

A despeito de relatórios de seus próprios agentes e de outras fontes — afirmando que, apesar das declarações do Führer em contrário, *herr Hitler* tinha, sim, planos para a Holanda —, o governo e a nação holandesas permaneciam nitidamente despreocupados.

---

* Vamos pendurar as roupas pra secar na Linha Siegfried. Você tem alguma roupa suja, mãezinha? (N.T.)

Uma "Carta de Amsterdam", publicada em 9 de março de 1940 na revista *The New Yorker*, reproduzia a atitude de complacência e negação que atravessava o país naquela data tardia, a apenas oito semanas de Hitler partir para sua ofensiva da primavera. "Os holandeses dão a impressão de estarem indiferentes à evolução da guerra ao redor", observava o correspondente. Enquanto isso, Amsterdam tornara-se um centro de intrigas, uma vez que agentes da Gestapo e da Grã-Bretanha misturavam-se livremente pelos cafés e bares holandeses. Ocasionalmente, naquela atmosfera febril, ambos os lados pisavam no pé um do outro, embora, já que se tratava do território neutro da Holanda, o assunto ainda pudesse ser resolvido com certa diplomacia.

Num incidente que pode ter servido de inspiração para a famosa cena do filme *Casablanca*, de 1942, um grupo de nazistas visitando o país tentou forçar a orquestra de um hotel em Haia a executar a canção de guerra "Deutschland Über Alles". Os britânicos na platéia protestaram firmemente, como também os franceses presentes, que então pediram para a orquestra tocar "La Marseillaise". O regente da orquestra, vivendo momentos de aflição, resolveu, em nome da neutralidade holandesa, recusar também aquele pedido. No entanto, cedeu a uma outra sugestão, mais inócua, do lado britânico: "Whistle while you work". O que o pobre holandês não podia saber era que os britânicos haviam modificado a letra:

Whistle while you work
Ribbentrop's a twerp!
Hitler's barmy
Like his army
*Whistle while you work**

Deliciados, os britânicos cantaram o mais alto que podiam, enquanto os alemães, vermelhos de raiva, se retiravam.

---

* Assobiem enquanto trabalham/ Ribbentrop é um idiota/ Hitler é um doido/ assim como seu Exército/ assobiem enquanto trabalham! (N.T.)

O correspondente dos Estados Unidos — país que ainda se declarava neutro — ficou bastante mal impressionado ao observar o nível de alerta dos holandeses, pintando uma cena surrealista:

> Rotundos holandeses batem solenemente nas mesas, no restaurante Astoria, à espera de que o garçom venha limpar as dezenas de ostras zelandesas e os restos de dois frangos assados, declarando com toda convicção que em breve a Holanda fará com a Alemanha o mesmo que a Finlândia está fazendo com a Rússia.

Não era uma boa comparação. Em 19 de março, passados dez dias da publicação do artigo, a Finlândia, depois de conseguir deter os russos por quatro meses, finalmente capitulou. Além disso, Holanda e Finlândia não eram a mesma coisa. A Linha Grebbe — a linha externa de diques que supostamente deteria qualquer invasão alemã — não era, como o mundo logo saberia, a Linha Mannerheim.

O correspondente da *The New Yorker* estava realmente cético, e concluía: "Certos especialistas militares britânicos acham que o Exército holandês só poderá conter um avanço alemão por cerca de cinco minutos."

Mesmo depois que os alemães invadiram a Dinamarca e a Noruega, em abril, terminando a *Sitzkrieg*, os holandeses continuaram se fingindo de avestruz.

Dorrit estava assistindo a uma peça em Haia, com Gerda, no dia em que Hitler fez sua operação-surpresa na Escandinávia. O chocante acontecimento foi extraordinário o suficiente para que o mestre-de-cerimônias o comentasse em sua fala inicial. "*Doe gewoon dan blyft het ook gewoon*", aconselhou ele aos ansiosos freqüentadores: "Ajam como se nada tivesse acontecido, e nada acontecerá."

No dia seguinte a rainha Guilhermina disse quase a mesma coisa em seu discurso aos preocupados súditos. E os preocupados súditos de Sua Majestade, os Frank inclusive, queriam acreditar nela.

Provavelmente naquele ponto Myrtil ainda poderia remover sua família da Holanda para a Inglaterra, onde Julius talvez pudesse testemunhar em seu favor; ou para a Palestina, indo juntar-se à irmã e à mãe,

Lisbeth e Johanna; ou ainda para Portugal, onde o irmão de Flory, Ferdi, acabara de se instalar. Ou talvez para outro local, como a África do Sul, para onde fugira um razoável contingente da diáspora judaico-alemã; ou mesmo para o Marrocos, onde Ferdi recentemente estivera ao deixar a França após a invasão alemã. Teria sido difícil, mas poderia conseguir-se.

Em vez disso, Myrtil e Flory, confiando no acerto de sua decisão inicial e na solidez da neutralidade daquele país, como também na resistência dos diques holandeses, preferiram permanecer onde estavam, em Haia, da mesma forma como um total de aproximadamente vinte mil outros judeus alemães e austríacos.

Assim, foi com profunda frustração e sem nada compreenderem que os moradores de Haia e de Roterdam despertaram naquela manhã de 10 de maio de 1940 para ver o ensolarado céu acima deles pontilhado por milhares de pára-quedistas alemães. Centenas de aviões de caça e bombardeiros, com armas e canhões a toda, enxameavam sobre eles, atingindo alvos predeterminados, mas também qualquer coisa que escolhessem: barcos, pontes, civis, até mesmo algumas aturdidas vacas holandesas.

O sistema de inundação dos diques, que supostamente era de absoluta segurança, não foi de muita ajuda. Não contra a *blitzkrieg*. Mais tarde, Churchill escreveu:

> É esmagador o poder de uma grande nação contra uma nação pequena, nas condições modernas. Os alemães irromperam por toda parte, atravessando os canais ou apossando-se das comportas e dos controles de água. Num só dia, toda a linha externa das defesas holandesas estava dominada. Ao mesmo tempo, a Força Aérea alemã começou a usar seu poder contra um país completamente indefeso. A esperança holandesa de que os alemães, em seu deslocamento para a direita, se desviassem deles, tal como na guerra anterior, foi vã.

Myrtil e Flory deram-se conta de que o santuário holandês, o exílio holandês, a neutralidade holandesa — tudo não passara de uma miragem. De uma longa miragem. E agora, com o barulho dos tiros lá fora, já era hora de despertarem.

Myrtil não ficou desconcertado por muito tempo. Por duas vezes antes, em 1923 e em 1933, ele agira rápido para retirar sua família do caminho do mal. E agiu da mesma forma, naquele dia. Iria fazer alguma coisa, prometeu à angustiada família. Não o fizera sempre? E de fato o fez.

No dia seguinte, o segundo dia da invasão, 11 de maio, enquanto a luta desigual entre o Exército holandês e a Wehrmacht prosseguia pelas ruas de Haia, Myrtil correu até o velho porto e tentou alugar um barco para transportar os Frank para a Inglaterra.

Não encontrou mais ninguém que pudesse fazê-lo. A maioria dos pescadores que seriam suficientemente loucos para empreender uma viagem arriscada dessas já tinha saído de lá. Vários barcos, também, tinham sido metralhados e afundados pela Luftwaffe. Os pescadores deviam estar mesmo apavorados: Myrtil Frank podia ser um homem muito persuasivo e ter dinheiro consigo, mas de nada adiantou. Aquela saída estava fechada.

Do outro lado do canal, em Londres, Julius leu as manchetes no *Evening Standard* e ficou imaginando se algum dia veria de novo o irmão e sua família.

5
Terra de sombras

"Embora tenham morrido cinco mil soldados, tanto da Wehrmacht quanto holandeses, não existe animosidade em nossos corações ... Não iremos perseguir, nem imporemos as nossas convicções sobre a população ..."

ARTHUR SEYSS-INQUART, *Reichskommissar* alemão para a Holanda, em junho de 1940

"Muitos holandeses foram persuadidos de que o destino da Alemanha é dominar a Europa, e que a melhor política para eles é a de cooperar com a Alemanha ..."

De um artigo sobre a Holanda ocupada, no *Saturday Evening Post* de fevereiro de 1941

"Eles passaram muitas horas lindas ..."

Frase escrita sob uma figura no caderno de desenhos de Edgar Reich, em que ele descreve o romance com a noiva, Dorrit Frank, no inverno de 1942. A figura mostra os dois dançando. O artista foi internado no campo alemão de Westerbork, na Holanda

A guerra na Holanda terminou pouco depois de começar. Os especialistas militares britânicos, que a revista *The New Yorker* citara dois meses antes, estavam muito próximos da verdade: por cinco dias os holandeses conseguiram conter os alemães. Não foram cinco minutos, mas era bem perto disso.

Não que não tivessem lutado. Eles lutaram, sim. A Força Aérea holandesa, incluindo o esquadrão de "aviões bombardeiros" que o prudente primeiro-ministro Colijn havia comprado anos antes, lutou de maneira espetacular. Já estando condenados desde o instante em que alçaram vôo, cada piloto disponível daquele grupo preparado decolou para enfrentar o combate. Todos eles foram abatidos, mas não sem que igual número de aviões alemães também o fosse.

O Exército holandês, sob o comando do general Henri Winkelman, portou-se com muita honra, capturando ou dispersando as forças alemãs que tinham descido perto de Haia e defendendo Roterdam. Isso obrigou Hitler — que acompanhava aquela batalha desigual do seu posto de comando ocidental e desejava empregar algumas das tropas ocupadas na Holanda em uma nova oportunidade que surgira na França — a expedir uma de suas raras instruções especiais.

"O poder de resistência do Exército holandês mostrou-se mais forte do que se previu", declarava a instrução n.11 de Hitler, expedida na manhã de 14 de maio, o quinto dia da invasão. "Condições políticas, como também militares, exigem que essa resistência seja quebrada rapidamente."

E assim se fez. Naquela mesma manhã, enquanto Winkelman (cujos homens, apesar de já terem perdido três mil do seu contingente, ainda estavam com bastante ânimo para lutar) fazia uma avaliação dos termos alemães, um grupo de bombardeiros da Luftwaffe surgiu sobre o centro de Roterdam, a segunda maior cidade da Holanda e o porto de maior movimento. Sem qualquer aviso, despejou sua carga altamente explosiva. Imediatamente, uma área de dois quilômetros quadrados foi abaixo. Mais de oitocentos civis morreram, muitos milhares ficaram feridos, outros setenta e oito mil ficaram sem teto. Roterdam, assim como Guernica anteriormente, tornou-se um sinônimo do terror aéreo.

E continuou a sê-lo por muitos anos — juntamente com Coventry, cidade da região central da Inglaterra que a Luftwaffe também bombardeou intensamente no fim daquele mesmo ano, durante a batalha da Grã-Bretanha —, até acontecerem os ataques estratégicos muito mais devastadores, com cerca de mil aviões bombardeiros ou mais, que a RAF e a Oitava Força Aérea dos Estados Unidos dirigiram posteriormente contra a Alemanha.

Porém, em maio de 1940, tudo isso ainda estava longe, no futuro. Uma Roterdam foi o bastante para acabar com a autoconfiança dos holandeses. Naquela tarde, Winkelman se rendeu. Em algumas horas, os tanques alemães entraram em Amsterdam e Haia, controlando os pontos centrais, enquanto a população local observava paralisada. Pela primeira vez, desde as Guerras de Independência, a metrópole holandesa encontrava-se sob ocupação estrangeira.

Embora naquela semana todos os judeus vivendo na Holanda estivessem aterrorizados com a virada dos acontecimentos, não podiam estar mais atormentados que os cerca de vinte mil refugiados judeus alemães e austríacos, que de repente se viram de novo sob o governo nazista. Sem dúvida, Myrtil não era o único judeu alemão a tentar — e não conseguir — alugar um barco para sair de Scheveningen naquele dia.

A fuga por terra era igualmente inútil: o país neutro mais próximo — a Suíça — ficava para além de três fronteiras muito bem vigiadas. "Em nenhum outro lugar", escreveu Gerald Ratlinger em *The Final Solution*, "foi a população judaica apanhada no laço mais do que na Holanda."

Para alguns, o suicídio foi a única saída. Na primeira semana de ocupação alemã, calcula-se que duzentos e cinqüenta judeus alemães preferiram acabar com as próprias vidas, antes de mais uma vez terem de enfrentar seus algozes nazistas. Os Frank conheciam um casal de Scheveningen que morreu assim. "Eles simplesmente foram para as dunas e nunca mais voltaram", lembrou Flory.

Entretanto, o furacão que a maioria dos judeus — especialmente os alemães — temia logo após a *blitzkrieg* da Alemanha não chegou a acontecer, e o choque daqueles primeiros dias traumáticos pós-invasão arrefeceu gradualmente.

Em junho de 1940, Arthur Seyss-Inquart, o recém-nomeado *Reichskommissar* da Holanda, pronunciou seu discurso inaugural no *Binnenhof*, local da legislatura holandesa em Haia, que breve seria desmantelada. O nome de Seyss-Inquart já era familiar para muitos holandeses desde a Anschluss de 1938, e também por sua subseqüente posição como vice de Hans Frank, o fanático governador da Polônia ocupada.

Compreende-se que todos estivessem apreensivos quanto ao que se poderia esperar daquele novo regente imposto. Pelo menos, eles não se sentiram desrespeitados com a nomeação: Hitler claramente enviara um de seus principais homens para a Holanda, a fim de arrumar as coisas por lá. Ao mesmo tempo, por força da nomeação de Seyss-Inquart e da instalação de uma administração civil, parecia também que os planos de Hitler em relação aos holandeses eram diferentes daqueles para a maioria dos outros territórios recém-adquiridos do Reich, inclusive a Bélgica e a França, aos quais foram impostos governos militares. Entre os territórios ocupados da Europa ocidental, apenas a Noruega, onde acabava de ser empossado o também civil Josef Terboven, recebeu esse ambíguo privilégio.

O que significava isso? *Quais eram*, de fato, os planos do Reich para a Holanda?

O procônsul nazista, um amante de música, fez o melhor que pôde para aplacar as suspeitas dos holandeses em seu discurso tranqüilizador, que foi acompanhado por violinos. "Não iremos perseguir nem impor as nossas convicções sobre a população", declarou ele. O que deixou mais animados os que desejavam acreditar nele — e àquela altura eram muitos, se não a maioria dos holandeses — foi que Seyss-Inquart se comprometeu a preservar as leis holandesas, inclusive (embora não o dissesse de forma explícita) as veneráveis leis e tradições do século XVII sobre a liberdade de crença e o direito ao asilo religioso. Seyss-Inquart nem mesmo mencionou especificamente os judeus.

Os pogroms — que os judeus tanto temiam que fossem ocorrer na Holanda, tal como já sucedera na Polônia e em outros países ocupados do Leste europeu — não aconteceram. Como demonstrou o emoliente discurso de Seyss-Inquart, os alemães, pelo menos naquela conjuntura do início da guerra, ainda estavam tentando conquistar os holandeses para o seu lado. No que se referia ao bombardeio de Roterdam, a Luftwaffe afirmou que tinha havido uma falha de comunicação.

Durante alguns anos, à medida que Seyss-Inquart e sua coorte davam-se conta do profundo ressentimento que lhes votavam os holandeses, os alemães iriam perceber como era fútil o que pretendiam. Mas, naquela altura, quando ainda se alimentavam esperanças de finalmente a Holanda ser incorporada ao próprio Reich (esperança que Seyss-Inquart acabou explicitando no início de 1942, antes de abandoná-la logo em seguida), a política em geral era a de serem bons com os holandeses, o que também queria dizer: bons com "os judeus deles".

O "problema judeu" da Holanda poderia ser tratado posteriormente. Por enquanto, a música devia ser suave, muito suave. Uma banda militar alemã chegou até a ir a Scheveningen em junho, fazer serenatas para o povo.

Apenas uma restrição foi imposta à população judaica: os membros judeus do serviço civil antiaéreo teriam de renunciar. Só isso. Não era tão mau assim, era?

"Foi muito estranho", disse Flory. "De repente, havia alemães ao nosso redor." Grande número de soldados da Wehrmacht estavam aquartelados em Scheveningen. Por enquanto, não pareciam querer atirar em ninguém. Muito pelo contrário, na verdade. Muitos holandeses ficaram impressionados com o comportamento "correto" dos soldados ocupantes, assim como os franceses, no início, impressionaram-se com a disciplina e o tato dos soldados alemães que agora estavam em meio a eles.

Em 29 de junho, dia do aniversário do príncipe Bernhard, Seyss-Inquart deu-se conta de que a tarefa de conquistar os corações e mentes dos holandeses poderia ser um pouco mais difícil do que se previra: numa espontânea demonstração de apoio ao exilado príncipe e à Casa de Orange, os holandeses ostentaram cravos brancos em suas lapelas, tal como era o costume conhecido de Bernhard. Alguns chegaram mesmo a pendurar nas janelas a bandeira tricolor holandesa. O *Reichskommissar* ficou contrariado, mas não desanimou. Os holandeses, ele tinha certeza, haveriam de enxergar a luz, afinal. Enquanto isso, como medida de precaução, ficou proibido que as mães holandesas pusessem em seus filhos os nomes de Guilhermina, Juliana ou Bernhard. Mas isso foi uma simples bofetada.

Permitiu-se que a burocracia civil já existente permanecesse em seus postos. Somente uma fina camada de funcionários alemães e locais da NSB (incompetentes, na maior parte) foi imposta por ordens superiores. A grande maioria de servidores civis holandeses não tinha contato com os alemães, o que era bom para eles. E continuaram em suas funções sem protestar, prosseguindo assim pela maior parte dos cinco anos de ocupação. Alguns, principalmente os envolvidos com serviços essenciais, tais como o racionamento, iriam declarar que aquela cooperação era necessária ao bem-estar da nação, e que se houvessem protestado ou renunciado teriam sido substituídos por tipos menos competentes da NSB (como mais tarde o foram os que de fato renunciaram) e o país teria sofrido ainda mais do que finalmente suportou.

De qualquer maneira, a palavra emblemática para o serviço público, em 1940 e por quase quatro anos depois, era cooperação. E assim, quando, no que se chamou de "medida de precaução", os alemães exigiram dos servidores civis de nível médio e superior que subscrevessem um "atestado ariano", no qual mais de doze mil assinantes deviam declarar sua filiação religiosa, apenas um único opositor consciente se recusou a fazê-lo. Foi demitido. Como Christopher Browning observou em sua recente e definitiva obra *The Origins of the Final Solution*, o controle do funcionalismo holandês — obediente, cumpridor e impecavelmente eficaz — a fim de implementar a política racial nazista seria uma das chaves para explicar a maior taxa de mortalidade de judeus holandeses, comparada à de outros países da Europa ocidental.

Os Frank ainda não estavam completamente convencidos. Mas, bem... tudo parecia quase OK. Tentando mostrar-se prática, Flory mandou Dorrit e Sybil comprarem sapatos. Aquilo seria a primeira coisa que os alemães iriam querer, imaginou ela. E então as meninas foram fazer compras, enquanto a família tentava habituar-se às imagens e aos sons nazistas com que agora se deparava por toda parte, na rua, na praia, no rádio.

Talvez as coisas pudessem ainda ficar OK. Claro, eles não tinham muita escolha: tinham caído numa armadilha.

Então, em setembro de 1940, um novo edital alemão ordenava que os judeus estrangeiros, inclusive os alemães, deveriam afastar-se do litoral, sob o pretexto de que ali poderiam facilitar uma futura invasão inglesa. Essa foi a primeira medida de uma demorada campanha para isolar e concentrar toda a população judaica, um insidioso jogo de gato-e-rato que os alemães iriam encenar nos dois anos seguintes — e que chegaria ao fim com o aniquilamento dos judeus holandeses. Como declarou Seyss-Inquart quando foi julgado em Nuremberg, em 1946: "Tudo aconteceu passo a passo." Aquele foi o primeiro passo, a primeira patada do gato.

Àquela altura, já existiam os campos de concentração, tanto para judeus quanto para outros "elementos criminosos", mas não os campos de extermínio — pelo menos, ainda não. Talvez algumas centenas de judeus, de uma população total de cento e quarenta mil, tenham ido esconder-se por essa época. Não mais que isso. Não havia necessidade.

O impacto do novo e desagradável edital sobre os Frank, e sobre os mais de dois mil judeus alemães afetados pela ordem de relocação, foi atenuado pela concessão, aos atingidos pela medida, de uma razoável área para onde poderiam mudar-se. Em vez de ficarem arrebanhados num pequeno bairro semelhante a um gueto, como tantos temiam — e como ocorrera na Polônia —, os Frank e seus companheiros judeus desenraizados foram simplesmente mandados para um novo lugar, a pelo menos quarenta quilômetros da costa. Sim, era uma inconveniência, mas não tão má assim.

A ordem para relocação dava aos Frank apenas três dias para se mudarem. Mesmo assim, após uma curta e frenética procura, Myrtil conseguiu encontrar uma casa grande em uma "cidade-jardim" de tamanho médio, Hilversum, pouco mais de trinta quilômetros a leste de Amsterdam. Ali deveria acomodar a esposa, as filhas e a idosa sogra, cada vez mais frágil. Depois de uma curta passagem intermediária pela cidade de Bussum, pouco antes de Hilversum, onde alugaram um apartamento por algumas semanas, eles se mudaram em fins de 1940, no primeiro ano da ocupação alemã. Tinham-lhes permitido levarem consigo a mobília, mas Myrtil e Flory preferiram não fazê-lo, decisão que tomaram sem muito refletir. Como descobriram mais tarde, foi muito bom que houvessem decidido assim.*

* Quando os alemães deram início às deportações internas para Westerbork um ano depois, a maioria das primeiras famílias a serem selecionadas foram as que haviam transportado suas mobílias e outros bens consigo. As que não possuíam mobília que pudesse ser confiscada, como os Frank, eram menos atraentes. Mais tarde, é claro, quando os alemães estavam capturando *todos* os judeus, essa distinção se tornou inútil. Mas, naquele momento, ela salvou os Frank.

Embora os Frank sentissem falta do mar e dos amigos de Scheveningen, logo se apegaram à nova casa em Hilversum, que na realidade era maior que a primeira e tinha um agradável jardim. Hilversum era famosa por seus jardins. A casa ficava numa rua bem cuidada e cheia de vegetação chamada Frans Halslaan, em homenagem ao famoso pintor holandês, e a escola do bairro era logo depois da esquina. Myrtil continuava lutando para viver dentro do seu orçamento, mas, como disse mais tarde Flory: "Nós tentávamos obter o máximo possível da vida. Nos distraíamos um pouco", recordou. "Chegávamos até a sair para catar cogumelos. Claro, tudo se tornava cada vez mais difícil, a gente podia ver isso. Basicamente, estávamos felizes por estarmos vivos."

Dorrit recordaria mais tarde que os dezessete meses passados pelos Frank em Hiversum foram "surreais". "Foi como viver numa região de sombras." Como ainda lhe permitissem trabalhar, ela retomou os estudos num outro estúdio em Amsterdam. Também fez um novo e animado círculo de amigos, jovens judeus da região de Hilversum-Utrecht, a maioria no fim da adolescência, chegando à casa dos vinte anos. Todos os sábados, dez ou doze deles se reuniam na sala de estar dos Frank, na Frans Halslaan, para conversar, fofocar e dançar ao som de *big bands* ou java jive.

A sensação de viverem no limbo, de não saberem o próximo passo dos alemães, aparentemente onipotentes (naquele momento eles estavam marchando contra a Rússia), emprestava àquelas ocasiões uma intensidade verdadeiramente frenética.

Já na primavera de 1941 aconteceram alguns incidentes violentos no bairro judeu de Amsterdam, um dos quais, em fevereiro, resultara na morte de um miliciano holandês. Os alemães reagiram com um ataque relâmpago ao Jonas Daniël Meyerplein no qual mais de quatrocentos judeus foram recolhidos, para nunca mais se ter notícia deles.

Enquanto isso, um enraivecido dr. H. Böhmcker, comissário especial de Seyss-Inquart para a cidade de Amsterdam, convocava os líderes das duas comunidades judaicas (Ashkenazi e Sefardita) e insistia para que constituíssem um Conselho Judaico, ou *Judenrat*, semelhante aos que os alemães estabeleceram em outros territórios ocupados. Era uma forma de lhes serem transmitidas as ordens e de melhor controlar a população geral.

Os cidadãos de Amsterdam reagiram aos ataques e ao que perceberam ser uma crescente perseguição à população de judeus participando de uma extraordinária greve. Liderada por ativistas comunistas, a *Februaristaking*, como ficou conhecida, rapidamente se espalhou pela cidade, afetando transportes, lojas de departamentos, estaleiros e fábricas. Por quase dois dias todo o centro industrial de Amsterdam ficou fechado. Os quinze mil operários da fábrica Philips, em Hilversum, também aderiram, como também nas localidades próximas de Haarlem e Zaandam.

Mais tarde, um jornal da resistência, o *Het Parool*, observou: "Uma ardente indignação encheu a cidade. Será que vamos ficar olhando passivamente, enquanto os nossos irmãos judeus são espancados?" O jornal acrescentava que a greve "era, sobretudo, um vigoroso protesto contra o escandaloso terror anti-semita que os bárbaros alemães iniciaram em nosso país".

Os judeus de Amsterdam e dos arredores sentiram-se evidentemente mais animados com aquele ato, que mais tarde Louis de Jong descreveria como "a única greve antipogrom da história". Como disse Geert Mak: "O judeu soube que, embora apenas por um momento, não estava sozinho."

Mas isso durou apenas um momento. Tomados de surpresa pela manifestação, Rauter, Böhmcker e seus colegas alemães reprimiram-na imediatamente com a ajuda de um batalhão de polícia alemã e de dois batalhões da SS *Totenkopf*, como descreveu o *Het Parool*:

> A polícia alemã foi mandada para as ruas em numerosos caminhões e começou a atirar em qualquer um que não saísse da frente. Metralhadoras foram posicionadas nas esquinas, varrendo todo o mundo dali. Muitas vezes foram usadas granadas de mão. ... E no meio desse alarido podiam-se ouvir as pragas em alemão e os rugidos canibalescos de batalha dos nazistas uniformizados, atirando sobre o povo desarmado.

A vigorosa resposta nazista conseguiu eficazmente, em quarenta e oito horas, o fim da greve. Até ali, nove cidadãos de Amsterdam haviam sido mortos.

E então, aquele extraordinário momento, um dos mais emocionantes exemplos da resistência popular contra a perseguição nazista aos judeus na Europa durante a guerra, como também o último a acontecer na Holanda, chegou ao fim. Nunca pôde repetir-se — pelo menos na Holanda.*

Um dos desaparecidos nos ataques-relâmpago que precipitaram a *Februaristaking* era um amigo de Dorrit, Ed Weinreb. Certo dia, em fevereiro, ela marcara um encontro em Amsterdam com aquele antigo parceiro de tênis. Mas Ed não apareceu. Passadas várias semanas, os pais receberam uma carta das autoridades afirmando que ele havia sido enviado para o campo de concentração alemão de Mauthausen, mas que estava bem.

Até maio de 1941, cada um daqueles quatrocentos judeus apanhados nos ataques de fevereiro, inclusive Ed Weinreb, estava morto.

No entanto, ninguém soube disso naquele momento. Os alemães alteravam as comunicações de mortes, de modo a que elas parecessem acidentais. Apesar de tudo, ainda era possível acreditar que as coisas evoluiriam para melhor, se assim se desejasse — e a maioria dos judeus fervorosamente o desejava.

E o que seriam aquelas batidas na porta?

Era assim esse estranho interlúdio, caso se fosse um judeu na Holanda ocupada, preso na armadilha. Sem dúvida, era deprimente ver os anúncios nos parques declarando "*BEPERKTE BEWEGINGSVRIJHEID VOOR JODEN*" — Liberdade de movimentos limitada para os judeus —, mas, pelo menos, os judeus ainda tinham *alguma* liberdade. Tudo o que precisavam fazer era seguir as instruções do *Joodscche Raad*, o Conselho Judaico, claramente verbalizadas e transmitidas pelos quartéis alemães, publicadas toda semana no semanário judaico *Het Joodsche Weekblad* e

* Dois anos mais tarde, em setembro de 1943, numa demonstração igualmente emocionante de resistência coletiva, o povo dinamarquês, encabeçado pelo rei Christian X, pelas igrejas da Dinamarca e também pelo governo sueco, conseguiu resgatar praticamente toda a população judaica de sete mil pessoas (consideravelmente menor do que na Holanda) daquele país ocupado, juntamente com setecentos parentes não-judeus, transportando-os para a Suécia — país neutro — e a segurança.

assinadas por dois co-presidentes do Conselho: Abraham Asscher e o dr. David Cohen. Caso fizessem isso, tudo iria acabar bem. Era esse o sentimento que prevalecia entre a maioria dos judeus holandeses. Até Myrtil apoiava essa atitude complacente.

Em novembro de 1941, as autoridades alemãs deram ordens para que os holandeses realizassem um censo da população judaica, e todos os chefes de famílias judias tiveram de se dirigir ao posto de polícia do bairro para preencherem os formulários do recenseamento. Praticamente todos obedeceram. As autoridades civis holandesas, sem se darem conta ou ignorando a possível finalidade que tal censo poderia ter, concordaram em realizá-lo. Em contrapartida, do outro lado da fronteira, na Bélgica, as autoridades menos amedrontadas e/ou menos submissas recusaram uma requisição semelhante. Mas os obedientes funcionários holandeses concordaram em realizar o censo, que logo se tornaria um instrumento crucial para se prosseguir com a perseguição aos judeus. O espírito da *Februaristaking* de nove meses atrás (ao qual se mostrara imune a grande maioria dos funcionários públicos, de qualquer modo) evidentemente havia desaparecido. Não havia nenhum motivo para preocupação, asseguravam os amigáveis policiais holandeses aos milhares de judeus de aparência fatigada que, por todo o país, conscienciosamente compareceram ao censo — Myrtil inclusive. Nada com que se preocupar. Apenas uma formalidade.

Naquele novembro de 1941, graças aos esforços incessantes de Joseph Goebbels — agora em seu nono ano como ministro nazista da Propaganda e da Informação Pública, e mais do que nunca obcecado pelos judeus —, partiu para a Polônia o primeiro grupo dos mais de sessenta mil judeus que ainda viviam em Berlim. Num ensaio publicado no "prestigiado" periódico nazista *Das Reich*, Goebbels justificou aquelas "evacuações" (como eram chamados eufemisticamente os transportes) e fez uma arrepiante profecia, que ecoava outra, feita por Hitler em 1939: "Se os judeus envolvidos nas altas finanças internacionais conseguirem arrastar os povos do mundo a uma outra guerra", declarou o promotor oficial de ódio no *Reich*, "o resultado será a eliminação da raça judia na

Europa." Dois meses mais tarde, aquela profecia, que já se transformava em verdade na Polônia, iria tornar-se uma realidade planejada e sistemática na Conferência de Wannsee.

Mas poucos holandeses, judeus ou não, liam o *Das Reich*, e mesmo que o tivessem feito sem dúvida teriam qualificado a profecia de Goebbels como mera propaganda.

Os alemães continuaram a distribuir novos regulamentos, cada vez mais humilhantes, por todo o outono de 1941 e a primavera de 1942, inclusive alguns que proibiam os judeus de viajarem ou de se mudarem de casa sem permissão (7.11.1941), de entrarem em hotéis não-judeus, em teatros e em piscinas (21.11.1941), de dirigirem automóveis (1.1.1942), de se casarem com não-judeus (23.1.1942) e por aí vai: a lista agora estava ficando muito comprida. Se àquela altura Myrtil já tinha planos de esconder sua família, ele os guardou consigo. Tudo ficaria bem, diria ele ao voltar para a Frans Halslaan depois de uma de suas laboriosas rondas como vendedor. Enquanto isso, Dorrit continuava indo a Amsterdam trabalhar como aprendiz de designer.

E foi então que Dorrit apaixonou-se por um dos rapazes judeus que freqüentava sua casa aos sábados. Seu nome era Edgar Reich, e ele tinha dezenove anos. Mas, quase imediatamente, Edgar e sua família foram enviados para Westerbork, o campo de reclusão alemão no nordeste...

Seis meses mais tarde, numa sexta-feira, 15 de maio de 1942, Dorrit, com uma estrela judaica amarela afixada com destaque no lado esquerdo do peito, está no trem de uma e quinze da tarde que vai de Amsterdam para Assen, no nordeste da Holanda. É uma viagem de aproximadamente três horas. No vagão de segunda classe onde ela está, alguns passageiros, sem aquela estrela na roupa, olham-na de soslaio, sem dúvida perguntando-se quem seria aquela passageira "especial".

Dorrit olha para longe, através da janela, esquecida da atenção que atrai, absorta em seus pensamentos — bons pensamentos, na maioria, pois ela está apaixonada e vai visitar o noivo, Edgar Reich, num lugar chamado *Kamp Westerbork*. Edgar está internado lá desde fevereiro. Não é tão ruim assim, disse ele em fins de março, da última vez em que se encontraram — quando lhe foi permitido sair de Westerbork para registrar-se no novo censo judeu em Amsterdam.

Agora, com uma licença especial para a longa viagem, concedida pelo prestativo embora tenso grupo do *Joodsche Raad*, Dorrit está prestes a conhecer por si mesma o que é, na realidade, Westerbork.

Enquanto o trem a vapor segue seu caminho, Dorrit observa a bicicleta na parte traseira do vagão. Ela a trouxe consigo para fazer a última etapa da viagem, de Assen até uma casa de fazenda onde, novamente com o auxílio do Conselho Judaico, ela conseguiu hospedagem por duas noites.

Quando o contorno de telhados de Amsterdam dá lugar à mancha indistinta das casas de subúrbio, Dorrit retorna à segurança de seu próprio cinema interior, repetindo mentalmente cenas do pequeno filme intitulado *Dorrit e Edgar* enquanto lança ocasionais olhares entediados à paisagem que passa sibilante. Dorrit tem bastante familiaridade com esse trecho, tendo-o atravessado muitas vezes no caminho entre o trabalho, em Amsterdam, e a recém-evacuada casa dos Frank na Frans Halslaan. Seu panorama interior é muito mais interessante...

Mergulhada em seus pensamentos, a jovem judia revê uma vez mais aquela noite de sábado, na sala de visitas dos Frank em Hilversum, no mês de setembro passado, quando encontrou Edgar pela primeira vez. Edgar era um judeu austríaco cuja família se mudara de Roterdam para Utrecht à mesma época em que os Frank se viram forçados a sair de Haia. Voltando no tempo, ela recorda como ficou impressionada pelo gentil desenhista publicitário de dezenove anos, com louros cabelos ondulados. Impressionada, porém não atraída. Talvez eles tivessem apenas trocado alguns olhares, em meio à frivolidade levemente forçada do seu pequeno e reconfortante grupo. Mas não foi amor à primeira vista, pelo menos da parte de Dorrit. Edgar, por sua vez, sentiu-se logo atraído por ela — ou assim o declarou mais tarde.

Dorrit olha através dos límpidos vidros da janela. O trem chegou a Hilversum, e ela pôde avistar o ponto mais característico da cidade, o

Raadhuis, o edifício da prefeitura, de tijolos amarelos em estilo cubista. A torre agora está escondida sob uma horrorosa tela verde de camuflagem. Os alemães, aflitos com a possibilidade de que os bombardeiros aliados pudessem localizar, a partir dela, as instalações da Wehrmacht ali perto, e sem se importarem com aquela maravilha arquitetônica bem no meio deles, a princípio queriam pintar a torre de verde, plano de que foram dissuadidos com certa dificuldade pelas autoridades locais. Por isso, era a tela verde que dava as boas-vindas a Dorrit, de volta ao lar.

Lar, ela pensa, enquanto o trem recebe novos grupos de passageiros típicos do meio-dia, do meio da semana, na maioria estudantes e pessoas mais idosas. *Lar*. Conceito curioso, esse. O que quer dizer lar, *agora*? Quando — e onde — poderemos ter um *lar* novamente?

Muito deprimente para se pensar. Corta daquela cena para outra mais feliz, de *Dorrit e Edgar*, passada naquela mesma estação, na primeira semana de janeiro, vários meses depois que os namorados com a marca da estrela se conheceram. Edgar se oferecera para acompanhar Dorrit a pé até a estação — a atração já era mútua, então. Ela tomaria o trem para ir ao trabalho, em Amsterdam, e ele tomaria outro para retornar a Utrecht. Ao invés de um casto beijo no rosto, como Dorrit esperava, Edgar de repente a beijou na boca e confessou-lhe que estava apaixonado, enquanto os rostos impassíveis dos holandeses na plataforma observavam com variados graus de interesse.

Essa, sim, é uma cena em que vale a pena nos estendermos, observa Dorrit para si mesma, sorrindo, quando o trem finalmente sai da estação.

Nas próximas paradas, poucas vezes ela ergue os olhos, pois já viu todas antes. Agora, entretanto, uma hora depois de deixar Amsterdam, o cenário exterior começa a se modificar de forma evidente. Enquanto o trem desliza para o norte, após deixar Amersfoort, ocorre a Dorrit que nos nove anos que passou na Holanda nunca fora até o norte do país. O aspecto novo da viagem evidencia-se quando a locomotiva aproxima-se de Hardwijk e, pela janela do vagão, surge a vasta, tranqüila e azul imensidão do IJsselmeer — local onde os encarregados holandeses do aproveitamento de terras esperavam construir um grande pôlder, antes que a guerra dinamitasse seus planos.

Dorrit absorve o belo panorama que se desenrola adiante, enquanto o trem faz uma curva para o leste e mergulha numa região de florestas. Em seguida, ela retorna avidamente à atração daquele dia, e em sua mente surge uma seqüência das melhores cenas que se seguiram àquele beijo: Edgar e ela dançando a sós, na sala da casa dela, ao som da sua canção favorita, "Olé Guapa", que se eleva da vitrola arranhada mas ainda funcionando bem. Sybil, que já conhecia o atraente *artiste* do grupo dos sábados, também aprovou.

E como poderia ela deixar de fazê-lo? Qualquer um poderia ver que Edgar era uma estrela. E, como o prova o anel gravado que Dorrit agora alegremente gira no dedo — anel comprado às pressas em Utrecht para confirmar seu amor (eles ficaram indecisos em chamá-lo de anel de noivado), uma noite antes de Edgar e seus pais serem enviados a Westerbork —, ele pertence a ela!

O trem chega à metade do percurso: Zwolle, antiga capital de Overijssel e ex-membro da Liga Hanseática. Vagarosamente, atravessa a ponte férrea sobre a pequena Zwarte Water — uma das numerosas pontes que os holandeses destruíram em maio de 1940, numa inútil tentativa de estancar a maré nazista, agora reconstruída e novamente em atividade, tal como nova, servindo aos senhores alemães da Holanda.

"V = VICTORIE, WANT DUITSCHLAND WINT VOOR EUROPA OP ALLE FRONTEN" (V = Vitória para a Alemanha em todas as frentes) — conclama um estandarte de propaganda estendido sobre o toldo da estação. Isso faz parte do esforço alemão para subverter o significado dos "V" riscados com ódio nos muros holandeses, querendo dizer vitória para os Aliados. Em maio de 1942, Berlim ainda está tentando converter os corações e mentes dos seus "amigos" holandeses subjugados.

"Vitória em todas as frentes... que Deus não o permita", murmura Dorrit para si mesma — embora ultimamente os alemães pareçam estar de fato vencendo em toda parte — antes de o trem novamente partir na direção de Drenthe, a áspera província do nordeste, varrida por ventos, às vezes chamada de "a Sibéria da Holanda".

A estação seguinte é Meppel, população atual: cinco mil habitantes; judeus: duzentos e sessenta. Ali reside o representante do Conselho Judaico em Drenthe, o estimado Meyer Lobstein. Recentemente, Lobstein, preocupado com o esforço das autoridades alemãs a fim de isolar os judeus holandeses do resto da população, fez um apelo para que todos obedecessem às autoridades e não resistissem, mensagem que estava em consonância com os impulsos legalistas dos holandeses. Obediência, não resistência — esse era o caminho correto, o caminho dos judeus, foi o que afirmou o amplamente respeitado Lobstein.

A própria Dorrit, como a maioria dos judeus holandeses, está indecisa quanto à melhor forma de agir. Contenta-se em suportar cada dia da ocupação alemã tal como ele surge, preferindo não pensar aonde tudo isso — a estrela amarela, a mudança forçada dos Frank para Amsterdam, a deportação de Edgar para Westerbork — irá levar. Negação, ou negação parcial, assim os psicólogos contemporâneos chamariam aquele estado mental, coisa que os brandos pronunciamentos de Lobstein e de outros desiludidos membros do Conselho Judaico só fazem reforçar.

Mesmo assim, é difícil para Dorrit tirar da cabeça algumas cenas traumáticas que testemunhou nos últimos meses, quando os alemães iniciaram o seu terrível jogo com a população judaica indefesa. Particularmente, aquela cena inesquecível ocorrida na plataforma da estação de Utrecht três meses antes, quando a família Reich, junto com outras cento e cinqüenta famílias judaicas "sem nação", apresentaram-se relutantemente, por fim, para serem embarcadas com destino a Westerbork, sob os olhares vigilantes da polícia de segurança.

Agora, a despeito do grande esforço que ela faz para tirar aquilo da lembrança, a terrível imagem invade sua mente: os grupos de deportados aos prantos e seus amigos, aqueles a quem queriam muito e que tinham vindo ali para despedirem-se, preocupados, desesperados, desconsolados, relutando em deixarem uns aos outros embarcar naquele terrível trem, outros já a bordo, gritando ou procurando apertar as mãos dos amigos pelas janelas do vagão... E os grupos de policiais alemães uniformizados, a postos para garantir que aquele segundo embarque de carregamento humano em massa com destino a Westerbork partisse sem maiores confusões — o primeiro consistira de infelizes judeus da área de Hilversum que haviam transportado suas mobílias, as quais os alemães tinham intenção de confiscar. Todos desapareceram, envoltos pela fumaça que espiralava de forma dantesca da impaciente locomotiva...

A própria Dorrit estava ali, naquela patética e infeliz confusão, com as gemas dos ovos que a mãe de Edgar lhe dera a escorrerem pelo casaco — inadvertidamente ela os apertara contra si, no meio da multidão que a comprimia, ao acenar-lhes adeus.

Chega. Dorrit olha lá para fora. A paisagem é toda de terras áridas. Assen, seu destino final, está chegando.

Dorrit acelera seu filme interior, até chegar a uma cena mais agradável, do seu último encontro com Edgar, seis semanas atrás, em Amsterdam. De forma um tanto surpreendente, Edgar obteve uma liberação de Westerbork por quarenta e oito horas, a fim de registrar-se no novo censo. A toda pressa, Dorrit conseguiu que os dois passassem a noite na casa da prima dela, Liesl. A compreensiva Liesl cedeu um quarto para os dois.

Edgar não falou muita coisa sobre sua vida em Westerbork. Evidente que não era muito agradável. Nas últimas semanas, o comandante daquele campo holandês, de nome Schol, havia imposto algumas mudanças no regulamento que deram ao lugar uma atmosfera mais prisional, revelou ele com calma, enquanto ambos recostavam-se lado a lado na casa de Liesl, no antigo bairro judeu. Por exemplo, a chamada feita diariamente — que, para início de conversa, já não era nada alegre, observou Edgar com humor — fora transferida para o início da madrugada. Havia também uma nova e detestável unidade de polícia no campo — a polícia *judaica, Jüdischer Ordungdienst,* chamada OD —, criada para aumentar os quadros da polícia holandesa no campo. Schol ficara impressionado com o argumento de um dos chamados Antigos Residentes, um judeu alemão de nome Kurt Schlesinger, em Westerbork desde 1940. A idéia de Schlesinger era deixar que os internos realizassem a administração e policiassem a si mesmos, em lugar de ter os alemães fazendo isso. Judeus policiando judeus: parecia horrível. Mas ele não tinha nada de que se queixar, disse Edgar, acendendo um cigarro.

O devaneio de Dorrit é interrompido pela voz entediada do cobrador, informando que ela chegou a seu destino. Olhando a desconhecida estação de trem, toda enfeitada com os cartazes agora tão comuns da propaganda alemã, ela apanha a bicicleta e sai pedalando pela noite para chegar à fazenda onde ficará hospedada. Ela sorri, pois no dia seguinte verá novamente o namorado.

Quando chega finalmente à fazenda, descobre que é um lugar muito primitivo: não tem água corrente, nem água quente, e nem aquecimento. Há uma bacia de água fria esperando por ela em seu quarto, uma bacia de porcelana, como depois ela irá recordar, pintada em um azul típico. A longa viagem deixou-a extenuada. Ela cai no sono imediatamente.

De manhã, o fazendeiro aponta-lhe a localização do campo. Não é difícil encontrar, diz ele, gesticulando em direção ao abrigo de refugiados construído pelo governo holandês em 1939 — antes da ocupação — para o internamento de judeus que houvessem entrado ilegalmente no país. Afinal, não há muitas outras coisas pelos arredores. Dali a seis semanas, uma flotilha motorizada da *Befehlshaber der Sicherheitspolizei des SD* (SD), com uma companhia adicional de soldados da SS, chegará para tomar conta formalmente de Westerbork. E esse campo de internação, que até ali teve um mínimo de segurança, irá transformar-se em algo completamente diverso e mais sinistro: um "campo policial de trânsito", cercado com arame farpado e torres de vigia. Um lugar infernal de onde, a cada uma das cem próximas semanas, mil — às vezes mais, às vezes menos — dos seus resignados habitantes, chorando de revolta, serão conduzidos pelos OD até os trens com destino aos "campos de trabalho" no leste, aqueles "campos" cujos nomes são Auschwitz, Sobibor e Bergen-Belsen.

Entretanto, naquela particular conjuntura da torturada história de Westerbork, enquanto aquele local esquecido por Deus, nas regiões áridas de Drenthe, ainda tem a administração do Ministério do Interior holandês — e antes que qualquer outra pessoa na Holanda, a não ser os oficiais mais próximos a Adolf Eichmann, tenha qualquer noção do que realmente significa a designação "de trabalho" —, não havia motivos para que o fazendeiro anfitrião de Dorrit hesitasse em fornecer a uma moça judia as indicações para chegar a Westerbork, nem qualquer razão para que ela devesse temer ir até lá.

Por isso, Dorrit segue ansiosamente pedalando, por um caminho arenoso e batido pelos ventos. O percurso é longo, os únicos companheiros são os pássaros voando em círculos acima de sua cabeça. Mais tarde ela calculou que o caminho de ida e volta levou uma hora.

E então surge no horizonte a silhueta de um dos maiores galpões do campo, seguido pelos duzentos "chalés" menores, dispostos em perfeitas fileiras, uma após a outra, cada um com o seu jardinzinho bordado de tojos, cujas flores amarelas mal começam a desabrochar. Na entrada, tal como prometera em sua última carta, está Edgar esperando por ela, parecendo o mais à vontade possível para a ocasião, um cigarro pendendo dos lábios.

Eles se beijam. Edgar leva Dorrit para dentro de casa, onde os pais dele a recebem afetuosamente e se mostram quase tão emocionados quanto o apaixonado filho ao verem aquela emissária do mundo "livre" e de sua antiga vida. Os anfitriões dizem à viajante: "Você deve estar com fome." E ela está, de fato. "Bom", responde frau Reich, lutando para manter a pose: ela preparou uma coisa especialmente para a convidada na sua chapa elétrica! Dorrit irá esquecer o que comeu. Não está concentrada na comida. Mas está gostoso.

E assim os namorados, de novo juntos com alegria, sentam-se para aquele almoço feito só para eles, sob os orgulhosos olhos dos Reich, naquele pequeno chalé numa terra árida, quase como se estivessem todos de férias.

Mais tarde, Edgar leva Dorrit para um passeio, tecendo comentários irônicos enquanto caminham — ali é o campo onde ele faz fila para responder à chamada, um lugar adorável, não?, diz, fazendo graça... Tem o hospital do campo, realmente é muito bom, diz ele, até chegarem ao Galpão Grande, uma comprida construção de madeira no centro do vasto acampamento. O Galpão Grande tem duas funções: é o principal edifício da administração de Westerbork e também, nas noites de fim de semana, como aquela, um centro de diversão. Aqui, explica ele, conduzindo Dorrit ao interior, é onde a orquestra do campo toca. Ele toca acordeom. A orquestra é muito boa, diz Edgar, sério. Recentemente, ela apresentou *Sonho de uma noite de verão*, do compositor Felix Mendelssohn (descendente do filósofo judeu alemão Moses Mendelssohn). Ele não sabe ao certo o que ela vai apresentar naquela noite. Dorrit gostaria de poder ficar. Mas não pode, já está escurecendo. Ela deve ir logo, ou arrisca perder-se lá fora, naquelas terras impiedosas.

Já prevendo isso, Edgar havia chamado os membros da orquestra ao Galpão Grande para conhecerem sua linda noiva. E orgulhosamente ele a apresenta, um a um, aos seus colegas músicos e companheiros de internação. Obviamente, ele dera as melhores referências sobre ela.

E então, chega a hora de ir.

A visita de Dorrit a *Kamp Westerbork* — da qual, sessenta anos mais tarde, ela recordaria cada minucioso detalhe, inclusive o exato curso dos seus pensamentos — ainda não chegou ao fim. O Conselho Judaico deu-lhe permissão para voltar no dia seguinte, sábado.

Assim, na manhã seguinte ela retorna de bicicleta ao campo, para passar mais algumas preciosas horas com o amado. Dessa vez, Dorrit e Edgar preferem ficar sozinhos, e saem para caminhar sobre a vegetação rasteira, de urzes, em busca de toda a privacidade que as circunstâncias permitem. Dali a seis semanas, um passeio desses não será mais possível. Mais tarde, quando se tornou clara a verdadeira função de Westerbork como estação de trânsito para o inferno, ela irá espantar-se de mesmo assim ter conseguido visitar o lugar.

Mas ela fica feliz por tê-lo feito. Aquela foi a última vez em que ela e Edgar se viram.

E enquanto eles se beijam sobre a grama e falam a intervalos sobre "o futuro", agora é a vez de Edgar ficar preocupado e de Dorrit acalmá-lo. "Eu voltarei logo", promete ela. Mais tarde, irá lembrar-se distintamente de um cachorro latindo ao longe.

Então, com um abraço e um aceno de mão, Dorrit parte para pegar o trem que a levará de volta às sombras de Amsterdam.

6
A decisão

"Relativo ao decreto de 30 de junho de 1942 D III 516 g, com referências a minhas mensagens por teletipo — n.250 de 17 de julho de 1942 ... Assunto: Deportação de judeus

"... A deportação dos judeus holandeses realizou-se sem perturbações. O trem de hoje eleva o total de judeus holandeses deportados a mais de seis mil. A deportação realizou-se sem quaisquer perturbações. É claro, a população holandesa tomou conhecimento dessa medida, e uma certa agitação temporária pôde verificar-se ..."

De uma mensagem secreta de Otto Bene, representante do Escritório de Relações Exteriores em Haia, para o comissário do Reich, Seyss-Inquart, confirmando o início da deportação dos judeus holandeses para o leste, datada de 31 de julho de 1942

Apesar da sua estudada despreocupação, na primavera de 1942 com certeza Myrtil Frank já tinha conhecimento das intenções alemãs para com a população judaica. Embora obedecesse, com relutância, a todos os regulamentos nazistas, cada vez mais humilhantes desde a invasão, dois anos atrás — primeiro a retirada forçada da família da costa holandesa, depois o censo compulsório de janeiro de 1941, e todas as demais restrições que desde então os alemães haviam imposto —, ele pôde sempre manter-se em alerta.

Não que a coisa tivesse sido fácil. Ao final de 1941, a angústia diante da ocupação e as crescentes preocupações financeiras, além da tarefa cada vez mais árdua de encontrar alimento para a família, haviam transformado aquele comerciante judeu do melhor quilate, agora com quarenta e oito anos, num homem muito nervoso e ansioso.

A diferença entre o estado mental de Dorrit e o do seu pai se evidencia de imediato numa fotografia feita no jardim da casa de Hilversum. Dorrit, com seu cabelo muito bem penteado, parece a pessoa mais despreocupada desse mundo. Em contraste, Myrtil, os cabelos visivelmente embranquecendo, os dedos agarrando um cigarro já meio fumado, parece tenso e desamparado. Seu sorriso é forçado — o antigo sorriso sedutor já o abandonou. É evidente que filha e pai vivem em mundos diversos. Dorrit tem um amplo sorriso, enquanto o pai está tentando imaginar como mantê-los vivos. Pode-se ver isso pela sua expressão. Sabemos disso pela corajosa decisão que dentro em pouco ele vai tomar, de ir esconder-se com a família. Talvez essa idéia já tivesse ocorrido a Myrtil quando a foto foi feita. De qualquer modo, é muito possível, se não provável, que a vontade de resistir já estivesse em sua mente.

A capacidade e a vontade de resistir mentalmente — resistir àquela tendência dos judeus a se comportarem como um rebanho que não resiste — foi o primeiro pré-requisito para se tornar um bem-sucedido onderduiker. Como já dera provas em diversas outras ocasiões, Myrtil Frank possuía esse pré-requisito, juntamente com a necessária coragem para efetuar essa resistência. Foi o que também fez outro homem com o mesmo sobrenome, Otto Frank. Ambos — além dos milhares de outros que, sem dúvida, alimentavam idéias subversivas semelhantes naquele momento — eram apenas parte de uma minoria.

Entretanto, é importante lembrar que existiam outras condições prévias para a "submersão". Pois mesmo os judeus dispostos a se esconderem necessitavam de outras coisas antes de dar um passo tão sério como aquele. Por exemplo: dinheiro para o aluguel e o abastecimento de um esconderijo, por um imprevisível espaço de tempo; local onde ir esconder-se com segurança, na cidade ou no campo; e ainda, ajudantes ou protetores não-judeus, com os quais se pudesse contar para receber suprimentos adicionais durante a temporada "submersa" e que não os viessem a trair ou extorquir, como certos holandeses mercenários tinham feito.

Dali a um ano, tempo durante o qual a Resistência criou uma sofisticada rede de apoio nacional para ajudar os *onderduikers*, fossem eles judeus ou não, essas condições adicionais — o dinheiro, a alimentação, os endereços, os ajudantes — não seriam difíceis de se conseguir. Mas, é claro, ninguém ainda poderia imaginar esse futuro, na primavera de 1942. De qualquer maneira, um ano depois, em 1943, já era tarde demais para muitos judeus, que em sua grande maioria já haviam sido deportados e mortos.

Entretanto, na primavera e no verão de 1942, antes que os trens de Westerbork com destino ao leste começassem a rolar pelos trilhos — quando a situação estava "boa" para submergir, antes das grandes *razzias* que logo iriam devastar todo o Zuid de Amsterdam —, essas condições prévias fizeram toda a diferença. Como escreveu Bob Moore, um historiador do Holocausto holandês, "a verdadeira tragédia foi que a maioria dos judeus ... não tinha nem dinheiro nem um 'endereço' para onde ir [em 1942]". "O planejamento logístico [para ir esconder-se] estava perdendo a força", disse Leo Ullman, que sobreviveu à guerra porque seus pais o confiaram a um solidário policial holandês em Amsterdam para que o escondesse.

Isso ajuda a explicar uma das grandes questões que ficaram sem resposta, referentes ao quase total aniquilamento dos judeus holandeses. Perguntam-se os historiadores: por que apenas um entre sete judeus, na Holanda ocupada, optou por submergir?

A questão deve ser examinada mais longamente. De um modo geral, exigia-se alguma coisa a mais para se poder submergir, ou para imaginar essa possibilidade: a disposição para se pensar no impensável, para refletir sobre aonde realmente levava o caminho para Westerbork. E quem, na primavera de 1942, poderia possivelmente saber que o caminho para Westerbork conduzia finalmente a Auschwitz e Sobibor? Não se sabia nada ainda sobre as câmaras de gás. Ninguém ainda fizera o percurso inteiro, ou tentara fazê-lo. "Até muito, muito tempo depois, as pessoas não sabiam sobre o risco de morte", revelou Leo Ullman. "O risco [em 1942] era, antes, o transporte para um campo de trabalhos forçados na Alemanha, e as pessoas achavam que isso poderia ser suportável, e que a vida iria continuar."

Myrtil não pensava assim. Tampouco Otto Frank e uma proporção relativamente pequena de judeus holandeses. Tinham um pressentimento, no seu caso alimentado pelas experiências anteriores com os alemães, de que algo ameaçador à vida os aguardava, a eles e a suas famílias, em Westerbork ou depois de Westerbork — e eles preferiam não descobrir exatamente o que era.

Felizmente para Myrtil, as diversas coisas de que ele necessitava para se esconder caíram-lhe nas mãos — ou talvez, mais precisamente, ele fez com que elas lhe caíssem nas mãos —, e bem a tempo. Quando chegou o momento de agir, depois que sua família foi convocada, ele teve a capacidade para fazê-lo.

O dinheiro necessário veio da venda do quadro de Rubens que ele e Flory possuíam, aquele com os camponeses rodopiando e dançando, que costumava deixar deslumbrados os visitantes de sua casa em Berlim. Felizmente, quando os Frank deixaram aquela cidade, Myrtil pôde carregá-lo consigo — o mais valioso bem da família —, o que foi uma das vantagens de a família se ter retirado ainda cedo. Agora, aquela obra-prima do século XVII iria provar quanto realmente valia.

Não se conhece a quantia exata, nem mesmo aproximada, que o desconhecido comprador pagou pela obra, naquela transação ilícita realizada em meados do inverno de 1941. Sem dúvida, foi assim mesmo que Myrtil preferiu, como também presumivelmente era este o pensamento do comprador. Myrtil tinha quase certeza de só poder conseguir uma parte do valor da pintura, o qual, mesmo em 1942, estaria na casa das dezenas, se não de centenas de milhares de florins holandeses. Entretanto, como a venda era proibida e a pintura não era registrada — o que já era um crime na época —, aquele foi um grande golpe.

Ninguém sabe quem comprou a pintura, que Myrtil deixou com amigos em Haia. A não ser alguns poucos colecionadores particulares muito ricos, oficiais alemães e altos funcionários nazistas estacionados na Holanda — que poderiam querer levar um Rubens para pendurar sobre a lareira, próximo ao *de rigueur* retrato do Führer —, pouca gente na Holanda ocupada estaria interessada numa obra tão cara, única e facilmente identificável.

O mais provável é que a venda tenha sido efetuada através de um intermediário, possivelmente L.,* um negociante de arte de Haia que Myrtil conhecia desde antes da guerra e em cuja galeria mais tarde ele iria ficar algumas vezes, depois que a família "submergiu".

Mas para sua família ele falou sobre a venda. Não podia deixar de fazê-lo. "Lembro dele vindo ao estúdio em Amsterdam, depois de ter vendido o quadro", recordou Dorrit. "Estava tão contente." Myrtil também confidenciou a venda a Jeanne Houtepen, uma ex-colega de colégio de Sybil antes da guerra, que depois se tornou muito amiga de Dorrit e que agora trabalhava como caixa de um banco em Haia.

"Com esse dinheiro", disse ele, segundo o relato de Dorrit, "posso me manter durante toda a guerra."

Ele estava quase certo.

Agora que tinha nas mãos essa quantia salvadora, ainda faltava obter as outras coisas necessárias para levar a família ao esconderijo. A saber: um local físico para se esconder e uma ou mais pessoas para ajudá-los a se sustentarem quando já estivessem lá. As duas coisas eram difíceis de se conseguir na Holanda de 1942, densamente povoada, minuciosamente vigiada, completamente amedrontada. Aqueles componentes se aglutinaram por fim, depois de Myrtil ter uma conversa com Annie van der Sluijs, antiga professora de holandês de Dorrit e irmã de Tine, secretária (e antiga namorada) dele, mais ou menos durante aquela "região de sombras" (segundo a expressão de Dorrit), tensa e sombria, antes que as deportações tivessem início.

Talvez tenha sido Annie quem se aproximou de Myrtil. Ou talvez Tine tenha abordado o assunto com a irmã. Sem o testemunho de Myrtil, fica difícil afirmar. Anos mais tarde, tanto sua mulher quanto suas filhas não tinham certeza em relação à exata seqüência dos acontecimentos. Evidentemente, Myrtil segurava as cartas do jogo muito próximas ao peito.

* A família prefere não ser mencionada. (N.T.)

De qualquer maneira, um dia durante aquele período a conversa se realizou, e a idéia de ir para um esconderijo foi formulada, desenvolvida e posta em prática.

A idéia, apesar de nova, não era original. Até aquele ponto, dois anos após a invasão, um reduzido número de judeus, talvez algumas centenas ou um pouco mais, já tinha descido aos seus esconderijos, junto com conhecidos comunistas e outros fugitivos políticos. Por fim, até a guerra acabar, o número total de *onderduikers* de todos os tipos — inclusive os cerca de vinte e cinco mil judeus que também se esconderam afinal — atingiria centenas de milhares. Mas, naquela etapa da ocupação, com certeza aquilo requeria uma certa dose de imaginação, como também de ousadia, sem falar das outras qualidades já referidas.

De qualquer modo, durante aquele período tão carregado, Annie ofereceu a Myrtil um pequeno apartamento em Haia que ela usava apenas ocasionalmente para dar aulas aos seus alunos holandeses. Isso caso chegasse a hora de decidir se esconder com a família. O apartamento, localizado numa rua estreita — a Pieter van den Zandestraat —, era pequeno, mínimo realmente, com apenas três cômodos. Talvez servisse.

Servia, decidiu Myrtil. Claro, nem ele nem Annie tinham a menor noção de quanto tempo iria durar a guerra. Se soubesse que os Frank teriam de permanecer escondidos todo aquele tempo — quase três anos —, ele teria vacilado diante da idéia de submeter a família ao confinamento em lugar tão pequeno.

À medida que se aproximava o momento de decidir esconder-se, as irmãs de Annie — Tine e Ans — também se ofereceram para ajudar os Frank. A amiga de Dorrit, Jeanne, também declarou que ajudaria.

Provavelmente, Myrtil resolveu iniciar os preparativos materiais para a "submersão" entre os meses de fevereiro e abril de 1942. Em fevereiro, como já vimos, Edgar e seus pais foram obrigados a ir para Westerbork, no primeiro embarque forçado de judeus realizado no próprio interior da Holanda — fato esse que transtornou e preocupou Myrtil, por sua importância tanto para Dorrit quanto para toda a família.

"Papai ficou muito perturbado quando os Reich foram mandados para Westerbork", disse Sybil. "Ele não confiava nos alemães. Ele disse: nós *não iremos para lá.*"

Então, em abril, os Frank receberam a ordem de se mudarem para Amsterdam. Foi nesse ponto que a questão se tornou não a de saber se deveriam ou não se esconder, mas sim a de *quando* fazê-lo. Diferentemente do edital de setembro de 1940, que os forçava a se afastarem do litoral, nesta instrução agora não havia margem para qualquer outra interpretação: não apenas os Frank eram especificamente comandados a mudarem-se para Amsterdam como também, junto com várias centenas de outros judeus que viviam em Hilversum, tinham ordens de se dirigirem a uma das três áreas da cidade designadas como distritos judeus.

Em certo sentido, os Frank tiveram sorte. Em meados de abril, quando chegou a ordem, o *Kamp Wersterbork* estava com a capacidade lotada. De outra forma, a pungente cena que Dorrit presenciara na estação de Utrecht haveria de repetir-se na estação de Hilversum, e o destino deles, tal como o dos Reich, muito provavelmente teria sido decidido ali e naquele momento. Não que eles se achassem particularmente afortunados na plataforma de trens de Hilversum, chorando infelizes em meio ao frio. Eles sentiram-se até menos seguros ao chegarem a Amsterdam e presenciarem o que os nazistas estavam fazendo.

"Aquilo era claramente diferente", disse Flory, depois de ver os arames farpados e os sinais com que os alemães isolavam os judeus de seus vizinhos não-judeus. "Os alemães estavam dividindo a cidade em guetos."

Após outra rodada procurando moradia, coisa que agora parecia terse tornado uma espécie de ritual familiar, Myrtil escolheu o mais bonito daqueles guetos para mudar-se: o Rivierenbuurt, ou Bairro dos Rios. Desde que tivera início a vinda dos judeus emigrados da Alemanha, em 1933, esse bairro do Zuid de Amsterdam fora o destino preferido pelos judeus alemães.

Como os Frank mais tarde souberam — e numa das numerosas coincidências entre as duas sagas familiares, estranhamente parecidas —, um dos que já se havia instalado naquele bairro era Otto Frank. Quando

Myrtil chegou com esposa e filhas, Otto Frank, sua mulher Edith e as filhas Anne e Margot já estavam morando num apartamento em Merwedeplein, no centro daquele confortável bairro, ainda que não especialmente bonito, desde dezembro de 1933.

Ali, a família de Otto pôde começar vida nova. Em 1933, o Bairro dos Rios *era* um bom lugar para os emigrados judeus alemães recomeçarem suas vidas. Ligavam-no ao centro da cidade os rápidos e confortáveis bondes de Amsterdam — nos quais muitas vezes os condutores falavam alemão — e era possível, além disso, estar perto do seu próprio povo. Em 1937, uma sinagoga foi construída na Lekstraat para atender à florescente população judaica. Aquela região de classe média também se vangloriava de sua própria livraria hebraica, do moderno parque de diversões onde as crianças da restrita vizinhança — inclusive Anne Frank — costumavam brincar e ainda de sua própria feira livre, onde se podia comprar roupas e alimentação, sorvetes e chocolates. Foi ali que os caminhos das duas famílias Frank estiveram mais perto de se cruzar.

Entretanto, ao tempo em que Myrtil mudou-se para a região, em abril de 1942, ele não estava tentando começar vida nova, tal como Otto nove anos antes. Procurava apenas uma residência temporária para sua família antes de descobrir um meio de esconder-se com ela.

Não foi fácil encontrar. Quando Otto chegou com a família no Bairro dos Rios, ele dispunha de um amplo leque de apartamentos vazios para escolher. Mas, na primavera de 1942, com os alemães conscientemente concentrando a população judaica nos bairros cada vez mais repletos, havia poucos apartamentos vagos, e não foi possível para Myrtil, no início, encontrar um suficientemente grande para abrigar a esposa, as duas filhas e a sogra, além de si mesmo, claro.

A maior preocupação de Myrtil sempre foi com a saúde e a segurança das filhas. Assim, os Frank decidiram fazer uma coisa que, durante toda a guerra, só uma única vez fizeram: separar-se. Após várias sondagens, ele conseguiu colocar Dorrit e Sybil numa mansão à beira de um canal. A casa era de uns amigos seus, proprietários de uma grande loja de departamentos na cidade. O abastado casal, de nome Cohen, sem dúvida teria o maior cuidado com as meninas. A saúde ainda frágil de Sybil — ela tivera pleurisia — foi um fator preponderante naquela decisão.

Após os choques e as privações passados nos meses anteriores, as meninas se deliciaram na casa luxuosamente mobiliada, naquele mundo que na lembrança coletiva dos Frank lembrava o dos Finzi-Continis, a rica família judaico-italiana mais tarde retratada em *O jardim dos Finzi-Continis*, a pungente memória romanceada de Giorgio Bassani que reproduz o idílico mundo perdido dos judeus da Itália.

A magnífica casa dos Cohen despertou um sentimento de *déjà vu* nas duas meninas. Como sua antiga residência na Brückenallee, o ponto alto era a espaçosa cozinha, muito bem abastecida — o que não era fácil naqueles tempos magros —, como também uma biblioteca onde elas podiam percorrer centenas de volumes encadernados em couro. Mais do que tudo, ali elas dispunham de algo que os Frank não experimentavam já havia algum tempo: espaço. "Era tão agradável e tranqüilizador estar naquela casa", lembrou Sybil. Tal como os herméticos Finzi-Continis, os anfitriões também pareciam inocentes ou desatentos aos horríveis acontecimentos além de sua porta, tão assediada por visitantes — o que, é claro, também era muito bom para as meninas, sobretudo para Dorrit, ainda preocupada com Edgar, no distante Westerbork.

Enquanto Sybil e Dorrit desfrutavam de todo o luxo naquele santuário provisório (onde Sybil também recuperou a saúde), Myrtil conseguiu para a sogra, Leontine, um quarto numa pensão em outra região do Bairro dos Rios. Ele e Flory, por sua vez, ficaram no apartamento de outros amigos, no mesmo distrito.

Embora sofressem com a separação das filhas, a temporária divisão teve suas vantagens, pois permitiu que Myrtil se concentrasse nos preparativos para a submersão antecipada. Ao mesmo tempo, prosseguia procurando um apartamento grande o suficiente para abrigar toda a família. Após semanas de buscas, ele finalmente achou um que, embora maltratado, servia para eles. Tinha dois quartos e ficava num típico "projeto de novas moradias", um quarteirão de construções geminadas de dois andares na Eendrachtstraat n.9, próximo ao perímetro sul do distrito.

No início de maio, depois de apanhar as filhas e manifestar ao casal que as abrigara todo seu agradecimento pela hospitalidade, os quatro foram para lá. Agora, a não ser por Leontine, os Frank constituíam novamente uma unidade familiar.

Enquanto isso, eles faziam o possível para suportar a mais traumática de todas as restrições que os alemães lhes lançaram: a chamada "estrela "judaica" (*ster*).

Em 29 de abril de 1942, o *Joodsche Weekblad* publicava a tempestuosa notícia comunicada pelos alemães ao *Joodsche Raad*: "A partir do próximo domingo, a chamada 'estrela judaica' terá de ser usada por todo judeu. Cada pessoa pode adquirir no máximo quatro estrelas, cada uma ao preço de quatro centavos."

Cada característica daquela humilhante estrela fora elaborada pelas autoridades alemãs, inclusive — e especialmente — a cor, que deveria ser de um amarelo enfermiço, linfático. O Conselho Judaico protestou: as *sterren* não poderiam ser, pelo menos, de um tom de amarelo diferente e mais saudável, talvez o amarelo solar, ou o alaranjado? Não. Os alemães não queriam que as *sterren*, semelhantes aos estigmas que os judeus na Polônia e em outras partes do Grande Reich já usavam há meses, fossem um emblema de orgulho. Queriam que fossem emblemas de vergonha. O tom doentio de amarelo permaneceu.

Ao visitar Berlim, o diplomata norte-americano George Kennan descreveu, em seu diário, o efeito traumatizante que o uso obrigatório das estrelas tivera nos cerca de quarenta mil judeus remanescentes na antiga cidade natal dos Frank. Falou também da surpreendente simpatia demonstrada por outros berlinenses que, seria possível pensar, poderiam estar agora endurecidos por aquela visão:

> A maior mudança foi o uso das estrelas pelos judeus. Isso é uma fantástica barbaridade. Jamais esquecerei os rostos das pessoas no metrô, com a grande estrela amarela costurada em seus sobretudos, de pé, sem ousar sentarem-se ou se encostar em alguém, olhando fixamente para diante, com olhos de um animal aterrorizado — e nem poderei esquecer a visão das criancinhas correndo por ali, com aqueles emblemas costurados na roupa.

> Pelo que pude ver, a massa do povo estava chocada e perturbada com a medida, e as demonstrações eram na maioria de amizade e consideração (pelas vítimas).

Infelizmente, observou Keenan, a surpreendente simpatia dos companheiros berlinenses (ou pelo menos, de alguns deles) não parece ter feito muito bem aos judeus — de fato, o efeito foi o oposto: "Por causa disso", escreve ele, "os judeus remanescentes agora são deportados em grandes levas, e poucos ainda podem ser vistos."

Na Holanda, alguns não-judeus foram ainda mais longe, insistindo em usar *sterren* de imitação para demonstrar solidariedade a seus vizinhos forçados àquilo, transformando-as em verdadeiros emblemas de coragem.

"Lembro de ver pessoas que obviamente não eram judeus usando a estrela amarela", disse Dorrit. "Não eram muitos, mas nós ficamos gratos a eles, da mesma forma."

"Frustram-se as medidas contra os judeus holandeses", noticiava o *Times* no início de maio, observando — bastante esperançado — que "o povo holandês reagiu magnificamente à sugestão da Rádio Orange (a estação de rádio do governo exilado, sediada em Londres, que utilizava dependências cedidas pela BBC) de usarem também um emblema igual, frustrando assim o plano alemão de criar uma divisão entre eles."

Isso, infelizmente, era apenas propaganda. A medida não foi "frustrada". Os judeus continuaram a usar as estrelas, sob pena de prisão. Alguns não-judeus, ao serem descobertos usando esse símbolo, foram presos. Na verdade, a população judaica foi ainda mais alienada e desmoralizada, como o fora também em Berlim e em outras partes — e tal como havia sido na Alemanha do século XII, quando a estrela judaica foi empregada pela primeira vez.

Na verdade, como observa Dienke Hondius — a historiadora da Casa de Anne Frank em Amsterdam —, na medida em que aquilo alienava ainda mais a população judaica dos não-judeus, tornando-a assim mais fácil de afastar e deportar, o edito da estrela amarela foi um considerável sucesso. Prossegue Hondius: "Tomar consciência de que os judeus eram diferentes dos não-judeus, junto com o sentimento ligeiramente crescente da distância entre esses grupos, talvez fosse tudo o que se queria naquele momento."

É então razoável perguntarmo-nos: qual era, afinal, a atitude dos holandeses como um todo naquele período, quando o jogo de gato-e-rato que os alemães vinham impondo à população de judeus holandeses atingia o seu clímax?

Isso depende do interlocutor a quem se faz a pergunta.

"Os holandeses preferem o desafio, não o desânimo", asseverou A.J. Barnouw, professor de história, línguas e literatura holandesas na Universidade Columbia, num exaltado artigo de 10 de maio de 1942, dia do segundo aniversário da invasão alemã, publicado no *The New York Times Magazine*. "Eles estão firmemente convencidos de que a tirania nazista não pode durar. E essa convicção dá-lhes força para suportar as presentes dificuldades e provações. Eles esperam pelo dia do ajuste de contas. Chamam-no de *Bijltjesdag*, Dia da Machadinha", referindo-se ao dramático dia, cento e quarenta anos antes, quando os trabalhadores empregados nos estaleiros de Amsterdam irromperam numa revolta contra os franceses, que então governavam a Holanda.

Na verdade, a chama revolucionária a que Barnouw aludia já esmorecera consideravelmente ao longo daquele ano, desde a *Februaristaking*. Embora alguns bravos cidadãos de Amsterdam possam ter malcriadamente se vestido de preto ou aplicado *sterren* em suas roupas para marcarem a triste situação, a maioria acabou ocupando-se dos seus assuntos do dia-a-dia, tal como fez o povo das cidades ocupadas de Praga ou Budapeste. O que restou da outrora formidável Marinha holandesa fora aniquilado pouco antes pelo Japão, país aliado do Eixo Alemão, na batalha do mar de Java, e enquanto Berlim continuava a apertar o controle sobre o continente, os holandeses, em sua maior, parte estavam mais ou menos resignados com a perspectiva de um governo alemão indefinido.

Apesar das corajosas declarações de Londres e de Washington sobre a criação de um Segundo Front, estava absolutamente claro para os holandeses — quer obtivessem as notícias pela BBC, quer pelo porta-voz da NSB, o *Volk en Vaderland* — que na primavera de 1942 os Aliados estavam perdendo a guerra. Dois anos depois de Dunquerque, os britânicos e seus aliados norte-americanos não haviam pisado o continente em número significativo, e nem o fariam antes do ataque britânico-canadense sobre o porto de Dieppe, no fim daquele ano (e que, é claro, foi um desastre). Até mesmo os Aliados admitiram que Berlim estava ganhando a "guerra de tonelagem" no Atlântico. Aquele foi o "tempo bom" para os submarinos saqueadores do almirante Dönitz, que afundaram cargueiros norte-americanos e britânicos com impunidade praticamente total, ameaçando a linha vital britânica e fazendo com que até mesmo o indomável Churchill se preocupasse. A invasão da Rússia, que já durava um ano, estava indo bem, à medida em que a Wehrmacht inexoravelmente avançava pelas estepes em direção a Moscou.

Eram esses os fatos. Se observássemos o mundo tanto pelos olhos do Eixo quanto pelos dos Aliados, ele pareceria um mundo fascista. Como observou Moore: "Não havia esperanças, a médio prazo [em inícios de 1942] ou a longo prazo, de que os alemães pudessem ser retirados da Holanda." Se nada diferente acontecesse, essa visão "sem esperança", que com certeza também descreve o pensamento dos Frank ("era como se os alemães fossem ficar no poder para sempre", disse Flory), seria um fator na decisão de "submergir" enquanto aquilo durasse.

Esse ponto de vista pessimista, ou brutalmente realista, poderia também agir de outro modo, desencorajando possíveis fugitivos de prosseguir com seus planos de se esconderem. Afinal de contas, de que adiantaria?, pensariam sem dúvida alguns prováveis *onderduikers* judeus, vendo aquelas suásticas todas à sua volta.

Enquanto a grande massa de holandeses — como também de franceses, belgas, gregos ou noruegueses — continuava disposta a cooperar ou mesmo colaborar ativamente com Seyss-Inquart e seus sequazes, um número cada vez maior de holandeses individualmente *empunhara* de fato a machadinha, nos últimos meses. Alguns o fizeram literalmente, juntando-se à luta da Resistência responsável por um pequeno porém crescente número de "ações", inclusive assassinatos e ataques a linhas de trens, como os que foram perpetrados pela Resistência francesa, os *Maquis*. Outros juntaram-se à florescente imprensa clandestina holandesa.

Talvez seja um exagero afirmar que havia um autêntico movimento de Resistência na primavera de 1942, especialmente porque as forças rebeldes, compostas por dezenas de grupos improvisados, continuaram a discordar quanto aos seus objetivos na guerra ou quanto à coordenação de suas ações, situação que iria piorar antes de melhorar.

Mas, em definitivo, existia uma Resistência. E Hitler e o chefe da SS, o *Reichsführer* Heinrich Himmler, decidiram acabar com ela de qualquer maneira, inclusive empregando fartamente grupos de extermínio e emboscadas. Em 13 de abril, o principal chefe da Resistência holandesa, Henk Sneevliet, foi morto. Três semanas depois, em 3 de maio, mais setenta e dois de seus combatentes foram executados, após serem considerados culpados num dos primeiros julgamentos em massa do movimento. No dia seguinte, quatrocentos e sessenta conhecidos cidadãos holandeses foram tomados como reféns, contra os atos de resistência. Aquilo não teve um efeito muito desencorajador: no mesmo dia, uma fábrica de armas em Arnhem que havia sido confiscada foi incendiada. Um implacável modelo de resistência e represália se havia instituído. Em 11 de maio, os alemães executaram mais vinte e quatro membros da Resistência.

Esse ciclo de resistência e represália foi avidamente descrito tanto pela imprensa controlada pelos nazistas quanto pela clandestina. Se seu efeito sobre o povo holandês como um todo foi incendiário ou intimidador fica difícil avaliar, mas deve ter encorajado os que pensavam em resistir, inclusive aqueles, como Myrtil e Otto, que imaginavam a possibilidade de se esconder. Pois — que ninguém se engane sobre isto — esconder-se era uma forma de resistir. Resistência passiva, mas resistência, de qualquer modo. E era assim que os alemães a consideravam também.

Em maio de 1942, Adolf Hitler estava bastante preocupado com a situação da segurança na Holanda, a ponto de enviar Himmler, seu principal executor, para fazer algo a respeito.

Então, em 15 de maio, enquanto Dorrit viajava para visitar o noivo, prisioneiro em Westerbork, um grupo de SS ia de Berlim para Amsterdam. Entre aqueles visitantes, com suas botas de cano alto, estava o vice-comandante e protegido de Himmler — além de um dos favoritos pessoais de Hitler — Reinhard Heydrich, de quarenta e dois anos, o promissor chefe da Gestapo e da SD, que no mês de novembro anterior acumulara também o título e a responsabilidade de *Reichsprotektor* da Boêmia e da Morávia (como chamavam os alemães o que restou da Tchecoslováquia depois de anexarem a região dos Sudetos, em 1939). Geralmente visto como provável herdeiro de Himmler, Heydrich ganhara muitos pontos em Berlim pela forma forte e efetiva com que dominara os recalcitrantes tchecos, ao mesmo tempo em que esmagava a Resistência nativa — nos dois primeiros meses de seu "protetorado", ordenara mais de quinhentas execuções e de cinco mil prisões — e forçava a cooperação da classe operária e industrial tchecas por meio de incentivos baseados na produtividade: o método da cenoura e do chicote.

Do ponto de vista do Reich, a filosofia administrativa de Heydrich tivera um maravilhoso desempenho. A Resistência aberta tcheca estava praticamente morta. As fábricas tinham retornado à atividade. A Boêmia e a Morávia marchavam adiante.

Por isso Heydrich fora enviado a Amsterdam. Apesar da acelerada taxa de prisões e de execuções na Holanda, era evidente que algumas pessoas em Berlim estavam começando a se perguntar se o seu homem em Haia, Seyss-Inquart, estaria mesmo à altura da tarefa de manter os holandeses na linha. Talvez, pensaram, alguma "mágica" de Heydrich se pudesse transferir para Seyss-Inquart e Rauter.

Pela mesma razão, assim como o gerente de uma loja de sucesso que circula por outras filiais menos favorecidas para elevar-lhes o moral, aquele intransigente nazista também estava designado para fazer esse tipo de visitas animadoras aos seus confrades fascistas em Bruxelas e Paris.

Homem muito ocupado, aquele Reinhard. Além de seus afazeres como o número dois de Himmler e procônsul-chefe da Alemanha em Praga, Heydrich, um dos arquitetos da Solução Final, ocupara, em janeiro último, a presidência da ultra-secreta Conferência de Wannsee, na qual ficou aprovado o projeto para o extermínio de todos os judeus da Europa. Sem dúvida, outra razão para sua inclusão no grupo de Himmler era a de atualizar o staff do *Referat IV B4* (IVB4) — o departamento secreto da SS na Holanda encarregado de realizar a Solução Final (*Endlösung*) — e o seleto grupo que também tinha conhecimento do projeto em relação aos últimos acontecimentos. Particularmente agora, que os "escritórios sucursais" — Auschwitz, Sobibor *et al.* — estavam prontos, ou quase, para entrar em ação.

Inevitavelmente, a maior parte das atividades de Himmler e Heydrich na Holanda dava-se por debaixo dos panos. Mas, em 17 de maio, os dois homens emprestaram sua combinada importância à cerimônia de juramento de oitocentos holandeses à SS, no *Durentsin*, um auditório de Haia. A dupla foi acompanhada por um grupo de nazistas diversos — inclusive Seyss-Inquart e uma delegação adequadamente bajuladora da NSB, chefiada por Mussert (este, convencido de que o propósito real da missão de Himmler era torná-lo chefe nominal dos Países Baixos, assim como Vikdun Quisling, seu equivalente camisa-negra norueguês — esperança que foi logo frustrada). Com as mãos agarrando os novos chapéus da SS, cada qual encimado por uma brilhante caveira com dois ossos cruzados, os braços direitos esticados, os pescoços eretos (ainda existe uma foto dessa emocionante cerimônia), os recrutas, dispostos e ávidos — a vanguarda dos cinqüenta mil holandeses que usariam uniformes alemães durante a guerra —, berravam em holandês o juramento da SS:

Adolf Hitler
Germanic Führer
Zweer ik hou en trouw
U en aan de door U gestelde gehoorzaamheeid tot in den dood
Zoo helpe mij God!

Ó Adolf Hitler,
Führer alemão!

Entrego a ti minha vida
Para lutar pela grande causa, até a morte, se necessário.
E que Deus me ajude!

Muito em breve, a maioria daqueles nazistas apaixonados seria enviada para a Rússia, onde a Wehrmacht, justamente naquela ocasião, aproximava-se do Don, onde finalmente muitos iriam morrer nas neves de Stalingrado. No momento, porém, tudo era doçura e *gezelligheid* na cerimônia de formatura dos homens da caveira-com-ossos-cruzados junto aos seus heróis de botas de cano longo.

A viagem de avião dos militares da SS em visita à Holanda foi registrada no *New York Times* num venenoso editorial de 21 de maio. "Heinrich Himmler revela um modesto orgulho como assassino oficial da Alemanha" começava:

> Ele tem mais cadáveres a seu crédito do que qualquer outro homem vivo. Agora Hitler o enviou à Holanda. Lá os alemães acabam de matar noventa e seis pessoas, e de fazer quatrocentos e sessenta reféns. Mas Himler tentará fazer mais que isso. Pelo patíbulo, pelo cadafalso e pelo saque ele tentará restaurar o terror que os holandeses desconheciam desde o duque de Alba (o cruel procônsul espanhol do século XVI que governou a Holanda para o rei Felipe).
>
> A rebeldia não morrerá. Himmler e o seu pupilo Reinhard Heydrich fizeram o máximo que podiam. Mas as próprias vítimas que eles assassinaram parecem erguer-se e enfrentá-los. O sistema de Himmler, que deu tão certo na Alemanha, jamais poderá subjugar um povo que um dia conheceu a liberdade.

Embora a parcial avaliação do jornal sobre a Resistência nos territórios ocupados pela Alemanha, inclusive a Holanda, fosse um tanto otimista, num ponto o editorial era profético. Em 27 de maio, seis dias mais tarde, pouco depois do retorno a Praga e de sua triunfal excursão pelas províncias, sentindo-se confiante o bastante para sair num automóvel descoberto (algo que Seyss-Inquart, mais cauteloso e menos teimoso, dificilmente faria), o *Reichsprotektor* foi atacado por dois assassinos tchecos quando dirigia de sua *villa* para o aeroporto de Praga. Os dois homens, apesar de recrutados e treinados por britânicos e tchecos do governo exilado com o propósito específico de acabar com o mais bem-sucedido procônsul do Reich, não realizaram de forma satisfatória a operação. Atiraram uma granada de mão no automóvel de Heydrich e deram mais uma saraivada de tiros de metralhadora, sem conseguir matá-lo. Mesmo ferido, Heydrich ainda foi capaz de persegui-los antes de tombar.

Entretanto, o trabalho daqueles agentes, Jan Kubis e Joset Gabchik (que já se deviam saber condenados quando assumiram a arriscada missão), obteve afinal bom resultado: após dez dias resistindo no leito, enquanto a devotada esposa e o filho mantinham cerrada vigília a seu lado, Heydrich, "o nazista perfeito", estava morto.

A vingança de Hitler foi imediata, terrível e certeira. Enquanto os SS caçavam os assassinos, ajudados por um traidor tcheco, acuando-os no subsolo de uma igreja de Praga e depois inundando o local — o que levou Kubis e Gabchik a cometerem suicídio juntos —, outro grupo de alemães foi designado para realizar um ataque-surpresa de represália contra a pequena cidade tcheca de Lídice, com uma população de quinhentos e sessenta e sete habitantes, que o enfurecido Hitler ordenou ser completamente arrasada. (A cidade pode ter sido escolhida porque muitos dos seus homens que fugiram para a Inglaterra estavam servindo na RAF.) E assim foi feito. Depois que os cento e setenta e três homens de Lídice foram presos e mortos, as mulheres e as crianças da cidade foram enviadas para os campos de concentração, e a maioria jamais retornou. Depois que Lídice foi despovoada, todas as casas foram destruídas. Em seguida, a Rádio Berlim orgulhosamente registrou: "O nome da cidade foi eliminado."

Embora os nazistas já tivessem cometido outras atrocidades em massa antes, o aniquilamento de Lídice foi algo diferente: a matança total de inocentes, feita especificamente para aterrorizar a população daquele território ocupado — e, divulgando-a da forma como os alemães o fizeram, também de todo o resto do Reich. Dessa vez, diferentemente do terrível bombardeio de Roterdam, os alemães não alegaram ter cometido um engano.

Os tchecos entenderam a mensagem. Pouco depois do desaparecimento de Lídice e de uma onda de outras represálias, várias centenas de tchecos, unidos por nada mais — ou nada menos — do que o terror comum e o desejo de evitar mais matanças, juntaram-se humildemente na principal praça de Praga, a praça Wenceslau, para reafirmar em público sua lealdade ao Reich e ao Führer.

Hitler se acalmou, mais ou menos. Depois de um ornamentado funeral para Heydrich, ao qual ele próprio, O Líder, compareceu em pessoa (embora, em particular, censurasse o mártir por aquela imprudência), Heydrich foi substituído por uma estrela menor do firmamento nazista, Ernst Kaltenbrunner, um funcionário alemão eficiente e cruel com o qual se poderia contar para manter os tchecos sob controle, tal como o seu predecessor, e também para fazer estalar o chicote quando necessário. E foi isso o que ele fez.

Como se pretendia, as notícias da terrível lição dada pelos alemães em Lídice também chegaram a outros cantos do Grande Reich — para não falar do resto do mundo —, inclusive à Holanda, onde todos prestaram a devida atenção à mais recente atrocidade nazista.

A Holanda não era a Tchecoslováquia. Manifestações em massa de medo e de fidelidade, tais como a da praça Wenceslau, não se exigiam e nem se esperavam dos holandeses. Na Holanda seria impossível acontecerem Lídices. Seyss-Inquart e Rauter sabiam que isso seria ir longe demais. Além disso, como Seyss-Inquart freqüentemente declarava (e continuaria a fazê-lo sempre, até Nuremberg), ele gostava dos holandeses, ao passo que Heydrich jamais pretendera gostar dos tchecos.

Nesse meio tempo, por detrás das cortinas do IVB4 — instalado de forma um tanto incongruente numa mansão no centro de Haia — e por todo o Grande Reich, nos vastos campos de concentração recém-construídos em Auschwitz e Sobibor, os envolvidos nos preparativos para a Solução Final planejada na Conferência de Wannsee estavam decididos a intensificar o ritmo, em homenagem ao mártir Heydrich. Os campos, as cercas eletrificadas, os crematórios, tudo estaria pronto muito mais cedo que o planejado. Que fosse feita a sua vontade!

Até maio, os primeiros carregamentos de trem "experimentais" de judeus da França — na sua maioria, desafortunados judeus alemães "sem nação" — já tinham sido enviados para a estação de Auschwitz, onde receberam ordens para sair dos vagões e foram conduzidos até os fornos sem maiores dificuldades.

Dentro de semanas, seria a vez dos judeus holandeses.

Junho presenciou uma tempestade de novas restrições sobre os judeus da Holanda. Até aquele ponto, oitenta mil judeus — pouco mais da metade do total — já tinham sido concentrados em três áreas de Amsterdam liberadas para eles, enquanto cerca da metade dos remanescentes continuava residindo em Haia e Roterdam. O restante permaneceu espalhado por pequenas cidades e vilarejos de todo o país.

Embora os judeus de Amsterdam, em seus guetos, tivessem uma consciência maior de sua recente situação como segregados, os parâmetros básicos do que significava ser um judeu na Holanda, em 1942 — a rotina de ter de afixar a estrela judaica à roupa antes de se aventurar a sair, de ter de ler o *Het Joodsche Weekblaad* para se inteirar dos últimos editos antijudaicos, de não poder fazer *isso,* ou de não poder ir *ali,* de ter de sustentar um corajoso sorriso diante da esposa e dos filhos, ou dos avós, ou dos amigos —, eram os mesmos para os judeus em toda a parte. Em alguns casos, certos detalhes de alguma restrição em particular variavam de uma localidade para outra, mas o efeito dos decretos que partiam dos escritórios de Seyss-Inquart no Plein, em Haia, era cumulativo e uniforme sobre toda a comunidade.

Os únicos judeus, talvez, a se sentirem mais imunes à escalada sempre palpável da perseguição, devido à sua posição artificialmente elevada dentro da comunidade judaica, eram os Asscher e os Cohen, os iludidos líderes do *Joodsche Raad,* com seu vasto "staff" de dezessete mil e quinhentos empregados em tempo integral ou em meio expediente, cerca de um em cada oito judeus holandeses — os alemães eram muito indulgentes quanto a isso —, que tinham se persuadido a si próprios de que graças à ajuda que davam poderiam atenuar o terror nazista e manter unida a comunidade judaica.

Evidentemente, como logo ficaria bem claro, o *Raad* não estava atenuando terror algum, mas apenas servindo como seu intermediário. Em breve — para ser exato, dentro de quinze meses —, também ele seria consumido.

Anne Frank, ainda sem saber dos preparativos secretos que seu pai vinha fazendo, escreveu em seu diário, no dia 19 de junho de 1942, sobre o efeito paralisante dos decretos, que pareciam não terminar nunca.

A escritora de treze anos, que então também vivia na Endrachtstraat, cinco quarteirões mais adiante dos outros Frank, descreveu a longa lista de editais e de concomitantes humilhações, empregando o verbo no tempo passado, embora vários decretos tivessem acabado de ser publicados pelo *Joodsche Raad* no *Het Joodsche Weekblaad*, seu porta-voz semanal. "Depois de 1940, os bons tempos foram poucos, e com longos intervalos", confidenciou ela a "Kitty", nome que dera ao novo diário. "Primeiro teve a guerra, depois a capitulação e em seguida a chegada dos alemães, que foi quando começaram os problemas para os judeus."

Em seguida, condensando os recentes e acelerados atos de repressão, a jovem prosseguiu:

> A nossa liberdade foi seriamente restringida por uma série de decretos antijudaicos. Exigiam que os judeus usassem uma estrela amarela. Exigiam que os judeus se desfizessem das suas bicicletas. Proibia-se que os judeus viajassem de bonde. Proibia-se que os judeus andassem de automóvel, mesmo os de sua propriedade. Os judeus só podiam fazer suas compras entre as três e as cinco horas da tarde. Os judeus só podiam freqüentar barbearias e salões de beleza cujos donos fossem judeus. Proibiam os judeus de ficar na rua entre as oito horas da noite e as seis da manhã. Os judeus foram proibidos de ir a teatros, cinemas ou quaisquer outras formas de diversão. Os judeus foram proibidos de usar piscinas, quadras de tênis, campos de hockey ou quaisquer outros campos de atletismo. Os judeus foram proibidos de remar. Os judeus foram proibidos de participar de qualquer atividade esportiva em público. Os judeus foram proibidos de ficar no jardim de sua casa, ou nos de seus amigos, depois das oito horas da noite. Os judeus foram

proibidos de visitar cristãos em suas casas. Os judeus só podiam matricular-se em escolas judaicas etc.

"Você não pode fazer isso, você não pode fazer aquilo", resumiu ela. "Mas a vida continuava."

A vida continuava, talvez, pelo menos para uma jovem de treze anos cheia de otimismo. Entretanto, por volta de junho, estava cada vez mais difícil, até mesmo para o mais esperançoso adulto, manter a ilusão de que tudo estava bem. Era evidente que *alguma coisa* estava para acontecer.

Dorrit, por sua parte, fora sacudida de seu entorpecimento por um encontro com um agente da NSB, que ainda administrava a cidade, enquanto caminhava pelos arredores certa noite, em fins de junho. "É melhor estar dentro de casa até as oito horas, sua judia!", exclamou o baixinho camisa-negra. "Se não...!"

No dia seguinte, Dorrit ainda tremia. Seus nervos tampouco foram ajudados por uma fotografia de Edgar que lhe chegou pelo correio. Datada de 23 de junho, a imagem o mostrava de calças, botas e os demais equipamentos dos trabalhadores do campo, segurando uma pá. Ele parecia bem, recostado a uma das barracas e olhando em direção ao desconhecido fotógrafo, certamente algum outro interno do *Kamp Westerbork*. Mas parecia sombrio. "*Para Dorrit*", estava escrito. "*Teu, para sempre*."

Por essa ocasião, tanto Myrtil quanto Otto Frank tinham tomado a decisão de esconder as respectivas famílias, assim que a oportunidade se apresentasse.

Desde alguns meses Otto vinha se preparando e abastecendo um anexo secreto — ou *achterhuis* — na parte de trás de seu escritório comercial à beira do canal, na Prinsengracht n.263 — distrito de Jordaan, no Bairro dos Rios —, mais ou menos um quilômetro e meio a nordeste, bem no coração de Amsterdam. Como era proprietário do edifício onde se localizava o anexo, Otto não precisou preocupar-se com pagamento de aluguel, como a maioria dos *onderduikers*, que freqüentemente eram obrigados a pagar preços muito altos e, algumas vezes, quando suas economias acabavam, eram forçados a sair. Entretanto, aquela operação acarretou a cumplicidade, ativa e passiva, dos empregados de Frank e de seus familiares. Era deles que a sua família iria depender em último caso, para seus suprimentos e sua segurança. Quanto a isso, deu-se conta Otto, ele teria de arriscar. De qualquer modo, segurança completa para um *onderduiker* era algo que absolutamente não existia. Após considerar todos os detalhes, ele calculou que sua família estaria mais segura na clandestinidade.

O esconderijo (*onderduikadres*) era relativamente espaçoso, com seis cômodos, equipado para abrigar Otto, sua mulher e as filhas, além de um número impreciso de amigos (tão logo estes se decidissem também: recentemente quatro pessoas estavam com essa intenção). Fora construído naquela primavera por Otto — um homem tão capaz e habilidoso quanto seu vizinho de Amsterdam, Myrtil —, com todo o cuidado e sigilo, e ficava engenhosamente dissimulado por detrás de uma falsa estante de livros.

Enquanto Otto apressava-se em estocar mantimentos no esconderijo, Myrtil tomava as suas providências para esconder a família no apartamento de Annie, de volta a *Den Haag*. Embora todos os projetos de se esconder envolvessem riscos, diversos detalhes tornavam o plano de Myrtil diferente e, aparentemente, mais arriscado que os da maioria. Em primeiro lugar, o local não seria Amsterdam, mas sim Haia. Em conseqüência da nova proibição total de viajar imposta aos judeus, tanto o processo de preparar seu *onderduikadres* quanto o de finalmente levar a família para lá significavam ter de tomar o trem, o que agora era proibido, e de não usar as *sterren* judaicas obrigatórias durante a viagem, expondo assim a ele e à família a um considerável e demorado risco. Era um risco a mais, mas Myrtil decidiu que teria de enfrentá-lo. E, no final, isso revelou ser um risco proveitoso.

O sangue-frio e a ausência de medo de Myrtil foram muito importantes nas duas viagens que fez a Haia, em junho e início de julho, para preparar a submersão no esconderijo. Com a polícia holandesa em alerta

[Acima] *Breitenheim, a pequenina cidade renana onde viveram os Frank desde 1749.*
[À direita] *Como a maioria dos judeus alemães de sua geração, Max, visto aqui numa orgulhosa pose com dois sobrinhos fardados durante a Primeira Guerra Mundial, foi um patriota.*

[Acima, à esquerda] *O rótulo da próspera vinícola de Max.*

[Acima] *O filho de Max, Myrtil, era um rapaz profundamente urbano. Aqui ele está (de boné) em Frankfurt com alguns colegas, após um dia remando pelo Main.*

[À esquerda] *Não demorou muito para que o jovial Myrtil se graduasse em outros esportes.*

[Acima] *A menina dos olhos da família, Flory Marburger, em sua casa em Frankfurt, c.1910. A partir da esquerda: sua mãe Leontine, a grande dama; o travesso Fred; o austero Ferdi e o pai, Herbert. Depois que Myrtil conheceu Flory certa vez na Ópera, ela se tornou a menina dos seus olhos também.*

[À direita] O *pretensioso. Dando as costas para os negócios da família, Myrtil preferiu conhecer por dentro e por fora o comércio de grãos em Frankfurt. Aqui ele aparece com dois colegas, na elegância de sempre.*

[À esquerda] *Um Myrtil abatido e fatigado do mundo volta para casa depois da guerra, em 1918. Mais de cem mil judeus alemães lutaram lealmente pelo kaiser na Primeira Guerra Mundial: doze mil morreram. Myrtil prestou serviço no front oriental, e foi um dos afortunados, retornando intacto e ansioso para continuar sua vida.*

[À direita] *Uma das primeiras coisas que Myrtil fez foi casar-se com Flory. O casal aqui foi fotografado pouco depois do casamento, em novembro de 1919.*

[Abaixo] *Os recém-casados mudaram-se imediatamente para Berlim, onde, graças ao novo trabalho como encarregado do racionamento, Myrtil arranjou um grande apartamento próximo ao Tiergarten. Eles encontraram uma cidade tumultuada, onde os freikorps de direita lutavam contra os rebeldes espartaquistas.*

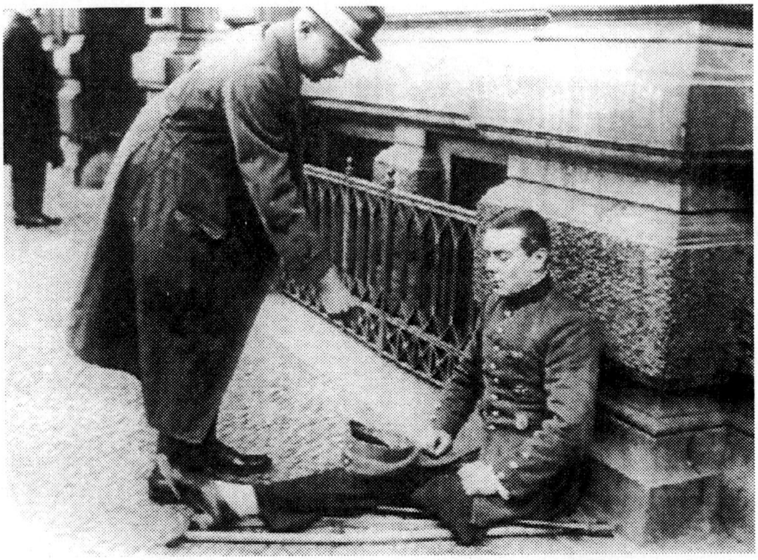

[À esquerda] *Um veterano mutilado pede esmola, cena comum na Berlim do pós-guerra.*

[Acima] *Walter Rathenau, o primeiro-ministro das Relações Exteriores da República de Weimar, representou um beau ideal para os judeus alemães de sua geração. Seu assassinato em 1922 foi um dos fatores, juntamente com a desenfreada hiperinflação, que levaram Myrtil a enviar a esposa e a filha Dorrit para fora do país.*

[À esquerda] *Dorrit, a criança exilada na Suíça, com a avó Leontine.*

Dias felizes. Os meados dos anos 1920 foram bons tempos para Berlim, que renascia, como também para sua comunidade judaica, que se destacava perigosamente. Flory e Myrtil fumam charutos à beira do Spree; Myrtil em sua cabana de caça, em Spandau; Dorrit e Sybil fazem graça na traseira do Chrysler da família; Flory, brilhante, sai para dançar.

[À esquerda] *A calma antes da tempestade. Ainda em 1928, os nazistas, com apenas três por cento dos votos nas eleições para o Reichstag daquele ano, foram considerados um partido de periferia. Aqui, um grupo alerta de membros fundadores da tropa de choque, carregando flores, reúne-se em Nuremberg. Em breve eles iriam trocar os buquês por cassetetes.*

Vistos de longe, os Frank pareciam um casal e uma família ideal. A realidade era um pouco diferente. [Acima] *Os Frank trocam olhares significativos num feriado passado no mar do Norte.* [À esquerda] *Domingo no Tiergarten.*

[À esquerda] *No mundo além da confortável residência dos Frank, tudo parecia estar sob controle. Gustav Stresemann, o hábil ministro do Exterior, foi o emblema da normalidade da época: enquanto ele estivesse por perto, as pessoas achavam que tudo ia bem. Então, em 1928, ele morreu, e as coisas rapidamente foram por água abaixo. Aqui, o benevolente diplomata passeia de braço dado com o embaixador dos Estados Unidos, Jacob Schurman.*

A Sturm começa. Os nazistas saíram-se muito bem nas eleições nacionais de 1930, graças em grande parte ao impetuoso Joseph Goebbels [acima à esquerda]. *Em janeiro de 1933* (direita)*, um exausto presidente Hindenburg convidou Hitler a ser o chanceler. Um mês mais tarde, o Reichstag veio abaixo depois de um incêndio* [acima à direita]. *Três semanas depois, os Frank fugiram para a Holanda.*

Santuário.

[Acima] *Dorrit e Sybil em Scheveningen, pouco depois da mudança, 1934.*

[Acima à direita] *Flory e as meninas passeiam pelo interior da Holanda, 1935.*

[À direita] *Sybil vence uma competição de bicicletas enfeitadas com guirlandas, 1936.*

[À esquerda] *Em 1934, Myrtil voltou à Alemanha para trazer Johanna consigo. Dali ela emigrou para a Palestina, onde sua filha Lisbeth já se estabelecera. Ambos parecem temerosos, compreensivelmente.*

[Acima] *Sybil com Jeanne Houtepen, que mais tarde daria ajuda aos Frank.*

[À direita] *Fugido de Buchenwald. O irmão de Flory, Fred, ficou com os Frank antes de viajar para os Estados Unidos em 1937.*

Forçados a deixar o litoral, os Frank mudaram-se para uma nova residência em Hilversum. Apesar das restrições cada vez maiores, a vida prosseguia. [Abaixo, à direita] *Dorrit parece feliz nessa foto, tirada em fins de 1941, mas Myrtil está visivelmente preocupado.* [Abaixo à direita] *Véspera de Ano-Novo, 1942. Um grupo de jovens judeus, inclusive Dorrit* [fila superior, segunda à direita] *e Sybil* [no meio, à direita], *comemora na casa dos Frank e espera pelo melhor. Na fila de baixo aparece o namorado de Dorrit, em breve seu noivo, Edgar Reich. Dentro de pouco tempo, todos ali estariam mortos ou escondidos.*

Amor perdido. Deportado em fevereiro de 1942 para Westerbork — então um campo de trabalho forçado dirigido pelos holandeses que logo seria convertido em campo de trânsito administrado pela SS —, Edgar, um artista de talento, fez esboços de cenas do seu romance com Dorrit em um caderno de desenho. Em maio de 1942, Dorrit recebeu permissão para ir visitá-lo em Westerbork. Foi a última vez que o viu.

[À direita] *Uma foto de Edgar tirada em Westerbork. Em dezembro de 1942, Jeanne entregou para Dorrit, já no esconderijo, um pacote contendo essa imagem. Dorrit soube, então, que ele se fora para sempre.*

(Acima) *Sem o conhecimento de Dorrit ou Sybil, Myrtil vinha se preparando para "submergir" com a ajuda de Annie van der Sluijs, antiga professora de holandês de Dorrit. Annie concordou em deixar que os Frank se escondessem em seu pequeno apartamento em Haia. Entretanto, os Frank, que moravam em Amsterdam, teriam antes de chegar até lá. A coragem de Annie e de outros contrastou com a apatia e a colaboração passiva de alguns holandeses. Aqui, ela aparece na porta de sua casa com uma amiga não identificada.*

[À direita] *Em 14 de julho de 1942, após sobreviverem à viagem de trem, arriscada e ilegal, de Amsterdam até Haia, os quatro onderduikers entraram no apartamento da Pieter van den Zandestraat n.14.*

A Pieter van den Zandestraat fotografada pelo autor em 1965, na primeira das muitas peregrinações que ele fez até a pequenina rua. À esquerda vê-se a loja da esquina, onde Myrtil plantou a história de que sua esposa era louca e onde mais tarde fez compras com cupons ilegais. "Se soubéssemos que ficaríamos ali por três anos", disse Flory, "tenho certeza de que não teríamos empreendido aquilo."

Por volta da primavera de 1943, os alemães tinham conseguido deportar a maior parte da população judaica da Holanda para o leste. (Ao lado) Um grupo de judeus de Amsterdam aguarda seu destino, depois de uma das grandes buscas da primavera de 1943.

Os Frank quase foram descobertos durante uma batida de casa em casa em busca de homens para trabalharem como escravos, em novembro de 1944. E por pouco sobreviveram ao hongerwinter de 1944-45. Mais de vinte mil pessoas morreram no oeste da Holanda, inclusive muitos onderduikers.

Moradores de Haia em júbilo saúdam o transporte aéreo de alimentos em abril. Os Frank, que ainda se encontravam escondidos após mil dias, tiveram de permanecer em casa, porém sabiam que o final estava próximo.

Em 8 de maio de 1945, quase cinco anos depois da invasão dos alemães, a provação da Holanda finalmente chegou ao fim. Vários meses depois, os Frank posaram para uma fotografia "oficial" que enviaram para parentes e amigos, muitos dos quais estavam certos de que eles tinham morrido. A foto dizia: "A família Frank após a libertação."

Em abril de 1947, Myrtil e Julius visitaram a irmã Lisbeth e os sobrinhos na Palestina. Pouco depois, a mãe deles, Johanna, de oitenta e sete anos, que insistira tanto para vê-los, faleceu.

Última etapa. Em agosto, Sybil e Dorrit embarcaram num cargueiro com destino a New York City. Ficaram admiradas com o contraste entre a Europa dilacerada e os Estados Unidos em pleno desenvolvimento.

Em 1948, uma radiante Flory embarcou para Nova York.

Final feliz.
[À esquerda] *Em setembro de 1949, Dorrit casou-se com Kurt Sander, judeu alemão naturalizado e oficial condecorado do Exército dos Estados Unidos. Aqui eles foram fotografados em Riverside Park, Nova York, em 1950.*

[À esquerda] *Flory em uma exposição de arte, c.1956. Usando seu bom-gosto e o tino comercial de Myrtil, os Frank se tornaram negociantes de arte.*

[Abaixo, à esquerda] *Em 1966, três gerações dos Frank se reuniram na casa de Sybil em Nova Jersey. Myrtil morreu em 1968. Flory, em 1981.*

[Abaixo, à direita] *Dorrit em 2000, numa visita ao número 14.*

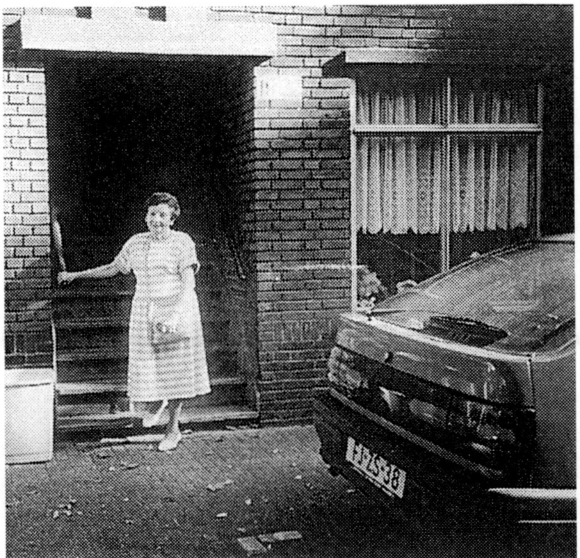

na busca por soldados da Aeronáutica aliada em fuga e outros passageiros ilegais, inclusive prováveis *onderduikers*, Myrtil tivera de se preparar para a possibilidade de seus documentos serem examinados — ou "controlados", como se dizia — pelo menos uma vez durante a viagem de ida e volta, de uma hora de duração, entre Amsterdam e Haia.

Ele conseguiu dar um jeito, pois nunca comentou nada depois. Mas, como qualquer um que assume riscos, ele não discutia muitos desses perigos com ninguém. Simplesmente os enfrentava. Ainda assim, deve ter se preocupado com o que aconteceria no dia em que sua esposa e suas filhas também tivessem de tirar as *sterren* e correr o mesmo risco.

Chegando a Haia, Myrtil gostou do que viu. Gostou especialmente do próprio endereço, da Pieter van den Zandestraat, uma ruazinha no final de uma confusão de outras ruazinhas parecidas, no centro da cidade. Era um lugar tão fora de mão quanto propriamente se poderia encontrar em Haia. Distante uma caminhada de quinze minutos do *Binnenhof* e do quartel alemão, o apartamento de Annie ficava bem sob o nariz dos nazistas. Os *moffen* — termo desdenhoso com que os holandeses designavam os ocupantes — jamais iriam procurar os Frank ali, avaliou Myrtil, examinando a região imediatamente ao redor.

Ao mesmo tempo, ele também percebeu um sério problema em potencial: o apartamento de Annie, no número 14, não tinha nenhum compartimento mais abrigado, algum porão ou mansarda, onde eles pudessem se esconder ainda mais no caso de alguma batida policial (como fez, por exemplo, a família de Otto). Rapidamente ele compreendeu que sua família ficaria ali escondida à plena vista, sua segurança dependendo da conivência ou da ignorância de gente desconhecida, principalmente as dezenas de famílias que viviam naquela rua composta de um único quarteirão, e que com certeza ficariam desconfiadas com as idas e vindas por ali.

Então ele decidiu usar uma camuflagem verbal, tramando uma dupla identidade para si próprio e para Flory, a fim de satisfazer a curiosidade dos futuros vizinhos intrometidos. Foi até o único estabelecimento comercial da rua, a mercearia da esquina, no número 21, que aparentemente era o ponto de concentração daquela compacta comunidade. Encetou uma conversa com o proprietário, falando bem alto — bastante alto para que outros fregueses da loja pudessem ouvir — e informando, num holandês com forte sotaque alemão, que era um médico suíço-alemão.

Aquela artimanha foi brilhante. A região da Suíça de fala alemã era famosa, entre outras coisas, por ter sido lá que o romancista alemão Thomas Mann escrevera *A montanha mágica*. Apesar da neutralidade da Suíça, o país era sabidamente simpático aos interesses alemães, pois soldados alemães eram encaminhados para se tratarem lá por médicos locais.

E assim, em muito pouco tempo — horas, provavelmente — os talvez cem moradores da Pieter van den Zandestraat já sabiam que um médico suíço-alemão iria em breve mudar-se para a rua.

O misterioso médico acrescentou àquela esperta pseudo-informação um outro detalhe perturbador sobre sua parceira, que não se encontrava ali no momento: "Minha esposa", disse ele ao merceeiro de olhos arregalados, apontando com o indicador para a própria cabeça, "não anda nada bem..."

Myrtil ainda não sabia se aquilo daria certo. Mas valia a pena tentar.

A seqüência final dos acontecimentos que levaram Otto Frank e Myrtil Frank — que, embora não fossem parentes ou amigos, compartilhavam instintos parecidos — a ativarem os respectivos planos para se esconderem teve início em Berlim, no dia 23 de junho de 1942, com um telefonema de Adolf Eichmann para Franz Rademacher, seu contato no Ministério do Exterior em Berlim. Eichmann avisava que em meados de julho os trens de deportação do oeste partiriam todos os dias, de acordo com a programação que ele estabelecera, transportando no total cerca de noventa mil judeus: quarenta mil da Holanda, quarenta mil da França e dez mil da Bélgica.

As rodas já tinham começado a girar nos trilhos em março, quando Willy Zopf, oficial do IVB4 em Haia, e seus colegas de Paris e Bruxelas, respectivamente Theodor Dannecker e Kurt Asche, encontraram-se com

Adolf Eichmann no escritório deste último, na Kurfürtenstrasse n.116, em Berlim. Foi nessa reunião, recordou mais tarde Asche, que "Eichmann nos disse que, com base em uma ordem do Führer, os judeus precisavam ser deportados da Europa ocidental ocupada. Grandes fábricas petrolíferas e de borracha sintética tinham sido construídas em Auschwitz, e os judeus deveriam ir para lá trabalhar." Dannecker recebeu ordens para enviar quarenta mil judeus da França; Zopf, quinze mil da Holanda; e Asche, dez mil da Bélgica. O "manifesto de extermínio" novamente revisto, acrescentando mais vinte e cinco mil judeus holandeses, foi devidamente transmitido para Willy Zopf no IVB4 em Haia, e para os seus co-participantes do *Zentralstelle für jüdische Auswanderung*, ou Escritório de Emigração Judaica — encarregado de coordenar a operação e de transferir os judeus selecionados para Westerbork e daí para o leste.

Três dias mais tarde, em 26 de junho, o chefe do *Zentralstelle*, Ferdinand Aus der Fünten, convocou o Conselho Judaico para informá-lo — cifrando suas palavras no combinado discurso de duplo sentido dos alemães — que um número indeterminado de judeus, homens e mulheres, com idades entre dezesseis e quarenta anos, seriam em breve enviados à Alemanha, para ali, "sob vigilância policial", realizarem um "trabalho forçado". Mais uma vez o alemão de fala mansa garantiu ao judaico-holandês *Joodsche Raad* que os convocados seriam todos "sem nação", isto é, judeus alemães, jogando assim com o inegável e infeliz divisionismo entre os judeus holandeses e os de fora. "Os judeus que viviam no Rivenbuurt eram muito menos assimilados à cultura e à sociedade holandesa do que a 'antiga' [*sic*] população judaico-holandesa", observa Leo Ullman. Essa divisão também se verificava na vizinha Bélgica, onde os judeus nativos costumavam olhar atravessado para seus irmãos chegados mais recentemente. Não havia motivos para preocupação, declarou Aus der Fünten, depois de tantas explicações. Isso não afeta a vocês.

Ainda assim, havia preocupação. Mesmo que eles próprios não fossem afetados pelo novo plano, o Conselho não era completamente indiferente ao destino dos judeus estrangeiros. E, mais importante, as caçadas e deportações ocorridas até então — mais notavelmente a de 1941, em que o amigo de Dorrit, Ed Weinreb fora preso —, embora tivessem sido horríveis, aconteceram apenas incidentalmente, como punição ou represália por algum "ato de terror" do qual as vítimas indefesas não haviam participado, de forma alguma. Agora, elas iriam se realizar sistematicamente. Isso era novo.

Depois de vinte e seis meses de jogo de gato-e-rato com os judeus, o gato nazista estava à beira de dar o bote. Uma nova torrente de medo e de tensão alastrou-se pela população judia. Para piorar o desconforto generalizado, uma onda de calor baixou sobre o país.

Nove dias mais tarde, num domingo, 5 de julho, os primeiros grupos de judeus alemães receberam, por correio especial, uma convocação para se apresentarem à "preparação para o trabalho".

Entre as centenas de portas em que bateram os carteiros especiais estava a de Otto Frank e sua família, na Merwedeplein n.31, no Bairro dos Rios. Naquele momento, todos os quatro membros da família estavam em casa.

"Às três horas a campainha da porta tocou", escreveu Anne Frank, recordando aquele momento de gelar o sangue. "Eu não escutei, já que estava na varanda, lendo preguiçosamente sob o sol. Pouco depois, Margot surgiu na porta da cozinha, e parecia muito agitada. 'Papai recebeu uma convocação da SS', sussurrou. Fiquei espantada. Uma convocação, todo o mundo sabe o que isso quer dizer: passaram pela minha cabeça as visões dos campos de concentração e das celas solitárias."

A colegial sonhadora tinha, afinal das contas, conseguido de certa forma pensar o impensável.

Mas Margot estava enganada, como Anne logo soube. "A convocação não era para papai, e sim para ela. Comecei a chorar."

Enquanto isso, no escritório do Conselho Judaico em Nieuwe Keizersgracht n.58, "todo o inferno [se soltou]". Embora a maioria dos que constavam da primeira lista de convocados fossem, tal como prometera Aus der Fünten, judeus alemães, havia também judeus holandeses no manifesto inicial, o que provocou pânico total: "Todos pediam carimbos e isenções, todos se consideravam indispensáveis, todos haviam sido batizados, ou feridos, ou eram inválidos; todos faziam filas atrás de certificados médicos, de atestados da Igreja, de *Ausweise* [carteiras de identidade]; quando não se conseguia nada disso, suplicavam pelo adiamento [da ida para Westerbork] por uma semana."

Nos dias seguintes, os carteiros holandeses portadores da terrível notícia continuavam batendo nas portas por todo o Bairro dos Rios e outros distritos judeus.

"Uma vez que as notícias se espalhavam, havia tensão e pavor tremendos", lembrou Leo Ullman, que estava também na iminência de submergir em um esconderijo.

Jacques Presser, historiador que sobreviveu para poder escrever o monumental estudo *The Destruction of the Dutch Jews*, de 1966, lembra uma cena típica na comemoração de formatura no Liceu Judaico, onde ele era professor. O evento iniciou-se numa atmosfera de suavidade e leveza, como também de considerável negação do que se passava, enquanto as pessoas pronunciavam inspirados discursos e tocava-se música solene. Mesmo assim, parecia possível se cortar com faca a tensão que pairava pelo salão, tensão que se tornava cada vez mais insuportável pelo fato de alguns formandos, na maioria moças de quinze ou dezesseis anos, já terem recebido convocações. Subitamente, uma moça da classe mais adiantada ergueu-se e começou a falar. Ela e a irmã haviam, cada uma delas, recebido sua convocação, declarou ela numa voz tranqüila porém decidida. "O que devemos fazer?", perguntou aos adultos presentes.

"Lá estava ela, uma menina de dezessete anos", relembrou dolorosamente Presser vinte anos depois, "com o seu boletim final cheio de boas notas, completamente só e desprotegida, bem na frente do grande quadro-negro [do Liceu], abaixo do qual encontravam-se os professores sentados. Para este historiador, é como se ele ainda pudesse vê-la ali, de pé, uma criança agradável, inteligente, extremamente decente; ainda é possível para ele ouvir sua pergunta, uma pergunta que jamais esquecerá: *Senhoras e senhores, por favor, digam-nos: o que devemos fazer?*"

Presser conclui: "Ninguém sabia, ninguém podia ajudar. E elas foram deportadas."

Otto Frank, por sua parte, *sabia* o que tinha de fazer. A notificação para Margot foi o gatilho final. Sabia que precisava se mexer rapidamente. "Deixar de se apresentar daria apenas um curto espaço de tempo para tomar fôlego, mas os endereços dos indivíduos constavam dos arquivos e sem dúvida alguma seriam alvo de uma busca policial em poucos dias, ou [mais tarde] em questão de horas" (como escreve Bob Moore).

Então, na manhã seguinte ao recebimento da notificação para Margot, 6 de julho de 1942, Otto, Edith, Margot e Anne Frank foram para o esconderijo. Depois de removerem o mais cuidadosamente possível as estrelas amarelas costuradas nas roupas, eles caminharam para o *achterhuis* que Otto preparara nos fundos de um prédio de três andares, número 263, de frente para a Prinsengracht, hoje mais conhecido como Casa de Anne Frank. O fato de que Anne e Margot já tivessem feito muitas vezes antes aquele percurso, para visitar o pai no trabalho, tornou mais fácil, de certa forma, a infernal caminhada de meia hora até lá.

Myrtil Frank também sabia o que fazer quando, em 11 ou 12 de julho — uma das datas em que os Frank sobreviventes divergem —, o carteiro de rosto sombrio trouxe as notificações para que Dorrit e Sybil se apresentassem ao "trabalho forçado".

Naquela noite, na Eendrachtstraat n.9, numa cena emocionante, que refletia como num espelho a que se passara no apartamento de Otto Frank e em centenas de outros à medida que a primeira grande leva de *onderduikers* revelava seus planos às surpresas e amedrontadas famílias, Myrtil contou às assustadas filhas o plano de esconder-se com a família. Flory sabia do segredo quase desde o início.

Dorrit, a princípio, ficou indecisa. Ela não queria esconder-se, insistia. Queria ir para Westerbork. Assim, poderia estar com Edgar. Sybil, por sua parte, disse que também queria partir. Daquela maneira, pensava ela, poderia de certa forma "salvar" os pais.

Ambos eram sentimentos nobres. Mas, disse Myrtil, enquanto Flory assentia com a cabeça, não havia outra opção: os Frank iam esconder-se. Aquele era o único meio de se salvarem. Edgar ficaria bem, tranqüilizou ele a Dorrit, que estava em prantos.

Relutantemente, as meninas acabaram aceitando.

Havia apenas um problema: e a avó Leontine?, perguntaram. Iria esconder-se também?

Não, respondeu Myrtil. Leontine permaneceria na pensão. Ela ficaria bem lá. Alguns dias antes ele havia discutido o plano com ela, e ela havia concordado, dizendo que estava muito velha para aquele tipo de coisa. De qualquer maneira, os nazistas não estavam interessados em incomodar gente idosa. Façam o que tiverem de fazer, disse ela ao genro e à filha consternados, em seu último encontro. Eu ficarei bem.

Se com essas palavras ela queria apenas tornar as coisas mais fáceis para os quatro Frank, isto jamais saberemos. Claro, Myrtil deve ter reconhecido, como sem dúvida o fez Leontine, que levar aquela senhora frágil, de setenta e dois anos, para o pequeno apartamento no n.14 da Pieter van den Zandestraat teria criado enormes dificuldades.

De qualquer modo, os nazistas não estavam interessados em incomodar gente idosa, não é mesmo?

"Era o que realmente pensávamos naquela ocasião", disse Sybil. "Que ela ficaria bem."

"É claro, se soubéssemos o que iria acontecer", disse Flory, anos mais tarde, ainda abalada pela lembrança, "teríamos trazido ela conosco. Afinal, ela era minha *mãe*. Mas não a trouxemos. Não sabíamos *nada*. Sabíamos apenas que era aquilo que tínhamos de fazer naquele momento, para nos salvar."

Parte III

SUBMERGINDO

HOLANDA, 1942–1944

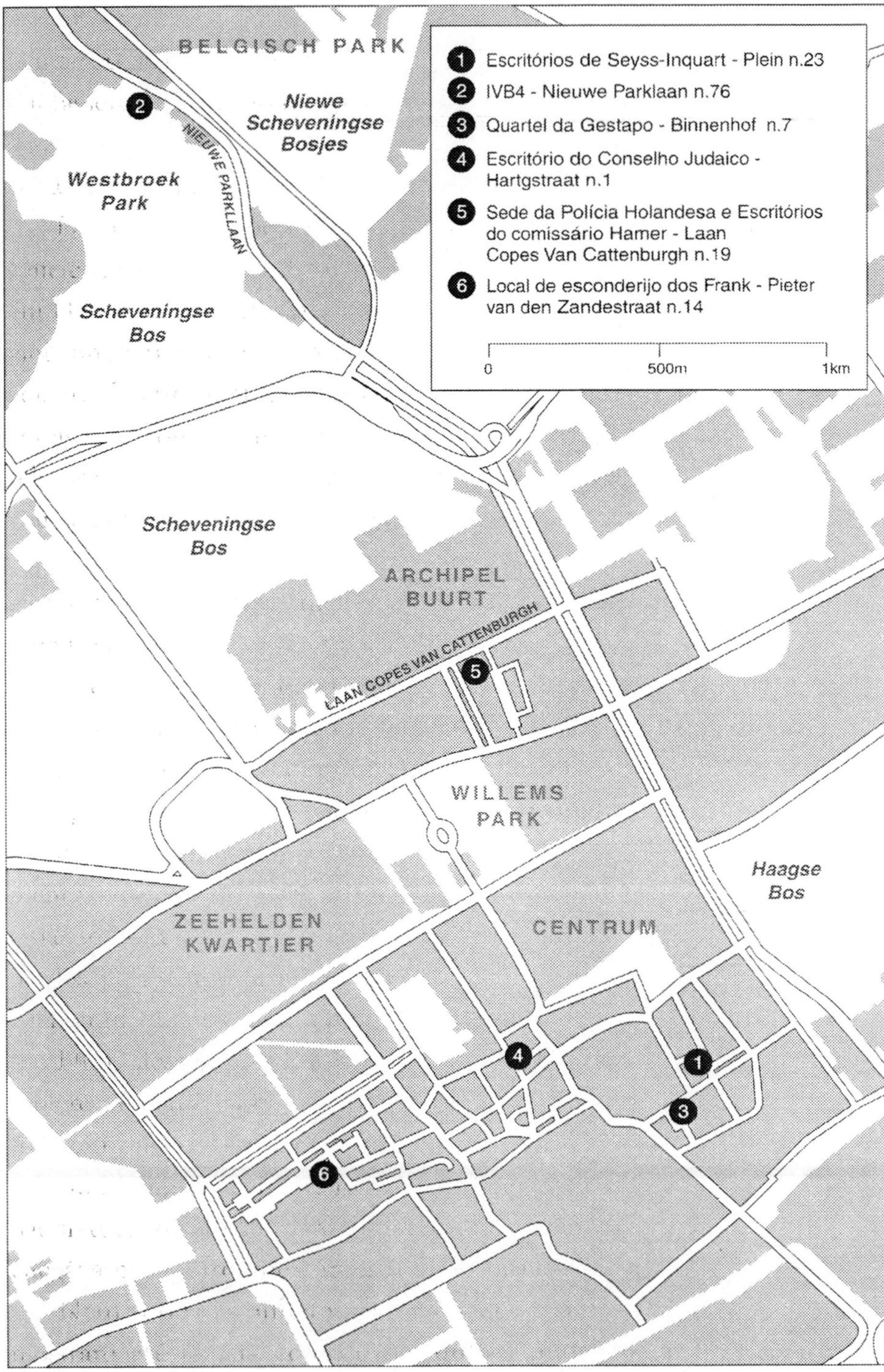

1 Escritórios de Seyss-Inquart - Plein n.23
2 IVB4 - Nieuwe Parklaan n.76
3 Quartel da Gestapo - Binnenhof n.7
4 Escritório do Conselho Judaico - Hartgstraat n.1
5 Sede da Polícia Holandesa e Escritórios do comissário Hamer - Laan Copes Van Cattenburgh n.19
6 Local de esconderijo dos Frank - Pieter van den Zandestraat n.14
0
500m
1km
BELGISCH PARK
Niewe Scheveningse Bosjes
NIEUWE PARKLAAN
Westbroek Park
Scheveningse Bos
Scheveningse Bos
ARCHIPEL BUURT
LAAN COPES VAN CATTENBURGH
WILLEMS PARK
Haagse Bos
ZEEHELDEN KWARTIER
CENTRUM

7
A submersão

"Os alemães começaram e executar seu esquema de despopulação dos Países Baixos. Como já se esperava, os judeus holandeses são as primeiras vítimas. Todos os dias, seiscentos judeus alemães, com idades entre dezoito e quarenta anos, são transportados em direção ao leste. Seus bens são confiscados pelos alemães ..."

De uma reportagem do *Times* de 27 de julho de 1942

E então, na manhã de 14 de julho, Myrtil Frank, a esposa e as filhas removeram das roupas aquelas horríveis estrelas amarelas e se prepararam para encetar a perigosa viagem até Haia, ao n.14 da Pieter van den Zandestraat.

Não estava claro por que motivo Myrtil decidira partir exatamente naquele dia, e não no anterior, logo em seguida à convocação de Dorrit e de Sybil. Mas foi uma sorte ter feito essa opção. De fato, insatisfeitos porque apenas parte dos quatro mil judeus convocados à "preparação para o trabalho" se apresentara aos postos policiais mais próximos, tal como exigia a ordem, os alemães preparavam-se para fazer buscas pelos distritos judeus da cidade, inclusive no Bairro dos Rios. A batida — a primeira desse tipo que os alemães empreenderam contra a população judaica, desde a que precipitou a *Februaristaking*, em fevereiro de 1941 — não se dirigiu apenas contra os judeus que não atenderam a suas convocações específicas. Pelo contrário, Rauter e o seu tenente, Wilhelm Harster, chefe dos serviços de segurança, decidiram que a melhor forma de forçar a obediência e de inculcar na população judaica o devido respeito às "autoridades" seria apanhar a esmo uma grande quantidade de judeus e mantê-los reféns até que um número suficiente dos *Juden* que faltavam se apresentasse, para "resgatar" seus irmãos. Dessa forma, estariam jogando simultaneamente tanto com o medo sentido pelos judeus quanto com seu senso de responsabilidade em relação à vida dos companheiros.

A estratégia era astuciosa, e, como provariam os acontecimentos, bastante eficiente.

Referindo-se às deportações, um dos principais jornais da clandestinidade, o *Het Parool*, aludia em 14 de julho aos mais de oitocentos homens presos no primeiro raid de fevereiro de 1941 — e em diversos outros que aconteceram depois, por todo o país —, enviados para Mauthausen, e que agora as autoridades alemãs informavam estarem mortos (em conseqüência de "causas naturais"): "Baseando-nos em nossa experiência de Mauthausen, acreditamos que aqueles judeus deportados para o leste não retornarão."

Talvez também tenha sido porque os Frank, de modo geral, não liam a imprensa clandestina. Mas a situação era clara. "As punições pela desobediência" — o encarceramento na prisão de Amersfoort, a maior das várias prisões que os alemães instalaram em solo holandês, ou, o que era ainda pior, ser embarcado para Mauthausen, na Alemanha, o que queria dizer morte certa — "eram severas e bem divulgadas" (segundo Moore). Os possíveis *onderduikers* judeus não tinham "a menor dúvida do significado daquele tipo de punição".

Em suma, nem os Frank nem as centenas que compunham a primeira grande leva de judeus *onderduikers* precisavam ter conhecimento da máquina mortífera que os aguardava no leste, a eles e a seus vizinhos, para poderem compreender que, ao procurarem se esconder naquele momento, em meados de 1942, estavam conscientemente tomando seu destino nas próprias mãos.

Como comentou Flory: "Sabíamos onde estávamos entrando, mesmo que não soubéssemos *realmente* onde estávamos entrando."

Havia uma aparente calma na manhã em que Dorrit e Flory, acompanhadas por Sybil e Annie, saíram do n.9 da Eendrachtstraat pela última vez. Não haveria possibilidade de retorno. Disso elas sabiam. Ou teriam sucesso na arriscada missão de chegar até Haia, ou ... — bem, não havia como pensar na alternativa.

A penalidade para um não-judeu, como Annie, por dar assistência a um *onderduiker* não era ainda muito clara. Não parecia que os alemães tivessem orientações precisas para esse tipo de coisa. Sem dúvida, não ficariam muito satisfeitos com ela, especialmente se a surpreendessem na companhia de três judias que houvessem ilegalmente removido as estrelas das roupas, duas das quais não haviam se apresentado para a "preparação para o trabalho".

Entretanto, se Annie estava realmente preocupada, ela não o demonstrava. No que lhe dizia respeito, estava apenas fazendo o que tinha de fazer.

Segundo Geert Mak, em *Shoah*, o cáustico documentário de 1972 de Claude Lanzman sobre o genocídio nazista, "a atitude média do holandês não-judeu era um pouco diferente da dos poloneses que viviam próximo a Auschwitz: ingênuo, inerte, covarde, certas vezes magnânimo, ocasionalmente de uma coragem extraordinária".

As quatro holandesas que compunham o coração da "equipe de apoio externo ao esconderijo" — Annie, Jeanne e, em proporção menor, as irmãs de Annie, Tine e Ans — pertenciam à pequena, porém de modo algum insignificante, minoria de holandeses cujo corajoso comportamento redime a cumplicidade dos demais no aniquilamento dos judeus holandeses, tragédia que continua a perseguir a Holanda até os dias atuais.

Quando iniciaram a perigosa expedição, Flory, Dorrit e Sybil poderiam sentir-se encorajadas, de certa forma, pelo fato de Myrtil já ter feito antes aquela mesma viagem várias vezes. Mas Myrtil, é claro, era Myrtil. "Meu pai tinha a coragem de um leão", disse depois Dorrit. "Éramos apenas três mulheres comuns — e estávamos aterrorizadas. Talvez seja por isso que eu me lembre tão pouco daquele dia."

Se ao menos, como suplicaram as meninas na véspera, o pai as acompanhasse. Mas ele não podia, disse. Achava que um grupo de cinco moças conduzidas por um homem teria mais probabilidade de levantar suspeitas. Teriam de dar o "mergulho" inicial sozinhas.

E assim se foram elas, literalmente debaixo dos olhos dos alemães. Subiram a Eendrachtstraat e saíram da área restrita do Bairro dos Rios, em direção à Ferdinand Bolstraat. Ali, apenas uma centena de metros mais à frente, numa área fechada pela Cornelis Troostplein e a Hillgaertstraat, localizava-se, numa antiga escola, a sede da polícia holandesa colaboracionista. Mais ao norte, ao longo da Bolstraat, no ponto onde esta se torna Vijzelgracht, as fugitivas passaram em frente ao Banco Estatal, onde outro confiante nazista holandês supervisionava seus domínios. Em seguida, foram na direção norte, ao longo da Vijzelstraat até Muntplein, com sua venerável torre de relógio De Munt (que quase desde a última ocupação da cidade pelos espanhóis, trezentos e oitenta anos antes, informava as horas para os cidadãos de Amsterdam). Por trás da torre Munt, que batera as onze pouco antes da passagem das Frank, situava-se o elegante Hotel Carlton. Outrora o favorito dos estrangeiros — inclusive dos espiões —, era agora o quartel da *Luftgaukommando Holland*, uma importante unidade da Força Aérea recentemente engajada na tentativa de enfraquecer a nova ofensiva de bombardeios da Royal Air Force (à qual em breve se juntaria a US Eighth Air Force), cujos ruidosos mensageiros freqüentemente passavam voando sobre a cidade com o objetivo de atingir alvos na Alemanha, tendo suas formas prateadas recortadas pelos holofotes que palmilhavam os céus noturnos.

"*LUCHT — ALARM ... onmiddellijk dekking zoeken!*", avisava um cartaz holandês, tipicamente bem desenhado, sobre o ataque aéreo do dia. Talvez não surpreenda o fato de que, entre todos os países ocupados sob a égide nazista, tenham sido os holandeses — da terra de Rembrandt, Vermeer e a vanguarda do grupo de Stijl — os que produziram os mais bonitos cartazes. Aquele, especificamente, mostrava uma mulher muito bem vestida, de salto alto, com o filho pela mão, correndo para refugiar-se num abrigo, acompanhada por um homem igualmente elegante, de chapéu, pasta e guarda-chuva. "QUANDO OUVIREM O ALARME ... *procurem imediatamente um abrigo*!"

E assim, tal como foram instruídas, as Frank, e também seus vizinhos no Rivierenbuurt, haviam ido buscar proteção no abrigo antiaéreo mais próximo durante os ataques aéreos britânicos. Pelo menos, elas se sentiram animadas quando viram os *Lancasters* carregados de bombas trilhando caminho pelos céus para ir despejar a vingança sobre a sua antiga pátria, e assim se sentiram também muitos holandeses simpatizantes dos Aliados. O Segundo Front poderia ainda estar distante, diriam as Frank a si mesmas enquanto aguardavam o sinal de fim do ataque ao lado de outras pessoas, umas com a marca da estrela e outras não-judias espalhadas por ali, tendo sido surpreendidas pelo raid e parecendo ou embaraçadas, ou simpáticas ou estudadamente indiferentes —, mas pelo menos os ingleses estavam fazendo *alguma coisa*.

Naquele momento, entretanto, a família estava indo abrigar-se contra um perigo mais imediato para eles: os próprios nazistas.

Pouco antes de o grupo chegar à Centraal Station, passou a alguns quarteirões do local onde, nove dias antes, Otto Frank escondera-se com a esposa e as filhas. Até aquele ponto, os movimentos das duas famílias de judeus alemães exilados haviam seguido caminhos paralelos, bem próximos um do outro. Agora, no entanto, os destinos das duas famílias Frank iriam divergir.

De certa maneira, a boa sorte das moças prosseguiu durante todo o resto da caminhada até a estação. E também durante a tensa viagem de trem. E, novamente, quando foram a pé da Station Hollandspoor até o n.14 da Pieter van den Zandestraat. Ninguém lhes pediu documentos. Se despertaram suspeitas em algum passante ou em alguém que transitara em seu vagão, ninguém as manifestou. Se havia um guarda naquele trem — e na maior parte dos trens havia sempre um guarda ou policial —, elas não o viram.

"Conseguimos", exclamou Flory, exausta e aliviada, ao entrarem no pequeno apartamento térreo. Mas não houve nenhuma comemoração antes da chegada de Myrtil, várias horas mais tarde.

"Saímos na hora certa", falou ele trancando a porta por trás de si. "Está tudo fechado", acrescentou, referindo-se aos preparativos para a *razzia* — a tomada de reféns — planejada pelos alemães para aquela noite.

A *razzia* foi bem-sucedida. Resultado da noite: setecentos judeus que seriam mantidos sob "custódia protetora" até que um número suficiente de seus irmãos se apresentasse para ocupar o primeiro trem.

Mil judeus, atendendo à tática de queda-de-braço dos nazistas, compareceram afinal, relutantes, à estação policial de seu distrito. De lá, foram conduzidos de bonde até a Centraal Station e embarcados no trem especial das Ferrovias Holandesas para Westerbork, que a *Zentralstelle* designara para aquela noite. Em Hooghalen, a estação mais próxima do campo, nove quilômetros adiante, os destinados à deportação desembarcaram devidamente, e seguiram a pé até Westerbork, onde foram mantidos separados dos demais internos do campo a fim de que no dia seguinte pudessem ser rapidamente transferidos para o primeiro trem programado para Auschwitz.

Porém Erich Deppner, o novo comandante da SS — um homem modelado à Heydrich dos pés à cabeça —, ainda não estava satisfeito. Aquele primeiro carregamento deveria ser um pouco maior: precisavam-se mais duzentos homens judeus. Por isso, naquela noite, enquanto os Frank comemoravam hesitantes o fato de terem finalmente conseguido um asilo temporário seguro, os componentes masculinos do serviço de limpeza do campo foram conduzidos até o galpão central para que ali se efetuasse a requerida seleção. Não se sabe quais os critérios usados por Deppner para acrescentar os novos deportados.

Na manhã seguinte, dia 15, o grupo original de mil pessoas, mais o novo grupo de duzentos, foi levado a pé do campo até a estação de Hooghalen, e embarcado no primeiro trem com destino a Auschwitz. Entre os passageiros do trem, como declara o registro cuidadosamente datilografado, estava Edgar Reich.

Para os Frank, *onderduikers* recentes, as primeiras semanas no apartamento do número 14 produziram a sensação de estarem numa espécie de pequeno submarino, submersos em algum mar remoto e desconhecido. Embora ainda pudessem ver o exterior pela comprida janela da frente com painel superior de vidro colorido, lembrando um quadro de Mondrian, quando perscrutavam através das cortinas o ambiente lá fora parecia desorientá-los, tendo o seu próprio sentido de tempo, luz e espaço.

"Os contrastes surgiam gradativamente", disse Flory. Assim como a água amplia as formas, o processo de submergir também fazia isso. "As menores coisas se tornavam maiores, porque após um momento você se dava conta de que não era mais a mesma pessoa."

A aparência quase de uma casa de bonecas do apartamento de vinte e oito metros quadrados, mobiliado com pouco mais que uma mesa de cozinha de madeira, duas cadeiras, um sofá-cama ordinário onde Myrtil e Flory dormiam, dois catres para as meninas, e o pouco mais que os dois judeus alemães, Alfred e Eva Schnell, locatários anteriores de Annie (e que no momento se escondiam perto de Zwolle) tinham deixado ali, aumentava o sentimento de claustrofobia e de desorientação.

Naquele novo espaço de que dispunham para viver não havia como tomar um banho. Annie, que no princípio usava o apartamento para dar aulas e raramente passava as noites lá, não achara necessário ter um chuveiro. De algum modo, os Schnell se haviam arranjado sem um banho completo. Os Frank teriam também de fazê-lo.

Ansioso para que o mínimo de atenção possível fosse atraído sobre eles, Myrtil, o efetivo comandante da unidade do número 14, instruiu sua esposa e filhas a usarem a menor quantidade de água que pudessem em sua higiene pessoal. "Usem um pouquinho de água para se lavarem, só um pouquinho", recordou Flory em 1979, balançando a cabeça àquela lembrança. "É uma coisa tão incomum, poder-se viver em circunstâncias tão reduzidas."

Myrtil, que felizmente não perdera o senso de humor, ajudava a tornar mais leve a situação. "Consegui vencer o meu *Schweinehund* interior!",* exclamava ele ao sair de um banho daqueles.

---

* Um trocadilho: a palavra alemã significa "porco", e a expressão "*Schweinehund* interior", "o lado mais fraco de uma pessoa". (N.T.)

Finalmente, todos acabaram se acostumando. Finalmente, eles acabaram se acostumando a muitas coisas.

Talvez o aspecto mais difícil para os Frank — principalmente Flory e Myrtil, que praticamente haviam se tornado estranhos um para o outro, antes da guerra — tenha sido a extrema proximidade de tudo ali: de repente eles constituíam novamente uma família, e uma família extremamente *próxima*. Algumas vezes até próxima demais, particularmente para o conforto de Myrtil. Com freqüência, sobretudo nos primeiros meses passados no esconderijo, aconteceram brigas. Mas eles eram de novo uma unidade familiar, ainda que os laços não tivessem sido inteiramente fabricados por eles próprios.

Do lado de fora, para além do reprimido mundo do apartamento no número 14, o elaborado processo, semiplanejado e meio improvisado, de tornar a Holanda *Judenrein** entrou em alta velocidade, enquanto os responsáveis na *Zentralstelle* e no IVB4 se esforçavam por cumprir a quota recém-imposta de quarenta mil judeus holandeses, estabelecida por Eichmann e outros maiorais da SS em Berlim responsáveis pela execução da Solução Final.

Em outras partes do Reich, a Solução Final já estava a pleno vapor há mais de meio ano, de forma mais evidente na Polônia, onde a população judaica já estava isolada e os alemães ficavam menos preocupados em ferir a sensibilidade dos cidadãos locais, muitos dos quais, senão a maioria, eram anti-semitas. Assim, logo em dezembro de 1941, um mês antes de se estabelecerem os parâmetros para a *Endlösung* na Conferência de Wansee, sob a liderança de Reinhard Heydrich — enquanto Dorrit e Sybil passeavam e ouviam música com os amigos em Hilversum e Dorrit se apaixonava por Edgar —, os judeus poloneses já estavam sendo asfixiados por gás em caminhões fechados, em Chelmno, o campo de extermínio que os alemães haviam construído na região oeste do país.

* Livre de judeus. (N.T.)

Agora, em julho de 1942, o momento de plenitude, por assim dizer, da Solução Final, o *Reichkommissar* e seus colegas foram especialmente gentis ao demonstrarem que sabiam o que era necessário para tornar a Holanda *Judenrein*. Rauter, o chefe da SS, antecipou confiantemente a Himmler que o "problema judaico" da Holanda seria em grande parte "resolvido" dentro de quinze meses.

Com toda certeza, mesmo com o grosso da população judaica concentrada em Amsterdam, o processo de impor e simultaneamente mascarar a *Endlösung* na Holanda continuaria sendo muito angustiante para as autoridades nazistas, envolvendo complexas deliberações a respeito de quais grupos poderiam receber isenções e, neste caso, quando retirá-las. Também existiam concomitantes preocupações sobre o que fazer com os judeus originários de nações amigas ou neutras. "Minha maior dor de cabeça é a concentração dos judeus", confessou Rauter a Himmler, no outono.

Apesar disso, o processo seguiu adiante. Seja o que for que se exigisse — fazer *razzias* em larga escala e tomar reféns, ou desviar convenientemente os olhos quando judeus de algum país neutro fossem apanhados na rede nazista e deportados (como aconteceu com um grupo de judeus suecos) —, o fato é que o processo seguiu adiante.

No restante do mês de julho não houve mais dores de cabeça de espécie alguma. Assim, em 31 de julho, Otto Bene, o representante em Haia do Ministério do Exterior alemão, pôde relatar satisfeito a Seyss-Inquart que "a deportação dos judeus holandeses se processou sem distúrbios. O trem de hoje eleva o total de deportados até agora para mais de seis mil."

Adolf Eichmann, o principal engenheiro do elaborado sistema de extermínio, visitou a Holanda em inícios de 1943. Anos depois, em certo ponto de seu julgamento em Jerusalém, manifestou entusiasmo diante da eficiência dos holandeses: "Os trens da Holanda [com destino aos campos de extermínio]", explicou, num aparte macabro, "funcionavam assim como... um relógio."

O maior medo da SS era que se repetisse a greve antipogrom de fevereiro último, ou alguma ação paralela da Resistência com o propósito de entravar as deportações — ações como as que mais tarde se realizaram na Dinamarca, quando a maior parte dos sete mil judeus do país foi conduzida secretamente pelo Báltico até a salvação na Suécia neutra; ou na Bélgica, em 1944, onde um dos trens com destino a Auschwitz sofreu uma emboscada e vários passageiros foram libertados. Mas isso não aconteceu.

"É claro", escreveu Bene, percebendo a atitude muito complacente dos holandeses, "que a população holandesa tomou conhecimento dessa medida e uma certa excitação temporária [*sic*] pôde verificar-se."

Um dos holandeses que observavam o lúgubre processo de recolher e deportar judeus foi R.M. van der Veen, cidadão de Amsterdam. "Cheguei à plataforma e vi vinte e quatro pessoas — jovens, idosos, mulheres, crianças", recordou ele, um quarto de século depois, numa entrevista para um documentário de televisão em 1974, *The World at War*.

> Quatro alemães estavam ali, três de um lado, armados com fuzis-metralhadoras, e um no outro lado ... Eu estava só, eram doze horas, no centro de uma cidade, numa plataforma elevada ... o que poderia [eu] fazer? ... Se pudesse, alvejaria os três de surpresa, matando-os, mas então, o outro poderia ter uma pistola e atirar. ... Mas, e se eu pudesse pegar todos? O que faria com as vinte e quatro pessoas ... em pleno dia, depois de matar a tiros um grupo [de soldados] num lugar apinhado de alemães? ... Você vira as costas ... isso é absolutamente terrível ... mas, depois de uma experiência dessas, sente-se um novo estímulo para arriscar, das próximas vezes em que for possível salvar alguém [como posteriormente Van der Veen fez].

O primeiro-ministro holandês do governo exiliado em Londres, Pieter Gerbrandy, consternado com as primeiras notícias das deportações, já fizera um apelo numa transmissão de rádio a seus compatriotas, em 25 de julho, através da Rádio Orange, pedindo-lhes que dessem assistência aos judeus, tema ao qual daria prosseguimento em outras transmissões naquele ano — inclusive uma, seis semanas mais tarde, em que denunciou o que chamou de "plano satânico" dos alemães para despovoar a Holanda de seus judeus.

Mas a não ser pelos grupos improvisados que começaram a se formar para dar assistência aos *onderduikers* (como o que Annie organizara para ajudar Myrtil e sua família), os judeus da Holanda sabiam que estavam sós.

Os quatro escondidos no número 14, ainda lutando para enfrentar as novas circunstâncias, com certeza se sentiam sós — e com medo. E também, o que não é de surpreender ao se sucederem os longos dias de seu primeiro verão no esconderijo, sentiram-se muito entediados.

Medo e tédio. Tédio e medo. Eram esses os melhores amigos dos Frank. Algumas vezes apareciam sozinhos, outras, juntos, mas sempre, a cada dia, eles estavam lá.

Pouco se podia fazer para aliviar o medo. Mas Flory logo decidiu que algo se poderia fazer quanto ao tédio. Com esse objetivo, estabeleceu e supervisionou um regime diário de costura, leitura e limpeza, e uma estrita rotina que se manteria funcionando mais ou menos durante todo o tempo até que, no final, as tensas circunstâncias que os Frank viviam fizeram com que se interrompesse.

A limpeza, primeiro: e a família então concentrava-se coletivamente na sua *Schweinehund* interna, antes de se esmerar na externa, ou seja, na do próprio apartamento, apoiando-se nas mãos e nos joelhos para esfregar o soalho.

Depois, um lanche — se é que se poderia chamar aquilo de lanche — consistindo geralmente de café artificial, pão e, nas raras vezes que se podia conseguir, geléia.

As tardes eram dedicadas à leitura em grupo ou individual e ao estudo. Certos dias, Flory abria os livros de arte que Myrtil trouxera para o apartamento e ensinava uma história da Arte Moderna muito ao seu estilo, com forte ênfase sobre o Impressionismo e o Pós-Impressionismo, suas referências estéticas. As meninas também tinham as próprias leituras. Sempre romântica, Dorrit enterrava-se em *E o vento levou* (infelizmente, a pequena biblioteca deixada pelos Schnell não tinha nenhum volume de Galsworthy), e sentia saudades de Edgar. Sybil mergulhava nos livros científicos que Schnell, um químico, deixara lá.

Depois, as três mulheres conversavam. Em voz baixa. Ocasionalmente, choravam. Em silêncio. Tudo o que faziam, como ordenara Myrtil, tinha de ser em silêncio. E isso incluía as discussões. Assim, quando os Frank discutiam, era em silêncio, fazendo caras zangadas um para o outro. Algumas vezes o próprio ato de fazer mímica da raiva era tão engraçado que eles acabavam rindo. Silenciosamente.

Outras vezes, em seu medo e confusão, eles se voltavam para a oração. Como sempre, Flory se convencia de que possuía um canal de comunicação com Deus à prova de interferências. Deus faria com que conseguissem superar aquela situação, assegurava ela a suas preocupadas filhas, enquanto continuava tricotando. Tentava não pensar no que poderia estar se passando com Leontine, que agora estava só em plena superfície, a quase cem quilômetros de distância, em Amsterdam. Talvez ela estivesse bem, dizia Flory consigo mesma. Talvez Deus a fizesse também superar aquela situação.

Dorrit e Sybil, com menor intuição sobre a inescrutável vontade d'Ele, não estavam tão certas disso, mas concordavam com um gesto de cabeça a fim de tranqüilizar a mãe, enquanto Til vigiava a porta ou apenas sentava-se em sua cadeira lendo, tentando enfrentar a irrealidade de tudo aquilo. Subliminarmente, todos os Frank tinham começado a se dar conta de que se — e quando — eles sobrevivessem àquela experiência e retornassem à vida na superfície, seriam pessoas diferentes.

Se sobrevivessem. *Quando* retornassem à superfície. Mas quando seria isso? Com certeza, dentro de alguns meses, não mais. Mais tempo que isso era além de sua compreensão.

Assim como a esposa, Myrtil tentava desviar a atenção das meninas dessas questões imponderáveis. "Ele não deixava que pensássemos no inevitável", disse Sybil. Muito em breve, acrescentou ela, a pergunta mais importante de todas, e que os acompanhou durante todo o tempo passado na clandestinidade, tornou-se simplesmente: "Será que conseguiremos passar *este* dia?"

Na superfície, em Amsterdam, o funcionamento "de relógio" da parte holandesa da Solução Final emperrou. O medo e a culpa incutidos nos judeus com a grande captura de reféns do dia 14 de julho e em raids posteriores haviam evidentemente se esgotado. Era insuficiente o número dos que atendiam às convocações.

A solução para isso, como decidiu Aus der Fünten, era tornar bem claras as penalidades para a recusa a se apresentar para o trabalho forçado na Alemanha e para os que não portassem a identificação adequada. Como de costume, ele dirigiu-se ao Conselho Judaico a fim de que o mesmo divulgasse a diretriz. E assim, na quinta-feira, 6 de agosto, o *Het Joodsche Weekblad* publicou uma edição especial, com o título *De Duitsche Autoriteiten* (as autoridades alemãs anunciam), em que advertia:

> Todos os judeus que não se apresentarem imediatamente para os trabalhos forçados na Alemanha serão presos e deportados para o campo de concentração em Mauthausen. Essa ... punição não será aplicada aos judeus que se apresentarem até o dia 9 de agosto, domingo, às cinco horas da tarde, ou que declararem estar dispostos a participar dos preparativos para o trabalho adicional ... Todos os judeus que não estiverem usando a estrela judaica serão deportados para o campo de concentração em Mauthausen ...

"Todos os judeus que mudarem de residência sem permissão das autoridades", prosseguia a ordem oficial, referindo-se ao crescente número de judeus isolads em porões, sótãos ou compartimentos ocultos pela cidade e outros lugares, "serão deportados para o campo de concentração de Mauthausen."

Agora, qualquer *onderduiker*, de fato ou em potencial, sabia exatamente a situação em que se encontrava: ele, ou ela, era um inimigo do Reich.

Não ficou claro se essa notificação teve realmente o efeito desencorajador que buscava. Alguns judeus continuavam a ir se esconder, ou juntavam-se a outros já escondidos, como fizeram os Van Pels (ou Van Daan, como são chamados na versão revisada do diário de Anne Frank), o casal que Otto Frank convidou para compartilhar seu esconderijo e que chegou na Prinsengracht n.263 em novembro de 1942. Outros tremiam de medo só de pensar em esconder-se, pois a idéia de burlar a lei era-lhes muito difícil de suportar. Ou, mesmo que considerassem essa possibilidade, talvez relutassem em abandonar seus bem-amados na superfície, tal como Dorrit antes de se curvar à decisão dos pais. Outros vacilavam ainda, permanecendo em suas casas, paralisados pelo medo e a indecisão.

De qualquer modo, o número de judeus que se apresentou não era suficiente. O processo ficou atolado. Em 13 de agosto, de seu escritório em Haia, Bene, o diligente representante do Ministério do Exterior, enviou um angustiado memorando a Seyss-Inquart, alguns prédios mais adiante (como qualquer burocrata, os alemães gostavam de colocar as coisas no papel, quando poderiam usar o telefone). Desde o seu último relatório de 31 de julho, declarou Bene, "a situação [dos judeus] modificou-se consideravelmente. Depois que eles nos descobriram e *souberam o que está por trás das deportações e do trabalho forçado* [grifo do autor], eles não se apresentam mais para os embarques semanais. Dos dois mil judeus convocados para esta semana, só quatrocentos se apresentaram."

O que *sabiam* os judeus nesse momento — ou, mais precisamente, o que *podiam* eles ter sabido?

É claro que já havia rumores, alguns possivelmente transmitidos aos pedaços na correspondência deixada pelos primeiros deportados de Westerbork. Em determinado ponto daquele ano, de acordo com os deprimentes arquivos de Westerbork, os deportados holandeses começaram a dar-se conta de que os mesmos trens estavam continuamente sendo usados para transportar "material judeu" para o "trabalho forçado" na Alemanha, e deixavam bilhetes nos vagões.

Num desses, que foi preservado, o autor escreve que o vagão está repleto de gente e que é sufocante ali dentro. "A atmosfera é pavorosa, e todo o mundo fica querendo brigar uns com os outros." Um outro relata: "Devido a alguns comentários engraçados, feitos por um legítimo cidadão natural de Amsterdam, o clima estava bom, mas, quanto mais perto chegávamos da fronteira, mais quietas ficavam as pessoas."

Nem todos os bilhetes deixados nos trens são lúgubres. Alguns se mostram até joviais, como o da mulher que observa a atmosfera "incrível" que reinava no vagão, na primeira noite da sua viagem forçada, devido ao "cabaré" que ali se havia organizado.

Vários deles continuaram ocupados em escrever, até o momento em que os parafusos das portas dos vagões foram desatarraxados e lhes ordenaram que pulassem para fora. "Paramos em Auschwitz", diz outro assíduo correspondente. "Temos de sair. É uma grande cidade industrial, porque se podem ver muitas chaminés." Um outro comenta: " ... ao longe há um edifício em chamas."

Esses "cartões-postais" vindos da beira do inferno, recuperados quando os trens retornavam a Westerbork, podem ter sido a fonte dos rumores que começaram a circular, principalmente quando ainda era possível que um judeu livre visitasse Westerbork e depois retornasse com as novidades.

Em outubro, a BBC transmitiu pela primeira vez a sua embasada opinião sobre o que realmente estava se passando nos campos. Muitos judeus com acesso às rádios ilegais ouviram a transmissão. Um deles foi Anne Frank: "A rádio britânica diz que eles estão sendo asfixiados por gás", registrou ela devidamente, no dia 29 de outubro de 1942.

Se Myrtil também escutou isso, ou soube por seu amigo L., o negociante de arte, que possuía um aparelho receptor, não passou a notícia adiante. Tinha uma coerente política de não deixar que a esposa e as filhas ficassem pensando no inevitável. Nesse sentido, a ausência de um rádio na casa dos Frank, ou pelo menos de um rádio que lhes permitisse ouvir a BBC, foi provavelmente uma bênção.

De qualquer maneira, nem Sybil nem Dorrit recordam qualquer discussão sobre o que estava por trás da expressão "trabalho forçado". "Tenho certeza de que ele sabia muito mais do que deixava parecer", disse Dorrit.

Agora era a vez de Haia dar sua primeira "contribuição" ao processo. Em 18 de agosto de 1942 foram divulgadas notícias da deportação de quatro mil judeus que viviam em Haia e Scheveningen.

Haia era a sede do governo, e os alemães estavam particularmente ávidos para limpá-la de sua população judaica. Tirando os dois mil judeus estrangeiros, como os Frank, que de início foram obrigados a se afastar do litoral, grande parte da população judaica permaneceu no local, pronta para ser embarcada, ou "transferida", segundo a terminologia burocrática alemã.

Rauter deu instruções a seu colega Willy Zopf, encarregado das deportações de Haia, para se assegurar especialmente de que a cidade estava *Judenrein*. Afinal, o *Reichkommissar* vivia ali. Assim, havia certa preocupação com "segurança". Com tantos judeus ainda situados tão próximo à costa, pensava ele, os interesses alemães não estavam seguros.

Na ausência de Zopf, a tarefa de expedir as deportações passava para seu subordinado, Franz Fischer. Descrito pelo historiador Bart van der Boom como "um brutamontes e um burocrata ao mesmo tempo", Fischer ficou, é claro, muito satisfeito por assumir o trabalho. Passada a guerra, ele prontamente admitiu a responsabilidade por esse "setor" da *Endlösung*. O orgulho que sentia pelo seu trabalho fazia com que fosse à Station Staatspoor assistir pessoalmente a cada partida de trens carregados de judeus para Wersterbork, assim como os oficiais em Westerbork sentiam-se no dever de duas vezes por semana ver o embarque das *suas* cargas holandesas para o leste.

Como em Amsterdam, a primeira convocação em Haia causou certa decepção: só mil e duzentos dos quatro mil convocados se apresentaram. A resposta de Zopf e Fischer foi lançar uma *razzia* contra os judeus de Haia. Para a consternação de Fischer, isso tampouco deu certo. Munidos de uma lista de endereços incorreta, os atrapalhados atacantes do raid foram bater na porta de cidadãos não-judeus, ao invés de judeus.

Agora é a vez de entrar em cena Henri Edelsheim, o chefe do *Joodsche Raad* de Haia. Não menos orgulhoso de seus poderes que seu equivalente alemão, Fischer, Edelsheim supervisionava o único ramo do *Raad* que tinha efetivo controle sobre as listas de convocados para a deportação. Advogado, filho de uma importante família judia, ele era do mesmo tecido acomodável que Asscher e Cohen, seus superiores em Amsterdam.

Encontrando-se com Fischer, o funcionário do *Raad* ofereceu-se para elaborar a lista requisitada, até mesmo apresentando voluntariamente quatro membros de sua própria equipe para datilografá-la.

Graças à lista atualizada, Fischer e seus escrupulosos colegas decidiram por uma forma de recolhimento algo diferente da empregada antes. As "ações" em massa, decidiu o oficial do IVB4, estavam fora de questão. De agora em diante, pelo menos em Haia, os judeus teriam ordens para permanecerem em casa, de onde seriam recolhidos por policiais judeus. Achou-se que isso facilitaria um transporte rápido. Curiosamente, esse novo método, que incluía um prazo de advertência, não fez com que aumentasse o número de judeus desejosos de esconder-se. Tampouco, pelo que se sabe, reproduziu-se em Haia a "excitação temporária" que, segundo Otto Bene, ocorrera em Amsterdam após as deportações. Cerca de mil e quinhentos a dois mil judeus *efetivamente* decidiram tornar-se *onderduikers* (proporção ainda mais baixa que em Amsterdam e Roterdam), mas para os demais foi quase como se lhes removessem o seu poder de decisão. Eles obedeceram à lei, impulso que talvez não fosse tão estranho assim numa cidade de população excepcionalmente conservadora e respeitadora das leis. De qualquer maneira, resolveu Fischer, o resultado daquele método novo e melhorado mostrou-se satisfatório.

Estabeleceu-se um modelo para a cooperação. Como escreveu Bart van der Boom, o cronista da guerra em Haia: "Quando [Fischer] ordenou ao Conselho Judaico que lhe fornecesse uma lista com cem nomes, o Conselho jamais se queixou ou protestou, mas sim apresentou uma lista de cem pessoas que podiam ser presas. E os seus nomes e endereços estavam sempre corretos."

Entre esses nomes e endereços, numa página cuidadosamente datilografada do registro final de deportados feito pela equipe de Westerbork em 1944 (presumivelmente por um dos internos que falava alemão e que não havia sido despachado), algumas linhas abaixo das entradas de Edgar Reich e seus pais, estavam os de uma família judia chamada Reichmann, que morava na Pieter van den Zandestraat n.38, algumas casas depois dos Frank.

Segundo os registros meticulosamente guardados, dois membros da família Reichmann, Anna e Theodor, foram apanhados na primeira leva de batidas em Haia, na primeira semana de agosto de 1942 — cerca de um mês depois que os Frank mudaram-se discretamente para a casa vizinha —, enquanto outros dois, Bertha e Markela, permaneceram na superfície e mais tarde se juntaram aos parentes em Westerbork.

Por que Anna e Theodor Reichmann esperaram até receberem as cartas do Conselho Judaico? Por que Berta e Markela esperaram para serem presas? Por que os Reichmann não tentaram esconder-se? Talvez não tivessem os meios para isso, ou a vontade de fazê-lo.

Talvez tivessem os meios para submergir mas relutassem em fazê-lo por sentirem que, agindo assim, estariam desobedecendo a sua religião. Foi o que aconteceu com dois amigos de outros *onderduikers*, Herbert e Hilda Boucher. Boucher recordou, em suas memórias de 1996, *Miracle of Survival*: "Ami e Niko Herschel eram dois dos nossos mais caros amigos. Não tinham filhos, e nós lhes avisamos claramente que não deviam atender à convocação, mas sim irem esconder-se. Também lhes dissemos detalhadamente que estávamos planejando fazer a mesma coisa."

"A resposta deles nos deixou espantados", disser Boucher, que pouco tempo depois foi para um esconderijo com a esposa. "Eles disseram que, de acordo com a Bíblia, os judeus ortodoxos devem obedecer às decisões e às ordens do governo. Por mais que discutíssemos com eles, eles não se abalaram. Quero crer que eles fossem psicologicamente incapazes de enfrentar a tensão de uma vida às escondidas."

"Poucos meses mais tarde", escreveu Boucher com tristeza, "o seu chamado chegou e eles se foram, literalmente como carneiros, e nunca mais retornaram." Talvez tenha acontecido o mesmo com os moradores do n.38 da Pieter van den Zandestraat. É provável que os dois Reichmann remanescentes tenham ficado deliberadamente aguardando a própria convocação, para então se reunirem aos outros membros da família. Que fique bem claro, os que foram se esconder não detinham nenhum monopólio sobre a coragem. Alguns dos que atenderam conscientemente às convocações dispunham tanto dos meios quanto da vontade de se esconder, mas optaram por continuar no processo, mesmo sabendo — ou pelo menos tendo fortes suspeitas — que estavam caminhando ao encontro da própria morte. Nesse corajoso grupo estava o rabino chefe de Roterdam, que recusou uma possibilidade de esconder-se por sentir que tinha o dever moral de permanecer junto aos seus congregados.

Talvez Berta e Markela Reichmann pertencessem a esse grupo heróico.

Mais tarde, Flory recordaria que, ao se mudarem para o número 14, os Frank viram vez por outra um homem judeu caminhando pela rua, usando a estrela amarela, e aquela visão perturbou-a compreensivelmente. "Fiquei pensando que enquanto esse homem permanecesse aqui, não estaria muito segura", disse ela.

Então, após algumas semanas, o homem desapareceu. Seria ele Theodor Reichmann? Possivelmente. De qualquer modo, Flory jamais viu aquele judeu, ou qualquer outro (pelo menos, não usando a estrela amarela) andando pela Pieter van den Zandestraat depois do verão de 1942.

De alguma forma, isso a fez sentir-se mais segura, ou menos vulnerável, revelou ela. É claro que ela sabia tratar-se de uma ilusão. Mas as pessoas escondidas necessitavam de ilusões.

E então, sob a orientação de nazistas locais, como Fischer, e com a ajuda da "acomodável" polícia holandesa supervisionada por P.M.C.J. Hamer, o empolado comissário de polícia colaboracionista, além do apoio de judeus "acomodáveis" como Edelsheim, teve continuidade o processo de tornar Haia, assim como o resto da Holanda, livre de judeus. O mesmo se deu com os processos semelhantes na França, na Bélgica, na Noruega e por aí em diante, a depender da capacidade variável de Auschwitz e de outros campos de extermínio, bem como dos organogramas e quotas impostas por Eichmann em Berlim.

Ao chegar o outono de 1942, o resultado da contribuição holandesa àquele processo parecia excelente. Isso se devia em parte ao sucesso das "coletas" de agosto, assim como à profunda determinação de Seyss-Inquart de ver a tarefa chegar ao fim. Se alguém tinha dúvidas quanto à vontade do *Reichkommissar* nessa questão deixou de tê-las no dia 7 de setembro, quando todos os católicos holandeses de origem judaica foram presos e enviados diretamente para Auschwitz via Westerbork, entre eles a famosa filósofa Edith Stein. Isso foi em resposta a uma carta de protesto das igrejas holandesas recebida por Seyss-Inquart, que, como cartas anteriores semelhantes, e para sua profunda contrariedade, havia sido lida em voz alta nas igrejas católicas.

Então, em 11 de setembro de 1942, Otto Bene pôde declarar em relatório a Seyss-Inquart que dezessete mil seiscentos e três judeus haviam sido deportados com sucesso; quinze mil seiscentos e três para Auschwitz (inclusive o recente grupo de 700 judeus católicos) e 2.000 para Mauthausen.

"Cerca de quarenta e seis mil judeus — aproximadamente um terço do total estimado de cento e quarenta mil judeus holandeses 'plenos'* — estão *por enquanto* [grifo do autor] isentos da deportação", prosseguiu Bene em seu relatório, "porque seus casamentos são misturados, trabalham na indústria de armamento e no comércio de diamantes ou são 'judeus protegidos'."

Para resumir, o representante do Ministério do Exterior sentia que a situação estava sob controle. Tampouco estava indevidamente preocupado com o problema complementar dos *onderduikers*: "Calcula-se que cerca de vinte e cinco mil judeus estejam escondidos no interior da Holanda."

Bene resumiu: "Os totais programados para os embarques [da Holanda] foram até agora alcançados." E acrescentou: "Várias medidas estão sendo preparadas para garantir esses totais no futuro."

Entre as medidas a que Bene se referia, algumas visavam especificamente forçar a saída dos problemáticos *onderduikers*, que representavam coletivamente uma nova frente na guerra entre os alemães e os judeus.

---

* Segundo as leis raciais de Nuremberg, também impostas na Holanda e nos territórios ocupados, um "judeu pleno" teria pai e mãe judeus.

Essas medidas incluíam a oferta de recompensas em dinheiro que iam de cinco a setenta e cinco florins holandeses por informações que levassem à captura dos *onderduikers*. Agora havia um incentivo financeiro para que os cidadãos mexeriqueiros não-judeus denunciassem os suspeitos de estarem escondidos, e essa medida levou à traição e à captura de centenas de judeus, inclusive, muito provavelmente, a família de Otto Frank, delatada por um indivíduo ainda desconhecido em agosto de 1944, após dois anos de esconderijo.

Além disso, Rauter decretou que os policiais holandeses não precisariam mais de autorização da *Zentralstelle* ou do IVB4 para prender um judeu suspeito de ser fugitivo. Dali em diante, poderiam atuar por vontade própria.

A polícia holandesa foi a instituição que mais se manchou pela conivência com as autoridades alemãs durante a ocupação. Mais tarde, envergonhou-se dos seus registros, embora tenha havido diversos atos individuais de bravura, como o daquele policial holandês que escondeu o jovem Leo Ullman, já mencionado.

No Museu Judaico de Amsterdam está exposta uma fotografia em que pode-se *ver* essa vergonha. A foto é do primeiro serviço na sinagoga luso-judaica de Amsterdam, depois da guerra, em junho de 1945, celebrado para os remanescentes da dizimada congregação e que ainda se encontravam em processo de retorno dos campos e esconderijos. A imagem focaliza o rabino chefe, enquanto este conduz a cerimônia. Diante do altar estão três policiais holandeses, montando guarda, encarando os congregados que não aparecem na foto, alguns dos quais certamente haviam sido presos por colegas seus, ou talvez mesmo por eles próprios. Os três parecem figuras de pedra.

"A polícia holandesa age de maneira extraordinária, e recolhe centenas de judeus, dia e noite", disse Rauter a Himmler. "Nós não teríamos podido prender dez por cento dos judeus sem a ajuda deles" comentou o tenente de Rauter, Willy Lages, depois da guerra.

Em seu respeitado estudo, Christopher Browning assinala especialmente o cooperativismo da polícia de Amsterdam, citando a posse do pró-alemão Sybren Tulp como chefe da força policial. Sua eficiência e crueldade, como também de muitos homens sob suas ordens, foi uma importante contribuição à perseguição dos judeus da cidade, particularmente nos primeiros anos da ocupação. "Em Amsterdam, foi a polícia de Tulp, e não os alemães", observa Browning, "que em junho de 1941 prendeu trezentos judeus alemães para compor o segundo grupo de 'reféns' enviados da Holanda como forma de retaliação. E foi a polícia de Tulp que implementou as medidas alemãs de expulsar os judeus da vida pública, no outono de 1941."

Isso, evidentemente, era um exagero, mas não tanto. Em Haia, a polícia comandada pelo comissário Hamer também "agiu de forma extraordinária" nesse sentido. Espiar pelas cortinas, como os Frank muitas vezes faziam para olhar sua pequena rua, e ver um policial holandês sozinho, investigando alguma coisa, era motivo para ter medo tanto quanto se se tratasse de um soldado alemão.

As novas medidas tomadas pelos alemães para acabar com os *onderduikers* elevaram significativamente o medo dentro da pequena cápsula onde se escondiam os Frank. Como residiam num endereço que constava oficialmente como pertencente a um cidadão não-judeu, eles se preocupavam menos de serem entregues pelo *Joodsche Raad* — onde ainda estavam registrados como tendo se mudado para Amsterdam — do que de serem traídos por algum vizinho.

Os Frank permaneceram essencialmente visíveis e vulneráveis, tanto à traição quanto à prisão, e era isso o que mais incomodava Myrtil em suas ações iniciais de reconhecimento. Diversamente da maioria dos *onderduikers*, eles não estavam isolados dentro de algum falso compartimento, como a família de Otto Frank, ou num porão ou sótão, como os judeus que, segundo se conta, tinham-se escondido acima do telhado do Hotel des Indes, nas proximidades, onde parece que costumavam comer seus colegas de residência, os pombos. Os residentes ilegais da Pieter van den Zandestraat n.14 estavam, na verdade, escondidos à plena vista de todo mundo.

Certamente, diziam para si próprios, ao assinalarem a passagem dos primeiros cem dias escondidos, *alguém* na pequena rua poderia estar pensando como eram estranhas as atividades do número 14, as idas e vindas dos amigos holandeses e do "médico suíço-alemão" que supostamente ali vivia com a esposa maluca. Apesar das ordens de Myrtil para que a família não chegasse perto das cortinas na janela da frente, alguém podia ter visto de relance as duas jovens — talvez pudesse ter visto as silhuetas de Dorrit e de Sybil pela janela dos fundos. "Lembre-se", disse Sybil, "era uma rua onde todo o mundo sabia da vida de todo o mundo." "E os holandeses são gente *muito* intrometida."

Depois que se ofereceram prêmios pelas cabeças dos judeus, aqueles mesmos vizinhos que tinham suspeitas poderiam muito bem ir atrás de uma recompensa por denunciá-los.

Entretanto, ninguém fez isso.

E o que aconteceria, se algum policial holandês ou soldado alemão *efetivamente* viesse até o número 14? Eles estariam perdidos.

Eram esses os parâmetros da nova existência subterrânea dos Frank.

Em outubro, a família ficou sabendo que os alemães planejavam evacuar toda a costa holandesa, inclusive grande parte de Haia e de Scheveningen.

Os rumores eram verdadeiros. O Segundo Front e a invasão da Europa ocupada, mesmo nas mais otimistas previsões dos holandeses livres, demorariam pelo menos um ano para acontecer. O ataque "exploratório" das tropas canadenses em Dieppe, região ocupada do norte da França — um fiasco resultando em muitas perdas aliadas e num grande golpe de propaganda para os nazistas —, reforçou aquela estimativa sombria.

Ainda assim, o Alto-Comando alemão estava bastante preocupado em dar início aos trabalhos no que finalmente seria a Muralha do Atlântico, uma linha de defesa pesadamente minada e fortificada que abrangeria toda a extensão do canal da Inglaterra pelo lado do Eixo, desde o norte da Holanda, descendo ininterruptamente até a Normandia. Isso acarretou a imediata evacuação da área por trás da fortificação marítima, em uma distância de pelo menos um quilômetro e meio. A parte holandesa da muralha tinha cinco fortalezas, inclusive a *Festung Scheveningen*, que compreendia a maior parte norte da cidade, juntamente com uma linha irregular de aproximadamente dois quilômetros para o interior e toda a região de importância estratégica do próprio balneário (incluindo a antiga casa dos Frank).

Por volta de 1944, antes do verdadeiro Dia D, os alemães iriam descartar Scheveningen — que tecnicamente era a praia mais próxima da Inglaterra com possibilidade de desembarque — como local de uma possível invasão aliada, concentrando corretamente sua atenção na direção sul, na costa francesa. Vários fatores fizeram com que o SHAEF (Quartel Supremo da Força Expedicionária Aliada) eliminasse a costa holandesa dos seus planos. O mais importante era a natureza relativamente tranqüila da região e a falta de obstáculos naturais, em contraste com as praias francesas, como também a densa rede de estradas holandesas, que tornava demasiadamente fácil para os alemães trazerem reforços a fim de repelir o desembarque de uma força por mar. Se por algum motivo os Aliados desembarcassem em Scheveningen, o general Christiansen, comandante da Wehrmacht na Holanda, poderia contar imediatamente com diversas divisões no local. E não só isso, ele poderia até mesmo enviá-los de bonde.

Mas, no outono de 1942, os alemães sentiram que a Holanda era um provável alvo. No início de outubro, como já afirmavam boatos anteriores, milhares de moradores de Scheveningen e de uma grande faixa adicional de Haia foram despejados de suas casas e mandados procurar acomodação em outra parte. Com a moradia em Haia agora tão valorizada, os oficiais decidiram fazer uso pleno de todo estoque disponível nos bairros da cidade que não tinham sido evacuados, o que incluía o distrito central onde estava a Pieter van den Zandestraat.

Nessas circunstâncias, Annie, proprietária de dois apartamentos — sua residência no bairro de Bezuidenhout, ao sul de *Haagse Bos* (Bosques de Haia), e seu quarto-e-sala na Pieter van den Zandestraat n.14 — teria dificuldades para explicar o motivo de possuir dois imóveis. Talvez alguma autoridade pudesse querer aquele segundo apartamento para si próprio: inspeções de moradias disponíveis no local eram perfeitamente comuns.

Durante semanas os Frank observaram e esperaram que batesse à sua porta algum encarregado de moradias. Entretanto, nenhum apareceu. De algum modo, Annie pôde dar explicações suficientes para o seu quarto-e-sala no número 14 sem ter de sofrer nenhuma inspeção.

Talvez isso não surpreenda, comparando-se com outras histórias sobre os poderes de persuasão daquela fantástica holandesa. Testemunha disso foi a tensa discussão que, segundo contam, ela teve com um oficial alemão a respeito do seu principal meio de transporte: a bicicleta. Os alemães tinham recentemente lançado uma campanha para recolher todas as bicicletas particulares de Haia e Roterdam, esforço que tiveram de abandonar devido à resistência de gente como Annie van der Sluijs. Annie, que ia de bicicleta fazer suas visitas aos Frank (entre outras coisas), insistiu, na discussão com o inflamado militar alemão, que precisava dela para dar assistência a seus "alunos". O oficial ficou convencido, e Annie pôde continuar com a bicicleta... e o quarto-e-sala.

Durante tudo isso, Myrtil prosseguia com aquelas idas e vindas que os vizinhos devem ter achado bastante misteriosas. É extraordinário que um judeu *onderduiker* possa ter perambulado pela vizinhança sem os documentos e a identificação adequados.

"Ele não se vangloriava disso", recordou Jeanne. "Era assim: Til podia fazer isso; então, fazia."

Segundo Moore, não era novidade alguns *onderduikers* saírem de seus esconderijos. Myrtil necessitava dessas perigosas saídas, a fim de reabastecer os suprimentos muitas vezes insuficientes dos Frank: o que os amigos traziam nem sempre bastava.

E então, ele saía. Às vezes, subia a rua até a loja da esquina para comprar comida com um dos cartões de racionamento ilícitos que, misteriosamente, conseguia obter. "Til tratava da questão do alimento", disse Jeanne. Outras vezes ele ia visitar L., o negociante de arte da Zeestraat, ou outro amigo, um simpático florista casado com uma judia, cuja loja chama-se Ixora, em Nordeinde, apenas alguns quarteirões mais adiante. Nessas visitas, Til comprava outras coisas, em outras lojas por que passava, ou então escutava as notícias da BBC no aparelho ilegal do amigo. Ou apenas perambulava. A verdade é que, por mais que amasse e admirasse sua mulher — e veio a admirá-la ainda mais na clandestinidade —, ele não suportava muito ficar encarcerado com Flory. *Schnapps* ainda não se misturava bem com *Dubonnet*, principalmente debaixo de um mesmo esconderijo.

Certas vezes, o inquieto comandante do número 14 passava mais tempo que o normal fora de casa. Ao retornar, geralmente se mantinha calado. A mulher e as filhas ficavam apavoradas durante essas incursões pelo desconhecido. E com razão. Em certa ocasião, Myrtil simulou levar uma encomenda de L. para o quartel da polícia alemã, onde conseguiu surripiar um papel timbrado para uso posterior — coisa que ele só contou à família mais tarde. Certa noite, ainda no período inicial de submersão, Myrtil foi inevitavelmente surpreendido do lado de fora por um bombardeio aéreo dos Aliados e teve de correr para um abrigo, deixando a mulher e as filhas absolutamente aterrorizadas, até que apareceu distribuindo aquele seu conhecido e irresistível sorriso.

Algum tempo mais tarde, provavelmente no início de 1943, Til escapou por um triz de uma situação ainda pior, quando foi detido por um policial alemão de aspecto inquisidor que lhe pediu os documentos. Diante disso, como ele mais tarde contou para a angustiada família, assumira então um ar altamente dramático:

"O que o senhor está pensando, ao me deter assim?", reagiu o fugitivo, descaradamente. "Eu sou um médico alemão!"

Muito impressionado, o policial deixou-o passar.

A eliminação dos judeus holandeses prosseguia. Os novos procedimentos de recolhimento estavam operando maravilhosamente, observou Bene em seu relatório secreto para o *Reichkommissar* em 12 de novembro de 1942. O mesmo quanto às novas contramedidas para derrotar os que estavam escondidos. No que quer que os judeus acreditassem ou deixassem de acreditar sobre o que realmente estava acontecendo no leste, declarou Bene, a quota geral estava sendo alcançada, os organogramas estavam sendo cumpridos e as deportações procediam "sem incidentes". Naquele mês, tal como Bene previra, os operários judeus holandeses do setor de armamento tiveram as isenções rescindidas, elevando a deportação total de judeus para vinte e cinco mil. Antes do fim do ano, o número de deportados chegaria à casa dos trinta e oito mil e quinhentos, ou seja, aproximadamente um terço da população total de judeus anterior à guerra.

Mesmo assim, Seyss-Inquart e Rauter ainda não estavam satisfeitos. Prometeram fazer melhor no ano seguinte, com a chegada do inverno.

Ainda era possível esconder-se. Os *onderduikers* com determinação e meios para se sustentarem continuavam fazendo isso. Precisavam de cartões de racionamento válidos, ou do dinheiro para poder comprá-los e para pagar o aluguel aos não-judeus dispostos a abrigá-los. Alguns bons samaritanos, tais como Annie, não cobravam aluguel, e havia os que pagavam aluguel voluntariamente, apenas para ajudar seus amigos holandeses. Em 11 de novembro de 1942, segundo o diário de Anne Frank, o grupo de seis judeus fugitivos já isolado no n.263 da Prinsengracht recebeu os Pel ("Van Daan"), após Otto Frank ter-se mostrado disposto a receber mais duas pessoas em seu *achterhuis*. Depois disso, a portinhola do esconderijo se fechou.

O *Joodsche Raad* continuava aconselhando as pessoas a não tentarem se esconder. A não ser que todos pudessem fazê-lo, insistia o Conselho, ninguém deveria tentar. Nos bairros cada vez mais despovoados de judeus de Amsterdam, Haia e Roterdam, prosseguia uma vida louca de auto-ilusão. Noivados e casamentos continuavam a ser noticiados no *Het Joodsche Weekblad*. Colocavam-se anúncios, ofereciam-se empregos. "*Não está viajando?*", dizia uma propaganda, aludindo à proibição aos judeus de viajarem (exceto para Westerbork, é claro). "*Você ainda pode manter contato com seus clientes, com bem redigidas cartas comerciais.*"

No Natal de 1942 houve um grande júbilo no escritório central do Conselho, quando toda a equipe da direção, certa ainda de suas isenções, comemorou o sexagésimo aniversário do co-presidente do *Raad*, o professor Cohen, com seu eterno cachimbo. Ainda era possível para um judeu, ou uma judia, comportarem-se como tolos, se assim o desejassem. Ou até pior que isso. Herbert Boucher recorda amargamente de várias vezes em que certos membros do *Raad* local, menos iludidos, aconselharam outros judeus sem isenção a não se esconderem, enquanto eles próprios já estavam preparando o próprio esconderijo. Agora, o Conselho Judaico começou a ser chamado por alguns judeus de *Joodsche Verraad*: "Traição Judaica".

Enquanto isso, à medida que a vasta maquinaria da *Endlösung* seguia reunindo forças ao seu redor, atraindo judeus holandeses, franceses e belgas, Jeanne, Annie e suas irmãs prosseguiam com as corajosas idas ao número 14, para levar suprimentos adicionais, notícias, esperança, coragem e companhia.

"Era simplesmente como se fossem amigas se visitando", explicou Jeanne mais tarde, com o mesmo jeito de anular os próprios méritos com que outros, dedicados também a ajudar e resgatar, costumavam descrever seus esforços. "Não houve atos de heroísmo."

Então, certo dia horrível no começo de dezembro, Jeanne trouxe consigo alguma coisa a mais em sua visita ao número 14: um embrulho para Dorrit, de Edgar, proveniente de Westerbork, que continha um bloco de desenhos dele. Entre estes, algumas belas imagens que o artista havia desenhado depois da visita de Dorrit ao campo, em maio último. Uma delas mostrava o casal dançando ao som de "Olé Guapa", sua canção favorita desde os tempos de Hilversum. Outra, particularmente emocionante, mostrava os dois passeando de braços dados pelos campos nevados de Hilversum, como tinham feito no inverno anterior, antes que Edgar e sua família fossem embarcados para Drenthe. Um último desenho, reproduzindo os contornos de uma espécie de rolo de papel — uma declaração de amor, sem dúvida —, estava inacabado. Talvez Edgar estivesse trabalhando nele quando foi forçado a embarcar no primeiro trem para Auschwitz, em 15 de julho, um dia depois que os Frank entraram em seu esconderijo.

No mesmo instante em que Dorrit abriu o bloco de desenhos, ela *soube* a verdade.

Ficou inconsolável. O ânimo no n.14 da Pieter van den Zandestraat baixou ainda mais, enquanto os quatro fugitivos judeus mais uma vez lutavam para não pensar no inevitável, ou no que realmente teria acontecido a Edgar, ou no que iria acontecer a Leontine e ao resto dos seus amigos e bem-amados que ainda se encontravam na superfície. Eles lutaram à sua maneira, para fazer de conta e não encarar a perigosa realidade da sua situação.

No Ano-Novo, como Til decidira ficar em casa naquela lúgubre noite de "feriado", os quatro prisioneiros escutaram a única estação oficial possível em seu aparelho de rádio, um aparelho muito primitivo, no qual só se podia ouvir a rádio de Hilversum, controlada pelos nazistas e que recebia energia da Rádio Berlim, a matriz. Sentaram-se desesperados, enquanto o locutor da Rádio Berlim louvava os cento e trinta milhões de habitantes do novo Reich, sempre maior e em expansão, com seus territórios "estendendo-se de forma contínua desde o Cáucaso, no leste," — a Wehrmacht, avançando pelas estepes russas, chegava agora àquela longínqua cadeia de montanhas — "até o Atlântico".

"Quando escutei *aquilo*", disse Flory anos depois, "pensei: *agora*, eles têm tudo!"

8

"Meu nome é Toni Muller"

"'A tensão na Holanda é maior do que em qualquer outro período desde a invasão alemã. A região costeira está sendo maciçamente fortificada', disse o porta-voz [do governo holandês no exílio]. Uma imensa muralha de concreto e aço está sendo erguida entre o mar e as cidades ... Segundo relatórios, vinte e cinco mil casas foram demolidas pelos alemães, só em Haia ..."

De uma mensagem enviada de Londres, no New York Times, 3 de março de 1943

Cenário: uma sala de cirurgia no Hospital de Bronovo, em Haia. Data: primavera de 1943.

A paciente é uma jovem de dezessete anos, registrada no formulário preso à maca como uma certa Toni Muller, de Haia. A operação, devida a uma rara condição uterina, é grave: a moça estava com uma cor azulada no rosto, ao ser conduzida na véspera ao hospital por um amigo. Os médicos estavam de acordo que, se ela tivesse chegado um pouco mais tarde, a situação seria ainda pior.

O médico holandês que ia realizar a operação foi muito tranqüilizador (Tine o havia testado para verificar se ele não seria algum simpatizante dos alemães). Ali não se costumava fazer tais procedimentos todo dia, disse ele, mas tudo iria dar certo. Em algumas semanas, garantiram todos à moça, ela estaria de volta à sua família e poderia retornar à vida normal.

Vida normal. "Toni", disse ela sarcasticamente para si própria. Se eles soubessem.

Na verdade, "Toni Muller" era Sybil Frank. Isso não quer dizer que Toni não existisse. Esse era o nome de uma holandesa que concordara, a pedido de Annie, em emprestar sua carteira de identidade a Sybil antes que ela fosse levada ao hospital para a operação arranjada às pressas.

Sybil tinha de ficar atenta. Ela corria perigo — e em breve o perigo seria ainda maior. Os médicos lembraram-lhe que ela tinha de passar por uma anestesia para a longa operação. O que aconteceria se ela se esquecesse de quem era, ou de quem supostamente era, enquanto estivesse inconsciente? O que aconteceria se, acidentalmente, ela se entregasse, a si própria e a sua família?

A segurança e o bem-estar dos Frank estavam sobre os seus ombros. Aquele pensamento fazia Sybil sentir-se fraca.

Então ela teve uma idéia: a auto-sugestão consciente, a "moda" psicológica que Flory tinha adotado por pouco tempo, nos anos 1920. Talvez ela pudesse "dominar o poder da imaginação" para fazer com que acreditassem que ela era outra pessoa, e não ela mesma, Sybil Frank, uma *onderduiker* — pelo menos, enquanto a anestesia estivesse fazendo efeito, logo antes do bisturi. Valia a pena tentar.

E então, pouco depois, lá estava Sybil na mesa de operações, transmitindo a urgente mensagem ao seu próprio subconsciente, repetindo para si mesma: "Não sou Sybil — meu nome é Toni Muller... não sou Billy — meu nome é ..."

A Rádio Berlim se enganara. Os alemães não dominavam tudo. Estrategicamente, eles tinham começado a perder a guerra em fins de 1942 e começos de 1943, sofrendo terríveis derrotas no Norte da África e na Rússia. O primeiro grande revés para o Reich ocorreu em inícios de novembro, quando, na batalha de El Alamein, o marechal-de-campo Bernard Montgomery conduziu o Oitavo Exército Britânico a uma importante vitória estratégica sobre as tropas italianas e a *Afrika Korps* do marechal-de-campo Erwin Rommel. Ao mesmo tempo, na distante parte ocidental do litoral Norte da África, os Aliados lançaram com sucesso a Operação Tocha, a invasão por mar do Marrocos e da Tunísia, ocupados pelos alemães. Dentro de alguns meses, as forças britânicas e norte-americanas conseguiriam empurrar completamente a Werhrmacht para fora da África.

Na Inglaterra, que já suportara o pior da guerra, os sinos das igrejas tocavam para comemorar o feito de Montgomery. Como declarou Churchill num discurso pronunciado em novembro de 1942, aquilo não era o fim, nem mesmo o começo do fim, mas talvez fosse o fim do começo.

E então, no dia 2 de fevereiro de 1943, o tom da Rádio Berlim, normalmente sempre de auto-satisfação, cedeu lugar ao solene anúncio de que as tropas alemãs em Stalingrado, engajadas desde meados de novembro numa histórica batalha com os russos, haviam se rendido.

Os sinos que dobravam pelos mortos alemães, sob o comando do tenente-general Friedrich von Paulus, já haviam tocado em novembro depois que as forças russas a leste e oeste da cidade se haviam juntado, selando o fim do Sexto Exército. Von Paulus pediu a Hitler permissão para bater em retirada.

A permissão foi recusada. Em vez disso, Hitler promoveu Von Paulus ao posto de marechal-de-campo, com a ilusão — pois também o Führer era um grande adepto do poder da auto-sugestão consciente — de que, elevando dessa forma o general sitiado, a sugestão positiva haveria de penetrar sua imaginação, como também a dos soldados sob seu comando, congelados e desmoralizados, e isso faria com que todos superassem a indiscutível realidade da situação no campo de batalha. Afinal de contas, como Hitler podia assegurar-se, jamais um marechal-de-campo na história da Alemanha havia se rendido. Von Paulus não se atreveria a fazer isso agora.

Mas ele fez.

Berlim vacilou, mas não por muito tempo. Enquanto o Führer se recolhia, ressentido, o ministro da Propaganda, Goebbels, tomado de obstinação, assumiu aquela reviravolta como uma chance para motivar o povo e animar os soldados alemães a fazerem um sacrifício ainda maior. Em seu esforço, Goebbels teve a ajuda dos Três Grandes — Roosevelt, Churchill e Stalin —, os quais, na conferência realizada aquele mês em Casablanca, decidiram não aceitar nada menos do que a incondicional rendição da Alemanha. Alguns escritores, tais como Hanson Baldwin, ex-editor militar do *New York Times*, afirmaram que essa decisão descartou aqueles elementos das Forças Armadas alemãs que estariam dispostos a aceitar a rendição: depois de Stalingrado e de Casablanca, muitos alemães acharam que não haveria outra escolha senão a de continuar lutando, como Goebbels desejava.

Em todo o caso, indiscutivelmente chegara-se a um marco naquela guerra. Embora as forças alemãs permanecessem por um ano ainda no Cáucaso — como vangloriou-se o comentarista da Rádio Berlim na transmissão que deixara Flory tão impressionada — e até mesmo vencessem algumas batalhas esporádicas, a maré, na verdade, havia mudado.

O choque das ondas vindas de Stalingrado atingiu todo o Grande Reich, inclusive a Holanda ocupada. Alguns camisas-negras holandeses começaram a se acautelar em suas previsões: uma foto de 1943 mostra um grupo de defensores da *Haagse* NSB acompanhando a procissão dos funerais de H.A. Seyffardt. Em meio à fila dos severos enlutados, com as mãos direitas devidamente erguidas, pode-se ver um deles que tenta encobrir o rosto com o chapéu. Evidentemente, aquele homem não desejava que o seu comparecimento ao enterro viesse a público. Talvez já pensasse mais à frente, quando ele e seus companheiros teriam de justificar o apoio aos *moffen*, o termo depreciativo para os alemães. Outro holandês que nitidamente começou a ter dúvidas naquele momento foi Hamer, o chefe da polícia *Haagse*, até então um entusiasmado colaborador, e que depois do início de 1943 já não tinha tanto entusiasmo assim em obedecer às ordens dos nazistas.

Sem dúvida, outros que fizeram a opção pelo lado nazista, tanto na Holanda quanto em outros lugares, começaram a fazer previsões semelhantes nessa época.

Mesmo assim, para os Frank, que tentavam superar cada dia que se passava, as vitórias dos Aliados no Norte da África e na Rússia não significaram muita coisa.

"Lembro de ouvir qualquer coisa sobre o Norte da África", recordou Dorrit mais tarde. "Mas parecia alguma coisa muito, muito longínqua."

O inverno veio especialmente longo e úmido, com temperaturas baixas que se prolongaram até o mês de abril. Durante dias intermináveis, quando espiavam pelas cortinas, os Frank nada mais viam senão um tom acinzentado. A pitoresca neve que muitas vezes afasta a melancolia do inverno holandês e dá lugar a um cenário de encontros e competições de esqui entre as cidades — como o reproduzido na pintura de Hendrik Avercamp *Desfrutando o gelo*, de 1634, exposta no Mauritshuis — não caiu naquele ano.

"Em certo momento de 1943", disse Sybil, "nós nos demos conta de que aquela... experiência" — a ocupação alemã, a provação de ser um *onderduiker* — "jamais chegaria ao fim." Se os Aliados de fato conseguissem invadir a Europa e a Holanda, os Frank temiam que já fosse tarde demais.

Através da *Festung Europa*, enquanto oficiais da SS de todo o Reich corriam para atingir ou superar suas quotas e organogramas, outros judeus decidiram tomar as rédeas entre as próprias mãos.

Os três milhões de judeus da Polônia perseguidos pelos alemães praticamente desde o dia em que a Wehrmacht invadira aquele país, quatro anos antes, e muitas vezes com o encorajamento da própria população anti-semita, tinham poucas ilusões sobre o que realmente estava se passando no leste. Em julho de 1942, Adam Czerniakow, um funcionário do *Judenrat* — o equivalente polonês do *Joodsche Raad* —, cometeu suicídio depois que os nazistas lhe ordenaram que ajudasse a organizar a deportação de nove mil judeus do Gueto de Varsóvia.

Naquele mês, as câmaras de gás em Treblinka, um campo de extermínio construído expressamente para "resolver" o "problema judeu" da Polônia, recebeu seu primeiro "material" polonês.

Nove meses mais tarde, depois de verem seus amigos, famílias e vizinhos serem transportados para o que todos geralmente admitiam ser a morte, os judeus que permaneceram no Gueto de Varsóvia tomaram as armas que puderam encontrar. Juraram que não caminhariam tão voluntariamente assim para a execução. Em 19 de abril, na primeira luta da Rebelião do Gueto de Varsóvia, pequenos grupos de judeus espalharam-se pela cidade ocupada e começaram a atacar os soldados alemães com rifles e granadas de mão. Logo o seu número elevou-se a milhares. Os resistentes sabiam que estavam condenados, mesmo antes de começarem. Não importava. Continuaram lutando. Era assim que Hitler secretamente esperava que lutassem os seus soldados apanhados em Stalingrado: até a morte, tal como os macabeus.

Foi necessário quase um mês e os esforços de toda uma divisão das tropas alemãs para que a última guerrilha de judeus poloneses se entregasse ou fosse eliminada. Então o comandante da polícia alemã, Jurgen Stroop, segundo a tradição do seu país, ordenou que todo o gueto fosse arrasado.

Observando aprovadoramente a carnificina em Varsóvia, Rauter, o colega de Stroop na SS com base na Holanda, declarou-se "inspirado" por aquele exemplo, comprometendo-se a realizar sua própria campanha contra os judeus com aquele mesmo espírito.

Dezembro havia sido um "mês neutro", no que se referia às deportações da Holanda, com uma simples leva de 2.496 judeus transportados de Westerbork para Auschwitz. Aquele era o total mensal mais baixo desde que as deportações tiveram início, cinco meses antes. Rauter e sua coorte na *Zentralstelle* e no IVB4 redobraram os esforços em janeiro, quando mais 3.594 judeus foram despachados. Isso incluía mais de trezentos apanhados num *raid* no hospital judeu de inválidos em Amsterdam, o *Joodsche Invalide*, realizado com a aprovação de Rauter. A maioria deles era de doentes, velhos ou aleijados, e com eles iam também outros novecentos recolhidos aquele mês no *Apeldoornse Bos*, uma casa para doentes mentais. Isso pôs abaixo a conveniente ficção de que os alemães estavam apenas interessados nos judeus saudáveis, para o "trabalho forçado". Esses últimos infelizes, arrastados até a estação de trens de Apeldoorn e de Amsterdam como se fossem mera bagagem, não estavam qualificados para qualquer tipo de trabalho construtivo.

Em fevereiro, o ritmo continuou subindo, com o transporte de mais 4.283 judeus, inclusive alguns dos setecentos e oitenta judeus *Haagse*, que partiram da Station Staatsspoor sob o vigilante olhar do *Reichssicherheitshauptampt* Franz Fischer.

O processo de execução dos judeus já conseguira sincronia. Segundo os meticulosos registros alemães, em 11 de janeiro de 1943, um trem de Westerbork carregado com setecentos e cinquënta judeus holandeses partiu para o leste. Foi seguido, no dia seguinte, por outro, levando mil dos judeus remanescentes de Berlim, desde a capital alemã até Auschwitz e Treblinka. Depois disso, no dia 15, dois trens, com um complemento de novecentos e quarenta e oito e seiscentos e doze judeus, respectivamente, partiram do campo de trânsito em Malines, na Bélgica. Os alemães não haviam atingido taxas tão elevadas na Bélgica graças, em parte, à relativa moderação do comandante militar, general Von Falkenhausen, que entravou a obrigatoriedade do decreto da estrela amarela. A Bélgica iria perder, no final, aproximadamente vinte e cinco mil dos seus judeus, de uma população judaica de cinqüenta e seis mil registrados. Foi consideravelmente menos do que na Holanda, com sua administração civil mais inflexível, que no final perdeu mais de três quartos da população judaica.

Em 18 de janeiro, outro trem partiu de Westerbork, transportando setecentos e quarenta e oito judeus. Em seguida, em 9 de fevereiro, um outro, transportando mil cento e oitenta e quatro, também saiu de Westerbork, e foi seguido, no mesmo dia, por um carregamento de mil judeus da França. Depois, mais dois carregamentos com mais dois mil da França, nos dias 11 e 13. Estes, por sua vez, foram seguidos pelo trem da Holanda, no dia 16, que levava um acréscimo de mil cento e oito judeus para o complexo de extermínio na Alemanha. E assim por diante.

A seu modo, a *Endlösung* foi uma obra de gênio logístico, um exemplo magistralmente cronometrado e coordenado do que hoje é conhecido no mundo todo como um empreendimento contínuo, neste caso o empreendimento sendo a destruição de todos os judeus da Europa.

O destino final para os judeus holandeses mudou em março de 1943, quando os alemães começaram a dirigi-los, ao invés de para Auschwitz, que supostamente estava repleto, a um campo novo, recentemente inaugurado, em Sobibor, na Polônia. Uma epidemia de tifo neste último persuadiu os técnicos de Eichmann a continuarem com esse arranjo por todo o verão, depois do que os trens da Holanda foram novamente direcionados a Auschwitz.

Diversamente de Auschwitz, que abrigava além da fábrica de morte uma fábrica “de verdade”, empregando como escravos alguns dos judeus de “mais sorte”, Sobibor era pura e simplesmente um campo de extermínio. Os recém-chegados eram recebidos polidamente, tinham permissão para escrever um cartão-postal para casa, mostrando que haviam chegado com boa saúde, e depois, sem a menor cerimônia, eram mortos. Entre março e julho de 1943, mais de trinta e cinco mil judeus holandeses foram mandados para Sobibor, de um total de aproximadamente um quarto de milhão de judeus europeus mandados para lá e liquidados. Só dezenove sobreviveram.

Evidentemente cheio de si pelos seus esforços, Rauter enviou para Seyss-Inquart em Haia, em 26 de março de 1943, um presunçoso relatório secreto —posteriormente apresentado como prova no seu julgamento depois da guerra — declarando: “No curso das deportações para Westerbork, que agora completam oito meses sem interrupção ou distúrbios, um conjunto de cinqüenta mil judeus foi deportado da Holanda para o leste.”

É óbvio que alguns judeus holandeses condenados ofereceram resistência à polícia que veio arrancá-los de suas casas — alguns, segundo se diz, usando armas. “Às vezes escutávamos tiros na noite”, disse Dorrit, referindo-se às *razzias* que então se seguiram em Haia. “Ficávamos imaginando se alguém fora apanhado.”

Mas essa “insolência”, como Rauter qualificava aquilo, tinha acabado agora, num outro efeito indireto da onda de Stalingrado, ou do “enfraquecimento da ofensiva soviética”. E ele prosseguia:

> Os judeus esperam que os próximos meses sejam os piores para eles, e comentam uns com os outros que as autoridades alemãs planejam resolver até o verão, de uma vez por todas, a questão dos judeus na Holanda, sem se importarem com todos os certificados de isenção válidos até agora. Por isso, todos os tipos de métodos continuam a ser usados e recomendados para que possam escapar à caçada, e devem continuar sendo usados nos próximos meses, até que a esperada invasão tenha início.

A guerra aos *onderduikers* também estava indo bem. Rauter calculava que o número de judeus escondidos estava entre dez e quinze mil, cerca da metade da estimativa de Bene para o mês de outubro anterior. A polícia de buscas se tornara especialista em localizar judeus. Corrie ten Boom observa que a "técnica favorita" da SD para encontrar uma casa onde supostamente haveria judeus escondidos era a de apalpar os colchões, procurando por pontos mais quentes.

Quanto aos recalcitrantes acima mencionados:

> A maior parte deles provavelmente *submergiu* [grifo do autor] nas grandes cidades a oeste ... enquanto o resto escondeu-se nas províncias. Em muitos casos, sua acomodação é preparada e levada a efeito por pequenas organizações, e mensageiros mantêm a comunicação entre os membros de uma família e providenciam os alimentos. Também são relatados esconderijos incomuns, como, por exemplo, um galinheiro móvel no meio da floresta, que abrigou cinco judeus [em Arnhem]. Em Roterdam, certo número de judeus [foi preso]; estavam vivendo no sótão de um grande edifício comercial, entre eles um ex-oficial holandês. Num grande castelo em Almelo, dezoito judeus foram apanhados, [inclusive] um policial holandês misturado [*sic*] com questões judias.

Essa parte do relatório de Rauter realça os aspectos menos comuns da estrutura do esconderijo dos Frank, que também existiam no dos Frank de Amsterdam. Na Pieter van den Zandestraat, o local fora arrumado pelo próprio Myrtil com alguns amigos de confiança, e não com a ajuda da Resistência organizada, o que era mais usual — mais ou menos da mesma forma como Otto Frank arrumara o seu próprio *onderduikadres*.

Além disso, os Frank de Haia sabiam perfeitamente que o seu esconderijo não era, na verdade, escondido.

Rauter tinha confiança na vitória. A batalha paralela contra os *onderduikers* — como também contra os holandeses que, "por piedade ou pelo lucro", lhes davam assistência — seria vencida. O chefe de polícia observou que a inesperada retirada de circulação das notas de quinhentos e de mil florins holandeses — medida que visava especificamente os *onderduikers* — havia sido eficaz, "tornando mais difícil para os judeus clandestinos pagar aos seus senhorios e, conseqüentemente, permanecerem escondidos". Numa só arremetida, a medida invalidou uma grande parte dos valores que os judeus escondidos mantinham secretamente. Isso pode ajudar a explicar por que se reduziramos recursos de Myrtil naquele momento.

De forma ainda mais sinistra, Rauter tinha a satisfação de declarar em seu relatório que "um número cada vez maior de judeus fugitivos estão sendo localizados por meio das denúncias da população holandesa". Seja por lealdade aos alemães — impulso que claramente estava enfraquecendo —, seja simplesmente pela maldade do ato ou pelo ganho monetário, o fato é que mais e mais holandeses estavam entregando judeus escondidos. Para Rauter e Seyss-Inquart, essas eram as novidades mais promissoras de todas.

Três dias antes de Rauter lançar sua caçada semanal, em 23 de março, a mãe de Flory, Leontine Marburger-Ullman, com a idade de setenta e dois anos, foi retirada de sua pensão no Bairro dos Rios e levada para "a cabana penal" (como Rauter agora o chamava) em Westerbork — passando pelo *Hollasndse Schouwburg*, o antigo teatro que se tornara o principal ponto de reunião dos judeus da cidade —, de onde foi enviada para Sobibor.

Um pequeno trecho de filme sobre a vida em Westerbork, feito no auge das deportações por requerimento do comandante Albert Gemmeker, que assumira depois de Erich Deppner — o homem que escolhera Edgar Reich para a primeira leva de transporte —, preservou-se até hoje. A parte mais angustiante do filme, disponível mediante requisição especial no museu que ocupa hoje o local do campo, é a dos preparativos para uma "típica" partida para o leste, antes do embarque. Evidentemente, Gemmeker — que aparece sentado junto ao trem, com um grupo de sua equipe, inclusive o agora experiente OD judeu que conduzia pessoalmente os deportados selecionados para os vagões — desejava um registro adequado do seu trabalho.

Toda a seqüência, que não vai além de cinco minutos, passa muito depressa e nela estão registrados todo o horror geral da cena e a eficiência dos protegidos de Gemmeker. Entretanto, se o filme é rodado mais devagar, pode-se ver na parte de trás do vagão uma senhora de idade, bem vestida, sentada, amparando-se em um homem igualmente aterrorizado, na casa dos setenta anos. A mulher, que luta para manter sua compostura enquanto a câmera alemã prossegue filmando, passa um lenço pelo rosto.

Não é Leontine. Mas poderia ter sido.

Houve outras *razzias*. Uma mulher judia provida de um documento de isenção nas buscas escreve sobre os efeitos que os ataques cada vez mais brutais estavam tendo sobre sua mãe:

> Trêmula de revolta, mamãe contou que passava as noites diante da janela, no escuro, vendo as pessoas serem arrastadas como animais, e sentia calafrios de medo porque aquela poderia ser a sua vez e a de papai. Que enormes caminhões vindos para os *raids* ficavam ali, esperando, carregados de gente desesperançada, lamentando-se ou gritando alto de pavor, e da qual só se podia distinguir um emaranhado de braços e pernas.

Os embarques semanais aumentaram. Em 6 de abril, um trem com 2.020 judeus holandeses — até agora o maior número num único carregamento — partiu de Westerbork com destino aos crematórios de Sobibor. No dia 13, outro trem com 1.204 deportados; outro, no dia 20, levava 1.166, e no dia 27 mais outro partiu, contendo 1.204, elevando o total do mês para 5.594.

O mês seguinte, maio de 1943, produziu um resultado ainda maior, com um total de 8.006 judeus embarcados para o leste.

Os Frank, na sua pequena rua fora de mão, no centro de Haia, a apenas um quilômetro e meio de distância das instalações de Seyss-Inquart, no Plein, não puderam ver os caminhões se deslocando diante de sua janela. A Pieter van den Zandestraat era estreita demais para que um caminhão pudesse passar. Mas o que não viram, puderam imaginar.

E então, surgiu outro perigo: os bombardeios dos Aliados.

"De início", disse Flory, referindo-se aos primeiros seis meses em que os Frank se encontravam escondidos, "pensei, talvez, que aquele [bombardeio] poderia ter terminado. Mas então, no início de 1943, a situação começou a ficar realmente séria."

À medida que se intensificava o ritmo da ofensiva de bombardeios ao centro industrial alemão, inevitavelmente aumentavam também os danos colaterais aos holandeses, infligidos pelos Lancasters e B-24 britânicos e norte-americanos. Em 2 de abril de 1943, numa repetição do horror de maio de 1940, quatrocentos civis foram acidentalmente mortos em Roterdam. Duas semanas depois, em 16 de abril, outro erro dos Aliados resultou na destruição de uma grande área em Haarlem, com oitenta e cinco mortos.

Haia também sofreu sua quota de ataques aéreos e bombas mal direcionadas. Algumas vezes os *raids* eram precedidos de uma sirene antiaérea, outras não, mas isso pouco importava para os Frank, já que não tinham onde se abrigar.

"Tudo que podíamos fazer era nos enfiar debaixo da mesa", disse Dorrit, "e rezar."

E ainda assim, eles resistiram.

Um dos motivos pelos quais os Frank de Haia, como os de Amsterdam, puderam "resistir" relativamente bem foi porque, diversamente de muitos *onderduikers*, eles haviam permanecido unidos como família.

Um dos enganos gerados pela popularidade do diário de Anne Frank foi o de que a maioria das famílias judaicas permaneceram juntas e no mesmo local durante todo o tempo em que ficaram escondidas.

Como observa Bob Moore, nada estava mais longe da verdade. "Para que a grande maioria [dos *onderduikers*] permanecesse em segurança, usualmente era preciso mudarem constantemente de lugar", além de separarem-se uns dos outros. Nesse sentido, foi muito mais típica a situação de Leo Ullman, cujos pais o colocaram sob os cuidados de um policial holandês simpático à causa, enquanto eles próprios escondiam-se separadamente pelo país. Hilda e Herbert Boucher, judeus alemães emigrados e amigos dos Frank, também se mudaram muitas vezes antes de se deterem na pequena cidade frísia de Sneek. Eles não tiveram de enfrentar o freqüente e angustiante dilema de ter de confiar seus filhos a estranhos.

Tanto para a família de Otto Frank quanto para a de Myrtil, a própria unidade familiar provou ser o pilar da sobrevivência. Se não tivessem mais nada, diriam Myrtil, Flory, Dorrit e Sybil a si próprios, enquanto o apartamento vibrava com a explosão de outra bomba aliada errando o alvo, ou ouvindo os tiros e gritos na noite e imaginando quando seria a sua vez — se nada mais tivessem, ainda tinham uns aos outros.

Na verdade, quando se examinava bem as coisas, aquilo era *tudo* o que tinham.

Anos mais tarde, na mente de Flory não havia a menor dúvida de que foi essa uma das principais razões de terem sobrevivido o tempo todo no esconderijo.

"Nós fomos uns dos poucos que não nos separamos. Eu *insisti* para que a família permanecesse junta", disse Flory em 1979. "Acho que isso foi uma das coisas que nos salvou."

Então, certo dia, na primavera de 1943, para grande aflição dos pais e da irmã, a pele de Sybil começou a ficar azulada.

Já se esperava que, depois de tanto tempo escondidos, os Frank pudessem enfrentar problemas de saúde. Em várias partes do seu diário, Anne Frank escreve sobre doenças. Afinal de contas, as pessoas ficam doentes, tanto quando enfurnadas num esconderijo quanto a céu aberto. À medida que a resistência ao governo alemão se intensificava — principalmente entre os profissionais da medicina, que convocaram uma greve de protesto em 22 de abril —, havia médicos, enfermeiros e técnicos que poderiam ser persuadidos a ajudar. Corrie ten Boom, uma libertadora de inspiração cristã, escreve em suas memórias, The *Hiding Place*, que obteve de médicos simpatizantes a realização de uma operação de apendicite de emergência.

Um desses médicos — possivelmente Willem, o noivo de Tine, que se sabe ter feito algumas visitas ao número 14 — foi chamado por Jeanne, através de seus contatos clandestinos, para examinar Sybil. O diagnóstico foi terrível: Sybil desenvolvera útero duplo, uma condição muito grave que requeria cirurgia imediata. Se não fizesse a operação, disse o médico da Resistência, ela iria morrer.

Com a ajuda dos seus aliados, os arranjos para a operação "ilícita" foram feitos rapidamente. Ficou decidido que o hospital-escola protestante de Bronovo era o mais adequado. A enfermeira-chefe concordou em manter secreta a verdadeira identidade de Sybil, revelando-a apenas a alguns membros da direção.

E assim foi ela para a sala de cirurgia do Hospital de Bronovo, repetindo consigo mesma o seu mantra: "Não sou Sybil — meu nome é Toni Muller... Não sou Sybil..."

A mensagem conseguiu chegar até o subconsciente: ela continuou sendo Toni Muller, mesmo sob anestesia. A operação foi bem-sucedida. Mas ela ainda teria de enfrentar duas semanas de convalescença mantendo seu codinome.

No leito seguinte ao de Sybil estava Pru de Monchy, filha de S.J.R. de Monchy, prefeito de Haia antes da guerra, demitido pelos nazistas em 1941. Com admirável sangue-frio — qualidade que aparentemente herdou do pai —, Sybil passou a conversar num holandês impecável com a vizinha, cujo nome paterno, que ainda desfrutava de popularidade, lhe era muito familiar.

Vários dias depois, uma das enfermeiras, sem nada saber da identidade de Sybil, deteve-se diante do leito da jovem judia de dezessete anos, no quarto do hospital onde ela se recuperava, e perguntou-lhe qual salmo ela desejava que fosse lido para ela.

"Qualquer um", respondeu despreocupadamente a jovem fugitiva. "A senhora escolhe."

Quando estava perto de receber alta, Sybil já confiava em Pru de Monchy. Chegara àquele ponto em que não se sentiria bem tendo de continuar mentindo para a outra. Afinal de contas, imaginou, ela era filha de um conhecido antinazista.

"Me dê seu endereço", disse Pru, enquanto Sybil arrumava suas coisas. "Quero visitá-la."

"Não sou a pessoa que você pensa que sou", respondeu Sybil. "Não posso lhe dar meu endereço. Mas me dê o seu." A outra obedeceu.*

* Mais tarde, depois da libertação, Sybil iria àquele endereço visitar sua espantada amiga.

Cerca de uma semana depois, e novamente com a ajuda de Jeanne, Sybil foi secretamente conduzida de volta à agradecida família. Ela lhes falou da surpresa ao conhecer a filha do ex-prefeito de Haia. E acrescentou que o que a deixara mais impressionada foi ver outros pacientes judeus na enfermaria, usando a estrela amarela sobre a roupa hospitalar. Certamente ainda não tinham recebido suas convocações, ou talvez possuíssem certificados de isenção válidos, aprovados pelo *Joodsche Raad*. De qualquer modo, eles se sentiam seguros o bastante para continuarem na superfície, circulando abertamente no hospital.

Aquela visão a deixara tonta. Com certeza havia alguma coisa errada naquilo...

Mas não havia. *Faça de conta que nada irá acontecer, e nada acontecerá...*

Os Frank sabiam o quanto deviam a Jeanne e Annie, e aos outros membros do seu grupo de apoio.

Com que freqüência o grupo de ajudantes realmente os visitou? As lembranças de Dorrit, Sybil e Flory iriam divergir mais tarde sobre esse ponto, e sobre outros pontos também. Diversamente dos *onderduikers* da Prinsengracht n.263, cujas idas e vindas diárias eram fielmente registradas por Anne Frank, nenhum dos Frank de Haia manteve um diário que pudesse resolver a questão.

Dorrit, a mais romântica e mais afeiçoada à sua terra adotiva, recordaria mais tarde que os amigos vinham regularmente, a pequenos intervalos. Flory, talvez com maior objetividade, calculava que as visitas eram uma vez por semana. Sybil, a menos ingênua da família, afirmou que elas eram ainda menos freqüentes que isso.

Mas Jeanne e Annie, Ans e Tine *realmente* vinham.

Anos depois, Jeanne minimizou o significado das suas visitas ao número 14. "Não lembro de nenhum ato heróico", disse ela. "Claro, se os alemães aparecessem quando qualquer uma de nós estivesse lá, teria havido problemas. Mas foi esse o risco que aceitamos."

Na verdade, a maioria dos holandeses tinha poucas ilusões quanto à punição por dar assistência a judeus da forma como Jeanne e os outros deram.

Louis de Jong, o primeiro grande historiador do Holocausto holandês, que conseguiu fugir da Holanda depois da invasão e foi trabalhar para o governo exilado em Londres, escreveu: "Qualquer não-judeu que desse ajuda aos judeus sabia que se fosse descoberto seria enviado para um campo de concentração alemão."

Então, por que elas *realmente* vinham?

Ernst Sitting, sobrinho de Annie van der Sluijs que posteriormente morou, ele próprio, na Pieter van den Zandestraat n.14, dá a seguinte interpretação aos motivos da tia:

> Acho que os holandeses, como a maioria das pessoas, podem-se dividir em "bons" e "maus". Os maus cooperaram com os alemães. Os bons se opuseram à ocupação.
>
> Os dois grupos podem dividir-se em ativos e passivos. Os ativos maus juntaram-se voluntariamente ao Exército alemão, ou à NSB. Os passivos maus simplesmente toleraram ou suportaram a ocupação, como tantos holandeses fizeram, principalmente nos anos imediatamente posteriores à invasão.
>
> Os ativos bons juntaram-se à Resistência e chegaram mesmo a assassinar alemães, cometer sabotagens, envolver-se com a imprensa clandestina, ou prestaram serviços de mensageiros, ajudaram os *onderduikers* — tal como Annie e outros fizeram. Os bons holandeses passivos simplesmente não concordaram com a ocupação, mas tiveram medo de fazer alguma coisa contra ela.
>
> Annie, suas irmãs e Jeanne pertencem ao grupo dos ativos bons. Elas foram criadas numa atmosfera de consciência ética muito rígida, e assim, não foi mais do que lógico que todas agissem como agiram. Foi para isso que foram educadas.

Certos holandeses "ativos" que deram ajuda aos *onderduikers* correram riscos verdadeiramente suicidas para salvar seus irmãos. Nesse grupo estava Corrie ten Boom, que em 1942 abriu as portas de sua casa em Haarlem para o que se tornaria uma torrente de judeus fugitivos, sem dar a menor importância aos riscos envolvidos.

"Não, não... Como poderia eu mandá-los embora?", disse ela a certa altura, quando lhe perguntaram se poderia abrigar mais *onderduikers*. "Traga-os esta noite. Vamos dar um jeito."

Como não podia deixar de ser, a organização clandestina de Ten Boom foi denunciada e ela foi mandada a Vught, a prisão que os alemães mantinham em solo holandês para os prisioneiros "políticos", e daí ao campo de concentração para mulheres em Ravensbruck, na Alemanha, a que ela milagrosamente sobreviveu.

Joop Westerweel, outra salvadora de judeus com motivação cristã, antes de ser presa, torturada e morta pela Gestapo em 1944, dirigiu uma rede que conseguiu fazer cerca de duzentos judeus atravessarem secretamente para a Espanha pelos Pireneus.

Que tenham vida longa esses nomes, como também os de Jeanne Guthschmidt (Houtepen em solteira), e Annie, Tine e Ans van den Sluijs que, pelos seus esforços — como a desprendida decisão de Jeanne de escoltar Sybil até o Hospital de Bronovo para sua cirurgia —, foram os salvadores dos Frank.

Foi de pouca duração a alegria da família com a bem-sucedida cirurgia de Sybil e seu retorno a salvo ao número 14. O dinheiro de Myrtil estava acabando. E, com a redução dos alimentos, os ânimos também caíram.

O perigo de uma traição continuava real e palpável. Quem poderia saber se alguém, naquela pequena rua, precisando comprar algo importante para si mesmo, não iria cair na tentação de reivindicar uma daquelas recompensas cada vez mais lucrativas? O número de denúncias estava crescendo.

Enquanto isso, incitada por diversas medidas politicamente desastrosas da parte dos alemães, a nação holandesa estava à beira de uma revolta declarada.

Em 4 de abril, o *New York Times* informou que Kurt Daleuge, ex-chefe de polícia de Heydrich, viera transferido de Praga para pôr os indóceis holandeses na linha.

"Não existe nenhuma animosidade em nossos corações", assegurara Seyss-Inquart três anos antes. Mas agora, enfurecido com os protestos estudantis contra o regime nazista, ele exigiu em março que todos os estudantes universitários holandeses assinassem uma declaração de lealdade.

A resposta foi esmagadora: oitenta e cinco por cento se recusaram.

Então, numa medida particularmente autodestrutiva, o general Christiansen, comandante da Werhrmacht na Holanda, ordenou a volta à prisão de todos os trezentos mil membros do Exército holandês, cancelando a anistia que lhes fora concedida depois da invasão e que ajudara a pacificar a Holanda na época.

A reação, especialmente nas regiões rurais, que ainda não haviam sentido o impacto do coice dos alemães, foi incendiária: fábricas, fazendas, minas e outros negócios cessaram suas atividades. Na Frísia, os fazendeiros pararam de ordenhar as vacas. Em Hilversum, os mais de quinze mil operários das fábricas Philips entraram novamente em greve, como já haviam feito (pelo menos, a maioria deles) em 1941. As escolas ficaram vazias.

De uma só vez, os alemães tinham conseguido fazer com que a cidade e o campo se unissem.

Recuperando-se da surpresa inicial, Rauter e Seyss-Inquart agiram com crueldade. Os direitos civis foram suspensos. Rauter deu permissão para que a polícia atirasse sem avisar contra qualquer ajuntamento de pessoas. A lei marcial foi imposta em cinco cidades rurais holandesas, inclusive a maior delas, Hengelo.

Oitenta grevistas por todo o país foram sumariamente executados. Noventa e cinco outros foram mortos a tiros nas ruas.

O governo holandês exilado, não menos surpreso com a greve do que os nazistas, manteve silêncio. Durante meses, a Rádio Orange havia exortado o povo a resistir, mas agora, depois que a greve arrefeceu, ela parecera ter perdido a língua. Gerbrandy e seu gabinete acharam-na prematura. Seria melhor esperar pelo Segundo Front, pensavam.

A greve foi reprimida. Entretanto, os meses de abril e maio de 1943 representaram um divisor de águas nas relações entre alemães e holandeses.

Enquanto isso, na Alemanha, as fábricas que produziam material para a Wehrmacht continuavam a sofrer uma séria redução de potencial humano, graças em parte às derrotas no front russo. Cada vez mais requisitavam-se os operários fisicamente capazes para as Forças Armadas, deixando um vazio que, segundo um decreto, seria preenchido por operários estrangeiros. Em 4 de maio, anunciou-se que todos os holandeses entre dezoito e trinta e cinco anos deviam registrar-se para trabalhar na indústria bélica alemã.

Muitos, inclusive antigos soldados, recusaram-se a se apresentar e preferiram esconder-se, criando assim uma segunda grande onda de *onderduikers*.

De uma hora para outra, surgiu uma organização nacional, a *Landelijke Organisatie voor Hulp aan Onderduikers* — Organização Nacional de Ajuda aos *Onderduikers* — mais comumente conhecida como LO. Fundada em fins de 1942, a LO, mencionada por Rauter em seu memorando de 26 de março, já havia organizado a primeira "reunião de trocas", onde se barganhavam cartões de racionamento, contatos e endereços. Agora havia mais reuniões como aquela, como também mais gente interessada em ajudar. Até 1944 ela se tornara a maior e mais eficaz arma da Resistência, com mais de quinze mil ativistas dando assistência ou abrigando cerca de duzentas a trezentas mil pessoas, inclusive milhares de judeus que tardiamente foram esconder-se.

Entretanto, como escreve Corrie ten Boom, já era muito tarde para ajudar a muitos *onderduikers* judeus em potencial: "Estava ficando cada vez mais difícil encontrar casas no país para os grupos de judeus que passavam por nossa estação subterrânea, em inícios de 1943. Mesmo com cartões de racionamento e documentos falsificados não havia lugar para eles todos."

Muita gente estava simplesmente apavorada demais diante das possíveis conseqüências. Uma dessas pessoas, como escreve Ten Boom numa das passagens mais fortes do seu livro, era o pastor da igreja do bairro.

"Confesso que também estou procurando por uma coisa", disse-lhe Ten Boom quando o padre entrou em sua loja (ao mesmo tempo uma estação clandestina) trazendo um relógio para consertar:

> Os olhos do pastor se embaçaram. "Confessa?" Levei-o da porta dos fundos da loja até a escada junto à sala de jantar. "Confesso que eu também estou procurando por uma coisa." Agora o rosto do pastor estava sulcado por uma expressão de intriga. "O senhor estaria disposto a abrigar em sua casa uma mãe judia com seu bebê? Senão, eles vão acabar sendo presos, com toda certeza." A cor sumiu da face do homem. Ele deu um passo para trás... "Srta. Ten Boom! Espero mesmo que a senhorita não esteja envolvida com esses esconderijos ilegais e esses negócios escusos. Isso não é prudente."

Ten Boom tinha cinqüenta anos, vivia com o pai octogenário e uma irmã, Betsie.

> Impulsivamente, eu disse ao pastor para esperar e subi correndo a escada. Betsie havia alojado os recém-chegados no antigo quarto de Willem [irmão de Ten Boom]. Pedi à mãe que me emprestasse por um instante o bebê: ele quase não pesava nada em meus braços. De volta à sala de jantar, afastei a manta de sua face. Fez-se um longo silêncio. O homem curvou-se para a frente, com a mão, apesar de tudo, procurando pela mãozinha agarrada à coberta. Por um instante, pude perceber em seu rosto a compaixão e o medo lutando entre si.

E então, perdeu-se o momento: "Ele [o padre] se endireitou novamente. 'Não. Definitivamente, não. Poderíamos perder a vida por causa dessa criança judia!'"

O pai de Ten Boom, que mais tarde morreria na prisão depois que um informante anônimo denunciou a família, em fevereiro de 1944, pronunciou as palavras finais naquele dramático diálogo:

> Papai segurou o bebê bem perto de si, a barba branca tocando suas faces, olhando para aquele rostinho com olhos tão azuis e inocentes quanto os do próprio bebê. Por fim, elevou o olhar para o pastor. "O senhor diz que nós poderíamos perder nossas vidas por esta criança. Pois eu acho que esta seria a maior honra que poderia acontecer à nossa família." Girando asperamente sobre os calcanhares, o pastor se retirou da sala.

(Deve-se registrar aqui que os religiosos holandeses, tanto católicos quanto protestantes, foram presos por atividades de resistência, inclusive por darem assistência a *onderduikers*, e que dezenas deles morreram nos campos de concentração alemães.)

Na Holanda, durante o Holocausto, assim como em quase todos os demais lugares da Europa ocupada, a coragem — ou a vontade de cumprir com seu dever cristão, que era como Ten Boom, Joop Westerweel e outros encaravam o trabalho de salvação — era um artigo muito raro. Embora prosseguissem os atos individuais de resistência contra as deportações, não se soube de nenhuma outra ação popular em massa, depois da greve de fevereiro de 1941.

A coragem também era rara no Conselho, cuja missão original — dar assistência à comunidade judaica — havia-se inevitavelmente deteriorado. Como diz Louis de Jong:

> Os membros [do Conselho Judaico], dominados pela burguesia judia, deram-se conta desde o início de que iriam agir em situação de extrema gravidade. Eram todos cidadãos comuns, cumpridores da lei, abastados, decentemente educados e jamais puderam imaginar o que os alemães estavam preparando.
>
> Tendo decidido atuar como uma espécie de administração judaica separada, eles adotaram como princípio jamais apoiarem atividades que, segundo declararam, fossem "contrárias à honra do judeu". O modelo de colaboração, entretanto, era o mais escorregadio possível, e, após certo tempo, um princípio diverso veio a dominar os procedimentos e as atividades do Conselho. Era um princípio mais humano, porém, dadas as circunstâncias, muito mais fatal: o princípio da autopreservação.

Em maio, como prometera em seu memorando secreto de outubro o representante do Ministério do Exterior, Otto Bene, o Conselho Judaico recebeu ordens de selecionar para serem deportados sete mil judeus que até então eram "isentos" — quase a metade do total. Com efeito, o que se pedia era que o Conselho cometesse canibalismo contra si próprio. "O pânico explodiu" nos escritórios do Conselho em Amsterdam. Mas a ordem foi cumprida.

Os trens de Westerbork continuavam rodando nos trilhos. Entretanto, deve-se observar que alguns alemães estacionados na Holanda, tanto autoridades civis quanto oficiais uniformizados, secretamente se rebelaram contra suas funções na *Endlösung* e tentaram sabotar o processo. O mais destacado entre eles foi o dr. Hans George Calmeyer, oficial nazista vinculado ao *Zentralstelle*, cuja função era julgar os numerosos apelos de judeus holandeses que protestavam contra sua designação como judeus e afirmavam serem, na verdade, de ascendência "ariana" — coisa que centenas de judeus fizeram, no desespero para se salvarem das deportações. Graças à "credulidade voluntária" de Calmeyer — segundo a expressão de Moore — e ao que sentia como seu dever moral de salvar o máximo de judeus que pudesse, um significativo número deles sobreviveu.

Nem todos os alemães eram monstros. Um médico da prisão forjou um atestado falso para libertar Betsie ten Boom, encarcerada por ajudar a irmã a abrigar judeus. Mais tarde, depois que Corrie, a irmã mais velha, foi presa em Scheveningen (não longe de onde os Frank costumavam morar), um tenente cheio de culpas confessou a ela: "Odeio o meu trabalho."

Entretanto, o número dos dispostos a obedecer as ordens e cumprir seu papel no processo de limpar a Holanda dos judeus (torná-la *Judenrein*) era expressivo, fossem eles funcionários dos escritórios do IVB4 em Haia, diligentemente datilografando em suas máquinas de escrever, ou *ordnungspolizei* participando das *razzias*, ou soldados da Wehrmacht vigiando os trens de Westerbork — número mais que suficiente para realizar o trabalho de forma mais meticulosa e consciente do que praticamente em qualquer outro lugar do Grande Reich alemão. E ainda eram ajudados por adequados colaboradores holandeses.

As deportações atingiram seu pico em inícios de junho, com todos os tipos de marcos logísticos alcançados, inclusive o maior transporte até então, de 3.006 judeus, com destino a Sobibor, em 1º de junho; quatro dias depois, um embarque especial contendo exclusivamente crianças — 1.266 crianças, para ser preciso; e dois trens com 5.414 judeus, que juntos representavam mais de um por cento da população total de judeus de antes da guerra, embarcados num só dia, elevando o total do mês para 9.686. Depois disso, os números diminuíram. Havia menos judeus para se encontrar — pelo menos, na superfície.

Até o mês de julho, com mais de oitenta mil judeus relacionados e embarcados — dois terços da população judaica anterior à guerra —, Hans Albis Rauter estava a pleno caminho de cumprir a promessa feita a seu superior, Himmler, no verão anterior. O *Schwerpunkt*, a investida principal da guerra contra os judeus holandeses, estava terminado. O restante seria mais ou menos como uma operação de faxina.

Julho de 1943 assistiu a mais três transportes de Westerbork para os fornos crematórios de Sobibor: um em 6 de julho, com 2.417 judeus, outro na quinta-feira seguinte, dia 13, com 1.988, e mais um no dia 20, transportando mais 2.209 judeus para a morte, obtendo um total no mês de 6.614. Daí em diante, até o fim das deportações no ano seguinte, os totais mensais seriam a metade disso ou menos.

Entre os que foram transportados em 20 de julho estava Henri Edelsheim, o ex-chefe do escritório do *Joodsche Raad* em Haia.

Em 14 de julho, os quatro Frank observaram, completamente entorpecidos, a passagem do aniversário do seu auto-encarceramento na Pieter van den Zandestraat n.14.

Os quatro *onderduikers* perguntavam-se a si mesmos: será possível que tenhamos passado um ano aqui dentro?

Seria possível?

9
A moça da casa em frente

"Estava demorando demais. O medo e a espera constantes eram insuportáveis."

HERBERT BOUCHER, *Miracle of Survival*

"Faz hoje quatro anos que a catástrofe e os alemães chegaram à Holanda. Desde então os holandeses, tanto na Holanda quanto fora do país, o seu governo do exílio e a sua rainha, têm vivido com um único pensamento: prepararem-se para o dia da libertação e da restauração. À medida que esse dia se aproxima, eles ficam cada vez mais conscientes de um fato: esteja perto ou distante essa libertação, quando ela chegar, pouco terá restado daquela Holanda de maio de 1940."

The Times, 10 de maio de 1944

E assim, para grande espanto de todos, os Frank completaram dez anos de sua odisséia de fuga aos alemães — jornada que se iniciou quando eles chegaram pela primeira vez a Haia, vindos de Berlim — e seu segundo ano como *onderduikers*.

É interessante que mais tarde Flory, Dorrit e Sybil se lembrassem de poucos acontecimentos daquela fase intermediária de sua reclusão.

"Engraçado", disse Flory, olhando para trás. "Aqueles três anos parecem se fundir, a gente se habitua à idéia de que o mundo lá fora não existe."

O verão se misturava com o outono, e o outono com o inverno. A rotina básica prosseguia: os Frank se levantavam, faziam ginástica, costuravam, liam, riam, discutiam, preocupavam-se, iam dormir — quando conseguiam —, levantavam-se de novo, e tentavam fingir que o mundo lá fora não existia mesmo.

Uma ou outra bomba aliada errando o alvo ameaçava abalar essa ilusão, é claro.

Myrtil e os amigos holandeses realmente traziam notícias do "Mundo Lá Fora", algumas delas bastante animadoras: no Mediterrâneo, os Aliados tinham invadido a Sicília, em seguida a Itália continental. Mussolini fora derrubado. Mas o Mediterrâneo simplesmente ficava longe demais. Diversamente de Anne Frank e de outros *onderduikers*, que acompanharam obsessivamente as notícias durante todo o tempo em que ficaram reclusos, os quatro equivalentes de Haia só se importavam em saber quando finalmente os Aliados iriam invadir a Europa. Entretanto, Churchill e o general Sir Alan Brooke protelavam, cautelosos com as perdas que uma ação prematura poderia acarretar.

Em Berlim, Joseph Goebbels declarou a uma revista alemã, em abril, que a invasão do continente era "algo impossível". O choque de Stalingrado já havia arrefecido. "O Eixo tem carta branca no leste, e controla todas as possibilidades para a ofensiva", disse ele. Os acontecimentos na "periferia da guerra" — com o que o ministro da Propaganda presumivelmente se referia ao front russo, onde a Wehrmacht atuava principalmente na defensiva mas comandava ainda grandes faixas de território, e ao Norte da África, onde os alemães tinham sido completamente derrotados — estavam sofrendo "certas correções". Mas, acrescentou ele, "o centro está intacto".

Como observou John Keegan, a renovada confiança de Goebbels não era totalmente destituída de sentido:

> Em meados do verão de 1943, um ano antes da invasão da Europa pelos ingleses e norte-americanos, a Wehrmacht de Adolf Hitler ainda ocupava todo o território que tinha conquistado nas campanhas de *blitzkrieg* de 1939-41, e a maioria de suas conquistas russas de 1941-42. Também conservava a posse sobre a costa do Norte da África ... As contra-ofensivas russas em Stalingrado e Kursk empurraram de volta o perímetro da Europa de Hitler, no leste. Mesmo assim, ele e seus aliados ainda controlavam o total do continente europeu, exceto Espanha, Portugal, Suíça e Suécia, que eram neutros. A economia nazista de guerra, embora ofuscada pelo crescente poder da norte-americana, superava tanto a britânica quanto a soviética, a não ser nas áreas cruciais da produção de tanques e aviões. Sem a intervenção direta dos Aliados ocidentais no continente — intervenção que se centraria no comprometimento de um maciço Exército dos EUA —, Hitler poderia contar por muitos anos ainda com o prolongamento de seu domínio militar.

Na verdade, estava ainda intacto o centro do Terceiro Reich de Hitler, incluindo a Holanda e os outros países europeus que a Alemanha derrotara e anexara.

Na casa dos Frank, a tensão e o tédio de viverem escondidos eram interrompidos pelas visitas de Jeanne, Annie e suas irmãs. "Acho que eu não jantava", recordou Jeanne, que visitava as fugitivas depois de encerrar o expediente no banco local. "De qualquer maneira, não teria ficado bem, já que a família necessitava da comida para si própria. Eles me perguntavam como é que ia a minha vida, como andavam as coisas comigo, e eu tentava contar-lhes. Basicamente, procurava apenas alegrá-los."

Algumas vezes, recordou Flory, a conversa de Jeanne sobre a vida que levava lá fora (ela acabava de ficar noiva) tinha um efeito negativo sobre Dorrit e Sybil. "As meninas diziam: 'Nossa juventude está passando,' e eu lhes respondia: 'Fiquem felizes por estarem ainda vivas.' Sentiam inveja de Jeanne, porque ela podia sair. E eu dizia: 'Fiquem felizes porque ainda estão juntas. Outros estão espalhados por aí.'"

Às vezes os Frank deixavam a imaginação vaguear pelo passado, de volta aos velhos tempos em que viviam num bem montado apartamento, com um grande piano, um Chrysler sempre à disposição com o motor roncando e um motorista uniformizado chamado Schwann. Mas aquele também não era um curso muito construtivo para seus pensamentos. Então, os quatro melancólicos seres ficavam sentados no escuro, longe do mundo onde viviam as "pessoas normais" como Jeanne e Annie, amando ou dando passeios pelo *Haagse Bos*, ou percorrendo a Noordeinde, uma das principais artérias comerciais de Haia, alguns quarteirões adiante da Pieter van den Zandestraat. Do mundo em que elas poderiam ir ao cinema (embora na época isso significasse ver filmes de propaganda nazista), do mundo ainda controlado firmemente por Arthur Seyss-Inquart, que morava numa grande propriedade em Clingendael, próximo às dunas de Scheveningen, com sua devota esposa fascista, Gerda, e sua filha. Do mundo em que, naquele exato momento, um grupo de detetives holandeses e alemães do IVB4 andava à caça de "criminosos" como os Frank.

Myrtil, comandante e contramestre daquela célula, continuava dando as suas escapulidas de arrepiar pelo "Mundo Lá Fora", emergindo com cautela do apartamento para a rua, e, antes de abrir a porta, contraindo as feições de modo a compor o personagem de médico. Retornava depois trazendo bocados de comida e outras coisas que conseguia obter com seu amigo L., o negociante de arte, ou com algum outro contato no mercado negro.

Era sempre um choque — um choque bem-vindo, é claro — quando ele voltava. Por alguns momentos, ele relaxava de toda a tensão acumulada, reacomodando-se à luz fraca e ao ar saturado do apartamento. Em seguida, como um típico caçador-catador, mostrava a todos o resultado de sua colheita.

"Lembro de uma vez que tivemos morangos", lembrou Sybil. "*Aquilo* foi um acontecimento."

"Um dia Til trouxe-nos um pedaço de barra de chocolate", disse Flory, recordando aquele outro momento estilo Papai Noel. "Também conseguimos alguns tabletes para fazer chá. Não havia café, claro, apenas artificial, mas ficávamos satisfeitas também de conseguir daquele tipo."

Algumas vezes, para complementar os suprimentos comestíveis, Myrtil também trazia matéria para leitura: histórias de horror de um centavo, velhos livros de viagens, até revistas norte-americanas como a *Esquire*. Parece que L. era assinante da revista. Flory recordava uma propaganda em um determinado número que parecia resumir a emoção e o absurdo da situação deles. "Uma [das revistas] mostrava o desenho de uma moça olhando com olhos arregalados para o namorado nu e dizendo: 'É verdade, as roupas *fazem* o homem.' Nunca vou esquecer aquilo."

Em meio ao variado material de leitura que Myrtil trouxera para o número 14 estava um antigo romance chamado *Juan in America*, de Eric Linklater. Àquela altura, toda a família já lera e relera o livro várias vezes, e conhecia todas as *dramatis personae*, uma das quais foi chamada de "*Crying Wonnie*". "E agora *Crying Wonnie* vai dormir!", exclamou Myrtil certa noite, quando os quatro se preparavam para deitar, provocando uma explosão de gargalhadas há muito necessária ali. Com isso, também criou um engraçado *nom de guerre* para aquele judeu aventureiro. Dali em diante, Myrtil Frank ficou conhecido como *Wonnie*.

Nem sempre o humor funcionava. Dentro do apartamento, os Frank tinham relativamente pouco espaço para se mexerem — com toda certeza muito menos do que, por exemplo, os oito colegas *onderduikers* da Prinsengracht n.263, em Amsterdam. A família de Otto Frank às vezes podia sair do seu "anexo secreto" e caminhar pelos escritórios vazios (o que pode ter provocado o seu desastre final). Dispunham de muito mais espaço para se mover e esticar as pernas, assim como os oito *onderduikers* que Corrie ten Boom abrigava e que normalmente podiam se deslocar em sua casa.

Tudo é relativo: alguns *onderduikers*, incluindo alguns apertados em espaços em cima de um banheiro (como foi o caso de um judeu em Haia), tinham de se arranjar com muito menos.

Para uns, a tensão causada pelo longo e indeterminado confinamento, juntamente com a sensação de estar sendo vigiado (que todos os *onderduikers* sentiam), provocavam efeitos colaterais físicos. Conta-se que um menino judeu perdeu a capacidade de falar depois de ficar sozinho num quarto durante seis meses. Outros tiveram longos acessos de depressão. Ocorreram suicídios. Alguns, sentindo que não iriam suportar a tensão de ficarem escondidos, entregaram-se e se deixaram encaminhar para a deportação. Outros causaram tantas dificuldades para seus hospedeiros que foram forçados a sair e procurar outros esconderijos, ou tiveram de fugir porque os próprios hospedeiros estavam enlouquecendo de tanta tensão. Aparentemente, foi isso o que aconteceu com a irmã de Corrie ten Boom, que um dia, inexplicavelmente, foi até as autoridades e declarou que estava dando abrigo a *onderduikers*. Foi presa imediatamente.

Como registrou Anne Frank em *Het Achterhuis* — ou O *anexo secreto*, título original do seu diário da guerra —, perto do segundo ano de esconderijo, os oito *onderduikers* da Prinsengracht n.263 estavam começando a dar nos nervos uns dos outros. Um ponto importante para a irritação era o dinheiro — ou melhor, a falta dele. Em novembro de 1943, os seus "subocupantes", os Pels, gastaram todo o que tinham trazido consigo, o que levou a uma grande rivalidade.

Na Pieter van den Zandestraat n.14, o dinheiro também estava ficando reduzido, mas Myrtil ainda tinha algum em espécie. Ele o guardou com Annie, uma precaução contra ladrões e assaltantes, outro problema gerado com o crescente desespero da população em geral.

Na maior parte, entretanto, o que havia era simplesmente excesso de proximidade entre as pessoas.

"Não era fácil ter três mulheres vivendo juntas o dia inteiro", disse Jeanne. "Flory era um amor — pelo menos para mim, ela sempre foi um amor. Mas de repente Dorrit e Sybil ficavam enlouquecidas."

Às vezes as pressões vindas de fora — o medo de estarem sendo vigiados, de uma traição, dos bombardeios — combinadas com as tensões ali dentro provocavam uma verdadeira explosão.

"Havia momentos em que não percebíamos os sentimentos uns dos outros", explicou Sybil com diplomacia.

E assim os Frank brigavam, ou melhor, faziam os gestos de uma briga, produzindo expressões faciais para compensar o necessário mutismo, enquanto, na superfície, a destruição dos judeus holandeses entrava em seu ato final.

Em 29 de setembro realizou-se em Amsterdam a última caçada a judeus em grande escala. Mais de dez mil, inclusive Asscher e Cohen, os líderes do *Joodsche Raad*, foram mandados para o "campo de concentração modelo" nazista de Theresienstadt, antes de finalmente serem embarcados para Bergen-Belsen. Os dois haveriam de sobreviver à guerra, porém a maior parte de sua equipe pereceu.

Uma foto tirada em Amsterdam no local de reunião antes do embarque, em Polderweg, após uma das últimas *razzias*, capta o ar de desespero dos deportados. Datada de maio de 1943, a foto mostra um grande agrupamento de pessoas, atordoadas e desiludidas, esperando sentadas com sua bagagem. Uma boa samaritana — uma enfermeira da Cruz Vermelha, talvez — está de pé em meio a esse mar de desespero, segurando uma caneca de água, tentando ajudar da melhor forma possível. No centro da imagem, uma menina de sete ou oito anos, com uma estrela amarela afixada no vestido, o cabelo bem penteado, como para um passeio domingueiro, olha para a câmera com um olhar de perplexidade.

Em Wersterbork agora eram necessários menos vagões. Mesmo assim os trens continuavam saindo. Setembro assistiu aos três últimos embarques para Sobibor: no dia 7, um trem com 987 "passageiros"; no dia 14, um com 1.005 — o último a levar um número maior do que mil deportados. O outro, no dia 26, continha 979 condenados. Dali em diante, com exceção do trem para Theresienstadt transportando Asscher, Cohen e outros prisioneiros "privilegiados", os trens de Wersterbork passariam mais uma vez a ter como destino Auschwitz ou Bergen-Belsen, onde já havia espaço novamente.

Rauter cumprira a promessa feita a Himmler. No mês de julho anterior, ele admitira que a deportação da maior parte da população judaica da Holanda poderia ser completada em quatorze meses. Até outubro de 1943, cerca de 90.324 judeus — perto de setenta por cento de toda a população judaica holandesa de antes da guerra — tinha sido deportada com sucesso para os campos.

Na vizinha Bélgica, logo depois de uma das últimas *razzias* no país, em 3 de setembro de 1943, "irrompeu tamanho protesto de líderes civis e religiosos que os judeus presos tiveram de ser libertados", observou o general Reitlinger em *The Final Solution*, um dos primeiros grandes estudos sobre o Holocausto. Em novembro de 1943, como já se mencionou, num episódio verdadeiramente emocionante da Resistência, muitos dinamarqueses juntaram-se para resgatar toda a pequena população local de sete mil judeus, embarcando-os secretamente através do Báltico até a neutra Suécia, bem debaixo do nariz dos alemães — fornecendo, assim, uma das poucas histórias com "*happy-end*" do genocídio nazista.

Mas na Holanda não houve esses finais felizes.

Como escreve o jornalista holandês Geert Mak em *Amsterdam*, sua popular biografia da cidade, os holandeses foram anestesiados pela visão dos caminhões e trens levando os judeus embora: "O choque se dissipou." Tal como na Revolução Francesa, "a primeira carroça a caminho da guilhotina foi um acontecimento, a décima já não provocou mais nenhum comentário".

Em 5 de outubro, Seyss-Inquart divulgou as instruções sobre como tratar os judeus que não haviam sido deportados, inclusive os 8.610 judeus miscigenados pelo casamento — muitos dos quais seriam brevemente deportados — e aqueles munidos de "isenções exóticas", entre os quais um campeão olímpico judeu alemão, genro do antigo bibliotecário real. O "problema judeu" da Holanda fora reduzido a um tamanho manejável.

Isso não contava os cerca de vinte mil judeus que se haviam escondido e que não foram descobertos ou traídos. Entretanto, com o excelente progresso obtido com o aumento das tentadoras recompensas por judeus fugitivos, os alemães tinham confiança de que finalmente haveriam de vencer também naquele front. A maior parte dos membros recalcitrantes desse grupo ou seriam descobertos e deportados ou morreriam no subterrâneo por falta de suprimentos.

Os alemães também registraram sucesso na prisão dos que deram ajuda a eles. Corrie ten Boom foi traída e presa em fevereiro de 1944, embora os oito judeus que ela abrigava tenham milagrosamente escapado da detenção. Em resumo, as autoridades alemãs estavam satisfeitas com o progresso em mais aquele setor.

O pungente silêncio nas antigas regiões de judeus em Amsterdam — inclusive no Bairro dos Rios, onde outrora ambas as famílias Frank viveram, em que ruas inteiras antes pululavam de vida e agora permaneciam desertas — dava um testemunho mudo do impressionante sucesso dos alemães. Grete Weil, em seu livro *Tramhalte Beethovenstraat* (*Ponto de bonde da Beethovenstraat*), descreve uma rua dessas, habitada agora apenas por um punhado de *onderduikers* ou de judeus com identidade falsa:

> Na Beethovenstraat as noites eram silenciosas. Uma vez ou outra passava um carro, algumas vezes [os *onderduikers*] escutavam passos e ficavam de ouvidos atentos. Se fosse o som de botas, eles se agachavam e ficavam imóveis. Muitas vezes ouvia-se um aviso de ataque de aviões, o estalar do fogo antiaéreo, dos bombardeiros lá em cima a caminho da Alemanha. E, de

novo, as sirenes e depois o silêncio. O silêncio levava o sono embora, apenas o silêncio.

Agora havia também ruas igualmente assombradas na antiga seção judaica de Haia. O que acontecera com as pessoas que certa vez viveram ali?

A falta de notícias sobre os deportados aguçara os temores de que eles teriam encontrado um prematuro fim. Em Wersterbork, onde a amiga de Dorrit, Gerda Buchsbaum, ainda estava presa junto com outros membros de sua família, agora era mais nítida a imagem do que as aguardava, a elas e a seus companheiros de prisão, quando se abrissem as portas dos vagões de gado em Auschwitz por causa dos bilhetes descritivos que alguns deportados deixaram atrás de si e que retornaram a Westerbork. Agora, os internos sabiam que havia uma imensa chaminé que expelia uma fumaça cinzenta, segundo as memórias de pós-guerra do irmão de Gerda, Norbert: *Fotograaf Zonder Camera* (*Um fotógrafo sem câmera*).

Mesmo assim, como escreve Norbert, os internos tinham dificuldade para juntar todos os fatos. Ora, se os alemães tinham tanta coisa com que se preocupar, por que haveriam de ter todo aquele trabalho e despesa para exterminar os judeus? Não podia ser. Não fazia sentido.

Em Londres, prevaleceu entre os membros do governo holandês no exílio uma atitude semelhante de negação, apesar das notícias cada vez mais aflitivas que chegavam a respeito dos campos da Alemanha e da Polônia (já bem documentados pelo reconhecimento aéreo dos Aliados). No ano anterior, no início dos transportes, o primeiro-ministro Gerbrandy atacara o "satânico" plano dos alemães de deportar os judeus holandeses. Entretanto, como conta seu assessor Louis de Jong, ao lhe apresentarem a documentação que provava exatamente o quanto era efetivamente diabólico aquele plano, o holandês se mostrou cético. Vários meses antes, Gerald Riegner, representante em Genebra do Congresso Judeu Mundial, transmitira os relatórios sobre a verdadeira situação nos campos. Além disso, De Jong fora informado pela Cruz Vermelha que seus próprios pai, mãe e irmã haviam sido deportados.

"Eu tinha pouquíssimas esperanças de tornar a vê-los novamente, pois era uma das poucas pessoas em Londres que acreditavam na verdade do relatório de Riegner", foi o que declarou De Jong — que viria a publicar a magistral *History of the Netherlands in the Second World War* — diante de um auditório em Harvard, quarenta e cinco anos mais tarde.

> O primeiro-ministro holandês, para citar somente uma pessoa, não acreditava. Em novembro de 1943, ele me pediu que o acompanhasse num fim de semana em um chalé fora de Londres. Coloquei os relatórios de Riegner na minha pasta. Na primeira noite, eu lhe disse: "Senhor, gostaria que lesse isto." Ele leu. Olhou para mim completamente espantado. Disse: "De Jong, você acredita que isso seja verdade?" Respondi: "Sim." Será que o convenci? Não tenho absoluta certeza.

Para mostrar por que tanto os judeus quanto os não-judeus se recusavam a acreditar em tamanhas evidências do genocídio que já estava ocorrendo há muito tempo, De Jong explicou:

> Todos sabiam que a história da humanidade tem sido estigmatizada por crueldades sem fim. Mas que milhares de seres humanos — milhares nada, milhões deles, homens, mulheres, crianças, velhos, moços, saudáveis, enfermos — seriam mortos, exterminados, mecanicamente, industrialmente por assim dizer, que seriam exterminados como vermes, essa idéia era tão alheia à mente humana, era um fato tão horripilante, tão novo, que o instinto — na verdade, a reação natural da maioria das pessoas era: *Não pode ser verdade*.

Anne Frank acreditava que era verdade. Outro que acreditou nos relatórios foi o irmão de Myrtil, Julius. Vivendo ainda em Londres, ele passou quatro anos sem notícias da família do irmão, e desde muito concluíra que eles haviam encontrado um horrível destino nas mãos dos ex-compatriotas.

Os Frank se prepararam para o segundo inverno no esconderijo, procurando sempre ocupar-se e consolar-se com as tarefas rotineiras. O anestésico ritual de lavar a roupa ("Lembro de ficar lá com um desentupidor, batendo e batendo a roupa na água fria", contou Sybil), as refeições taciturnas, as súbitas e explosivas brigas, tudo isso continuava. Também continuavam muito atarefadas as costureiras. Prevenindo-se para o inverno, as meninas tricotavam suéteres e depois os desmanchavam, e depois os tricotavam novamente.

Também continuavam a devorar e devorar os livros de sua pequena, variada e muito cobiçada biblioteca. Enquanto Dorrit lia e relia o retorcido volume de *E o vento levou*, Sybil dedicava-se à sua paixão: a química. O antigo morador, Alfred Schnell, que fora químico antes de ir esconder-se com a mulher perto de Zwolle, com a ajuda de Annie, deixara lá uma porção de textos sobre o assunto. Para Sybil, com sua propensão para as coisas "práticas", a pilha de livros de química foi uma bem-vinda diversão para sua vida reclusa, além de uma luz de esperança em um possível futuro como química profissional.

"Comecei a me preocupar com o que eu seria no futuro", disse ela, "e lá estavam aqueles livros. Não tínhamos controle sobre mais nada, porém ali estava alguma coisa que implicava em um planejamento. Essa era a única parte do meu destino que eu podia controlar. Achei que eu não teria nenhuma chance se não tivesse uma profissão."

Na casa dos Frank, as luzes apagavam-se geralmente por volta das oito e meia da noite, ou pouco antes do blecaute geral da cidade. Vez por outra, ao olharem para fora, podiam ver alguém caminhando com uma lanterna, com o obrigatório filtro azul.

Então iam todos para a cama.

Algumas vezes, Sybil deitava-se com os seus manuais, lendo da melhor forma que podia com a ajuda de uma lanterna, cuja luz ela fazia passar por um pequeno buraco feito no lençol. Dorrit se remexia e revirava, enquanto os pais, que desde bem antes da guerra já não partilhavam o mesmo leito, tornaram-se de novo devidamente familiarizados um com o outro.

A janela em frente ao número 14 fornecia uma diversão adicional, enquanto a guerra prosseguia. As meninas tinham recebido ordens estritas de nem tocar nas opacas cortinas de musselina, mas depois de quinze meses espiando, elas conseguiam ver através delas.

Não mais de cem pessoas viviam naquela rua com calçamento de pedras, e passavam tão poucos pedestres por ali que ver alguma coisa, ou alguém, era um acontecimento.

"Éramos capazes de decorar o jeito particular de todas as pessoas que passavam", recordou Sybil. "Inventávamos nomes para elas. Um de nossos vizinhos nós chamávamos de *Slimmy*, outro de *Blond*. E havia uma senhora do outro lado da rua que vinha com um balde lavar a calçada. Podíamos saber as horas por meio dela. Toda sexta-feira, chovesse ou fizesse sol, ela vinha jogar a água fora, como boa holandesa, e depois voltava para casa. Este era um grande acontecimento para nós."

Menos divertido era ver a moça do outro lado da rua com suas inquietantes companhias.

"Nós sempre a víamos trazendo para casa soldados alemães", disse Dorrit. Às vezes, recordou ela, quando os visitantes eram oficiais do Exército, um carro da administração alemã ficava esperando do lado de fora. Evidentemente a vizinha escolhia bem com quem andava.

Com a redução dos estoques de comida e dos artigos de necessidade, muitas holandesas estavam dispostas a se entregar aos ocupantes, por uma ou várias noites. Talvez, também, a moça fosse uma das seguidoras de Mussert, que acreditava — como declarou aquele pretenso Napoleão num discurso — "que a árvore germânica tinha muitos galhos". Nem Dorrit nem Sybil gostavam dela. Sabiam que aquela mulher da NSB, ou lá o que ela fosse, era um perigo.

Então, num dia de dezembro, as irmãs espiaram pela janela e viram a neve. Um outro inverno chegara.

Colaborar com os alemães estava se tornando um perigoso negócio por volta de 1943. O fascista holandês Seyffardt fora assassinado, seguindo-se o chefe da propaganda da NSB, H. Reydon. Muitos outros colaboradores, de todos os tipos, também foram mortos a tiros. Uma das mais vívidas imagens desse período é uma foto da polícia datada de 29 de setembro de 1943 mostrando um desses vira-casacas, evidentemente surpreendido enquanto andava de bicicleta, estendido numa rua de Benoordenhout com o rosto virado para o chão, o sangue escorrendo da cabeça. Outra foto, de março de 1944, mostra um *V-mann* (como eram chamados os membros da polícia secreta holandesa) chamado Peter Mansen caído em outra rua de Haia após um ataque semelhante.

O julgamento estava começando.

A questão da colaboração e da retribuição estava cada vez mais na mente do governo holandês exilado, assim como na dos franceses, noruegueses, belgas, poloneses e tchecos.

Quem, exatamente, seria um colaborador?, era a pergunta que fazia um artigo do *Times* de 10 de maio de 1944. O jornal dividia os colaboradores em três categorias, semelhantes às distinções básicas propostas pelo governo holandês. "Certos servidores públicos", destacava a reportagem, "colaboraram com o poder de ocupação pelo bem do povo." Por exemplo, os que ajudaram a impor o sistema de racionamento no país fazem parte dessa categoria. E prosseguia o correspondente: "Mas houve os fracos, que foram além do necessário. E os colaboradores que apoiaram o inimigo com todo entusiasmo."

Por fim, cada país europeu ocupado daria diferentes definições para essas categorias. O governo holandês no exílio, com seu gosto pela organização, estabeleceu uma autoridade jurídica especial para o pós-guerra, em 1943, um ano antes do Dia D. A autoridade prometeu agir com dureza. Contrariamente à prática estabelecida na Holanda, ela recebeu poderes para incluir oficiais militares. Um novo conjunto de leis foi decretado para que se pudesse processar altas autoridades alemãs e os holandeses da terceira categoria, a dos colaboradores "entusiasmados", como criminosos de guerra.

Assim, pelo menos um ano antes que as três principais potências aliadas — os Estados Unidos, a Grã-Bretanha e a União Soviética — lançassem as bases para o tribunal de crimes do pós-guerra, mais tarde conhecido como os julgamentos de Nuremberg, os holandeses já tinham feito os preparativos para o seu julgamento privado.

Entretanto, permanecia forte o grupo de fascistas holandeses dispostos a dar todo o seu entusiasmado apoio à potência invasora. Em fevereiro de 1944, os alemães criaram uma nova academia de polícia em Schalkhaar, a fim de treinar regimentos de policiais holandeses recentemente recrutados e comprometidos ideologicamente, dispostos a lutar pela nova ordem na Holanda e combater as forças da Resistência, cada vez mais atrevidas porém sem organização.

Em fevereiro, Heinrich Himmler fez sua segunda e última visita à Holanda. Um dos destaques da visita do SS *Reichsführer* era o comparecimento à inauguração da nova academia de polícia. Uma foto dessa visita mostra-o recebendo a ríspida saudação de um grupo de novos policiais holandeses. A seu lado estão Rauter e Seyss-Inquart.

Em 1942, o *New York Times* profetizara que Himmler iria tornar-se o equivalente moderno do duque de Alba, o cruel procônsul de Felipe II na Holanda. Dois anos depois, Himmler e Rauter — seu principal auxiliar na Holanda — já haviam realizado a sangrenta profecia. Muitos milhares de holandeses já tinham morrido, tanto combatentes da Resistência quanto inocentes reféns, e dezenas de milhares de judeus já tinham sido assassinados, ou estavam para ser, nos campos de extermínio no leste. O nome de Himmler agora só vinha depois do de Hitler, na lista de criminosos de guerra que os Aliados já haviam preparado.

No entanto, se julgarmos pelo olhar confiante de Himmler na fotografia, poderíamos pensar que o ano ainda é 1942. Apenas a expressão atormentada do *Reichskommissar* Seyss-Inquart, exausto e cheio de preocupações com a agora iminente invasão aliada, mostra que a foto foi tirada em 1944.

Várias semanas depois, em março, Seyss-Inquart abençoou outro grupo de novos nazistas, o *Landwacht*, composto de holandeses nativos sem qualquer treinamento formal mas que concordavam em atuar como força policial auxiliar. Comprometidos a agir contra os seus compatriotas como os olhos, os ouvidos, as pernas e os braços dos alemães, esse grupo destreinado porém muito ardoroso de arruaceiros uniformizados foi o responsável por numerosas atrocidades cometidas nos últimos dois anos da guerra. Na última fase da luta dos *onderduikers*, o *Landwacht* ajudou também na grande caçada humana que Rauter lançou, mais para o final do ano, contra o *onderduikersparadijs* — o paraíso subterrâneo — que eles sabiam existir no Noordoostpolder. Esse pôlder era o mesmo que Dorrit avistara na viagem para visitar Edgar em Westerbork dois anos antes. Muitas pessoas escondidas lá, inclusive judeus *onderduikers*, foram arrastados dali com sucesso.

Os trens de Westerbork continuaram a sair. Em 3 de março, um carregamento de duzentos e quarenta judeus foi mandado para Auschwitz e imediatamente exterminado. Em 23 do mesmo mês, o trem seguinte, com quinhentos e noventa e nove judeus, foi mandado para Bergen-Belsen. Em março de 1944, Rauter orgulhosamente informava a Himmler que "dentro de um prazo de dez dias, os últimos judeus puros serão enviados de Westerbork para o leste". Pelo que se referia aos judeus da Holanda, a SS havia atingido seu objetivo, ou chegara muito perto disso.

Isso só não incluía os *onderduikers*. As recompensas foram aumentadas para estimular as buscas. Antes, depois de a primeira onda de *onderduikers* baixar aos esconderijos, um aviso telefônico válido para a Gestapo local poderia render ao bem-sucedido informante cinco florins holandeses. Agora, em 1944, uma informação produtiva valia setenta e cinco florins, quantia nada pequena num país atingido pela pobreza, como a Holanda. Para alguns tipos empreendedores e com sangue-frio o bastante — inclusive uma judia de Amsterdam que entregou dezenas de seus conterrâneos judeus —, receber recompensas se tornara um negócio bastante lucrativo.

Em 5 de março de 1944, um domingo, os Frank passaram o seu sexcentésimo dia no esconderijo.

Ainda teriam muitos mais para passar.

Parte IV

O INVERNO DA FOME
HOLANDA, 1944–1945

10
O ataque

"[Precisamos] demonstrar para a população holandesa que a Polícia de Segurança está agindo com especial vigor nas atuais circunstâncias..."

De uma instrução do chefe da Polícia de Segurança alemã, Karl Schoengarth, outono de 1944

"As semanas que estão para vir serão as mais difíceis de toda a vida da nossa nação."

Transmissão da Rádio Orange, setembro de 1944

"Nenhuma nação tem tantas reivindicações contra os alemães depois da guerra quanto a holandesa."

The New York Times, 24 de abril de 1945

"Coragem, holandeses, belgas, luxemburgueses desencorajados ... a libertação é certa", assim exortava Winston Churchill os países da Europa ocupada, numa emocionante transmissão da BBC feita em agosto de 1941. Muitos tiveram coragem, mas perderam-na novamente depois que a invasão da Europa ocidental foi protelada, preferindo-se um caminho mais indireto para a libertação do continente através da Sicília e da bota italiana. Só em setembro de 1943 as forças aliadas finalmente desembarcaram em Salerno. No inverno de 1944, as notícias sobre a reunião da forças invasoras do outro lado do canal da Mancha se espalharam, e novamente começaram os rumores e as esperanças.

"A febre da invasão está crescendo a cada dia por todo o país", escreveu Anne Frank, em 4 de fevereiro de 1944.

Em Haarlem, Corrie ten Boom, cuja rede clandestina ainda estava em atividade, também contraíra a febre da invasão. "Há uma revolução na Europa!", rejubilou-se ela com os amigos. "A guerra não dura mais do que três semanas!"

Flory e Myrtil não tinham tanta certeza, como também Dorrit e Sybil.

Myrtil começou a escutar por alto rumores sobre a invasão na mercearia da esquina, em uma de suas escapulidas de casa — naquele inverno, cada vez menos freqüentes. Seria possível? Depois de todos aqueles adiamentos, será que os Aliados finalmente estavam vindo?

A RAF e a USAAF atingiram centenas de alvos ao longo da costa do Canal, inclusive muitos próximos a Haia, apavorando os Frank e seus vizinhos, legais ou não, e ao mesmo tempo aumentando suas esperanças. Talvez, pensavam eles, saindo de debaixo da mesa da sala após outro ataque, desta vez haja algum fundamento naqueles boatos.

Na conferência dos Três Grandes em Teerã, em novembro, Roosevelt e Stalin combinaram-se contra a ainda relutante Grã-Bretanha para forçar a adoção de maio de 1944 como data inalterável para a invasão da Europa. No fim, a data da Operação Overlord, como era chamado agora o ataque conjunto das forças britânicas e norte-americanas, foi adiada por mais um mês, para a primeira semana de junho.

Até mesmo os alemães admitiam a iminência de um ataque pelo Canal, mas permanecia o mistério de saber sobre qual região do continente o tão esperado golpe iria se abater. A hipótese mais aceita pela inteligência alemã era de que seria sobre alguma região da França, provavelmente na região de Calais, enquanto a Normandia se mantinha como outra possibilidade. Apoiando essa opinião, Hitler, com a concordância do Alto-Comando alemão, deslocou suas forças para a região de Calais.

A costa central holandesa, mais perto da Inglaterra do que a Normandia, era uma outra possibilidade, apesar de mais remota. Mesmo assim, os alemães não se podiam permitir descartá-la. Como a revista inglesa *Travel* observou, em um destaque sobre a Holanda publicado em junho:

> Todas essas regiões da Holanda, Bélgica e França, acessíveis a um exército que venha a invadir pelo mar, protegido de cima por aviões de caça, constituem a chamada costa de invasão. Obviamente, será muito mais sim-

> ples para os alemães reunirem rapidamente seus reforços ali do que para os Aliados transportar homens e equipamentos pesados através do Canal, onde o conhecido mau tempo constitui um risco a mais...
>
> Relatórios da Holanda Livre, em Londres, informam que a região ao redor de Haia, como também muitas construções em toda a extensão da costa, imediatamente atrás das altas dunas de areia, foram arrasadas pelo inimigo, para acabar com quaisquer obstáculos e abrir espaço para o combate.

As informações da Holanda Livre eram verdadeiras. Tendo já transformado Scheveningen e a parte norte de Haia em uma gigantesca armadilha de tanques, sob a supervisão de Erwin Rommel, agora o comandante da Muralha Atlântica, toda a região em torno da *Festung Scheveningen* continuava sendo reforçada durante o final da primavera. Grandes áreas do oeste da Holanda foram inundadas e preparavam-se novas inundações minando os diques e bombeando estações que ajudavam a manter seco o território baixo da Holanda.

Como a maioria dos holandeses, os Frank também temiam o que poderia acontecer à sua terra se ela se tornasse uma zona de invasão. Mesmo assim, havia algo emocionante na idéia de os Aliados atacarem pelo litoral de Scheveningen.

Em Haia, como em outras partes na região oeste do pequeno país, longas filas aguardavam em silêncio pelas cada vez mais magras rações na padaria, no açougue, na mercearia. Outras lojas, despojadas de qualquer coisa para vender, exibiam embrulhos vazios em vez de mercadorias. Embora os alemães pudessem ter falhado em seu objetivo original de absorver a Holanda no Reich, Seyss-Inquart e seus colegas foram evidentemente muito bem-sucedidos em espoliar sua economia.

Agora era a vez dos nazistas enfrentarem o furacão. Como seus pares na Bélgica e na França ocupadas, Seyss-Inquart, abrigado na propriedade confiscada de Guilhermina em Wassenaar, e como um dos últimos residentes legais da região evacuada e fortificada de Scheveningen, observava o mar com angústia, tentando adivinhar as intenções dos Aliados.

O ataque, como logo decidiram os estrategistas aliados no SHAEF, cairia sobre a França. Pas-de-Calais. Hitler estava certo disso. Também

Rommel, e todo o resto do Alto-Comando alemão. A maciça campanha aérea, logo antes da invasão, envolvia dois terços das cento e noventa e cinco mil toneladas de bombas que seriam lançadas fora da verdadeira área da invasão, inclusive sobre a Bélgica e a Holanda. A técnica ilusionista aliada também incluía a criação de um exército "fantasma" baseado no Sudeste da Inglaterra, sob o comando do general George S. Patton.

E então, no início da manhã de 6 de junho de 1944, como descreve memoravelmente Cornelius Ryan em *The Longest Day*, o major Werner Pluskat, comandante de artilharia na defesa de "Omaha Beach" (assim os Aliados se referiam à praia designada como principal ponto de desembarque das forças de assalto norte-americanas na Normandia), perscrutava fatigado o horizonte com o binóculo:

> Ele focalizou o centro tranqüilo da baía. As lentes se imobilizaram. Pluskat ficou tenso, e olhou mais fixamente.
>
> Através da bruma, espalhada e espessa, o horizonte magicamente enchia-se de navios que manobravam casualmente, para a frente e para trás, como se estivessem ali há horas. Parecia haver milhares deles. Era uma armada fantasmagórica, que de alguma forma surgia do nada. Pluskat olhava sem acreditar, sem fala, com uma emoção que jamais sentira antes na vida. Naquele instante, o mundo do eficiente soldado Pluskat começou a esfacelar-se. Ele soube [mais tarde disse isso a Ryan], naqueles primeiros momentos ele soube, com calma e segurança, que "aquilo era o fim da Alemanha".

Petrificado, Pluskat imediatamente telefonou para o quartel do regimento dando a notícia. "Block", disse ele ao comandante, "é a invasão. Deve haver dez mil navios lá fora."

Block ficou cético. "Controle-se, Pluskat!", exclamou ele. "Os norte-americanos e britânicos juntos não têm tantos navios assim!"

Hitler também se mostrou cético. Convencido de que os desembarques eram para desviar a atenção de uma invasão ainda maior em Calais, o magistral estrategista das Forças Armadas alemãs recusou-se a enviar os reforços necessários a um contra-ataque na Normandia. A despeito de quase haver um desastre em Omaha, a invasão, o maior ataque anfíbio da história, foi um sucesso. Ao cair da noite de 6 de junho, as tropas britânicas e norte-americanas tinham conseguido vencer os oponentes em todas as cinco praias onde desembarcaram, juntando-se aos pára-quedistas para criar uma frente de vanguarda no solo ocupado pela Alemanha. A vanguarda foi aumentada.

Às nove horas e trinta e três minutos da manhã seguinte, o assessor de imprensa de Eisenhower, coronel Ernest Dupuy, transmitiu o anúncio que a Europa e o mundo ansiosamente tanto esperavam: "Sob o comando do general Eisenhower, esta manhã as Forças Navais dos Aliados começaram a desembarcar os Exércitos aliados na costa norte da França."

O amanhã chegara para a Europa ocupada.

Como não tinham um rádio adequado, os Frank não escutaram o dramático anúncio de Dupuy, mas souberam por Jeanne dos desembarques na Normandia.

Como todos os holandeses amantes da liberdade, eles comemoraram as notícias da irrupção dos Aliados pela península de Cotentin, no final de julho, dos desembarques praticamente sem oposição no sul da França, em princípios de agosto, e da entusiástica libertação de Paris, em 21 de agosto.

O verão de 1944 foi o mais quente da história holandesa recente. Sem poderem sair à rua, como seus vizinhos, os Frank sentiam-se assar dentro daquela verdadeira cápsula. Mas não se importavam. A libertação estava perto, e parecia aproximar-se mais a cada dia.

Em 10 de junho, quatro dias depois da invasão, Anton Mussert, que em 1942 recebera de Hitler o absurdo título honorífico de Líder do Povo Holandês, disse em uma reunião da NSB que, no momento em que as tropas aliadas pusessem os pés em solo holandês, ele se alistaria como soldado na Wehrmacht — declaração que teria levado a audiência "às lágrimas".

Em 7 de julho de 1944, um mês depois do Dia D, num dos mais notáveis e precisos raids da guerra, um grupo de caças bombardeiros subitamente surgiu do mar do Norte, sobrevoando o centro da cidade de Haia. Seu alvo era o Registro Central da População. Instalado na antiga galeria Kleykamp, perto do palácio da Paz, a menos de meio quilômetro da Pieter van den Zandestraat, o Registro era um dos principais repositórios alemães de informação sobre a Resistência. O raid, ouvido pelos Frank de seu esconderijo, foi um total sucesso. A galeria transformada em arquivo foi destruída, obstruindo consideravelmente os esforços alemães contra a Resistência, sem causar praticamente nenhum outro dano aos edifícios das proximidades. Essa impressionante prova de habilidade da RAF mostrava a crescente coordenação entre a Resistência e Londres, e era um emocionante augúrio.

Em fins de julho chegou a notícia do atentado à vida de Hitler por um grupo de oficiais alemães, na chamada "Toca do Lobo" do Führer, perto de Rastenberg. Agora, até mesmo a Wehrmacht — ou pelo menos alguns elementos dela — estava em declarada revolta. Era outro bom augúrio.

O cheiro da vitória e da libertação iminentes continuava pairando no ar sobre a Holanda nas últimas duas semanas de agosto e na primeira de setembro, quando o 21º Grupo do Exército de Montgomery, encabeçado pelo acelerado Terceiro Exército de George Patton, deslocou-se de Paris para leste, lançando-se sobre a ocupada Bélgica e superando com facilidade a resistência dos espantados defensores alemães.

Notícias promissoras chegavam de todas as partes na outrora inexpugnável *Festung Europa*, quando os pilares do Terceiro Reich começaram a vergar. Em 23 de agosto, a Romênia, que passara pelo próprio reinado do terror sob a Guarda de Ferro — um grupo nativo de colaboradores particularmente perversos —, também capitulou. Adolf Eichmann tentou organizar a deportação de quatrocentos mil judeus do país, mas sua intenção foi frustrada.

Naquele mesmo mês, a Finlândia, que se juntara à Alemanha como parceira na guerra contra a Rússia em 1941, esperando recuperar o território que havia perdido depois da Guerra do Inverno — e que, para a fúria tanto de Eichmann quanto de Himmler, recusara-se a entregar à SS a sua pequena população judaica —, manifestou intenções de assinar um segundo e definitivo armistício com a URSS, preparando-se para voltar seus canhões contra os amigos alemães.

Nesse meio tempo, os Aliados começavam a descobrir as evidências da *Endlösung*.

Em 24 de julho, os russos que avançavam sobre a Polônia invadiram Lublin e libertaram os internos do campo de concentração nazista de Majdanek. Em 23 de agosto foi libertado Drancy, o equivalente francês de Westerbork, de onde sessenta mil dos trezentos mil judeus da França haviam sido encaminhados para "trabalhos forçados no leste". Mas foi só na primavera do último ano de guerra que os principais campos de concentração foram libertos e a verdade total da *Endlösung* veio a ser conhecida.

O governo de Gerbrandy, que tinha elaborado planos para repatriar seus cidadãos do leste, judeus inclusive, continuou negando a existência dos campos na Alemanha e na Polônia. Segundo Dienke Hondius, em fins de maio de 1944 as autoridades holandeses esperavam repatriar pelo menos sessenta mil judeus holandeses — a maioria deportados —, de um total estimado de setecentos mil repatriados. Descartaram as informações de um de seus agentes, H. Dentz, sobre as condições nos campos. Como observa Hondius, Dentz, um bem relacionado comerciante de tabaco que realizara investigações sobre a situação, "escreveu abertamente sobre assassinatos em massa, fornecendo dados que mais tarde provariam ser altamente confiáveis, porém rejeitados por muitos na época de sua divulgação como inimagináveis ou inacreditáveis. Tão inimagináveis que Ferwerda, seu superior direto, desconsiderou uma porção de relatos sobre o que se passara nos campos de concentração da Polônia."

Apesar do otimismo do governo, Dentz garantiu, em março de 1944, que "não muitos" judeus iriam retornar à Holanda. Mas nem mesmo ele estava preparado para o número tão reduzido que retornou de Auschwitz e dos outros campos para onde haviam sido deportados.

A *blitzkrieg* de Montgomery prosseguia. Em 3 de setembro aconteceram cenas de selvageria em Bruxelas, quando a capital belga foi libertada. No dia seguinte foi a vez de Antuérpia. "Povo da Noruega e da Holanda", proclamou um fervoroso Eisenhower, dirigindo suas palavras aos dois próximos países que esperava libertar, "tenham confiança, que o dia de libertação se aproxima." Churchill aumentou ainda mais o sentimento de expectativa por todo o país com seu próprio anúncio vigoroso da libertação.

Em Londres, a rainha Guilhermina fazia a sua parte para reforçar a animação generalizada ao anunciar que dali em diante as forças de resistência holandesas seriam chamadas *Binnenlandse Strijdkrachtern* (BS), Forças Holandesas do Interior. Inspirada no exemplo dos franceses, cuja Resistência, os *Maquis*, fora incorporada às forças aliadas sob seu próprio comandante, Koenig, a rainha holandesa declarou a Eisenhower que desejava o mesmo status para os seus combatentes. Eisenhower concordou, com certa relutância, pois tivera resultados irregulares com outros grupos de resistência. Apesar de tudo, era difícil dizer não à rainha Guilhermina. Dali em diante, qualquer combatente holandês capturado teria de ser tratado pelos alemães como prisioneiro de guerra, e não como simples franco-atirador que eles pudessem abater a tiros ao localizar. O comandante da nova força, anunciou Guilhermina triunfalmente pela Rádio Orange, seria o seu genro, o príncipe Bernhard.

Falsas notícias sobre a frente de batalha deslocando-se rapidamente levaram a um verdadeiro delírio generalizado. Em 5 de setembro, quinta-feira, data conhecida na história holandesa como *Dolle Dinsdag*, "Quinta-Feira Louca", a Rádio Orange anunciou que as tropas aliadas se haviam projetado pela fronteira entre a Holanda e a Bélgica, libertando a cidade de Breda. Gerbrandy deu a notícia oficialmente. "Agora que os Aliados em seu irresistível avanço atravessaram a fronteira holandesa" declarou ele cheio de animação, "desejo dar as calorosas boas-vindas a eles em nosso solo natal ... Chegou a hora da libertação", concluiu ele a eletrizante transmissão, depois do que começou os preparativos para voar de volta à pátria libertada.

Essas declarações precipitadas provocaram a histeria do povo. Bandos de holandeses, homens e mulheres, vestidos com os melhores trajes que puderam desencavar em seus surrados guarda-roupas, inclusive com o maior número possível de detalhes cor-de-laranja, foram para as estradas de Haia e de outras grandes cidades holandesas levar presentes e minguados lanches, e ali ficaram perscrutando o horizonte à espera dos supostos libertadores. Dissera-se que as tropas que avançavam incluíam a Brigada da Princesa Irene, como eram então chamadas as forças holandesas sediadas em Londres. Holandeses libertando holandeses. Isso seria lindo, de verdade!

O contágio foi geral. Em Leiden, cidade vizinha, um jornal clandestino publicou, cheio de confiança, um número especial sobre a libertação. Na cidade de Axel, no sudoeste da Holanda, soldados alemães se renderam a policiais holandeses. Em Naarden, o prefeito nazista entregou sua pistola ao secretário. As pessoas contavam terem visto tanques britânicos em Roterdam.

"O país inteiro estava alvoroçado", escreve Edith Velmans, uma velha amiga de Dorrit em Scheveningen e também *onderduiker* (sem que uma soubesse da outra) vivendo então em Breda, no sudeste do país, sob um nome falso:

> Tínhamos certeza de que o fim havia chegado. Em Breda, o que fora um filete d'água de alemães se retirando transformara-se de súbito numa enchente. Ali vinham eles, os inimigos, parecendo abatidos e desanimados, em caminhões do Exército, carros civis ou mesmo tratores agrícolas. Alguns vinham de bicicleta, outros a pé, empurrando carrinhos de bebê cheios de galões e de caixas. Coisas roubadas, sabíamos.
>
> ... Fortalecidos pelo aspecto de desânimo daquele Exército em frangalhos, tivemos certeza de que se tratava do momento que vínhamos esperando há tanto tempo. Saímos de casa e ficamos atrevidamente na rua, olhando fixamente para os alemães, lançando-lhes olhares maus de muda acusação.

Estimulados assim, os líderes da Resistência holandesa prepararam-se para tomar o controle da cidade das mãos dos abalados alemães.

Seyss-Inquart demonstrou seu nervosismo no dia 4 de setembro, data da libertação da Antuérpia, ao declarar estado de emergência e tornar a fuga da Holanda ocupada uma ofensa passível de punição. Antes disso ele já havia enviado a mulher para Salzburg, com o cachorrinho de estimação do casal e mais cinco volumes de bagagem.

Os membros da NSB organizaram às pressas uma caravana de automóveis para a Alemanha, onde presumivelmente seriam mais bem-vindos. Em lugar de se alistar na Wehrmacht, um mortificado Mussert via dissolver-se o seu partido e o movimento de dez anos. De repente, a outrora onipresente NSB não mais existia. Ninguém sentiu sua falta, nem os seus compatriotas, nem os alemães, que jamais a consideraram mais que uma amolação.

Sem se abalarem com a proclamação de Seyss-Inquart, muitos membros da NSB fugiram para a província de Drenthe, ao norte, onde uma interessante virada do destino fez com que tivessem de ficar brevemente encarcerados em *Kamp Westerbork* a fim de se submeterem a uma limpeza de piolhos pelos internos judeus, coisa que esses últimos — muitos reconhecendo neles os antigos perseguidores — realizaram com entusiasmo.

Os Frank souberam das novas da "libertação" no dia 5 à noite por uma excitada Jeanne, mas resolveram esperar ali mesmo até terem provas mais concretas. Foi bom terem agido assim, pois, como logo souberam os holandeses, a Rádio Orange se enganara. Apesar das aparências, Breda *não* fora libertada, e as tropas aliadas *não* tinham atravessado a fronteira da Holanda com a Bélgica. Montgomery, preocupado que suas tropas, em movimento acelerado, esgotassem os suprimentos, ignorou os pedidos do príncipe Bernhard e de outros e fez alto em Antuérpia.

Na sexta-feira, 6 de setembro, um dia depois da *Dolle Dinsdag* — a "Quinta-Feira Louca", como foi chamada —, a realidade veio à tona. Ainda era muito cedo para abrir as garrafas de *jonge genever* (gim novo) e vestir as roupas cor-de-laranja. Era preciso um pouco mais de paciência.

Alguns *onderduikers*, ansiosos por andarem de novo livres à luz do dia, saíram de seus esconderijos ou acabaram se revelando de alguma forma (como quase aconteceu com Edith Velmans, em Breda). Isso não satisfez necessariamente os alemães, mais preocupados com outros assuntos, tais como salvar a própria pele. Na maioria dos casos, os infelizes *onderduikers* foram despachados às pressas para Westerbork, onde o comandante, Gemmeker, seguindo ordens de Eichmann e igualmente mais interessado em se salvar, tinha começado a encerrar as operações.

Então, no dia 3 de setembro, o centésimo terceiro trem — e o penúltimo — carregado com prisioneiros judeus deportados para o leste partiu vagarosamente de Westerbork, graças às Ferrovias Estatais Holandesas, que continuaram cooperando até o final com a SS e os alemães.

Entre os mil e quarenta e dois passageiros daquele trem estavam Otto e Edith Frank e suas filhas Margot e Anne. Um mês antes, em 4 de agosto, eles e seus companheiros *onderduikers* por trás da falsa estante de livros na Prinsengracht n.263, em Amsterdam, sofreram uma batida policial. Parece que aquele "anexo secreto" não era, afinal, tão secreto assim. Alguém, talvez um vizinho, talvez algum conhecido de Otto, os tinha denunciado.

Apesar da decepção que se abateu logo após a *Dolle Dinsdag*, muitos holandeses ainda acreditavam que o fim estava próximo.

Guilhermina e sua equipe também pensavam assim, com certeza. Na manhã do dia 17 de setembro, quinta-feira, a rainha holandesa olhou para o céu e viu um grande número de aviões planadores britânicos escoltados por caças atravessando o Canal em direção à Holanda. A maciça armada de aviões, a maior da curta história das operações bélicas aéreas, era parte da Operação Market Garden, o destemido — ainda que fracassado — plano de Montgomery de acabar a guerra estendendo um "tapete" de tropas por trás das linhas alemãs na Holanda, entre Eindhoven e Arnhem, e dali seguir acelerado para Berlim.

Eisenhower aprovara o controvertido plano, apesar do protesto da maioria dos comandantes norte-americanos, inclusive Bradley e Patton, que preferiam a estratégia da frente ampla empregada até agora com sucesso evidente. O próprio Ike tinha certas dúvidas sobre o plano. Entretanto, a necessidade de mais um porto de águas profundas além do de Antuérpia e o desejo de livrar a Holanda dos mísseis V-1, lançados pelos alemães a partir de pontos holandeses, e dos indefensáveis (e ainda não revelados) V-2 levaram-no a concordar com a ousada aposta de Montgomery.

Gerbrandy, o irrefreável primeiro-ministro holandês, estava mais uma vez em grande animação na manhã do dia 17, ao preparar-se para outra triunfal transmissão pela Rádio Orange. Desta vez, tinha certeza, a declaração não seria prematura ou mal-informada. Os Aliados estariam em Amsterdam naquela semana, disse ele para sua equipe. *Monty* lhe dissera isso pessoalmente. Essa operação, a Market Garden, seria o golpe final que acabaria com os alemães e terminaria a guerra na Europa. Eisenhower também se havia convencido da conveniência da operação. "Chegou a hora pela qual vocês todos esperavam", garantiu ele à nação holandesa. "Agora se faz necessária toda sua assistência e obediência ao Comando Supremo."

O chefe da agência da CBS em Londres, Edward R. Murrow, voando com as tropas, transmitiu suas emocionadas impressões ao viajar em um C-47 sobre o país devastado pela guerra:

> Agora estamos sobre a Holanda. Sobrevoamos um país que foi inundado. Posso ver uma linha de trem que parece ainda estar operando, mas parte de uma das regiões mais civilizadas da Europa está agora debaixo d'água...
>
> Ultrapassamos a área inundada, agora. As aeronaves ainda se encontram em perfeita formação. Os caças estão girando abaixo de nós, baixando para observar cada cerca, cada pequena área de vegetação que possa esconder o local de alguma bateria antiaérea...
>
> ... Há um estouro de descarga antiaérea; e logo ali, mais outro. Mais balas traçantes passam por nós e acima do bico do avião ... Mais aviões à nossa frente estão mergulhando agora ... podemos ver os homens correndo em círculos lá embaixo. Dentro de apenas uns quarenta segundos, a nossa aeronave vai começar a despejar os homens. E eles vão caminhar sobre o solo holandês. Provavelmente vocês podem ouvir o estalo que produzem quando checam os fios de eletricidade. Aí vão eles! Três!... Quatro!... Cinco!... Treze!... Quatorze!... Quinze!... Agora já foram todos...

E então, enquanto a 1ª Divisão Aérea Britânica e as 82ª e 101ª Divisões Aéreas dos EUA seguiam em direção às regiões para o salto de pára-quedas no leste da Holanda, a Rádio Orange iniciou sua transmissão diária, com as quatro primeiras notas da Quinta Sinfonia de Beethoven, e em seguida divulgou uma surpreendente ordem: "Devido a um pedido da Holanda, e após consultas com o Comando Supremo, o Governo [holandês] é de opinião que chegou a hora de recomendarmos a greve dos trens, a fim de impedir o transporte e as concentrações de tropas do inimigo..."

A Ferrovia Estatal Holandesa, que já tinha transportado com eficiência mais de cem mil judeus, dezenas de milhares de prisioneiros políticos e mais de meio milhão de trabalhadores forçados da Holanda para os campos de extermínio da Alemanha e outras destinações, recebia agora um pedido para entrar em greve.

Os mais de trinta mil empregados da Ferrovia, que tinham sofrido ataques de caças aliados e que também estavam cheios de dúvidas quanto ao seu dever de obediência aos alemães (dúvidas reforçadas pelas ações da Resistência), estavam, naquela conjuntura da guerra, dispostos a entrar em greve mesmo, de qualquer maneira. Assim, ao ouvirem o que mais se aproximou de um chamado à insurreição total feito até então pela Rádio Orange, os ferroviários pararam suas atividades e se prepararam para também tornarem-se *onderduikers*. Se conseguissem, cessariam imediatamente os embarques de combustível, carvão e suprimentos militares, causando um caos para as autoridades.

Tudo estava pronto para a partida final dos holandeses.

Os céus sobre o leste da Holanda cobriam-se agora de um mar de pára-quedas vermelhos, verdes, creme — todos parecendo dizer VITÓRIA. O pânico se apoderou de muitos alemães, inclusive membros da SS, que descarregaram nos holandeses que ainda se encontrava presos.

Em Vught, o campo de concentração holandês onde estavam aprisionados Corrie ten Boom e outros "prisioneiros políticos", o comandante do campo, com pleno conhecimento de Rauter, executou um grande número de prisioneiros do sexo masculino. Ten Boom recordou horrorizada: "As balas de fuzil fendiam o ar ... À nossa volta, as mulheres começaram a chorar."

Ouvindo de sua tenda o som das saraivadas, Ten Boom calculou que mais de setecentos prisioneiros tinham sido executados. De fato, o verdadeiro total ficou próximo de cem. Entretanto, aquelas execuções de 17 de setembro em Vught foram o maior assassinato em massa em solo holandês desde o século XVI.

Depois da execução em massa dos prisioneiros homens, Ten Boom e as mulheres prisioneiras sobreviventes foram comprimidas a toda pressa num vagão que partiu com destino desconhecido. Então, como ela recorda, o trem foi atacado, presumivelmente por soldados BS ou tropas aliadas que tinham descido ali perto daquela estrada. Surpreendida no interior do trem com suas companheiras, Ten Boom podia ouvir as rajadas das metralhadoras atingindo os lados do vagão como uma chuva de pedras. Durante uma hora aquela batalha invisível — que era parte de uma operação maior que se realizava naquele dia — prosseguiu com fúria. Mas o ataque não teve sucesso. O trem se arrastou para diante até seu destino final, o campo de concentração de Ravensbruck, na Alemanha. Ten Boom teve sorte: ela foi libertada finalmente, em março de 1945.

A Operação Market Garden, como bem sabem os leitores de *A Bridge Too Far*, de Cornelius Ryan, não foi um sucesso. Condenada pelo mau tempo, por uma liderança inadequada e por um serviço de inteligência falho — que não conseguira detectar a presença de duas divisões alemãs com armamentos pesados na região de descida dos pára-quedistas — a operação teve problemas imediatos. Em parte por causa do mau estado das estradas da região (sobre o que Bernhard afirmou ter prevenido Montgomery), e apesar de todos os esforços dos valorosos "*skytroopers*" (como eram chamados os pára-quedistas naquele tempo), ela demorou quatro dias além do previsto para chegar até a ponte de Arnhem — a ponte "longe demais" do título de Ryan —, tempo em que os alemães se prepararam para enfrentar a coluna de reforços que vinha por terra. Os soldados foram capturados ou rechaçados. Na noite de 25 de setembro, Montgomery retirou relutante as tropas remanescentes através do Reno, protegidas por intenso fogo de artilharia, numa das mais importantes derrotas aliadas da segunda Guerra Mundial, e um golpe esmagador nos ânimos holandeses.

Entretanto, a região sudeste da Holanda, onde fica Maastricht, havia sido libertada. "Maastricht é um mar cor-de-laranja!", declarava com júbilo o repórter da Rádio Orange no dia 15. Mas as províncias do oeste, entre as quais as três maiores cidades holandesas, permaneciam sob o jugo nazista. Os quatro milhões e meio de habitantes do noroeste da Holanda viram-se encurralados no interior de um dos últimos redutos alemães.

Os fracos rumores sobre uma outra grande ofensiva através do Reno foram desaparecendo rapidamente, à medida que a nova realidade surgia. Em 29 de setembro, Eisenhower foi forçado a engolir o que disse. "Não há nenhum sinal de colapso na força ou na vontade da Alemanha de se defender", admitiu ele.

Estimulados pela inesperada vitória no leste da Holanda, os ânimos da Alemanha permaneciam altos.

No que se referia aos Aliados, outra Arnhem estava fora de cogitação. Em vez disso, enquanto os norte-americanos prosseguiam em sua ampla ofensiva contra a Alemanha na ala sul, da "direita", os britânicos e canadenses voltavam seus esforços para remover os alemães da vasta e traiçoeira área do Schelde, ao sul do Reno, onde ficaram entravados numa terrível, custosa e inesquecível batalha, a Batalha do Schelde, que demoraria meses.

Enquanto isso, os cento e vinte mil soldados alemães no oeste da Holanda, sob o comando do resoluto general Christiansen (que em breve seria substituído), preparavam-se para fazer de Randstad uma fortaleza de defesa do noroeste da Alemanha.

Com as minas de carvão de Limburg, na parte libertada ao sul da Holanda, separadas do oeste holandês, a perspectiva era ter de suportar o inverno sem combustível ou gás e com os suprimentos de alimentação em nível muito baixo; o povo da região preparava-se para o pior.

Os próprios suprimentos dos Frank estavam em nível muito baixo, como também os seus ânimos.

"Aquele foi o ponto mais baixo depois de Arnhem, " disse Flory. "Chegar tão perto, e depois ver as nossas esperanças abaladas de novo."

Concomitantemente, um outro mal chegava na vida de Haia e de Londres: o V-2, o primeiro míssil balístico de médio alcance do mundo.

Os britânicos já haviam neutralizado algumas ameaças do antecessor do V-2, o V-1, graças às ações da RAF contra alvos na França. Mas, em inícios de setembro, os alemães dispararam de plataformas de lançamento em Haia as suas mais recentes *Vergeltungswaffen*, ou armas de vingança, que atravessaram o Canal e atingiram Londres. O primeiro dos mísseis, lançado em 8 de setembro, completou o vôo de trezentos e nove quilômetros em cinco minutos e arrasou uma fileira de casas em Staveley Road, matando três pessoas e ferindo dez.

O V-1 voava horizontalmente em relação ao chão, podia ser visto e ouvido antes de cair, e o silêncio quando o motor parava anunciava o choque. Como falou Edward Murrow a seus ouvintes, numa reportagem sobre os mísseis, os V-2 não anunciavam sua aproximação.

> [O V-2] chega sem aviso de espécie alguma. O som da explosão não é como o estouro das bombas de antigamente, ou o simples estampido de uma bomba voadora. O som é talvez mais pesado e mais ameaçador, porque vem sem qualquer aviso. A maioria das pessoas tem sido salva na guerra, repetidas vezes, pela vista ou pelo ouvido. Contra essa nova arma, nenhum sentido pode dar aviso ou proteção.
>
> Nos dias de hoje, ter uma imaginação vívida é uma grande responsabilidade. Não é nada agradável a possibilidade, mesmo que remota, de uma tonelada de explosivos atravessarem o telhado sem qualquer tipo de advertência.

Murrow concluiu a alarmante reportagem com um certo tom britânico adquirido de minimizar as coisas, observando que "há bons motivos para se acreditar que os alemães estão desenvolvendo um foguete com capacidade de até oito toneladas de explosivos. Isto seria oito vezes o tamanho do foguete atual, o que, na opinião da maioria das pessoas por aqui, seria absolutamente desagradável."

Quatro anos antes, depois da invasão dos Países Baixos, Churchill alertara sobre uma "longa noite de barbárie [nazista], tornada mais longa, mais escura e mais bárbara pela luz de uma ciência perversa". Mas, tal como o caça-jato Messerschmitt e a maioria das "armas milagrosas" que os devotados cientistas do Terceiro Reich desenvolveram durante os dois anos finais da conflagração, o V-2 chegou tarde demais ao cenário para que pudesse afetar o curso da guerra. Felizmente, também, Werner von Braun e seus colegas engenheiros de foguetes não podiam ainda disparar o projétil letal de cinqüenta toneladas sobre alvos específicos, militares ou civis.

Eisenhower concordou com a Operação Market Garden em parte para acabar com os V-2. Depois que a operação falhou em tomar os locais de lançamento em Haia, a única alternativa era eliminar os mesmos com bombardeios e raids aéreos, o que não era tão eficaz e constituía um desastre para o povo da cidade holandesa sitiada.

A ofensiva dos V-2 no outono de 1944 deixou a população londrina horrorizada, pelo menos no início, antes que o espírito "Londres-pode-agüentar" reinasse novamente. Mas o efeito foi igualmente grande sobre a população de Haia, de cujas ruas e parques aquela arma, freqüentemente funcionando mal, era disparada. Um a cada dez foguetes explodia no lançamento ou caía logo, destruindo totalmente prédios ou ruas inteiras. Como seus vizinhos, os Frank também adquiriram o hábito de contar os segundos depois de ouvirem o rugido dos mísseis, que pareciam vindos do além. Um cidadão de Haia recorda:

> Alguns foguetes explodiam nos próprios pontos de lançamento, matando e ferindo os membros da guarnição. Alguns falhavam no momento da ignição. Outros ainda subiam por alguns instantes e logo chocavam-se com a terra e explodiam, ou caíam no mar. Sempre que os civis ouviam o rugido da ignição de um foguete, todo o mundo começava a contar os segundos. Passados trinta segundos, eles estariam salvos. Se o projétil só parasse depois dos trinta segundos, ou ainda mais do que isso, o foguete iria cair no mar do Norte ou no outro lado da cidade.
>
> Foram vistos foguetes explodindo furiosamente sobre a cidade, inteiramente fora de controle, voando horizontalmente apenas para espatifar-se a

poucos quilômetros do ponto de lançamento. A maioria explodia na colisão. Se a ogiva não detonasse, os especialistas alemães tentariam desmontá-la. Muitos dos disparos mal feitos caíram sobre os residentes da cidade.

Algumas vezes, os Frank podiam ver pela janela o clarão dos foguetes em chamas atravessando o Canal.

"Ficávamos felizes quando eles iam embora", admitiu Dorrit. "Mesmo que estivessem indo para a Inglaterra, pelo menos sabíamos que não iriam cair em cima de nós!" Tão impregnada estava Dorrit pelo terror dos foguetes que certa noite, trinta anos depois, ela teve uma crise de choro durante a exibição do filme *Limite de segurança* pela tv norte-americana.

Com os Aliados temporariamente mantidos à distância e o Reno constituindo mais uma vez uma barreira impenetrável, os alemães acharam que podiam agir impunemente, desencadeando um novo reinado de terror e armando o cenário para uma verdadeira guerra civil entre a população. Os tempos de se tentar conquistar os corações e mentes dos holandeses já haviam passado desde muito. Agora existia verdadeira animosidade nos corações dos alemães, como iriam provar as suas ações desse período na Holanda.

Seyss-Inquart estava especialmente enfurecido com a obstinação dos ferroviários holandeses em greve. Sofria também crescente pressão de Berlim para acabar com a paralisação operária, que estava ameaçando interferir nos embarques de suprimentos e no transporte de peças e mísseis para o programa V-2, de alta prioridade.

Ele convocou as duas principais autoridades holandesas do setor de alimentação, o dr. H.M. Hirschfeld, secretário geral do Comércio e da Agricultura, e o dr. S.L. Louwes, presidente do Escritório de Abastecimento de Alimentação, e ordenou a esses dois servidores públicos, até ali submissos, que fizessem cessar a greve. Hirschfeld e Louwes recusaram-se peremptoriamente. Seyss-Inquart replicou que, se continuassem com aquela obstinação, ele não teria alternativa senão a de impor um embargo nos transportes internos, sabendo muito bem que essa medida significaria a fome para o oeste da Holanda. Mesmo assim, as autoridades holandesas mantiveram a recusa.

Seyss-Inquart ofereceu ração dupla para os ferroviários que concordassem em voltar ao trabalho. Poucos aceitaram. O frustrado funcionário alemão enviou então um telex aos principais jornais instando para que publicassem editoriais advertindo aos grevistas que, se não retomassem as atividades, grande parte da população holandesa iria passar fome. Os jornais também se recusaram. Como punição por semelhante insolência, em 29 de setembro o *Reichskommissar*, declarando "guerra biológica" aos holandeses, ordenou a destruição das prensas do *Haagsche Courant*, o principal jornal da cidade.

Finalmente, o povo holandês, como um todo, estava dando provas de solidariedade.

Infelizmente, isso aconteceu tarde demais para a população judaica da Holanda, a maior parte da qual já havia sido morta em Auschwitz ou Sobibor, ou então, como Anne, Margot e Edith Frank, definhavam ainda em alguma parte daquele imenso empreendimento assassino dos alemães.

O centésimo quarto trem, o último com carregamento de judeus, partiu de Westerbork em 5 de setembro em direção ao leste. Pelo que tocava à SS, os livros de registros dos judeus da Holanda tinham sido agora encerrados. Resumindo, incluindo o último embarque, os alemães tinham recolhido cento e sete mil dos cento e quarenta mil judeus holandeses e "sem nação" que se haviam registrado devidamente no censo de 1941. Esse total não foi igualado em qualquer outro lugar do Ocidente ocupado da Europa.

Dentz, o comerciante de tabaco que apresentara um relatório ao governo no exílio sobre as suas descobertas iniciais relativas às deportações, estava certo: não eram muitos os que iriam retornar.

"Fracassamos — fracassamos como nação [para deter os assassinatos]", disse R. van der Veen, o observador de Amsterdam transformado em combatente da Resistência, ao ser entrevistado em 1974 para *The World at War*.

Já os holandeses, ao contemplarem as casas vazias que outrora haviam pertencido a seus vizinhos judeus deportados, e diante da crescente evidência do que havia na verdade acontecido a eles, estavam fazendo a si mesmos perguntas como: *Poderíamos ter feito mais alguma coisa? Deveríamos ter feito alguma coisa mais?*

Hoje ainda eles se repetem essas perguntas.

As autoridades da ocupação continuavam interessadas no paradeiro dos outros judeus. Recompensas por *onderduikers* continuavam a ser pagas. A guerra contra eles prosseguia, se bem que de forma menos ordenada, mais confusa.

Percorrendo os objetos deixados por Eva e Alfred Schnell na Pieter van den Zandestraat n.14, lendo os seus livros, as meninas Frank às vezes ficavam a imaginar o que teria acontecido com eles. Segundo Annie, os Schnell tinham ido se esconder em Wezep, uma pequena cidade central da Holanda, bem perto de Zwolle. Quando Dorrit e Sybil lhe perguntaram, Annie respondeu que já há algum tempo não tinha notícias deles, o que não era de estranhar, afinal, eles também estavam escondidos.

Como a família de Anne Frank, a sorte permaneceu com os Schnell até o outono de 1944. Mas, depois disso, eles desapareceram. Após a libertação, seus nomes não constavam nem dos meticulosos relatórios que os alemães mantinham das chegadas a Westerbork, nem nas listas de deportados assassinados compiladas pela Cruz Vermelha, volumosas e relativamente confiáveis. Eles também não estavam entre os imundos batalhões de sobreviventes que retornaram dos campos.

O triste destino dos Schnell só viria a ser conhecido após a libertação, quando seus corpos já decompostos foram descobertos. Um artigo publicado em junho de 1945 descrevia a sua morte, juntamente com a de quatro outros judeus *onderduikers* tardiamente descobertos, nas vizinhanças de um parque, o Engelsche Werk, em Zwolle. Os assassinatos foram atribuídos a um nazista chamado Stock.

O artigo, intitulado "CRIMES DE GUERRA EM ZWOLLE E NAS PROXIMIDADES — A TRAGÉDIA EM ENGELSCHE WERK", dizia em parte o seguinte:

> O Escritório Holandês que está se ocupando em rastrear os criminosos de guerra que cometeram crimes na Holanda ... pôde esclarecer muitos assassinatos cometidos em Zwolle e nas proximidades ...
>
> Em primeiro lugar, há a tragédia verificada em Engelsche Werk. Em 30 de setembro de 1944, um judeu, Hans Koopal, que se encontrava escondido com a família Tensen, em Zwolle, foi preso. Três dias depois, após uma *razzia* em Wezep, Alfred Schnell e sua esposa [Eva] foram presos. Além disso, três outros que também viviam escondidos foram presos [com eles] ...: J. Koren e C. Bakker, ambos da ilha de Texel, e A. Brouwer, proveniente de Meppel. Ficaram presos no prédio da *Dienstelle SD* ...
>
> Stock, o chefe da *Polizei Freiwilligen Battalion Niederlands*, foi aquela noite a Engelsche Werk. Ali, eles tiveram de cavar o próprio túmulo: três túmulos para seis pessoas.

Segundo o artigo, Eva disse a Stock que lhe haviam garantido um tratamento decente na prisão. O alemão não se perturbou:

> A resposta foi um tiro no peito. A vítima caiu para trás no fosso que estava sendo cavado por dois dos outros *onderduikers*. Em seguida, Stock descarregou seu fuzil sobre os dois que estavam cavando, e que também tombaram dentro do fosso. Koopal tentou escapar, mas também foi alvejado e morto. Os demais foram do mesmo modo privados de suas vidas.

O massacre dos Schnell foi um dos assassinatos sumários de judeus que ocorreram quando a ocupação alemã na Holanda entrava em seu estágio final e apocalíptico. Em *Victims and Survivors*, Bob Moore descreve outras atrocidades semelhantes ocorridas nos meses do declínio da guerra, quando as *razzia* no norte da Holanda, levadas a cabo em conjunto pela alemã *Schutzpolizei* e a holandesa *Landwacht*, descobriram outro grupo de judeus há "longo tempo" escondidos, os quais, como os Schnell, foram fuzilados no próprio local.

Bert Jan Flim, um dos muitos acadêmicos holandeses contemporâneos que fizeram do estudo sobre o aniquilamento dos judeus holandeses o trabalho de toda sua vida, estima que mais de quinhentos judeus foram assassinados em solo holandês, inclusive aqueles que resolveram se opor aos alemães unindo-se aos combates da Resistência e os escondidos que foram descobertos nos últimos nove meses da guerra.

"Nós holandeses entramos agora em um túnel escuro", escreveu um engenheiro holandês em 3 de outubro, refletindo de forma precisa o sentimento geral da Holanda pós-Arnhem. "Não podemos enxergar aonde vamos, e não avistamos o fim."

Naquele dia, circularam relatos de uma atrocidade cometida em Putten, uma pequena cidade no nordeste da Holanda. Na noite anterior, um grupo local da Resistência emboscara um veículo armado alemão, matando três ocupantes e tomando o quarto como refém. Ao saber do incidente pelo encarregado da área, coronel Fritz Fullriede, o general Christiansen, comandante local da Wehrmacht que recentemente pedira permissão a Berlim para atirar em qualquer pessoa "que não fosse um terrorista [isto é, membro da Resistência] mas cuja atitude passiva ameaçasse os soldados combatentes", foi tomado pela fúria: "Toquem fogo em tudo", instruiu ele a seu subordinado, "e coloquem todos em fila contra a parede!"

Tomado de certa surpresa, Fullriede hesitou em obedecer plenamente àquela sanguinária ordem. Somente oitenta e sete das seiscentas casas de Putten foram incendiadas. Depois do fuzilamento sumário de sete moradores daquela fechada aldeia de devotos calvinistas, Fullriede, com a ajuda de um destacamento especial da SS, prendeu todo o resto da população masculina de Putten, um total de seiscentos e sessenta homens e os embarcou para Amersfoort, o último campo de concentração alemão em solo holandês. Dali, quinhentos e oitenta e nove dos presos foram mandados para a Alemanha, como registra Henri A. van der Zee em *The Hunger Winter: Occcupied Holland 1944-45*:

> Os habitantes de Putten, acostumados à rígida orientação de seus pastores calvinistas e tendo vivido quase em isolamento tribal, não estavam preparados para a crueldade dos nazistas. Apenas alguns tentaram escapar, e não mais de treze pularam fora do trem. Espalhados por diversos campos na Alemanha, logo seu ânimo desabou. Acreditavam ter sido uma punição de Deus, e muitos procuraram a própria morte.

Só algumas dezenas dos homens de Putten retornaram da Alemanha.

Em 1° de outubro, cinco reféns da cidade de Wormeveer foram assassinados, em represália pela morte de um policial. No dia 6, três inocentes cidadãos de Roterdam foram mortos depois de uma bem-sucedida ação britânica. No dia 12, dez reféns de Rijkswijk, subúrbio de Haia, foram mortos.

E assim por diante.

O tom antes otimista do governo holandês tornou-se desesperado ao procurar atrair a atenção mundial para as condições de vida no noroeste da Holanda, em rápida deterioração. "A Holanda enfrenta, com a enchente e a fome, o maior desastre que jamais conheceu, e as próximas semanas irão decidir se ela poderá desempenhar seu papel no mundo do futuro como uma nação civilizada moderna", declarou Gerbrandy em 6 de outubro, diante de uma conferência de imprensa convocada às pressas, ele que poucas semanas antes estava se preparando para realizar um retorno triunfal ao país.

Que diferença tinham feito apenas quatro semanas.

"Como resultado da ocupação alemã, do fracasso da tentativa aliada de atravessar o rio Lek, em Arnhem, e da paralisação dos trens, obedecendo a uma requisição dos Aliados", declarava o holandês nitidamente alarmado, segundo uma citação no *Times*, — "a população agora está ameaçada de morrer de fome, congelada e afogada."

A Rádio Orange disse quase a mesma coisa numa transmissão no dia seguinte: "Abriram-se as cortinas e o mundo inteiro pôde ver uma Holanda torturada e sangrando", disse aos ouvintes o locutor holandês Den Doolaard, inclusive aos quatro milhões e meio de habitantes ainda cativos no oeste da Holanda. Doolaard pode ter sido algo melodramático, recorda Henri van der Zee:

> ... Mas os fatos foram todos absolutamente verdadeiros. Além dos portos de Amsterdam e Roterdam [que os nazistas tinham dinamitado], os alemães arrasaram os de Schiedam e Vlaardingen. Grande parte das ilhas de Zeeland e de Zuid-Holland foram inundadas, e o mar já engolira um quinto da nossa terra arável. As cidades costeiras e ao longo do Reno, em torno de Arnhem, tinham sido evacuadas. Muitos operários da estrada de ferro

foram executados, e em Apeldoorn os alemães mataram dez pessoas que se recusavam a trabalhar para eles.

Escondidos atrás da porta n.14 da Pieter van den Zandestraat, os Frank tinham dificuldade em assimilar todos esses novos acontecimentos deprimentes, tal como relatados pelos amigos. Podiam apenas apreender o que conseguiam divisar pelas cortinas. A mulher que, todas as sextas-feiras, lavava a calçada no outro lado da rua agora não saía mais de casa. A moça da casa em frente também parecia ter desaparecido. E também *Slimmy* e *Blond*.

O mundo, aparentemente, se esquecera da Pieter van den Zandestraat.

Mas não a Wehrmacht.

Na manhã de 21 de novembro de 1944, sábado, um caminhão alemão com um alto-falante estacionou na entrada daquela pequena rua, e uma voz incorpórea ordenou que todos os homens fisicamente capazes, entre as idades de dezesseis e quarenta anos, se apresentassem do lado de fora, na rua.

Tendo conseguido escapar da "rede judia" alemã, agora os Frank tinham caído numa outra, não menos letal: a medida para se recolher trabalho escravo para as fábricas alemãs, carentes de operários. Operação Rosenbranch era o seu nome. No dia anterior, um ataque surpresa em Roterdam, empregando soldados armados e cães, produzira um resultado de trinta mil holandeses assombrados.

Entretanto, os homens de *Den Haag* não se entregariam assim tão fácil. Avisados com antecedência pela Rádio Orange, muitos foram esconder-se. E então, quando chegou o grupo de buscas alemão, os homens da Pieter van den Zandestraat e das ruas adjacentes já estavam preparados para resistir.

Assim estava também Myrtil Frank. Sem que a mulher e as filhas soubessem, segundo mais tarde contou ao irmão Julius, ele conseguira um revólver — provavelmente com seu amigo L. — que pretendia usar se os alemães viessem até o número 14. Como um moderno macabeu, ele planejou atirar no primeiro alemão que chegasse à sua porta. Depois, atiraria no resto da família. De modo algum deixaria que os alemães as levassem.

Nesse meio tempo, enquanto Flory, Dorrit e Sybil aguardavam sentadas e entorpecidas, a busca armada continuava. Ouviram-se tiros. Alguém fora do alcance da vista, no final da rua, estava opondo resistência. Pouco depois, os Frank puderam ouvir ruídos de luta acima deles, quando um dos ocupantes do apartamento superior lutou antes de ser arrastado para o caminhão que esperava lá fora.

Pelas cortinas, os Frank podiam ver as silhuetas borradas e apressadas dos soldados realizando as buscas. O tempo havia parado. Myrtil abriu a trava de segurança do seu revólver, preparando-se para atirar. Os quatro esperaram pelas batidas à porta.

Mas elas não aconteceram.

Finalmente, enquanto os Frank ficavam sentados ali, gelados, incapazes de acreditar no que se passara, ouviram o barulho do caminhão indo embora.

De algum modo, os alemães não se detiveram no número 14. Revistaram o número 12, revistaram o número 16. Mas passaram o número 14.

Por quê?

Quem poderia saber? Quem se importava? Os Frank poderiam refletir sobre isso depois. E iriam fazê-lo.

Antes, havia o resto do Inverno da Fome para eles atravessarem.

Algumas semanas mais tarde, a melhor amiga de Dorrit, Gerda, que fora enviada a Westerbork no ano anterior depois que o Conselho Judaico revogou sua isenção, foi assassinada em Auschwitz juntamente com a mãe. Primeiro, segundo o relato de um dos internos que estava logo em seguida a elas na fila, o "médico" alemão de uniforme branco que examinava os recém-chegados e decidia quem estava saudável o bastante para trabalhar como escravo e quem deveria ser enviado para os fornos crematórios, acenou para que Gerda, relativamente bem de saúde, fosse mandada para o trabalho. Sua mãe, mais velha e não tão bem fisicamente, recebeu ordens de juntar-se à fila para os "chuveiros". Vendo isso, Gerda voltou e tomou-lhe a mão, e ambas, mãe e filha, caminharam juntas ao encontro da morte.

11
SOS Holanda

"Parece que algo inteiramente fora da experiência atual pode defrontar-se com o SHAEF na Holanda."

DESMOND NORTON, secretário de Winston Churchill, em outubro de 1944

"A expressão 'morto de fome' tem sido usada tantas vezes em sentido figurado que fica difícil nos darmos conta de que as pessoas estão mesmo morrendo de exaustão e privação pelas ruas. Não quero dizer que essas pessoas estejam 'mortas' de cansadas, mas sim que definitivamente os seus cadáveres já podem ser retirados. E quando surge a pergunta: 'Mas como podem vocês suportar isso?', a minha resposta é: 'Essa gente não pode suportar mais, ela está inteiramente caindo aos pedaços.' SOS HOLANDA."

Mensagem vinda da Holanda ocupada, recebida em Londres em março de 1945

"À miséria generalizada, provocada pela fome e a doença, juntava-se agora um sentimento de abandono e de ressentimento pela morosidade dos Aliados."

ROBERT FRUIN, historiador holandês, num ensaio de 1874 sobre o cerco e a libertação de Leiden

Depois que se mudaram para a Holanda nos anos 1930, um dos primeiros episódios da história holandesa que Dorrit e Sybil aprenderam no colégio foi o do cerco e da libertação de Leiden. Esse foi um acontecimento crucial na Guerra de Independência, longa e finalmente bem-sucedida, contra Felipe II e o Reino da Espanha, campanha que hoje é lembrada apenas vagamente pela maioria das pessoas. Entretanto, na primeira parte do século XX, antes que a Segunda Guerra Mundial obscurecesse tudo o que aconteceu anteriormente, o selvagem cerco e a milagrosa Libertação (normalmente escrita em maiúscula) ainda ocupavam um grande espaço na imaginação do mundo ocidental, pelo heroísmo que demonstraram os cidadãos de Leiden e os sofrimentos que suportaram no século XVI. Foi um evento de imenso significado para a história holandesa e européia. Thomas Macaulay diz em seu prólogo ao ensaio de Robert Fruin sobre o episódio, escrito em 1874: "A Libertação de Leiden merece na verdade um lugar igual ao da Derrota da Armada como o golpe decisivo que deteve a conquista da Europa pela Monarquia e a Armada espanholas."

Em 31 de outubro de 1573, a Armada espanhola cercou Leiden, então uma das maiores e mais prósperas cidades das agitadas províncias holandesas, onde uma rebelião contra o domínio espanhol tivera início pouco antes. A população, que por então chegava a cinqüenta mil habitantes, foi capaz de resistir sem muitas perdas ao primeiro cerco, que terminou em 21 de março de 1574, quando os sitiantes, sob o comando do general espanhol Valdez, subitamente foram embora. Entretanto o segundo cerco, que começou na noite de 25 de maio, quando Valdez retornou surpreendendo a fortificação completamente despreparada, foi uma calamidade. A fome e a doença devastaram os habitantes, provocando mais de seis mil mortes. As pessoas desvairadas comiam gatos, cães, ratos e até coisa pior.

Entretanto, Leiden, inabalável perante a tirania, recusou-se a sucumbir, sempre esperando e imaginando se por acaso seus aliados a teriam abandonado. No fim, a salvação veio pela água, quando os holandeses romperam os diques e abriram as barragens na região em torno de Leiden, fazendo com que as forças de libertação literalmente velejassem até poderem resgatar a cidade agonizante, em outubro de 1574, encerrando um dos mais inspiradores e catastróficos capítulos da história holandesa.

Depois do cerco e da bem-sucedida libertação de Leiden, a coroa holandesa propôs que os valentes habitantes escolhessem entre duas possíveis recompensas: a isenção de impostos ou terem a sua própria universidade. Eles optaram pela última, e a Universidade Estatal de Leiden logo se tornou uma das mais importantes instituições de ensino da Europa. Os muitos mortos receberam funerais apropriados, os danos materiais decorrentes do cerco foram reparados. Com aquela grande universidade como seu maior motivo de orgulho, a cidade recuperou a estabilidade e foi celebrada nas obras de Rembrandt, Jan Steen e outros artistas holandeses que consideravam seu lar a divertida cidade cortada por canais. Na época em que os Frank chegaram à Holanda, Leiden se tornara uma atração popular, um local agradável para se passear à tarde, pelas tranqüilas e pitorescas ruas, com um saquinho de *frites* e talvez um pedaço de peixe comprado no mercado aberto diariamente no canal, antes de pular no trem de volta para casa.

E então veio a guerra, a invasão e a ocupação. Como aqueles das outras cidades da região hoje conhecida como Randstad — Amsterdam, Roterdam, Haarlem, Utrecht, Hilversum, Delft e Haia —, a população de Leiden, de cem mil habitantes, sofreu muito sob a repressão nazista. Sua pequena minoria judaica foi perseguida e deportada. A universidade reuniu seu corpo docente na oposição aos alemães, e foi fechada em novembro de 1940. Três anos depois, em 1943, os estudantes igualmente obstinados de Leiden recusaram-se a assinar um compromisso compulsório de lealdade que as autoridades alemãs insistiam em impor naquela primavera, e passaram a esconder-se, muitos deles na própria cidade, pressionando a ainda incipiente Resistência local a abrigá-los e alimentá-los, enquanto outros eram deportados para trabalhar como escravos. Por volta de 1944, esse local histórico era apenas uma sombra da sua próspera fisionomia anterior à guerra.

Entretanto, nem o povo de Leiden nem o das cidades vizinhas esperavam testemunhar uma reedição das terríveis condições que seus ancestrais sofreram durante o cerco de 1574.

Mas era isso o que agora ocorria. A fome e a doença retornaram às margens do Rapenburg e a todo o noroeste da Holanda. Mais uma vez, os famintos cidadãos de Leiden se arrastavam pelas velhas ruas de pedra procurando alimento. Mais uma vez, o povo comia os seus animaizinhos, e coisa pior.

Teriam Anne Frank e sua família sobrevivido a esse *hongerwinter*, como os holandeses passaram a chamá-lo, caso não tivessem sido traídos no verão anterior? Seus homônimos em Haia quase não conseguiram. E tampouco os quatro milhões e meio de habitantes do oeste da Holanda, que também viveram um verdadeiro inferno naquela estação.

O Terceiro Reich sitiado foi cenário de algumas estranhas festas no Natal de 1944, porém nenhuma mais estranha que a oferecida por Seyss-Inquart aos membros de sua equipe em Clingendael. Essa antiga propriedade real nas dunas de Haia fora confiscada da rainha holandesa, que se encontrava no exílio, e Seyss-Inquart tinha vivido e se distraído ali por quatro anos e meio. Apesar da notória ausência da mulher, que retornara às pressas à sua Salzburg natal, o procônsul nazista amante da música, com seus característicos óculos, mostrou-se — segundo a opinião generalizada — um refinado anfitrião ao receber os convidados cuidadosamente selecionados em sua casa, naquela noite de festa.

Os jantares oferecidos pelo *Reichskommissar* jamais foram muito populares entre os seus subordinados na Holanda, devido à pudica sobriedade que prevalecia, traço que Seyss-Inquart compartilhava com seu ídolo, Adolf Hitler.

A procissão de automóveis Mercedes Benz e BMW da equipe, já um tanto arranhados, desceu até a mansão nas dunas para a celebração ao estilo nazista do Natal de 1944, enquanto a um quilômetro e meio de distância, subindo a praia, na prisão de Scheveningen, dezenas de *Todeskandidaten* — "candidatos à morte" — , combatentes da Resistência selecionados para futuras execuções de represália, definhavam nas celas, aguardando o momento em que a porta se abriria e eles seriam conduzidos para fora, para o pelotão de fuzilamento. Em outros lugares, em meio às ruas desertas da cidade real que outrora fora grande (sua população de meio milhão antes da guerra reduziu-se a menos de quatrocentos e quarenta mil, como resultado das evacuações tanto para o Atlântico quanto judaicas), os habitantes remanescentes — inclusive uns mil e quinhentos a dois mil judeus locais — amontoavam-se ao redor de minguadas rações em casas e esconderijos frios e escuros.

Mas na mansão bem iluminada, bem aquecida e bem abastecida de Seyss-Inquart, tudo era calor e luz, enquanto o *Reichskommissar* — a quem Hitler certa vez descrevera como "esperto qual uma serpente e encantador qual uma enguia" — lia em voz alta a mensagem natalina que o Führer redigira para os cento e cinqüenta mil decididos soldados e servidores públicos alemães estacionados na Holanda, desejando-lhes "força e boa saúde". Cardápios encimados por suásticas ofereciam um sortimento de três diferentes carnes, cinco vegetais e dois tipos de sorvetes.

A lista de convidados àquele memorável jantar natalino em Clingendael não mais existe. Entretanto, o resto da "máfia austríaca" de Seyss-Inquart — herr Rauter, herr Aus den Fünten e herr Fischer — presumivelmente estava presente. Mussert e os nazistas da terra, a quem Seyss-Inquart menosprezava, provavelmente não estavam. E se houve música naquela noite, provavelmente foi executada por músicos alemães.

Enquanto Seyss-Inquart distribuía as bênçãos do Führer em Clingendael, a população holandesa com acesso a aparelhos de rádio capazes de captar a BBC sintonizara na Rádio Orange, nos quinze minutos de que a mesma dispunha, para ouvir a deprimida rainha Guilhermina transmitir outra versão da mensagem de Natal tantas vezes emitida antes, dando a seus súditos esperanças de um futuro melhor e mais pacífico, "na certeza de uma libertação rápida e completa".

Guilhermina encerrou a emocionante transmissão radiofônica lembrando ao povo da Holanda, tanto a liberta quanto a sob ocupação, que a "mensagem do Natal nos capacita a proferir um corajoso e convincente 'não' aos poderes das trevas que nos ameaçam com a destruição".

Os convidados presentes a Clingendael, que encarnavam essas forças tenebrosas, não estavam nada preocupados. Na véspera de Ano-Novo, segundo a reportagem de uma exuberante imprensa alemã, o *Reichskommissar*, ainda irradiando alegria natalina, fizera uma visita a um grupo de soldados alemães durante a qual os *Kameraden* puderam ouvir, num rádio de campanha, o discurso de Ano-Novo do Führer, o que veio a reforçar a "indestrutível lealdade deles ao seu Líder". Depois disso, segundo a reportagem, os homens, inclusive Seyss-Inquart, "cantaram e fizeram brincadeiras".

É possível que essa cantoria fosse mera propaganda: Seyss-Inquart não era do tipo que de repente começa a cantar. Porém houve na realidade uma milagrosa reviravolta em sua sorte.

Em 16 de dezembro foi lançada a contra-ofensiva das Ardenas. Três Exércitos inteiros da Alemanha, liderados pelo general Rundstedt e mais quarenta outros, subitamente irromperam pela fronteira entre a Alemanha e a Bélgica causando destruição entre as tropas dos Estados Unidos à sua frente e deixando preocupado o quartel do SHAEF, em Londres. As divisões alemãs, bem treinadas e armadas, saíram das florestas cobertas de neve das Ardenas e se precipitaram sobre a Antuérpia, criando espécies de bolsões (de onde vem o nome [*Bulge*] como a batalha ficou conhecida) nas linhas excessivamente espalhadas dos Aliados.

A ofensiva, que fora idéia de Hitler, pretendia entravar as tropas britânicas e norte-americanas na Bélgica, cortar suas linhas de abastecimento e forçá-las a pedir um armistício.

As reportagens cinematográficas amplamente divulgadas exibindo milhares de sombrios prisioneiros de guerra norte-americanos marchando para o cativeiro devem ter sido um verdadeiro estimulante para Seyss-Inquart e seus insaciáveis companheiros. Naquela véspera de Natal, do ponto de vista dos alemães, as probabilidades pareciam promissoras. Embora Eisenhower e seus generais já se houvessem mobilizado para conter o bolsão que avançava noventa e seis quilômetros em suas linhas, e Patton e o Terceiro Exército estivessem vindo do sul em marcha acelerada, a maré nazista ainda seguia rapidamente para o oeste, e várias unidades dos Estados Unidos, inclusive a 101ª Divisão Aérea em Bastogne, estavam cercadas.

A surpresa de Natal do Führer deve ter sido o tópico preferido das conversas em Clingendael. Quem disse que a guerra tinha terminado?, pode-se imaginar os convidados tranqüilizando-se uns aos outros. Como um país capaz de montar uma operação tão ousada e complexa poderia ser *kaput*? Quem *disse* que o Führer não sabe o que está fazendo?

E poderia me passar o sorvete, por favor?

A ofensiva das Ardenas encheu a população das províncias libertadas de Limburg e de Noord-Brabant de temores bastante reais de que novamente pudessem ser conquistadas, e arrefeceu ainda mais os ânimos dos quatro milhões e meio de pessoas que viviam no oeste da Holanda — inclusive os Frank e seus companheiros judeus *onderduikers*.

"Ai, aquilo foi o fundo do poço", disse Dorrit. "Logo quando achávamos que as notícias não podiam piorar, elas pioraram."

Nem Dorrit nem Sybil puderam recordar o que havia para o jantar naquela tenebrosa véspera de Natal. "Muito provavelmente, beterraba", disse Sybil. "É uma das coisas que mais me lembro daquele inverno. Era horrível. Acabava com a nossa garganta." Ou talvez se tivessem arranjado com uma tigela de sopa de ervilha feita por Flory, que já sofria com a desnutrição. "Havia um saco de farinha de ervilhas que Myrtil conseguiu comprar", lembrou ela trinta e cinco anos mais tarde. "E nos arranjamos com aquilo. Não era todo dia, mas sim de vez em quando. Foi principalmente o que nos sustentou durante todo aquele inverno."

Tudo é relativo: naquela noite, os Frank ainda podiam considerar-se relativamente afortunados. Em todo o oeste da Holanda, ao redor deles, as pessoas haviam começado a passar fome.

Em início de dezembro, por um pedido específico da Wehrmacht, que temia que aquela obstinação levasse a uma insurreição total, Seyss-Inquart suspendeu o embargo aos transportes internos de carga. Também concordou em permitir que as igrejas ajudassem na distribuição de alimentos às áreas mais seriamente atingidas. Mas isso não adiantou. O sistema de transporte estava demasiadamente fragmentado para poder amenizar a crise. Havia escassa colaboração entre as autoridades nazistas civis e militares, e os capitães holandeses não tinham nenhuma certeza de que os alemães não lhes fossem confiscar os barcos. As rações semanais de alimentos, já em um nível mínimo, continuavam a ser reduzidas, de uma porção diária de mil e trezentas calorias por pessoa, em outubro — o que já era a metade do que um ser humano normal necessita —, para simples novecentos calorias, em novembro. Em breve, à medida que os abastecimentos se reduziam ainda mais, até mesmo esse número passaria a ser considerado um luxo.

A predição de Gerbrandy de que as províncias do oeste, das quais se desviaram os Aliados em seu caminho para Berlim, iriam morrer de fome se não fossem libertadas até dezembro começava agora a tornar-se verdade. Londres recebeu em 20 de novembro os primeiros relatórios alarmantes das mortes por desnutrição na Holanda metropolitana. Os totais das perdas continuaram a se elevar por todo o mês de dezembro, à medida que os estoques de alimentos, já reduzidos pelos roubos dos alemães, praticamente desapareceram.

Então, quando começavam a dar frutos os desesperados esforços dos encarregados holandeses da alimentação para organizar uma expedição de socorro, com centenas de barcas partindo das terras cultivadas do leste em direção ao oeste faminto, "uma severa frente gelada" se abateu, como escreve Van der Zee: "Os canais e o IJsselmeer ficaram congelados, e em 23 de dezembro um dos mais frios invernos de que se possa lembrar começou, prolongando-se até 31 de janeiro."

Tecnicamente, o inverno de 1944-45 não foi excepcionalmente frio. Com temperaturas médias entre –2,5°C e –4,5°C, em dezembro de 1944 e janeiro de 1945 respectivamente, foi muito frio, sem dúvida, porém um exame nos mapas de temperatura das duas décadas precedentes mostra que vários outros invernos, principalmente o de 1941-42, foram na verdade muito mais frios.

Mas naquele inverno horrível de 1944, os holandeses estavam sem gás, sem aquecimento e sem luz. Aquela paisagem congelada de inverno não tinha nenhuma das alegrias pintadas por Hendrik Avercamp, o célebre paisagista do século XVI. Os holandeses mal vestidos, mal alimentados e desencorajados do século XX não aparentavam a menor disposição para saírem esquiando. Simplesmente, tentavam sobreviver.

Havia uma grande corrida por madeira, ou qualquer outra coisa que pudesse queimar. "De manhã cedo, ou depois do pôr-do-sol", escreveu um observador, "podem-se ver respeitáveis cavalheiros movendo-se silenciosamente pelos parques e pelos jardins públicos, examinando as calçadas e os canais, avaliando tudo o que vêm em relação à possibilidade de ser incinerado." Inevitavelmente, isso levou ao desmatamento. O parque maior e mais cheio de vegetação de Amsterdam, o Vondelpark, foi obrigado a fechar por causa dos roubos de madeira, embora empresários desse inverno da fome continuassem a leiloar as árvores a um alto preço.

As casas também corriam risco: "No distrito judeu quase vazio [de Amsterdam], não menos de mil e quinhentas casas foram pilhadas do mínimo pedaço de madeira que se pudesse encontrar, dos barrotes, vigas, escadas, das esquadrias das portas e janelas ... a maioria das casas desabou completamente, muitas vezes matando os seus demolidores."

Enquanto prosseguia o terrível frio, os habitantes da região de fome exploravam toda fonte de combustível que se possa imaginar. Os leitos dos canais foram dragados. Nem mesmo os bondes estavam a salvo, pois as pessoas em desespero arrancavam os blocos de madeira de entre os trilhos.

A praga dos gafanhotos chegara até a Holanda.

Como muitos outros holandeses, os Frank contavam, para o aquecimento e a cozinha, com uma nova engenhoca chamada de "fogão milagroso". Esse fogão — uma pequena grade dentro de uma latinha que ficava dentro de uma lata maior — supostamente deveria fornecer o máximo de calor com o mínimo de combustível. Obter combustível para aquilo não era evidentemente um problema: Annie e Jeanne podiam manter os Frank abastecidos de lenha, e havia também muita mobília extra na despensa que poderia ser devorada pelo fogo, com a permissão de Annie. O forno produzia na verdade uma quantidade mínima de calor exigindo uma enorme porção de combustível, e o maior desafio era mantê-lo aceso.

"O problema era que tínhamos de ficar fazendo lasquinhas para manter aquela droga funcionando", disse Sybil. "E aquilo produzia tão pouco calor que quase não valia a pena o esforço. Mas, por outro lado, nos mantinha ocupados."

"Uma das minhas maiores preocupações, durante aquele último inverno, foi se o forninho ia acender para que tivéssemos um pouco de calor", reforçou Flory.

Agora, a rotina que ela instituíra quando os Frank foram esconder-se tinha sido abandonada. A família tinha muito pouca energia para fazer exercícios. Além disso, simplesmente fazia tanto frio... Muitas vezes, eles iam para a cama para se manter aquecidos e conservarem as forças.

Ainda faziam o melhor possível para que o pequenino apartamento permanecesse limpo, tarefa cada vez mais difícil por causa da invasão diária de traças que subiam de sob o chão, afugentadas pelo frio. Os pequenos insetos, que antes viviam satisfeitos escondidos na madeira quente, estavam agora tão desesperados por calor quanto os humanos acima deles.

"*É isso* que eu lembro daquele inverno", disse Dorrit. "As traças. Todas as manhãs, ficávamos de joelhos e esfregávamos o chão para nos livrarmos delas. E elas eram *horrorosas*!"

Fome. Escuridão. Frio. Essas três coisas dominaram as vidas dos Frank quando se iniciou a parte final e indiscutivelmente mais terrível de sua jornada de mil dias. "Eram terríveis", disse outro *onderduiker* em Haia, um engenheiro que fora se esconder para escapar do alistamento para o trabalho, referindo-se àquele triunvirato do inverno. "E o pior de tudo é que eles se intensificavam reciprocamente."

Em 1946, C. Banning, o inspetor-chefe do Serviço de Saúde Pública holandês, recordou os acontecimentos daquele inverno em um número especial da revista *The Annals of the American Academy of Political and Social Science*, analisando aquele que foi um dos primeiros e talvez o mais bem documentado caso de fome em uma nação industrializada da história. "A situação tornou-se cada vez mais insuportável para a população e, do ponto de vista da saúde pública, uma catástrofe", escreveu Banning:

> Por todo o inverno de 1945, a população esteve sem luz, sem gás e sem aquecimento. As lavanderias cessaram de operar. Era impossível obter-se um sabonete para uso pessoal. Sapatos, têxteis e roupas adequadas faltavam para inúmeras famílias. Nos hospitais e sanatórios, muitos dos quais foram evacuados pelos alemães, que os confiscaram para uso próprio ou os demoliram por razões militares, havia séria superpopulação, como também falta de medicamentos. A fome dominava tudo...

Ele observa que a falta de alimento foi particularmente aguda em Haia:

> A localização de Haia, em relação ao setor de produção e abastecimento doméstico de alimentos, é desvantajosa. Por isso, conseguir os suprimentos oficiais de alimento era mais difícil ali do que em outros lugares, e mais difícil também para o próprio povo obter os alimentos dos produtores, do que, por exemplo, para a população de Amsterdam.

O agravamento da situação alimentícia refletia-se nas mortes informadas à capital. Na primeira semana de janeiro de 1945, os registros mostravam um total de cento e sessenta e oito mortos em Haia — um aumento de quarenta por cento em relação ao ano anterior. Na semana seguinte, o total de mortes informadas na cidade saltou para cento e oitenta e três, na outra foi a duzentos e trinta e nove, depois para duzentos e quarenta e cinco e então, nas primeiras duas semanas de fevereiro, atingiu duzentos e oitenta e oito e trezentos e vinte e quatro. E continuou subindo.

E essas eram apenas as mortes informadas. Com a investida da fome, muitos familiares não informavam a morte dos seus entes queridos, para que pudessem manter seus cartões de racionamento. Quase a mesma coisa havia ocorrido no cerco de Leiden, como registrou Robert Fruin em 1874: "Para cada boca, cerca de meio quilo para durar quatro dias — cerca de duzentos gramas de carne com osso como único alimento por vinte e quatro horas. Não surpreende que em muitas casas uma morte fosse parcialmente ocultada, para que a ração pudesse ser obtida."

A morte de um *onderduiker* colocava o problema ainda mais sério de como se desfazer dos corpos. As morgues não aceitavam corpos sem identificação apropriada, e nem os poucos agentes funerários remanescentes o faziam. O solo estava gelado demais para se cavar. E mesmo que alguém pudesse enterrar um *onderduiker* por iniciativa própria, ainda restava o problema paralelo de saber *dentro do quê* enterrá-lo. Com a falta de madeira, os caixões se tornaram artigo de luxo. Freqüentemente, tal como em 1574, a solução era deixar os corpos nos rios e nos canais. De manhã, os cadáveres podiam ser vistos boiando pelos canais internos de Haia, Amsterdam, Leiden e outras cidades.

Enquanto os cidadãos de Haia e de suas cidades irmãs morriam de fome e de frio, os alemães aceleravam a produção de mísseis. A aproximação do Exército soviético forçara os destacamentos alemães de foguetes do *Sonderkommando* a abandonarem suas plataformas de lançamento no leste, transferindo para a Holanda grande parte da campanha dos V-1 e V-2. As guarnições baseadas na Holanda, cada vez mais experientes, estavam podendo lançar quatro ou cinco V-2 por dia contra a capital britânica, com resultados aterradores.

Em 25 de novembro de 1944, num dos ataques mais mortíferos, 168 londrinos morreram quando um V-2 lançado da Holanda caiu, destruindo uma das lojas Woolworth, em Deptford. Tripulantes de bombardeiros dos EUA, a caminho de seus alvos na Alemanha, viam algumas vezes os rastros de fumaça dos rápidos foguetes destacando-se na escuridão da estratosfera acima. Não havia nada que pudessem fazer.

Uma das plataformas de lançamento preferidas pela Wehrmacht ficava no bosque por trás do palácio da Paz, o adornado castelo doado por Andrew Carnegie, e que antigamente abrigara a Corte Internacional de Justiça. Os comandantes alemães do lançamento acharam que aquele bosque era um local conveniente para esconderem os projéteis letais e suas plataformas do reconhecimento aliado. Depois da guerra, visitantes do terreno arrasado do palácio da Paz descobriram pontos na vegetação queimados pelas chamas daqueles monstros. O edifício em si ficara intacto, mas todas as janelas estavam quebradas, conseqüência da explosão de um foguete em pleno ar.

Houve muitos erros assim. No dia de Ano-Novo de 1945, os Frank e outros moradores da Pieter van den Zandestraat cujas janelas ficavam de frente para o norte escutaram aquele rugido de dragão do V-2, agora tão familiar, e olharam para ver o rastro de fumaça de mais um monstro cuspidor de fogo lançado perto de Ockenberg. Então, quando atingiu 3.600 metros de altitude, o míssil subitamente deu uma guinada de cento e sessenta graus antes de desaparecer de vista. Um segundo mais tarde ouviu-se uma explosão — o ruído de uma fileira de casas sendo pulverizadas com, no mínimo, cinco dos seus ocupantes.

Em 4 de fevereiro, o *Sonderkommando* lançou o número recorde de dezesseis V-2 sobre Londres — cerca de um a cada hora e meia.

Preocupadas com o crescente número de baixas entre os holandeses, as autoridades alemãs civis de Haia, que corriam tanto perigo com os foguetes quanto o resto da população, sugeriram a seus parceiros militares que encontrassem outra região menos habitada para fazer os lançamentos. A cínica resposta do comandante encarregado, segundo relatos, foi que se aconteceram baixas próximo daquele local, a culpa foi dos próprios holandeses, pois só uma sabotagem poderia ter provocado aqueles desastres.

A Resistência só podia desejar que aquilo fosse possível. Na verdade, a fácil locomoção dos mísseis tornava-os praticamente imunes à sabotagem.

Embora ainda atingida pelas lutas internas de várias de suas unidades, os combatentes da Resistência holandesa estavam agora teoricamente agindo sob o comando do príncipe Bernhard e do seu ajudante de combate, o coronel Koot, e mostravam nitidamente maior eficácia do que antes. Também estavam mais intrépidos. Em 8 de dezembro de 1944, numa das mais espetaculares operações dos BS, um grupo disfarçado como policiais holandeses irrompeu na cadeia de Leeuwarden, na Frísia, e libertou cinqüenta e um ativistas da Resistência. A Gestapo retaliou, fuzilando vários reféns.

Algumas vezes os reféns eram executados nas dunas já manchadas de sangue de Scheveningen e Overween, nos arredores de Haarlem. Mais tarde calculou-se que cerca de quatrocentos e vinte e dois homens e mulheres holandeses foram assassinados durante a guerra.

Nesses últimos duros meses da ocupação alemã, o recém-empossado chefe da SD na Holanda, dr. Karl Schoengarth — um tipo particularmente cruel que mais tarde seria enforcado —, executou reféns e *Todeskandidaten* em público, deixando os corpos nas praças e ruas como um aviso. Quando era possível fazer isso, os corpos eram depois cobertos com a bandeira holandesa. Uma das imagens mais memoráveis desse inverno de 1944-45 mostra um cidadão de Amsterdam posando rapidamente para um fotógrafo clandestino, enquanto cobre o corpo de um refém ao lado de um dos canais da cidade. A pouca distância, um grupo apático observa a cena, indiferente.

No dia 2 de janeiro de 1945, o governo holandês no exílio transmitiu uma ordem aos servidores públicos das áreas ocupadas para que não colaborassem com os alemães na última *Liese-Aktion*, ou convocação para o trabalho forçado, na qual todos os homens entre dezesseis e quarenta anos deveriam alistar-se. Alguns dos funcionários, inclusive os fascistas locais cooptados pelos alemães, recusaram-se a obedecer a esse comando. A Resistência partiu para a ação: três dias depois, em 5 de janeiro, membros armados das Forças Holandesas do Interior invadiram os escritórios da *Liese-Aktion* e mataram dez dos colaboracionistas. Outros escritórios desse tipo foram queimados em todo o país. Os alemães retaliaram matando dezenas de reféns.

Nas cidades tomadas pela escuridão e o terror no oeste da Holanda, acabara qualquer aparência de vida normal. A economia estancou. Os serviços públicos de todos os tipos — transportes, educação, saneamento — cessaram. "Os que têm fome gritam, mas os famintos ficam quietos", escreveu um jornalista holandês em fins de janeiro. "O tráfego parou, as empresas estão paralisadas. Os passos são abafados pela neve espessa, e esse imenso silêncio é permeado por um único pensamento: o de que o pão de cada dia está faltando."

Agora, os rostos que os Frank viam através de sua janela recoberta de geada eram tão pálidos e preocupados quanto os deles próprios.

Nas Ardenas, o bolsão que os alemães haviam criado nas linhas aliadas foi sendo gradativamente eliminado. No final de janeiro, também fracassou a Nordwind, uma outra ofensiva visando as linhas aliadas no Sarre. Hitler esgotara suas opções. Enquanto os Exércitos aliados, a partir do oeste, recomeçaram a atacar a Alemanha num amplo front, os soviéticos continuaram a progredir a partir do leste, precipitando-se sobre a Polônia.

Em 17 de janeiro de 1945, o Exército Vermelho tomou Varsóvia. Enquanto os soldados soviéticos se aproximavam, a SS começou a evacuar Auschwitz, forçando cerca de sessenta e seis mil prisioneiros sobreviventes, inclusive centenas de judeus holandeses que representavam apenas uma pequena fração dos sessenta mil deles que tinham sido embarcados para lá, a se lançarem numa caminhada mortal.

Dez dias depois, os soviéticos libertaram o campo, encontrando dois mil e oitocentos sobreviventes inválidos. Um desses era Otto Frank. Várias semanas antes, sua mulher Edith morrera de fome. Ele sabia disso. Entretanto, àquela altura, ainda tinha esperanças quanto a suas filhas, Anne e Margot, das quais fora separado em outubro, quando elas foram enviadas para Bergen-Belsen.

Os soldados sentiram repulsa e ultraje com o que descobriram em Auschwitz, mas as autoridades soviéticas guardaram as notícias para si. O povo holandês, preocupado com a própria luta pela sobrevivência, não se inteirou de nada sobre os campos que já não soubesse antes. O governo holandês continuou acreditando que a maioria dos cento e sete mil deportados holandeses iriam finalmente retornar.

A guerra continuou. Por volta de 1º de fevereiro, o Exército Vermelho estava a cento e cinqüenta quilômetros de Berlim. Goebbels, em sua nova atribuição de ministro da Guerra Total, preparou a capital para uma última resistência. Levaria ainda mais três meses para Berlim capitular.

Em 4 de fevereiro, os Três Grandes — Churchill, Roosevelt e Stalin — reuniram-se em Yalta para conferenciarem e dividirem o mundo do pós-guerra.

Dez dias mais tarde, Budapeste foi libertada. A luta na Europa não acabara, mas já se podia ver o final.

A situação holandesa, entretanto, permanecia desesperadora. Perto do descontrole diante da terrível situação, que se deteriorava cada vez mais nas províncias sitiadas pela fome, Gerbrandy fez repetidos porém inúteis apelos aos líderes dos Aliados durante os meses de janeiro e fevereiro de 1945. Em 6 de janeiro, ele visitou Eisenhower, instando para que o comandante do SHAEF mais uma vez acelerasse a libertação do oeste holandês. Eisenhower recebeu Gerbrandy cortesmente e anotou o pedido, mas insistiu que não iria ordenar nenhum desvio da principal ofensiva contra a Alemanha.

Seis semanas mais tarde, o abalado ministro holandês renovou o pedido em uma audiência com o chefe da equipe de Ike, o general Walter Bedell Smith. Mais uma vez Gerbrandy foi repelido. Impossível, foi o que o oficial dos Estados Unidos respondeu, sem rodeios, ao espantado holandês. As divisões e equipamentos necessários não estavam disponíveis. No ritmo em que seguia a guerra, o melhor que ele poderia prometer seria os Aliados libertarem o oeste holandês até meados de maio, predição que mostrou ser acurada. Gerbrandy replicou que aí já seria tarde demais. Centenas de milhares estariam mortos. "O destino da nossa nação está na balança", disse ele.

Gerbrandy não estava exagerando. Em 28 de janeiro foram atingidos os níveis mais baixos do abastecimento de comida de que dispunham os encarregados holandeses. A ração de pão, que antes era de duas fatias por semana, agora fora reduzida à metade.

Seyss-Inquart, que se considerava uma pessoa solidária, não estava totalmente alheio à situação. Em fins de janeiro, um grupo de médicos holandeses fez um apelo ao *Reichskommissar* para conseguir assistência emergencial. O pedido mencionava a ajuda que os holandeses, então em situação muito melhor, haviam generosamente oferecido durante a Primeira Guerra Mundial, na qual permaneceram neutros, às crianças alemãs e austríacas. "Não podemos deixar de perguntar-lhe", escreveram os médicos, "se o senhor esqueceu que, quando as crianças alemãs e austríacas estavam sofrendo, elas receberam hospitalidade, alimentação e roupas deste mesmo país que agora é pilhado pelos seus compatriotas e levado à inanição."

Até certo ponto, esse apelo funcionou. Hirschfeld, o tão pressionado encarregado holandês da alimentação, cujas operações de transporte ainda estavam paralisadas por causa do frio, já pedira antes a Seyss-Inquart permissão para o trânsito de trens conduzidos por pessoal alemão.* Agora, entretanto, Seyss-Inquart acabou cedendo, e em 26 de janeiro três trens puderam chegar a Amsterdam, Roterdam e Haia trazendo carregamentos de batatas suficientes para que as cozinhas centrais dessas cidades pudessem funcionar. Mas insistiu em que eles fossem conduzidos por pessoal holandês. O governo holandês recusou, mantendo a greve, que agora era uma questão de orgulho. A crise prosseguia.

No n.14 da Pieter van den Zandestraat, os Frank tentavam se arranjar com seus próprios estoques acabando. Como disse Flory: "Tudo era cada vez menos e menos." Vez por outra o saco de farinha de ervilha, agora quase vazio, era complementado com algumas batatas ou beterrabas trazidas por Annie e Jeanne em suas visitas, que também se tornavam cada vez mais espaçadas. Se jamais foram seguras, agora as saídas à rua das duas amigas tinham ficado muito mais arriscadas. Andando pelas ruas desertas, elas podiam ser roubadas pelas gangues de garotos maltrapilhos que assolavam a cidade, ou detidas e revistadas por algum desconfiado membro da *Landwacht*, que muitas vezes realizava o trabalho da polícia depois que os policiais regulares passaram a se esconder também.

Do outro lado do Canal, Gerbrandy continuava a fazer o melhor que podia para transmitir sua mensagem, puxando este general pela manga, agarrando aquele alto funcionário pelo casaco. Nesse meio tempo, a Resistência enviou um telegrama urgente ao SHAEF no qual descrevia a situação e implorava ajuda aos Aliados.

"O povo da Holanda lutou por quatro, quase cinco anos entre as Nações Unidas", iniciava o ardoroso e eloqüente telegrama, recebido em janeiro:

---

*Hirschfeld era metade judeu. No entanto, Seyss-Inquart não parecia importar-se com isso. Depois da guerra, como muitas autoridades holandesas que permaneceram em seus cargos, ele foi criticado por colaborar com os alemães. Respondeu que agira assim para evitar a fome. Suas ações parecem mais defensáveis que a da maioria dos outros.

> Centenas e milhares sacrificaram suas vidas. Dezenas de milhares foram enviados para os campos de concentração da Alemanha. Um número ainda maior perdeu tudo que possuía.
>
> Muitas das nossas cidades estão arruinadas, mas nós as ergueremos novamente. Muitas das nossas fábricas foram destruídas, mas construiremos outras. A água inundou os nossos campos; nós os secaremos novamente. Os tiranos alemães estão tentando fazer com que nos submetamos à fome, mas venceremos também essa provação, pensando nos combatentes dos frontes e na dor sentida pelas outras nações.
>
> Sabemos pelo que estamos lutando, [porém] clamamos ao mundo livre: uma antiga e civilizada nação está ameaçada de destruição pelos bárbaros alemães. Que o mundo livre erga sua voz. Nós resistiremos.

Palavras firmes. Mas por quanto tempo poderia a Holanda agüentar?

O próprio Churchill, originalmente cético quanto aos relatórios sobre a fome na Holanda, já estava preocupado há vários meses, e tentava conseguir que o SHAEF agisse. "Estou tentando deixar solucionado o problema da Holanda", escrevera ele em 3 de dezembro ao amigo Jan Smuts, o primeiro-ministro sul-africano. "Mas", lamentou, referindo-se a sua fraca influência sobre as outras duas Grandes Potências, "não é tão fácil como antes conseguir que as coisas sejam feitas."

O que era verdade em dezembro foi duplamente verdade em fevereiro. Ike era agora o homem no comando do Ocidente. Churchill não poderia ter conseguido um ataque digressivo contra o reduto nazista no noroeste da Holanda mesmo que o desejasse. Tal como antes, Berlim continuava sendo o alvo principal, e o caminho para lá seguia pela Renânia, não pela Holanda. O SHAEF sentia muito, mas, como Smith informara a Gerbrandy, os holandeses teriam de agüentar.

Agora, a angústia vivida pela Holanda era bem conhecida na maior parte do mundo.

Em 15 de fevereiro, Richard Law, o ministro de Estado britânico, levantou-se na Câmara dos Comuns para fazer um relatório sobre os países libertados do noroeste da Europa em relação à economia e aos suprimentos. Na França, declarou ele, a situação estava boa: "A França está produzindo gêneros alimentícios tanto quanto o fez durante a ocupação inimiga." Na Bélgica, recentemente libertada, a produção de alimentos também estava boa, afirmou, embora a distribuição fosse menos do que satisfatória. Nas áreas libertadas da Holanda, prosseguiu ele, "nossas dificuldades inevitavelmente aumentaram pelo fato de que [as regiões libertadas] ainda são palco de ativas operações militares. Entretanto, tenho a satisfação de dizer que maiores suprimentos estão chegando lá." E continuou: "Mas eu estaria enganando esta Casa se não chamasse a atenção para o fato de que, até onde a Holanda está envolvida, o problema mais terrível só poderá ser visto quando as regiões atualmente ocupadas pelo inimigo forem libertadas."

Quatro dias mais tarde, o *Times*, em editorial sobre a formação de um Conselho de Ajuda à Holanda, colocou a terrível angústia vivida pelos holandeses em termos verdadeiramente históricos e elevados. "No passado, os povos da Grã-Bretanha e da Holanda foram muitas vezes rivais", observaram os editores:

> ... porém tratava-se de um conflito cavalheiresco entre nações de virtudes e aspirações semelhantes, que competiam para sobressair nas específicas esferas do empreendimento individual e nacional, em que seu gênio se expressava tradicionalmente, sem apagar de ambas a lembrança de uma antiga e profética parceria na defesa dos ideais comuns da liberdade cívica e da independência cultural. Nos últimos tempos, a Holanda freqüentemente pareceu aos ingleses incorporar muito daquilo que é mais duradouro na civilização européia, de uma forma especialmente agradável para a mente inglesa.
>
> A angústia do povo da Holanda ocupada, tanto mais difícil de suportar por ter se seguido à brilhante perspectiva da liberdade e do início da restauração logo afastada em Arnhem, deixou uma profunda marca na opinião dos britânicos.

Isso foi devidamente registrado. Entretanto, os quatro milhões e meio de holandeses "atualmente nas regiões sob ocupação do inimigo", segundo a colocação de Law, não eram capazes de se alimentar da opinião pública dos britânicos. E assim, às centenas e milhares, eles continuaram a passar fome.

O mês de fevereiro trouxe um certo alívio. O forte inverno que lançara suas garras sobre o país cedeu espaço a uma fase de clima relativamente moderado, inclusive com períodos intermitentes de sol. Essa bem-vinda virada também incentivou os chamados "viajantes da fome". Desde o início do inverno, os moradores das cidades famintas da região oeste vinham fazendo expedições às províncias rurais para obterem mais comida dos agricultores: batatas, vegetais, o que fosse possível conseguir. "Excursões da fome", era como eram chamadas essas viagens.

Com aquela pausa no inverno, os viajantes, que antes eram apenas como um filete de água, agora se tornaram uma verdadeira inundação. Todos os dias, ao romper a madrugada na região ocupada, no oeste da Holanda, quando acabava o toque de recolher ainda imposto regularmente, uma nova procissão de desesperados e desnutridos saía de Haia e das cidades vizinhas e se dirigia aos campos cultivados do norte e do leste. Alguns "excursionistas" iam em suas bicicletas — cujas rodas agora costumavam ser de madeira, pois as originais de borracha tinham sido completamente gastas ou trocadas por outras mercadorias. Outros iam a pé, empurrando carrinhos de bebê ou arrastando trenós atrás de si. Os que estavam em melhor situação faziam permutas com os agricultores, que geralmente se mostravam solidários, apesar de estarem sem dinheiro. Outros simplesmente mendigavam, e outros ainda, em sua voracidade, consumiam qualquer tipo de vegetação que encontrassem pelo caminho. As tulipas eram uma forma popular desse alimento desesperado, e os canteiros de flores corriam especial perigo. *VERBOD VELLEN VAN BOOMEN*, advertia um aviso administrativo da época: PROIBIDO CORTAR ÁRVORES. Outros garimpeiros de comida, muito menos exigentes, simplesmente caíam de quatro e se alimentavam da própria grama, como gado.

Encontrar comida e suprimentos era apenas o primeiro desafio para os viajantes da fome. Trazê-los de volta era outro. Os encarregados oficiais holandeses da distribuição de alimentos encaravam os catadores como uma ameaça ao sistema de racionamento que desesperadamente lutavam para manter, e por isso colocavam agentes perto das principais cidades com ordens para confiscar os víveres ilegais. Não era fácil encontrar pessoas dispostas a agir como policiais de comida, mas a *Landwacht* ficava muito feliz por poder exercer esse papel. Naquele longo inverno, andarilhos miseráveis que acabavam de retornar de uma expedição de quinze, cinqüenta ou até oitenta quilômetros eram freqüentemente vistos sendo despojados de seu pequeno butim de batatas ou beterrabas.

Enquanto isso, os alemães continuavam pressionando a Holanda até o fim. Um "comando de saque" especial, composto de mineiros do vale do Ruhr, foi enviado para saquear o país de qualquer coisa de valor. Carros, bicicletas, equipamentos agrícolas, tudo o que não estivesse protegido — até mesmo fábricas inteiras — foi confiscada e enviada para a Alemanha. Comida também, se quisessem. Os mesmos soldados alemães que se apossavam de bocados de alimento dos viajantes famintos tinham, eles próprios, total liberdade para enviar quanto quisessem da produção holandesa para sua terra natal. Como um engenheiro holandês descreveu a pilhagem final: "Os cavalos roubados eram atrelados a carroças roubadas, carregadas com comida e mobílias roubadas, e escoltadas por guardas andando em bicicletas roubadas."

Os alemães não eram os únicos saqueadores. Na falta de qualquer ordem pública, os holandeses, principalmente os adolescentes, também costumavam se servir. Um desses foi apanhado roubando uma loja em Haia, não longe da Pieter van den Zandestraat. Fizeram às pressas um cartaz que penduraram no pescoço do saqueador, no qual se lia: "Sou um ladrão." Depois, enquanto passantes olhavam horrorizados, o jovem infeliz foi morto a tiros.

Exatamente como acontecera no cerco a Leiden, a fome e a miséria agora levavam à disseminação de doenças infecciosas — difteria, escarlatina, febre tifóide —, assolando tanto a cidade de Leiden quanto suas vizinhas. Os hospitais, com os suprimentos saqueados pelos alemães, lutavam em condições impossíveis para enfrentar as crescentes baixas, e as equipes iam reduzindo-se à medida que as doenças dominavam. Essa catástrofe da saúde foi ainda piorada pela falta de sabão, de água e de saneamento normal, uma vez que os alemães haviam sabotado muitos serviços de esgoto. Em Amsterdam, os esgotos transbordaram, somando-se à miséria dos habitantes.

Mais de vinte mil pessoas acabaram morrendo de doença ou de fome durante o *hongerwinter*, inclusive quase três mil apenas em Haia. Flory esteve perto de ser uma delas. Por mais de trinta meses ela havia feito a família ir em frente, administrando os suprimentos, dando força aos ânimos, mantendo o caos à distância. Que os Frank tenham todos sobrevivido, enquanto outros, perto dali, tanto na superfície quanto no subterrâneo, estavam morrendo, deveu-se em grande parte à sua diligência e seu exemplo.

Entretanto, as forças acabaram por abandoná-la, e certo dia, em fevereiro, ela caiu no chão desmaiada. O marido de Tine, Willem, que era médico, foi chamado às pressas. Ele olhou com tristeza para aquela mulher de quarenta e sete anos, em estado semicomatoso, afundada numa poltrona, a compleição muito reduzida —pesava menos de quarenta e cinco quilos —, o outrora lindo cabelo castanho já há muito tempo branco. O médico, que também estava sofrendo de desnutrição, balançou a cabeça. Não havia nada que pudesse fazer, disse. "Ela está precisando de alimento."

Deram-lhe o que foi possível conseguir e, de alguma forma, ela sobreviveu.

Em 5 de março, o Terceiro Exército de Patton conquistou Colônia. Dois dias depois, em Remagen, as tropas norte-americanas atravessaram o Reno, a última fronteira importante que os separava de Berlim, depois de encontrarem a ponte naquele local milagrosamente intacta.

Mas Anne e Margot Frank continuavam definhando em Bergen-Belsen, onde a fome e a pestilência estavam muito piores que no oeste da Holanda. Ernst Schnabel, autor de *Anne Frank: A Portrait in Courage*, a primeira biografia de Anne Frank, descreve os últimos dias das duas irmãs:

Nas últimas semanas em Bergen-Belsen, quando a Alemanha via-se estrangulada entre os russos e os Aliados ocidentais, quase não havia alimento algum. As estradas estavam bloqueadas, as linhas de trem tinham sido bombardeadas, e o comandante SS do campo fizera várias tentativas pelas redondezas para conseguir suprimentos, sem sucesso. Mesmo assim, os fornos crematórios funcionavam dia e noite, e, em meio à fome e o assassínio, havia uma grande epidemia de tifo.

Tanto Anne quanto Margot contraíram a doença no final de fevereiro ou início de março de 1945. Margot ficou em coma por vários dias. Até que, inconsciente, caiu da cama e morreu, como também a sra. Van Daan [sua companheira de esconderijo — na verdade, a sra. Pels — que também fora enviada de Auschwitz para Belsen no ano anterior].

A morte de Anne Frank passou quase despercebida. Uma mulher contou: "Fiquei certa de que ela tinha morrido, por causa da morte da irmã. Morrer é fácil para qualquer pessoa que seja deixada sozinha num campo de concentração." A sra. B., que passara com Anne a lastimável temporada das festas de Natal, sabia um pouco mais: "Anne, que na época estava muito doente, não foi informada da morte da irmã. Mas depois de alguns dias ela a sentiu, morrendo logo em seguida."

Enquanto as tropas dos EUA atravessavam o Reno, o reino do terror nazista na Holanda chegava ao seu ápice, depois da emboscada "acidental" na noite de 6 de março, pelas forças da Resistência, contra um automóvel que transportava Rauter, o chefe holandês da SS. O grupo local da Resistência não tinha nenhuma idéia de que Rauter fosse um dos quatro ocupantes do BMW. Se tivesse sabido disso, teria deixado o carro passar, para não provocar as represálias que com certeza adviriam depois de um ataque contra tão alta autoridade — como acontecera após o assassinato de Reinhard Heydrich. No final, três dos quatro alemães no automóvel foram mortos. Embora gravemente ferido, Rauter foi achado inconsciente várias horas depois, e sobreviveu à emboscada.

A vingança de Himmler foi imediata. No dia seguinte, enquanto seu subordinado se recuperava, ele ordenou a execução de quinhentas pessoas. Seyss-Inquart achou excessivo o número, e o disse a Himmler, como mais tarde iria declarar em Nuremberg. Ele pode ter conseguido uma redução. Como resultado do incidente, entre duzentas e cinqüenta e quatrocentas pessoas foram executadas.

Na manhã de 8 de março, quinta-feira, próximo ao local do ataque, cento e dezessete candidatos à morte das prisões de Arnhem e Apeldoorn foram transportados numa carroça motorizada e forçados a se alinhar à beira da estrada. Sabendo das execuções iminentes, o grupo de Resistência de Apeldoorn, responsável pelo ataque original, correu a toda velocidade para o local, na esperança de deter o banho de sangue. Quando chegou, porém, os policiais de uniformes verdes da Polícia da Ordem já estavam arrumando os corpos para exibição ao longo da estrada.

Como observou o *Times*, aquele foi "simplesmente mais um exemplo do terror sem paralelo a que o povo da Holanda ocupada está submetido agora".

Quatro dias depois, o povo de Amsterdam testemunhou outro exemplo semelhante, quando trinta e seis homens, escolhidos a esmo na multidão de passantes, foram alinhados e fuzilados numa rua daquela cidade.

Da mesma forma como a fome prosseguia até o final, o mesmo acontecia com o terror.

A população de Haia — os Frank, inclusive — presenciara antes, no dia 3 de março, outro exemplo de terror, mas dessa vez pelas mãos da Royal Air Force. Naquela manhã, no mais mortal e desastrado ataque da história da capital, um numeroso grupo de bombardeiros destinados a atacar plataformas de lançamento de V-2 em Haia surgiu no céu da cidade. Primeiro, os cinqüenta e seis bombardeiros B-24 Mitchell pareciam estar voando em direção ao *Haagse Bos*, sabidamente um local de V-2, onde os Frank costumavam ir passear aos domingos, antes da guerra. Entretanto, o oficial instrutor confundiu as coordenadas verticais e horizontais nos mapas distribuídos para o raid. Subitamente, os bombardeiros se voltaram e lançaram sua carga sobre o Bezuidenhout, um bairro residencial situado ao sul do parque, onde vivia Annie. A Korte Voorhout, uma rua não longe dos Frank, também foi bombardeada.

O resultado do desastrado ataque foi uma tempestade de chamas que matou mais de quinhentas pessoas e arrasou grandes áreas da já devastada cidade. Uma fotografia de reconhecimento aéreo de Haia, feita pela tripulação de um dos bombardeiros, mostra grandes áreas envoltas pela fumaça. Uma dessas colunas de fumaça, na Korte Voorhout, podia ser vista nitidamente pelos moradores da Pieter van den Zandestraat.

Temendo pela segurança de Annie, Myrtil, tomado pelo pânico, ignorou as súplicas da mulher e das filhas e se precipitou para a rua, em meio à fumaça e à confusão. "Não tem mais importância", disse ele respondendo ao pedido de Dorrit para ficar onde estava. "Os alemães não vão estar procurando judeus agora."

Algumas horas mais tarde ele retornou e fez, exausto, o seu relatório. A bola de fogo realmente atingira a rua onde morava Annie, porém parara bem na frente da cerca de madeira que cercava sua casa. Annie, graças a Deus, estava bem, assim como a pequena soma de dinheiro que ela guardava para os Frank.

Além das centenas de mortos e feridos naquele dia, mais de três mil casas foram destruídas e doze mil cidadãos de Haia ficaram sem habitação.

Churchill sentiu-se ultrajado por aquele erro, e o oficial instrutor responsável foi levado à corte marcial.

"FOME NA HOLANDA", exclamava uma manchete no *Times* de 5 de março, dois dias depois do bombardeio acidental. "UM PAÍS ESTÁ MORRENDO SOB AGRESSÃO."

Um representante da Cruz Vermelha Internacional foi enviado para investigar a situação. "No início de março", telegrafou o alarmado encarregado aos seus superiores em Genebra, "as estimativas holandesas colocavam a proporção de terras aráveis inundadas entre vinte e trinta por cento ... Os sistemas de esgoto nas cidades não operam mais, porque as bombas não podem ser usadas. Em tempo chuvoso, o nível da água se eleva nos lavatórios — e na Holanda o tempo é sempre chuvoso ..."

Milhares de pessoas sofriam de doenças devidas à fome, prosseguia o relatório. Se algo não fosse feito logo, "*as três províncias do oeste não mais poderão existir* [grifo do autor]". Um relatório para a Cruz Vermelha Sueca feito por seu representante, o conde Hakon Morner, disse quase a mesma coisa.

Enquanto isso, os clamores por ajuda continuavam a vir da própria Holanda. "A expressão 'morto de fome' tem sido usada tantas vezes em sentido figurado", dizia uma mensagem de um resistente anônimo, enviada a Londres em 17 de março, "que fica difícil nos darmos conta de que as pessoas estão mesmo morrendo de exaustão e privação pelas ruas. Não quero dizer que essas pessoas estejam 'mortas' de cansadas, mas sim que definitivamente os seus cadáveres já podem ser retirados. E quando surge a pergunta: 'Mas como podem vocês suportar isso?', a minha resposta é: 'Essa gente não pode suportar mais, ela está inteiramente caindo aos pedaços.' SOS Holanda."

A trezentos e vinte quilômetros para o leste, os russos apertavam o cerco contra os alemães. Vindos do oeste, os norte-americanos continuavam avançando, movendo-se através da Rheinlsand-Pfalz, o antigo lar da família Frank, onde enfrentavam uma resistência firme, ainda que desorganizada, dos remanescentes da Wehrmacht baseados ali.

Em 12 de março, a 36ª Divisão do Exército dos Estados Unidos entrou em Meisenheim, onde Myrtil Frank e seu irmão Julius outrora assistiam ao *shul*. Três dias mais tarde, eles ocuparam Breitenheim, onde, segundo os registros da divisão, confiscaram um canhão antiaéreo.

Enquanto isso, na Holanda, prosseguia a impaciência para com os Aliados. Quando iria a preocupação pública traduzir-se em ações? Quem *se importava* com a Renânia? *E quanto a nós?*, exclamava o povo sitiado do oeste da Holanda. *Quando os Aliados virão em nossa ajuda?*

Em 23 de março de 1945, na primeira semana da primavera, chegou finalmente a vez da Holanda. Às duas e meia da tarde, após uma tempestade da artilharia aliada, a grande ofensiva do Reno entre a fronteira holandesa e o Ruhr começou, à medida que as tropas norte-americanas, britânicas e canadenses finalmente atravessaram a extensão norte do rio em quatro lugares.

No dia 14, o Alto-Comando Aliado, impelido a agir em parte pelos terríveis relatórios vindos do oeste holandês, já tinha ordenado a Eisenhower para "limpar" a região sitiada. Na noite anterior ao ataque, Montgomery enviou a seguinte mensagem a seus soldados: "O Grupamento 21 do Exército irá agora atravessar o Reno — depois de atravessarmos o rio, abriremos uma brecha nas planícies do norte da Alemanha, perseguindo o inimigo de uma ponta à outra."

Quatro semanas de duros combates ainda estavam por vir para as tropas aliadas de libertação. Os cento e vinte mil soldados alemães que permaneciam na Holanda estavam agora sob o comando de um certo general Johannes Blaskowitz, que substituíra Christiansen. Quatro anos antes, Blaskowitz, que não era nenhum admirador dos nazistas, havia ordenado a corte marcial para um grupo de soldados da SS por sua crueldade contra os judeus na Polônia, atitude corajosa e nada comum, e que o colocou em situação desfavorável.

Mas, agora, o correto Blaskowitz se preparava para ir até o extremo final. O perímetro ofensivo interno da Holanda, a Linha Grebbe, que originalmente tivera a intenção de repelir os alemães, fora agora inundado por eles. Cargas de explosivos foram colocadas nos diques ao longo de toda a parte oeste do país — cargas que, se detonadas, deixariam destruído todo o sistema interno de abastecimento de água da Holanda por muitos anos. As comportas foram fechadas, de forma a que a água no IJsselmeer se elevasse a um nível alarmante. Os canhões da *Festung Scheveningen* e de outras fortalezas na costa, originalmente destinados a rechaçar uma invasão pelo mar, estavam agora voltados para o interior.

Blaskowitz disse a Berlim que estava pronto para lutar "até o último homem e até a última bala".

Duas semanas antes, Adolf Hitler, no *Führerbunker* em Berlim, ao examinar o que restava do seu tão vangloriado "Reich dos Mil Anos", expedira a instrução infame de "terra arrasada", exigindo a destruição de todas as instalações industriais e de qualquer outra coisa que pudesse ser de uso para os Aliados dentro dos últimos territórios do Reich, inclusive a Holanda. Albert Speer, que então conduzia contra Hitler o seu próprio movimento solitário de resistência, num tardio esforço para salvar o que sobrara da Alemanha — e também o próprio pescoço, sem dúvida —, decidiu ignorá-la.

Embora algumas inundações tenham sido efetivamente realizadas em abril — mais notavelmente a explosão dos diques que protegiam o grande pôlder *Wieringermeer*, que inundou vinte mil hectares de terra e tornou a situação da alimentação no oeste ainda mais terrível —, as ordens de Hitler para a total demolição e inundação foram ignoradas, graças à calculada e desafiadora desobediência de Seyss-Inquart.

Blaskowitz nada sabia da "desobediência" de Seyss-Inquart, tampouco os moradores do oeste holandês. Enquanto os compridos canhões da *Festung Scheveningen* giravam sobre suas cabeças para mirar nas tropas aliadas que agora avançavam em sua direção, muita gente se perguntava se sua terra natal ainda poderia se transformar em terra arrasada, enquanto os homens de Blaskowitz lutavam "até o último homem e a última bala".

A primavera agora tinha chegado ao oeste da Holanda, mas apenas oficialmente. Em Haia, Amsterdam, Leiden e outras cidades da região oeste, ainda era inverno.

Com os alemães se concentrando na defesa, algumas pessoas que tinham baixado a esconderijos se atreveram a sair. Era difícil acreditar no que os olhos viam, ao constatarem o que havia acontecido a suas cidades. "Nas ruas meio destruídas, as pessoas se ajoelhavam procurando carvão, as plantas dos parques tinham sido arrancadas completamente, muitas casas estavam com as janelas quebradas", recorda em seu diário um *onderduiker* não-judeu de Roterdam. "Aqui e ali, numa porta, vê-se algum idoso, homem ou mulher, descarnado e sonolento, sentado com os olhos fechados."

Na Pieter van den Zandestraat n.14, Flory e Myrtil, igualmente sonolentos e descarnados, também sentavam-se de olhos fechados, esperando, lutando contra as pontadas da fome, suportando. Flory, particularmente, continuava doente.

Abril de 1945, o quarto mês do *hongerwinter*, foi o mais mortal de todos.

"Está indo tudo bem", confidenciou um médico holandês em seu diário. "Exceto para nós", acrescentou, referindo-se aos milhões que se encontravam ainda encurralados entre as muralhas da *Festung Holland*. "A morte, principalmente por edema, está crescendo de forma alarmante, mesmo nos círculos em melhor situação [ou seja, dos holandeses que ainda dispunham de fontes monetárias], sobretudo devido à falta de proteína."

"Fome, fome ... está piorando", escreve outro morador de Roterdam em 22 de abril, depois que a ração oficial caiu ainda mais, chegando a menos de umas poucas duzentos e noventa calorias. "Não temos nem sequer a fatia diária. Não sabemos para onde nos voltar. Apenas ficamos olhando um para o outro, com os olhos fundos." Claro, os Frank, como a maioria dos *onderduikers*, tinham de se arranjar com ainda menos que isso.

Em 10 de abril, Churchill escreveu a Franklin Delano Roosevelt sobre a terrível provação dos holandeses, dizendo-lhe que se alguma coisa não fosse feita logo, os Aliados iriam se defrontar com uma grande catástrofe humana no oeste da Holanda. O primeiro-ministro britânico sugeriu que se solicitasse aos alemães permissão para que suprimentos adicionais chegassem ao país vindos da neutra Suécia. Pensou mesmo que os alemães estariam dispostos a aceitar mais suprimentos chegando "pelo mar, ou diretamente das regiões controladas pelos Aliados". Roosevelt, ele próprio de ascendência holandesa, já tinha conhecimento da terrível situação naquela região. É provável que ele aprovasse a requisição de Churchill, mas alguns dias depois sofreu um derrame cerebral e morreu.

Seja como for, sem que nenhum dos líderes aliados tivesse conhecimento disso, Seyss-Inquart iniciara negociações secretas com autoridades aliadas de menor escalão e concordara com algumas das sugestões de Churchill. Entretanto, passariam-se ainda algumas semanas até que as tortuosas discussões dessem resultado.

Como Blaskowitz prometera, a maioria dos soldados da Wehrmacht que enfrentavam os exércitos aliados na Holanda lutaram, de fato, até o último homem e a última bala. As tropas canadenses travaram uma das mais duras batalhas no dia 6 de abril, para recuperar a antiga fortaleza de Zutphen, defendida por mil e quinhentos decididos pára-quedistas com idades entre quinze e vinte anos. Lutando tão fanaticamente quanto os seus aliados japoneses, tão obstinados quanto eles, os jovens alucinados só foram vencidos depois que os canadenses usaram lança-chamas para matá-los um por um.

Como em outras partes, o sofrimento de Zutphen sob o reinado nazista do terror persistiu até o fim. Quando as tropas aliadas penetraram na cidade aterrorizada, recém-libertada, encontraram os corpos de dez holandeses assassinados pela SS no último instante. Seguindo uma rotina que logo se tornaria comum, os enfurecidos libertadores arrastaram alguns soldados capturados até diante dos corpos, que tinham sido mutilados, para que eles pudessem ter uma noção exata da horripilante forma de agir de seus compatriotas.

O repórter Matthew Halton, da Canadian Broadcasting Corporation, acompanhando as tropas, registrou da seguinte maneira a cena:

> Enquanto os pára-quedistas olhavam apavorados, o sargento-major Austin, com a frieza do ódio, curvou-se sobre os mortos e mostrou-me coisas horríveis demais para serem descritas. Alguns homens tinham sido torturados e depois fuzilados. As mãos estavam ainda amarradas por trás, mas alguns nem mesmo fuzilados tinham sido. Foram torturados de forma indescritível até morrerem. As piores coisas que jamais se possa ter lido, em qualquer relato, sobre a atrocidade dos nazistas estavam ali.

O oeste da Holanda estava agora atraindo, finalmente, a atenção também da imprensa norte-americana. "Por cinco longos anos, a Holanda esteve à sombra da morte", dizia um editorial do *New York Times* em 3 de abril. "Agora, está sendo reerguida."

> Longas filas de soldados alemães atravancam as estradas, na luta para conseguirem sair da terra que torturaram e espoliaram. As bombas lançadas pelos aviões aliados abrem ao explodir grandes vácuos nas fileiras que se deslocam ... A maré libertadora dos Aliados, que jorrou pela França e a Bél-

> gica no último outono, libertou apenas três províncias na Holanda. O resto do país permaneceu na escravidão e passou fome ... Os soldados alemães redobraram suas crueldades.

"O que eles praticaram quando acabou toda a disciplina", prosseguia o editorial, referindo-se a atrocidades como as relatadas acima, "serão histórias de horror a serem contadas em voz baixa na Holanda, por gerações."

No dia 7 de abril de 1945, os Frank passaram o milésimo dia no esconderijo. Os alemães poderiam não estar à cata de judeus do mesmo modo que antes, mas ainda não era seguro sair à rua.

Como sempre, tal como em 1942, 1943 e 1944, o desafio fundamental continuava o mesmo: como atravessar mais *este* dia? De algum modo, eles tinham conseguido. Flory estava certa ao insistir em que a família permanecesse junta. É difícil imaginar Dorrit e Sybil, ou seus pais com mais idade, sobrevivendo sozinhos àquela provação. Porém, junta, aquela família que não fora lá muito unida antes conseguiu. De algum modo, e com a considerável ajuda dos seus amigos holandeses, eles conseguiram atravessar fevereiro, março e abril. De algum modo, os Frank atravessaram aquele último inverno. Uma façanha nada pequena.

A guerra prosseguia, como também a reveladora história do genocídio nazista.

No dia 10 de abril foi libertado Buchenwald, onde milhares de prisioneiros alemães tinham morrido — e de onde Fred, o irmão de Flory, conseguira escapar por sorte depois de, sete anos atrás, ter sido preso ali. Edward Murrow, em sua famosa transmissão cinco dias depois, lutou para conseguir exprimir em palavras o que viu e experimentou ali:

> Buchenwald ... está numa pequena colina, a cerca de seis quilômetros e meio de Weimar, e foi um dos maiores campos de concentração da Alemanha, e foi construído para durar...

> Chegamos ao portão principal. Os prisioneiros se amontoavam por trás do arame farpado. Nós entramos. Agora, avançava a meu redor uma horda de gente cheirando mal. Homens e meninos procuravam tocar-me, estavam vestidos com farrapos e restos de uniformes. A morte já marcara muitos deles. Pedi para ver um dos galpões. Estava ocupado por tchecoslovacos. Quando entrei, os homens se comprimiram em volta, tentaram erguer-me em seus ombros. Estavam fracos demais para falar. Disseram-me que aquele galpão fora antigamente um estábulo para oitenta cavalos. Havia agora mil e duzentos homens nele, cinco em cada beliche...
>
> Quando cheguei ao centro do galpão, um homem se levantou e disse: "Você se lembra de mim? Sou Peter Zenkl, fui prefeito de Praga." Eu lembrava dele, mas não conseguia reconhecê-lo...
>
> Prosseguimos até o pequeno pátio. O muro tinha talvez dois metros e meio de altura. Era contíguo com o que fora um estábulo, ou uma garagem. Entramos. O chão era de concreto. Havia duas fileiras de corpos, empilhados como toras de lenha. Eram finos e muito brancos... Tentei contá-los da melhor forma que pude, e cheguei à conclusão de que aquilo tudo eram os restos mortais de mais de quinhentos homens e meninos, jogados ali em duas pilhas bem arrumadas.

"Ao que parece, a maior parte dos homens e meninos tinha morrido de fome", informou Murrow aos seus emocionados ouvintes, "mas a forma que morreram não parecia o mais importante. O que se cometeu em Buchenwald foi assassinato."

Alguns dias depois, as tropas britânicas libertaram Bergen-Belsen. Entre os quarenta mil cadáveres encontrados (dos quais não tinham qualquer conhecimento) estavam os de Anne e Margot Frank. Em seu diário, Anne Frank escrevera que, apesar de tudo, as pessoas eram fundamentalmente boas. Provavelmente Murrow teria discordado disso.

Na Holanda, a libertação progredia de cidade em cidade, de aldeia em aldeia. Os alemães obstinavam-se em não se render aos Aliados. Em 14 de abril, os canadenses penetraram em Leeuwarden, capital da Frísia. Dois dias depois, após um combate feroz com os endurecidos defensores, Groningen foi libertada. No dia 17, as tropas canadenses entraram em Apeldoorn, onde Rauter fora emboscado. Por volta do dia 18, todo o leste e o norte da Holanda, com exceção das remotas ilhas Frísias, também estavam livres.

Finalmente, chegava a vez do noroeste.

Mas, em 22 de abril, para desalento dos holandeses do oeste, Montgomery, pensando na promessa de Blaskowitz de explodir os diques remanescentes da Holanda até reduzi-los a migalhas, ordenou que as tropas britânicas e canadenses sob seu comando se detivessem na Linha Grebbe. As províncias atingidas pela fome de Utrecht, do norte e do sul da Holanda foram deixadas sob o controle dos alemães.

As negociações secretas entre os Aliados e os alemães continuavam, para permitir que alguma forma de socorro alimentar de emergência pudesse chegar às províncias atingidas pela fome. No dia 23, os chefes de Estado-Maior reunidos autorizaram especificamente Eisenhower a procurar uma trégua com Seyss-Inquart com esse propósito. Enquanto isso, os planos para um transporte aéreo de emergência prosseguiam em Londres. Com o nome de Operação Maná, pretendia abastecer a Holanda faminta com alimentos jogados do céu.

No dia 26, Seyss-Inquart e Blaskowitz consentiram que alguns locais em torno das cidades mais importantes, incluindo Haia, fossem usados para descargas emergenciais de comida. Na Inglaterra, as tripulações da RAF e da Força Aérea dos EUA avidamente carregaram os bombardeiros B-17 e B-24 de prontidão com fardos vivificantes, consistindo em cinco mil toneladas de pão, margarina e outros víveres essenciais. No dia 30, o primeiro grupo de aviões carregados de alimentos finalmente recebeu permissão para decolar, naquela que foi a primeira missão humanitária desse tipo na História e uma espécie de teste para os transportes de 1949 com direção a Berlim.

Naquele glorioso dia — 30 de abril de 1945 —, os cidadãos de Amsterdam, de Haia e de Roterdam ouviram o tão familiar ruído dos bombardeiros voando acima de suas cabeças. Mas estes eram diferentes dos que eles tinham ouvido e visto antes. "O som era muito mais alto que o normal", recordou Dorrit, "porque estavam voando muito baixo."

E então as pessoas viram o que aqueles aviões estavam jogando: não eram bombas — mas sim, caixas com alimentos!

Ainda confinados ao esconderijo, os Frank não podiam ver os abençoados aviões, mas sentiam as explosões de alegria que percorriam toda a Pieter van den Zandestraat, enquanto todos os que podiam saíram correndo às ruas a aplaudir e acenar para aqueles salvadores que chegavam do céu.

"Sabíamos que tudo havia quase chegado ao final, quando ouvimos aqueles bombardeiros", disse Dorrit.

Naquele mesmo dia, enquanto a RAF bombardeava o oeste da Holanda com fardos de pão e margarina e as tropas russas convergiam para os devastados restos da Chancelaria do Reich, em Berlim, Adolf Hitler fazia uma silenciosa refeição com a amante, Eva Braun, e o secretário particular. Em seguida, eles engoliram cápsulas de cianureto. Alguns quarteirões mais adiante, o ministro da Propaganda Joseph Goebbels também tirou a própria vida junto com a mulher, Magda, depois de obrigarem seus cinco filhos a engolirem também as cápsulas de cianureto.

Parte V

UM PORTO SEGURO

HOLANDA / ESTADOS UNIDOS, 1945–1949

12
Ver o céu

"É impossível transpor para o papel as expressões das pessoas ... rostos que em muitos casos estavam tensos e esgotados. É impossível transpor para o papel o desespero de um jovem, num casaco esfarrapado, que agarrou a minha mão enquanto prosseguíamos, e o entusiasmo com que, cada vez que reduzíamos a marcha, ele gritava: 'Este aqui fala holandês!...'"

WILLIAM F. BONI, fluente em holandês, correspondente do *New York Times*, em 5 de março de 1945

"A Netherlands News Agency *informou ontem que muitos holandeses foram mortos e mais de trinta ficaram gravemente feridos na segunda-feira, quando homens da Marinha alemã embriagados abriram fogo com metralhadoras escondidas contra milhares de alegres holandeses reunidos em praça pública em Amsterdam..."*

The New York Times, 10 de maio de 1945

"Exigiram-se sentenças de morte hoje, no início dos primeiros julgamentos dos acusados de colaborarem com os alemães na Holanda. Um réu está sendo acusado de trair os judeus, e também as pessoas que os abrigavam, e de testemunhar contra dez membros do movimento de Resistência..."

Associated Press, 22 de agosto de 1945

Estamos na tarde do dia 6 de maio de 1945, o primeiro de liberdade da Holanda e da família Frank. Dorrit e Sybil passeiam por Haia numa espécie de "atordoamento", como mais tarde Dorrit relembrou.

No dia anterior, 5 de maio, exatamente às oito da manhã, seguindo-se ao acordo firmado, todas as forças inimigas na Holanda e nas ilhas Frísias renderam-se ao 21º Grupo do Exército de Montgomery. Em outras partes do Reich, no leste da Alemanha, onde grupos de soldados alemães continuavam a opor resistência, na Tchecoslováquia, onde obstinados nazistas combatiam os soldados soviéticos, na Noruega, onde o almirante Dönitz, agora chefe da Alemanha no lugar do decaído Führer, ainda não apresentara a rendição das forças alemãs, a guerra na Europa continuava.

Mas, na Holanda, ela havia terminado.

A semana anterior — a 147ª que os Frank passaram no esconderijo — fora extremamente exasperante para eles, enquanto aguardavam a declaração oficial da sua libertação individual e coletiva.

As descargas aéreas de alimentos foram, evidentemente, um bom sinal.

Também o foi a notícia, transmitida por Annie, quase sem fôlego, vários dias depois, de que o odiado Seyss-Inquart havia finalmente fugido do país.*

Em 30 de abril, enquanto os gloriosos aviões aliados ainda bombardeavam os delirantes holandeses com fardos de alimentos, o *Reichskommissar* tinha recusado uma exigência do chefe do Estado-Maior de Eisenhower, Bedell Smith, para que capitulasse. No princípio, Smith tentara argumentar com o empedernido alto funcionário. Afinal de contas, Hitler estava morto. Seyss-Inquart se recusou: "O que irão dizer de mim as futuras gerações de alemães, o que dirá a História sobre a minha conduta?", redargüiu ele.

Então Bedell resolveu agir com maior dureza. "Agora escute aqui, *Reichs-Marshal*", exclamou o irado norte-americano para o austríaco, alterando (de propósito ou não) o título de Seyss-Inquart. "O general Eisenhower me deu instruções para dizer-lhe que ele o responsabilizará diretamente caso haja qualquer outro derramamento inútil de sangue. O senhor perdeu a guerra, e o senhor sabe disso. E se, por ser cabeça-dura, o senhor provocar mais mortes de soldados aliados ou de civis holandeses, o senhor terá de sofrer a devida punição. E o senhor sabe o que isso significa: o muro e o pelotão de fuzilamento."

Mesmo assim, Seyss-Inquart recusou-se a ceder. "O senhor sabe que provavelmente será fuzilado?", perguntou novamente Smith. "Isso me deixa frio", respondeu o *Reichskommissar*. "Normalmente costuma deixar", redargüiu Smith.

---

* Seyss-Inquart foi capturado e preso pelas forças britânicas na Alemanha pouco após a capitulação.

Seyss-Inquart retornou a seu escritório em Haia, onde expediu uma declaração em alemão sobre a morte de Hitler: "Homens e mulheres da Alemanha, jovens alemães na *Festung* Holanda, chamo a todos para que ouçam e entendam com o coração forte: o nosso líder caiu lutando, a sua obra visível terminou..."

Depois, o procônsul — uma vez que seu trabalho visível na Holanda também terminara — pulou numa lancha e partiu velozmente para a Alemanha, para juntar-se a Dönitz como ministro do Exterior do moribundo Reich, tal como determinara a última vontade e o testamento do Führer.

Atrás dele, na "Fortaleza Holanda", Blaskowitz, o comandante alemão, também se recusava a apresentar a rendição das forças. As inundações, os ataques, o terror, os inúteis derramamentos de sangue iriam continuar até o último minuto. Em Haia, em Amsterdam, em Roterdam, o som dos tiroteios ainda reverberavam pela noite.

Tal como previu Bedell Smith, Seyss-Inquart pagou muito caro por sua intransigência. Ele não foi fuzilado: foi enforcado.

No número 14, os Frank continuavam esperando. O saco de farinha de ervilha que os sustentara durante o inverno tinha acabado. Também os poucos bocados adicionais que Annie e Jeanne desviaram para eles das descargas aéreas. Flory, sofrendo de um grave edema, sentara-se com os olhos fechados, enquanto Myrtil, Dorrit e Sybil se revezavam na janela, esperando.

Na manhã de 5 de maio, a notícia chegou oficialmente. Em Londres, o locutor (e futuro ministro do Exterior holandês) Henk van den Broek fez o dramático anúncio pela Rádio Orange: "Os alemães capitularam", declarou ele emocionado. "Cinco anos de espera e de aspirações foram recompensados ... a Holanda está novamente livre."

Ao longe, os sinos das igrejas tocaram. Vagamente, no início, os Frank podiam ouvi-los, depois mais alto, e mais alto a cada badalada. Eles se entreolharam com pasmo, ao se darem conta o que significavam aqueles sinos. Por fim, finalmente, mil e trinta e dois dias — quase três anos — se haviam passado desde que eles pela primeira vez entraram no n.14 da

Pieter van den Zandestraat e fecharam a porta por trás de si. A família Frank estava livre.

Sim, Annie e Jeanne alegremente confirmaram quando fizeram sua primeira visita pós-liberação naquela tarde: a guerra estava, de fato, terminada. Assim, no dia seguinte, 6 de maio, Dorrit e Sybil pela primeira vez se aventuraram, hesitantes, para fora de seu esconderijo.

As duas moças judias caminharam pela Noordeinde sentindo-se como se estivessem em outro planeta. A Langer Voorhout, a longa avenida onde ficava o mais famoso hotel de Haia, o Hotel des Indes (debaixo de cujo telhado diversos judeus *onderduikers* ao que tudo indica passaram a guerra), e o antigo corredor das embaixadas, e ainda outras ruas mais próximas, antigamente tão familiares, agora estavam inexprimivelmente estranhas. As devastações do *hongerwinter*, as vitrines vazias das lojas, as árvores arrancadas, a legião de rostos lúgubres, tudo isso era demasiadamente evidente. Mesmo assim, pouco se notavam essas coisas.

"Nos sentíamos como zumbis", disse Dorrit.

Então, enquanto as pálidas jovens prosseguiam seu passeio, uma visão subitamente as arrancou daquele entorpecimento: um destacamento da Wehrmacht, ainda com uniformes e armas, marchava pela rua, dirigindo-se diretamente para o local onde elas se encontravam.

Olhando ao redor, as moças viram outros alemães, também uniformizados e armados.

O que é que estava acontecendo? Teriam elas sido enganadas? Era aquilo uma repetição da *Dolle Dinsdag*? Estavam os alemães ainda no poder?

"Foi tão estranho", lembrou Dorrit. "Ficamos então tentando imaginar o que era real: os soldados ou nós. Mas alguma coisa definitivamente estava errada naquela imagem." Tentando não chamar a atenção para si próprias, Dorrit e Sybil correram de volta à Pieter van den Zandestraat onde, mais uma vez, submergiram.

Os alemães *tinham* capitulado, mas as tropas aliadas ainda não haviam chegado para desarmá-los e assumir a autoridade. Como escreve Van der Zee em *The Hunger Winter*: "Foi um tempo estranho. A SS e a

SD ainda perambulavam por ali, capazes de qualquer coisa." Outro holandês disse: "Estávamos entre a coerção e a liberdade."

No dia seguinte, 7 de maio, a liberdade finalmente chegou, quando os libertadores vieram para tomar as rédeas do poder. Naquela tarde, unidades de motociclistas do 1º Exército Canadense, a unidade destinada para Haia, penetrou na capital holandesa para fazer frente à confusão.

"A alegre recepção foi muito maior do que se poderia imaginar", registra o histórico da divisão. A chegada de qualquer veículo militar era o sinal para um bombardeio de flores. Multidões aproximavam-se, vindas de toda parte; as pessoas pulavam sobre os jipes, os caminhões, os tanques..."

Duas daquelas pessoas em delírio eram Dorrit e Sybil. Naquele dia mais cedo, as duas irmãs, que agora eram mulheres adultas (embora meio famintas) de 24 e 20 anos, tinham ressurgido do seu esconderijo juntamente com os pais — e, desta vez, para sempre.

"Olá, soldado!", exclamou Dorrit para o primeiro canadense que viu, sentando-se ao volante do jipe e usando o seu inglês, que já fora fluente, pela primeira vez desde vários anos. "Qual é o seu nome?"

"Olá!", respondeu sorridente o soldado. "Meu nome é Charlie Martin, sou de Toronto."

"Olá, Charlie Martin de Toronto!" exclamaram Dorrit e Sybil em uníssono, enquanto o soldado enchia as mãos delas com barras de chocolates e carne enlatada. "Foi só aquilo que comemos durante dias", recordou Sybil. "Chocolates e carne enlatada de Charlie Martin!"

Os Frank mais velhos estavam cansados demais para se juntarem à multidão, e preferiram ficar no número 14 enquanto os seus compatriotas mais aptos comemoravam. Flory, pouco mais que um esqueleto ambulante, dificilmente podia ficar de pé. Tampouco Myrtil. Mas estavam felizes. A longa fuga da família Frank dos nazistas, que se iniciara na estação central de trens de Berlim numa manhã cinzenta de março de 1933, estava terminada. Como diria mais tarde Flory: "Para nós, a idéia de poder andar por aí sem ter de ficar olhando por cima do ombro foi a coisa mais maravilhosa que se possa imaginar."

Talvez a mais comovente descrição da libertação tenha sido escrita por William F. Boni, um correspondente do *New York Times* que falava holandês e que acompanhou as tropas até Utrecht. Suas palavras também se aplicam exatamente à situação em Haia. "Não foi como na França ou na Bélgica no verão passado, quando os Aliados foram saudados com frutas e flores", registrou Boni. "Ainda era cedo para as flores, e os últimos frutos, como também os outros alimentos, tinham sido consumidos há muito tempo."*

> Mas eles acenavam com fitas cor-de-laranja, bandeiras holandesas, grandes e pequenas, e uma mulher orgulhosamente brandia a bandeira com as faixas e as estrelas ... Deslocamo-nos pela cidade em marcha lenta, nosso motorista mal podia ver à sua frente, por cima dos ombros das crianças sentadas sobre a capota. Meu ombro ficou machucado com tantas batidas de homens e mulheres, que gritavam até ficarem roucos...
>
> É impossível transpor para o papel o desespero de um jovem, num casaco esfarrapado, que agarrou a minha mão enquanto prosseguíamos, e o entusiasmo com que, cada vez que reduzíamos a marcha, ele gritava: "Este aqui fala holandês!"
>
> É impossível reproduzir o vigor com que de vez em quando ouvíamos as mesmas palavras: "Esperamos tanto pela sua chegada!"

Alguns soldados alemães recusavam-se a reconhecer a rendição. No pior incidente, em Amsterdam, repetindo o que acontecera em Paris e em outras cidades libertadas, um grupo de soldados da Wehrmacht embriagados abriu fogo contra uma multidão de pessoas que comemoravam, matando nove e ferindo muitos outros antes de serem dominados pelas forças holandesas. Em outras partes, os soldados capturaram reféns. Após cinco anos agindo como senhores sobre os holandeses, era difícil para alguns deles aceitar a realidade da derrota. As últimas tropas alemãs na Holanda, inclusive unidades destinadas às ilhas Frísias, não apresentaram sua rendição por mais um mês inteiro.

---

* Evidentemente, comparando-se o relato de Boni com o do 1º Exército Canadense, parece que o povo de Haia conseguiu preservar melhor suas flores que os cidadãos de Utrecht — ou talvez fosse apenas o modo como os canadenses recordassem os fatos.

Por volta de 10 de maio, a maior parte das tropas fora embora, a pé. Antes disso, entretanto, numa forma bem holandesa de dar o troco, os soldados derrotados foram obrigados a entregar os capacetes, muitos dos quais foram usados como penicos.

"Que todos saibam disso", escreveu o poeta holandês Johan Fabricius, "vocês marcharam sobre a Holanda contra a nossa vontade. Hoje os seus soldados marcham para o cativeiro, levando com eles a maldição do povo holandês."

Como na França e em outros países libertados, grande parte da inabalável amargura do povo voltou-se contra os que haviam colaborado com o inimigo. As mulheres que abertamente haviam confraternizado com os ocupantes foram vilipendiadas. Uma imagem horrível desses dias febris da libertação mostra uma dessas mulheres em Haia com a cabeça raspada e pichada de alcatrão, enquanto um grupo de jovens a persegue, rindo.

Mas Dorrit tinha pouco tempo ou inclinação para se entregar à amargura ou à recriminação. Estava mais interessada em ver quem havia sobrevivido.

Uma das primeiras coisas que ela e Sybil fizeram, assim que as comemorações acabaram, foi irem até o posto da Cruz Vermelha instalado na Lange Voorhout, onde, segundo lhes haviam informado, as primeiras listas de mortos nos campos de concentração estavam chegando. Como muitos dos que se enfileiraram naquele e em outros postos pelas semanas seguintes, ela *sabia*. Ela sabia o que acontecera a Edgar. Ela sabia que provavelmente ele devia estar morto. Mas mesmo assim, tinha esperanças.

E ali, na primeira lista que ela examinou, sem deixar dúvidas, estava o nome de Edgar Reich, assassinado em Auschwitz. E, um pouco abaixo do dele, vinha o nome de Leontine, morta em Sobibor. E o de "Gerda Buchsbaum ... Auschwitz", e "Ed Weinreb ... Mauthausen". Ali também estavam os nomes de outros membros do velho grupo de Hilversum. Seus olhos encontraram muitos outros nomes familiares, de vizinhos, colegas de escola, conhecidos. Todos mortos.

Uma ajudante da Cruz Vermelha reparou que Dorrit estava chocada. Ela quis ser simpática, mas ao mesmo tempo estava precisando de ajuda, pois as pessoas estavam invadindo o posto. Breve a equipe estaria sobrecarregada. Será que Dorrit se importaria de ficar e ajudar a responder algumas perguntas?

Claro, respondeu Dorrit, claro.

E assim, ela foi trabalhar. E isso foi muito bom.

Alguns dias depois, enquanto Dorrit ainda tentava lidar com a perda de Edgar, o amigo florista de Myrtil veio ao número 14 e pediu a Dorrit e Sybil para comparecerem a um baile que estava acontecendo em Noordeinde para os homens do 1º Exército Canadense e outros soldados britânicos. "Temos de mostrar a nossa gratidão", explicou ele. Estão precisando de moças que falem inglês. Sybil e Dorrit se importariam de vir?

Claro, responderam as moças. Tudo pelos rapazes. Bem... quase tudo. Myrtil insistiu em ir também como acompanhante. Muito bem.

A festa foi um sucesso. Os homens que compareceram conseguiram dançar, e até às vezes um pouquinho mais do que isso. A gratidão foi demonstrada. Dorrit imediatamente fez amizade com um sargento-major do País de Gales chamado Fred S., "o homem mais glorioso que já vi em toda a vida", recordou ela.

"Engraçado encontrar uma 'Little Dorrit' aqui, no meio da Holanda", comentou o musculoso rapaz, depois que foram apresentados. A orquestra do regimento começou a tocar "I'll be loving you always". Eles dançaram. Por um momento, enquanto Dorrit sentia-se nos braços do primeiro homem de que se aproximava depois de anos e o casal rodopiava pela pista, ela achou que estava apaixonada novamente.

Havia apenas um problema: o seu glorioso galês já era casado.

Dez dias depois, em 21 de maio, os Frank assistiram ao primeiro desfile da vitória realizado pelas tropas canadenses pela Vijverberg, o longo bulevar de três pistas paralelo à Binnenhof e à Ridderzal, onde Seyss-Inquart (que pouco antes fora capturado e preso) pronunciara, cinco anos antes, o seu "magnânimo" discurso inaugural como *Reichskommissar*.

Enquanto Dorrit continuava ajudando no posto da Cruz Vermelha, a escala e a enormidade do genocídio nazista, como também a perda desproporcionalmente grande da Holanda, vieram à tona.

Apenas cinco mil e duzentos judeus retornaram dos campos. No total, cento e dez mil judeus holandeses — aproximadamente setenta e sete por cento da população judaica anterior à guerra — estavam mortos, a maior proporção que em qualquer outro país ocupado pela Alemanha, com exceção da Polônia. Cerca de quinze mil judeus que se enfurnaram em esconderijos, como os Frank — talvez dois terços do total de *onderduikers* — também haviam sobrevivido.

Certo dia, em maio, Dorrit e Flory foram até um centro de informações dos Aliados, situado na Lange Voorhout, perto da Embaixada dos Estados Unidos, ainda fechada, a fim de saber o que estava acontecendo no resto do mundo. Lá, elas leram o número da revista *Life* de 7 de maio de 1945, que trazia uma ampla reportagem ilustrada sobre a libertação de Buchenwald e de alguns outros campos de extermínio, com imagens horrivelmente detalhadas. Pela primeira vez as duas sobreviventes Frank puderam confrontar a terrível realidade do destino que consumiu seis milhões de companheiros judeus da Europa, e da qual de certa forma elas escaparam.

Por que *nós* sobrevivemos?, perguntavam-se elas enquanto percorriam as listas de mortos. Por que pudemos chegar ao fim?, ficavam imaginando, enquanto suas emoções oscilavam da alegria ao desespero, durante as primeiras semanas seguintes à libertação.

Em maio, os Frank compareceram ao serviço na velha sinagoga na Molenstraat, apenas alguns prédios de distância de onde estiveram escondidos. O rabino da Brigada Princesa Irene (os soldados holandeses livres repatriados que haviam conduzido as comemorações pela vitória) presidia a emocionada cerimônia. Enquanto os Frank olhavam ao redor, examinando a sinagoga reaberta, cheia do som das orações tanto de dor quanto de agradecimento, eles ficaram chocados com o número dos ausentes.

Então, para sua surpresa e alegria, viram duas fisionomias familiares: a de Gabi Rose, filha de Betty, uma prima de Myrtil, e seu marido, Sol, que estavam entre os poucos judeus que puderam sobreviver graças à condição de "protegidos", devido aos ascendentes não-judeus de Sol.

"Você não pode imaginar o que sentimos quando nos encontramos", disse Dorrit.

Infelizmente, houve muito poucas reuniões semelhantes.

Além de agradecerem a Deus, os Frank também agradeceram a seus amigos Jeanne, Annie, Ans e Tine pelo apoio salvador. Mas como agradecer-lhes em particular? Por onde começariam os Frank?

Não foi necessário. Os ajudantes holandeses podiam ver e sentir a gratidão da família toda vez que olhavam em seus olhos.

Anos mais tarde, depois que Israel criou o Jardim dos Justos das Nações — uma seção do *Yad Vashem*, o memorial do Holocausto — como tributo aos muitos não-judeus de todos os países sob ocupação que deram assistência aos judeus durante o genocídio nazista, Jeanne especificamente pediu aos Frank que não dessem o seu nome.

"Não fiz nada de especial", disse ela, falando por si mesma e também por Annie e suas irmãs. "Fiz o que tinha de fazer."

E quanto aos vizinhos da Pieter van den Zandestraat?

Os Frank sentiam-se gratos a eles também, evidentemente. O que poderiam saber? O que teriam pensado? Certamente, alguns devem ter desconfiado de que havia alguma coisa esquisita com os ocupantes do número 14. Quando os ex-*onderduikers* encontraram pela primeira vez seus vizinhos, nas semanas seguintes, descobriram que alguns tinham mesmo pensado assim. A mulher que morava no número 18, por exemplo, como também vários outros por ali, desconfiara que os residentes do número 14 eram judeus.

Alguns também haviam acreditado na primeira história, plantada por Myrtil enquanto se preparava para esconder a família — de que ele era um médico suíço-alemão com uma mulher com problemas mentais —, e ficaram surpresos ao descobrirem que o médico que supunham viver ali no meio deles há tanto tempo era na verdade um judeu alemão emigrado, com uma esposa perfeitamente saudável.

Outros, que só viam Myrtil entrando e saindo, ficaram boquiabertos ao saber que havia uma família inteira no número 14. "Eles não conseguiam acreditar que uma família pudesse ter morado ali por todos aqueles anos", disse Dorrit. Aquele mesmo espanto refletiu-se em outros cidadãos de Haia, por toda a cidade, ao descobrirem as centenas de judeus *onderduikers* que se haviam escondido em forros de hotéis e de banheiros e em outros lugares estranhos, como também aqueles como os Frank que, na realidade, se esconderam à plena vista de todos.

Houve suficiente número de sobreviventes, em Haia, para que se formasse um clube social, ao qual Dorrit compareceu diversas vezes. Um dos sócios gostou dela e a convidou para sair, mas ela não se mostrou interessada.

A maioria dos sobreviventes em Haia era de crianças judias que tinham sido confiadas antes da guerra à proteção de não-judeus ou, mais raramente, que se esconderam com a família, tal como as meninas Frank. No Museu Judaico de Amsterdam existe uma fotografia muito comovente, feita durante um culto especial para os menores desses sobreviventes realizado naquele verão em uma das três sinagogas reabertas em Haia. No centro da fotografia, no palco da sinagoga, um grupo de crianças com aspecto mais ou menos saudável, com trajes e expressões alegres, estão atuando numa encenação, talvez uma peça de Purim. A julgar por suas expressões, aqueles sobreviventes tão jovens já se esqueceram ou sublimaram suas terríveis experiências. Parecem muito felizes de estarem ali, no palco, representando. O ar aparentemente festivo do evento, entretanto, é desmentido quando voltamos a atenção para a esquerda e vemos um homem, possivelmente o pai de um daqueles meninos, sentado com a cabeça apoiada entre as mãos. É difícil saber se ele está tomado de gratidão pelas crianças que sobreviveram ou de mágoa pelos muitos que não o fizeram.

Naquele verão, aconteceram por toda a cidade muitas outras cenas comoventes como essa, na proporção em que os judeus sobreviventes da guerra — juntamente com os não-judeus que resistiram aos nazistas e também sofreram por isso — iam retornando às posições que antes ocupavam na sociedade holandesa. Em agosto, o *Concertgebouworkest*, a principal orquestra sinfônica holandesa, apresentou o primeiro concerto em Amsterdam após a libertação. Enquanto os músicos entravam e ocupavam seus lugares, o público via com satisfação que um número impressionante deles, quinze dos dezoito músicos judeus mandados para os campos pelos nazistas, estava de volta às suas cadeiras. Notável pela ausência ali era o regente da orquestra, o maestro Willem Mengelberg, que se juntara ao *Kulturkammer*, cuja permissão era exigida para que os músicos holandeses pudessem se apresentar durante a ocupação, e que atuara como regente em Berlim. O lugar de Mengelberg foi ocupado pelo maestro adjunto Eduard van Beinum, um conhecido antinazista. Cinco outros músicos também não estavam presentes, por terem sido excluídos pelo Conselho de Honra para a Música (a corporação encarregada de expurgar os colaboracionistas).

Quando Van Beinum subiu ao palco, sob uma frisa na qual os nomes dos compositores judeus Felix Mendelssohn e Gustav Mahler haviam sido recobertos com tinta por ordens dos alemães, o público espontaneamente se pôs de pé e cantou o *Wilhelmus*, o hino nacional que fora proibido. Muitos, inclusive os músicos judeus, choraram.

Enquanto se louvavam alguns sobreviventes, muitos outros — como os Frank, por exemplo — estavam enfrentando momentos difíceis com as autoridades holandesas, muito assoberbadas e despreparadas. Reclassificados como refugiados sem nacionalidade — o mesmo status que tinham antes da guerra —, os Frank receberam humilhantes passaportes novos nos quais se lia em letras garrafais a expressão *STATENLOOS* (SEM NACIONALIDADE), como um rótulo, e ainda instruíram-lhes que se apresentassem regularmente ao posto policial mais próximo.

Esse tratamento se assemelhava à insensível forma como foram tratados os companheiros judeus sobreviventes, particularmente os mais de cinco mil e duzentos seres humanos, exaustos e desorientados, que retornaram dos campos de concentração e não receberam nenhum status especial ou quaisquer facilidades do governo. Certo ou errado, o governo considerou os judeus sobreviventes dos campos de forma não diferente dos quatrocentos mil prisioneiros políticos e trabalhadores forçados que retornaram do derrotado Reich, e que também estavam, na maioria das vezes, em péssimo estado.* "Não havia ninguém para nos receber quando retornamos", lamentou-se um desses sobreviventes. "As pessoas davam de ombros em resposta à nossa história."

Alguns judeus que retornaram dos campos chegaram mesmo a serem internados junto com um grupo de ex-membros da SS alemães, para sua grande consternação e maior divertimento desses últimos, antes que esse erro tão grotesco fosse descoberto e retificado.

No verão de 1945, os Frank estavam de tal forma deprimidos por esta e outras indignidades que haviam suportado que Myrtil teve a idéia um tanto irrealista de procurar Yehudi Menuhin, o virtuose do violino que estava programado para se apresentar em Haia, na esperança de que o músico judeu norte-americano pudesse fazer algo para ajudá-los, talvez agilizar os vistos dos EUA que eles solicitaram anos antes. No fim, Dorrit recebeu a função de ir fazer a solicitação àquela celebridade em turnê.

Menuhin ergueu os ombros diante da história dos Frank. "Por que não voltam para a Alemanha?", perguntou a uma constrangida Dorrit, quando ela o abordou no camarim depois do concerto.

Mas a decepção dos Frank com a Holanda libertada foi de curta duração.

"Foi só no princípio que ficamos abalados, principalmente por causa daqueles passaportes horríveis", disse Dorrit, recordando-se meio século depois. "Foi tão difícil, depois de tudo o que tínhamos passado, sermos tratados... como estrangeiros. Mas aquele sentimento passou. Eu *adorava* a Holanda. Ainda adoro."

O romance de Dorrit com o sargento galês continuava. Nem Flory nem Myrtil se apavoraram com a idéia de a filha estar saindo com

* Dienke Hondius, da Casa de Anne Frank, está entre os historiadores holandeses que sentem profundamente que os judeus sobreviventes dos campos deveriam receber um status especial.

um homem casado. Ao mesmo tempo, o fato de que o sargento-major S. esperava finalmente retornar para a esposa significava que eles não tinham de se preocupar com a chance de Dorrit querer levar o caso muito a sério.

E ela não levou. Ao contrário, divertiu-se.

Flory, que apenas algumas semanas atrás parecia próxima do fim, começou a ter novamente uma boa aparência. Um dia, quando Fred chegou em seu jipe à Pieter van den Zandestraat n.14 para levar Dorrit a uma partida de futebol em Roterdam, Flory aceitou o convite de juntar-se a eles. Só tinha uma exigência: queria ir ao *Museum Booimans*. Já era tempo de ver um pouco de arte novamente.

A própria Roterdam, que ainda mostrava as cicatrizes do terrível bombardeio da Luftwaffe de 1940, não parecia muito mais que uma nuvem de poeira, a princípio. Flory, Dorrit e o sargento-major galês ficaram sem fala ao verem o imenso buraco que a Luftwaffe fizera no meio da segunda maior cidade holandesa.

O porto, outrora tão movimentado, não era a única parte da Holanda que se poderia considerar como a mais atingida, segundo David Anderson, correspondente do *New York Times*, em julho de 1945: "O deterioramento físico daquele que um dia foi o lugar mais rico da Europa precisa ser visto para que se possa compreender", escreveu ele em uma reportagem sobre o país ainda inundado e visivelmente em estado de choque. "No total, seis por cento de toda a terra foi inundada, ou seja, um milhão de acres, duzentos mil sob água salgada e um quarto de milhão de acres sob água doce. Serão necessários de um a seis anos para se recuperarem as regiões salgadas."

Embora os alemães tivessem provocado a maior parte dos danos materiais, Anderson destacou que também os Aliados foram responsáveis por muitos deles. "De longe a mais espetacular das inundações foi a da ilha da Zelândia, onde os bombardeiros britânicos romperam os diques no último mês de outubro, na batalha da Antuérpia. Sabe-se que são poucas as probabilidades de se repararem os prejuízos antes do inverno."

Como observou o jornalista norte-americano: "Haia tem cicatrizes muito recentes... A poeira do trágico bombardeio que ocorreu por engano em março ainda flutua loucamente em volta da 'mais bela cidade da Europa'."

O correspondente também destacou a devastação de Scheveningen, o outrora lindo balneário onde os Frank haviam vivido antes da invasão, e que os alemães perverteram na Festung Scheveningern: "Anos de trabalho serão necessários para se conseguir acabar com as evidências da guerra, particularmente na zona portuária, onde as plataformas de artilharia de concreto da Westwall de Hitler jazem pesadamente, por todo o balneário de Scheveningen."

E então, havia Roterdam.

Para Flory, a visão dos vastos matagais que substituíram o centro da cidade trouxe de volta lembranças da *blitzkrieg* alemã de maio de 1940, quando os Frank haviam sido desterrados — novamente — e Roterdam se tornara um símbolo, tal como Guernica ou Coventry, para o terror. Cinco anos, pensou ela consigo mesma. Podiam ter sido cinqüenta.

Mas aquilo fora naqueles tempos, e isto aqui era o agora, e agora era hora de encontrar um local para diversão e cultura. Enquanto absorvia novamente todas as maravilhosas pinturas, Flory voltava a ser a mesma adolescente que outrora passeara com a mãe, os olhos bem arregalados, pelo Städel, em Frankfurt, sentindo-se comungar com os espíritos artísticos pelos quais passava, ou que sozinha conquistara o Louvre.

Aconteceu um pequeno *contre-temps*, entretanto, quando Flory avistou um soldado uniformizado da Nova Zelândia a passear pelos corredores da galeria e dirigiu-se a ele. Será que havia também museus na Nova Zelândia?, perguntou-lhe a *grande dame*, que novamente sentia-se despertar.

"Minha senhora, por acaso pensa que somos todos *selvagens* lá?", replicou o ofendido *kiwi*.*

---

* Kiwi é um pássaro encontrado na Nova Zelândia, e também um modo informal de se referir aos neozelandeses. (N.T.)

Myrtil transpôs o seu razoável conhecimento sobre arte, adquirido com Flory e aumentado pelo contato com o amigo L., em uma nova carreira como negociante de arte. Segundo Dorrit, ele começou a conversar com um dono de galeria. Aquela conversa agradável acabou por se transformar num negócio: o dono da galeria tinha a moldura, mas faltava a pintura. Talvez o sr. Frank soubesse onde encontrar a mais adequada?

Se houve um tempo bom para mergulhar no mercado de arte europeu, esse tempo foi o que imediatamente se seguiu à guerra. Afinal, colecionadores que haviam armazenado suas obras de arte durante a guerra, tanto na Holanda quanto em outras partes, decidiram então vendê-las. Dentro de poucos meses, Myrtil estava bastante bem na nova profissão, a ponto de poder mudar-se com a família da Pieter van den Zandestraat n.14 para um apartamento maior, numa parte não danificada do Bezuidenhout.

Ele também contratou um fotógrafo para fazer uma foto "oficial" da família após a libertação, para distribuir aos amigos e parentes por todo o mundo. Na foto, a primeira dos Frank *en famille* depois de anos, os ex-*onderduikers*, particularmente os mais velhos, ainda demonstram uma expressão bastante fatigada. Myrtil perdeu peso, assim como Flory, cujo cabelo sempre lindo está agora totalmente branco. Entretanto, o seu irradiante sorriso de antes da guerra está de volta.

"Vocês estão vendo?", parece dizer a radiante imagem, que Myrtil enviou com satisfação para Julius na Inglaterra, para Lisbeth, Ernst e Johanna na Palestina, para Ferdi no Marrocos, para Fred em Nova York, e para todos os demais conhecidos dos Frank por todo o mundo, muitos dos quais, senão a maioria, há muito os davam como mortos: "Vocês estão vendo? Nós sobrevivemos *mesmo*."

A Cruz Vermelha continuava a atualizar as listas dos campos. Uma a uma, as débeis esperanças dos parentes dos internos que até então não haviam sido relacionados foram se acabando, à medida que os nomes de dezenas de milhares de judeus holandeses mortos eram acrescentados.

"Desculpe", dizia Dorrit, continuando a ajudar no posto da Cruz Vermelha na Lange Voorhout, repetindo isso várias vezes seguidas — ou, vez por outra, dizendo com toda delicadeza: "Sim, parece que temos alguma coisa para você."

Um daqueles seres desapontados foi Otto Frank. Em 24 de outubro de 1945, Otto, o único sobrevivente do grupo de oito *onderduikers* da Prinsengracht n.263, recebeu uma carta informando-o que suas filhas Anne e Margot haviam morrido em Bergen-Belsen.

Numa volta ao esconderijo violado dos Frank, Miep Gies, sua ex-secretária e uma das principais ajudantes da família durante os vinte e cinco meses em que esta conseguiu escapar dos nazistas antes de ser traída, deu a Otto o diário que Anne mantivera zelosamente, durante toda a sua provação. Impressionado, Otto começou a virar as páginas...

Como na França e na Noruega, um espírito de vingança e de ressentimento caracterizou inicialmente o ajuste de contas dos holandeses. Tudo parecia muito simples: bastava prender qualquer um que tivesse alguma coisa a ver com o *Reich-Holland*. Sob essas nebulosas orientações, as forças holandesas prenderam perto de um milhão de suspeitos — cerca de cinco por cento da população do país — entre setembro de 1944, quando a parte sul da Holanda foi libertada, e o final de 1945, de longe o número e a proporção mais elevados de qualquer parte do antigo Reich. Desses, pouco mais de duzentos mil tiveram as suas fichas encaminhadas para processo.

Não foi surpresa quando, em 4 de setembro, o tribunal apresentou a primeira sentença de morte contra um certo J. Breedvelt, de Delft, após considerá-lo culpado por receber pagamento para trair judeus. Outras condenações à morte aconteceriam.

O desejo de vingança tornou-se ainda mais acirrado com a aproximação do inverno, lembrando a muitos holandeses os rigores e as atrocidades cometidas durante o *hongerwinter* anterior, e os memoriais e cultos em homenagem aos mortos e martirizados prosseguiam. Em 27 de novembro, milhares se reuniram em Haarlem para homenagear as centenas de membros da Resistência fuzilados nas dunas, nos arredores da cidade de Overween, entre os quais uma mulher, Hannie Schaft, cujos restos mortais foram novamente enterrados em um campo de honra, em Bloemendaal. Hannie Schaft pertencera a um esquadrão da morte contra colaboracionistas, antes de ser caçada e apanhada nas últimas semanas da guerra e, por sua vez, ser eliminada.

No mês seguinte, a Ópera de Amsterdam encenou a *Tosca*. O Conselho de Honra para a Música, a mesma instituição que havia proibido os músicos colaboracionistas de se apresentarem num palco holandês, tinha dado aos participantes do elenco, muitos dos quais se haviam apresentado na mesma ópera durante a guerra, um atestado de aptidão. Entretanto, o público não achou que o Conselho realizara suficientemente bem o seu trabalho. O último ato foi interrompido por gritos e vaias. Um verdadeiro tumulto se seguiu, com uma multidão de enfurecidos amsterdameses gritando "*Sieg Heil*!"

"Na atitude de ressentimento que predomina", escreveu Daniel Schorr no *New York Times* de fevereiro de 1946, "a hostilidade contra os pró-nazistas não faz distinções precisas. Todos os que se apresentaram publicamente durante a ocupação devem ter obtido permissão dos alemães, e automaticamente ficam rotulados como suspeitos." Naquele mês, a primeira sentença de morte foi executada contra um soldado da tropa de assalto nazista, de nome Heineman, considerado culpado por quarenta assassinatos, inclusive o de dois oficiais britânicos capturados em Arnhem. A rainha rejeitou o pedido de clemência de Heineman, como rejeitaria depois a maior parte de tais pedidos.

Guilhermina não estava disposta a perdoar, e tampouco estava a Holanda.

No final, entretanto, os holandeses acharam, diversamente da França, onde a "marcha para a guilhotina" continuava, que a vingança não combinava com eles. Embora o tribunal para os crimes de guerra continuasse a expedir sentenças de morte, poucas foram executadas. Além disso, o país estava mal equipado para abrigar o grande número de prisioneiros que aguardavam julgamento. Em junho, um terrível motim irrompeu no campo de internação de Duindorp, perto de Scheveningen, onde alguns dos setenta mil acusados haviam sido encarcerados.

David Anderson observou a relutância dos holandeses a esse respeito no *New York Times*: "Todo o processo dos tribunais militares dos campos de concentração e das sentenças de morte é muito desagradável para os holandeses, os quais, apesar disso, admitem que os nazistas holandeses precisam ser punidos."

"Chegou o tempo para o exercício da compaixão", declarou Louis Beel, o novo primeiro-ministro num discurso diante do *Staten-General*, em junho, quando prometeu reduzir o número de detidos para vinte e cinco mil até outubro. Sucessivos ministros da Justiça católicos, seguindo o chamado de Beel, continuaram a aplicar essa política da "compaixão" por um conjunto de razões de ordem moral e prática, como também de prudência política: muitos dos acusados de colaboração, ao que parece, eram católicos.

No final, o acerto de contas da Holanda foi relativamente brando, comparando-se com o do resto do Reich. Foram 140.562 os colaboradores, alemães ou holandeses, condenados e sentenciados na Holanda. Cento e nove sentenças de morte foram pronunciadas. Trinta e nove foram executadas. Em contrapartida, na vizinha Bélgica, que não sofreu tantas perdas de vidas ou propriedades, mas onde o processo se passou de forma mais "sistematizada" (nos termos de Anderson), um número quase três vezes maior de execuções foi realizado.

Pode-se afirmar com toda segurança, entretanto, que não houve muitas lágrimas quando Anton Mussert foi conduzido às dunas de Scheveningen, onde tantos patriotas haviam sido fuzilados, para enfrentar o seu destino. "O pequenino Anton Mussert, Führer dos nazistas da Holanda, morreu hoje diante de um pelotão de fuzilamento, após dar adeus a seus seguidores, que bateram os calcanhares, em posição de sentido, e dirigiram-se solenemente a ele como líder", relatou o *New York Times* de 7 de maio de 1946. "Toda a carreira de Mussert foi a de um homenzinho querendo ser grande", era a opinião do jornal. "A única coisa que ele realizou foi o crime de traição a seu país."

Ávidos por seguirem em frente, os Frank também se dividiam quanto aos tribunais de crimes de guerra holandeses, que eles acompanhavam com sentimentos mistos: a raiva pelos muitos holandeses que colaboraram vencida pelo respeito e o espanto diante dos poucos corajosos — como Jeanne, Annie e as outras — que se insurgiram contra o instinto passivo de colaborar ou se acomodar, e aos quais deviam as suas vidas.*

Eles podiam permitir-se serem magnânimos: afinal, tinham sobrevivido.

Em novembro de 1945, tiveram início os julgamentos de Nuremberg. No mês de junho seguinte, o ex-*Reichskommissar* Arthur Seyss-Inquart sentou-se no banco dos réus junto com vinte e um dos seus antigos camaradas nazistas, acusados de tomar parte em crimes contra a paz, crimes contra a humanidade — ou seja, extermínios, deportações e genocídio — e crimes de guerra, ou conspiração para cometer os referidos crimes. Seyss-Inquart, o décimo sétimo dos acusados como criminosos de guerra programados para apresentarem sua defesa, foi acusado de crimes contra a paz por seu cargo na *Anschluss*, e de crimes contra a humanidade por sua posição na Holanda e seu importante papel no assassinato de um quarto de milhão de holandeses, incluindo a maioria da população judaica daquele país.

O tribunal não continha juízes holandeses — apenas norte-americanos, britânicos, franceses e russos —, mas o povo holandês confiava que a justiça seria aplicada. Sobre a *Anschluss*, Seyss-Inquart declarou que seu papel no *coup d'état* de Hitler estava sendo exagerado. "Eu disse a Hitler que não iria oferecer-me como um líder tipo cavalo-de-tróia", disse ele, e apresentou gravações de suas reuniões com o Führer. Falando pela primeira vez contra o seu antigo líder, o ex-ministro do Interior austríaco disse tranqüilamente que Hitler fora "falso" com ele ao quebrar a

* Entre os que foram a julgamento estavam Asscher e Cohen, os antigos dirigentes do Conselho Judaico. Entretanto, apesar de caídos em desgraça, os dois foram declarados inocentes de quaisquer crimes, e libertados. Foram impedidos de exercer qualquer novo cargo na comunidade judaica.

promessa de que os ideais austríacos seriam respeitados como requisito para uma união pacífica com a Alemanha.

Mas os Frank, como os seus compatriotas que acompanhavam entusiasmados os processos pela imprensa holandesa renascente (que incluía alguns jornais clandestinos agora tornado legais), não estavam interessados no papel de Seyss-Inquart na *Anschluss*. Estavam, sim, interessados no que teria ele a dizer sobre o que fizera na Holanda.

Seyss-Inquart não decepcionou, lançando-se numa animada, senão espúria, autodefesa. Ele estava "orgulhoso" dos seus feitos na Holanda, disse, com aparente sinceridade. Estava "constantemente" em desacordo com a Gestapo sobre o fuzilamento de holandeses sem julgamento, afirmou, citando o seu "sucesso" ao reduzir o número dos reféns a serem fuzilados pela tentativa de assassinato contra Rauter, em março de 1945, de quinhentos para "apenas cento e dezessete".

De qualquer modo, prosseguiu o réu, as histórias sobre os fuzilamentos de reféns eram todas exageradas:

> Os líderes da Resistência foram presos e interrogados pela Guarda de Elite e pela polícia, e foram mandados para serem fuzilados por ordens do Führer. Por exemplo, houve um caso de um complô para explodir uma ponte, e em lugar de se tomarem reféns, aqueles homens foram fuzilados. Isto é o contrário de se fuzilar reféns — pelo menos, era isso o que se supunha.

Ele disse que tinha conhecimento dos "excessos" cometidos contra os holandeses, "mas isso em tempos de guerra é quase inevitável". De qualquer modo, em comparação com outros países, "as coisas não foram tão más assim".

E sobre os campos de extermínio? Passados vários meses, quando o chamado "filme da atrocidade" foi exibido perante o tribunal, com filmagens da libertação dos campos de extermínio, a reação de Seyss-Inquart àquelas pavorosas cenas foi verdadeiramente estóica, em contraste com as reações apoplécticas de vários companheiros seus no banco dos réus. Mais tarde ele disse, enigmaticamente: "Aquilo mexe com a gente, mas eu posso agüentar." No tribunal, ele fingia surpresa. Fizera tudo para melhorar as condições nos campos do leste, na medida das suas possibilidades, insistia ele, indignado. De qualquer modo, "um representante da Cruz Vermelha Holandesa tinha permissão para visitar esses campos, e jamais dirigiu-me qualquer reclamação. Eu achava aquilo notável, pois os holandeses costumam reclamar de tudo."

Gustave Steinbauer, o advogado austríaco contratado para defender Seyss-Inquart, continuou de onde seu cliente parara. Sabem todos o que meu cliente fez para salvar a agricultura holandesa?, perguntou. Ou para salvaguardar os tesouros artísticos holandeses?

Em novembro, quando o julgamento chegou ao final, Seyss-Inquart foi um dos doze nazistas mais importantes sentenciados à morte, e um dos dois procônsules alemães a receber a sentença máxima. O outro foi seu antigo patrão e mentor, Hans Frank, que supervisionara a cruel ocupação da Polônia e o extermínio dos judeus poloneses.*

No final de maio, quando Seyss-Inquart preparava-se para começar sua defesa, Winston Churchill, o ex-primeiro-ministro britânico, apareceu em Haia para fazer um discurso perante a legislatura holandesa reativada. Os cidadãos de Haia aplaudiram ao ver pessoalmente o dono da voz que lhes prometera a liberdade quando eles estavam sob a ocupação e que, aliado ao Exército dos Estados Unidos, havia cumprido a promessa.

Refletindo sobre o terrível conflito que há pouco terminara, Churchill não teve nenhum receio de declarar aos holandeses — "Eu disse a vocês!"

> Depois do fim do grande conflito de 1914-18, esperávamos que as guerras houvessem acabado. Apesar disso, testemunhamos há pouco uma batalha mundial muito mais destrutiva. Precisávamos ter feito isso? Não tenho dúvida alguma de que uma firme orientação e a ação unida por parte das potências vitoriosas poderiam ter evitado esta última catástrofe.

---

* É provável que o companheiro *Reichskommissioner* de Seyss-Inquart, Josef Terboven, o cruel governador da Noruega ocupada, também recebesse sentença de morte. Entretanto, ele escapou da forca sentando-se sobre uma caixa de explosivos e detonando-a no dia 6 de maio de 1945.

Se apenas o Senado dos Estados Unidos tivesse ratificado o Tratado de Versalhes e se unido à Liga das Nações, a guerra não teria acontecido, disse Churchill. Ele não mencionou os outros artigos do defeituoso tratado, inclusive a cláusula da culpa da guerra e o extorsivo bloqueio de alimentos que ajudaram a abrir o caminho para Hitler. Agora, ele defendia uma liga modernizada, os Estados Unidos da Europa, paralela à recém-formada Liga das Nações e precursora da União Européia, como o melhor meio para se evitar outra catástrofe semelhante.

Churchill não teve escrúpulos em lembrar aos seus ouvintes a contribuição britânica para sua libertação. "Sobre a Grã-Bretanha caiu a orgulhosa porém terrível responsabilidade de manter tremulando a bandeira da liberdade no Velho Mundo, até que as forças do Novo Mundo pudessem chegar. Mas agora, os opressores foram expulsos e destruídos."

"Podemos estar feridos e empobrecidos", prosseguiu o Grande Homem, referindo-se às condições tanto no lado do Canal inglês quanto no holandês, "porém estamos ainda vivos e livres. O futuro se coloca diante de nós, para o sucesso ou para o fracasso."

Feridos e empobrecidos — palavras apropriadas para descrever a Holanda no verão de 1946, um ano após a libertação dos nazistas.

O ambicioso programa de *Herstel en Verenieuwing* — Reconstrução e Renovação —, anunciado no mês de julho anterior, já estava bem adiantado. Mas as evidências da guerra ainda se viam por toda parte — nas filas de casas destruídas na Bezuidenhout, nas fortificações e bunkers das dunas de Scheveningen, nos bosques contíguos ao palácio da Paz, de onde costumavam ser lançados os V-2.

Flory tinha profunda consciência da mais importante ausência: a da população, principalmente de toda a população jovem que morrera. "Estava tudo tão vazio", recordou ela. "Não sobrara nada." Myrtil e Flory não se importavam muito consigo mesmos, mas temiam pela saúde mental das filhas. Imaginavam se elas seriam realmente capazes de prosseguir adiante enquanto permanecessem na Holanda.

13
Uma maravilhosa cidade

"Quando Frank Sinatra participa do Your Hit Parade *[popular show na rádio dos Estados Unidos] neste outono, a idade mínima para poder entrar no estúdio sobe de 14 para 18 anos. Isso faz parte de uma campanha para apresentar Sinatra menos como um ídolo de menininhas assanhadas e mais como um cantor sério."*

Newsweek, 18 de agosto de 1947

"Shimmering clouds / In canyons of steel / They're making me feel / I'm home / It's autumn in New York / That brings a promise of new love / Autumn in New York..."

Letra de *Autumn in New York*, sucesso de Frank Sinatra em 1947

"Torres rebrilhando no céu/ A Tocha da Liberdade lá no alto/ luzes chamejantes da Broadway/ glamour enfeitiçante — claro como o dia!/ Imagens e sons onde os sonhos se tornam reais/ Seu mágico skyline *lhe dá as boas-vindas!"*

De um cartão-postal vendido em Manhattan nos anos 1940

No outono de 1946, Dorrit recebeu um chamado extraordinariamente familiar do tio Julius, em Manchester: será que ela gostaria de vir por alguns meses para ajudá-lo com o estúdio?

Será? Mas é claro que sim!

Flory e Myrtil também estavam inteiramente de acordo. Ainda se preocupavam com o futuro das filhas e com sua saúde psicológica. Dorrit havia se queixado de dificuldade de concentração. Sybil tinha problemas para dormir. Haviam começado a se perguntar se, afinal, seria prudente para a família, ou ao menos para as meninas, permanecer na Holanda, especialmente em Haia. Parecia haver fantasmas demais ali. Por mais que eles amassem a Holanda, e especialmente *Den Haag*, perguntavam-se — tinham de se perguntar — que espécie de futuro poderiam ter as duas naquela cidade ainda ferida, empobrecida e assombrada pelo passado.

E assim, num dia ensolarado de outubro de 1946, a "Little Dorrit", que agora não era mais tão *little*, pegou novamente o trem de Haia até o ferry em Hook que a levaria à Inglaterra.

Tio e sobrinha choraram ao se encontrarem de novo em Manchester. Ninguém falou sobre a guerra: Julius ficaria sabendo no momento oportuno. Ele estava apenas feliz — na verdade, espantado — por ver a sobrinha com vida.

Mais uma vez, Dorrit teve um tempo muito produtivo com Julius, como tivera sete anos antes. Pôde até mesmo aprender a controlar as crises temperamentais do tio.

Churchill estava certo: a Grã-Bretanha *estava* ferida e empobrecida também — mais empobrecida do que outra coisa. As cicatrizes da guerra ainda eram muito evidentes no lado inglês do Canal, especialmente em Londres. Esburacada pelas bombas e com pilhas de destroços por toda parte, os sinais das *blitz* e da campanha dos V-1/V-2, a cidade parecia consideravelmente mais velha do que quando Dorrit a vira da última vez, e em muito pior estado.

Então foi aí que eles caíram, comentou a holandesa — pois era assim que agora ela se considerava. Foi isso o que aquelas coisas monstruosas que ela ouvira no número 14 fizeram ao atingir o alvo. Por um instante, ela teve uma breve e intensa visão do que ocorrera naquele lugar de morte. Depois, continuou caminhando.

Os rostos dos civis com os quais ela cruzava, como os dos holandeses, também pareciam mais envelhecidos. Os ingleses haviam passado por sua própria provação: aproximadamente trezentos mil soldados britânicos tinham morrido, como também cinqüenta mil civis. Tal como na Holanda, o sentido da perda e do vazio era evidente por toda parte. A alegria do Dia da Vitória, os gritos da multidão em celebração delirante há muito já haviam terminado. A Inglaterra ainda encontrava-se muito ferida.

Como tudo parecia pobre! Como na Holanda, todas as coisas estavam em falta. O racionamento ainda vigorava, todo o encanto da Londres de antes da guerra desaparecera. Havia pouco sentimento de triunfo.

"Eu não podia acreditar naquilo", recordou ela. "Os ingleses pareciam em pior estado ainda do que nós! E mesmo assim, eu me regozijava pensando que estava em um país que vencera a guerra. Eu adorava a Inglaterra. E ainda adoro."

Dorrit gostava de vender os desenhos de papel de parede feitos pelo tio. Mas, por mais que estivesse feliz trabalhando para Julius e que adorasse a Inglaterra, seu destino não se encontrava ali, e de alguma forma ela sabia disso.

Em abril de 1947, seu pai telefonou-lhe com notícias eletrizantes: os vistos norte-americanos para a família, os mesmos que ele requisitara em Roterdam em 1938 e pelos quais lhe informaram que teria de aguardar indefinidamente, tinham sido aprovados, de alguma forma. O serviço de imigração dos EUA ainda era extremamente seletivo, mas, com a ajuda de Fred (ainda vivendo em Nova York), que continuara a dar andamento ao processo da família, eles conseguiram ser aceitos: os Frank foram admitidos no "Clube América". Pelo menos, Dorrit e Sybil foram. Flory e Myrtil ficariam na Holanda, isso ficou logo decidido. Afinal, ele agora era um bem-sucedido negociante de arte em seu país de adoção.

Ao longo do último semestre, a recuperação da Holanda ganhara ritmo. As cicatrizes da guerra estavam desaparecendo. O dinheiro entrava novamente no país. O centro de Roterdam fora limpo para novas construções. A Holanda estava mais uma vez andando. A pedra fundamental da recuperação foi o grande plano norte-americano de ajuda à Europa do pós-guerra, anunciado por George Marshall, o visionário secretário de Estado dos Estados Unidos e ex-chefe do Estado-Maior, num discurso na Universidade de Harvard naquela primavera, com o nome de Plano Marshall.

Foi muito bom para os holandeses, mas as meninas Frank agora estavam se mudando para a fonte de toda aquela grandeza: os Estados Unidos. Reservou-se a passagem de Antuérpia para Nova York em 21 de agosto, num navio veterano na linha do Atlântico, com o apropriado nome de *SS Shooting Star*, estrela cadente.

E assim, Dorrit despediu-se de seu mais recente namorado, um vice-cônsul da Embaixada britânica, e ela e Sybil começaram a treinar a gíria dos norte-americanos.

Antes, entretanto, Myrtil tinha outros assuntos de família prementes para resolver. Lisbeth, a irmã que vivia na Palestina, telefonou para dizer que a mãe deles, Johanna, que vivera todo esse tempo com ela, seu marido e as duas filhas na cidade de Nahariah, no norte do país, estava morrendo. Com oitenta e quatro anos e sofrendo de câncer, ela só tinha um pedido: ver os filhos antes de morrer. Ela resistiria até conseguir isso.

Myrtil e Julius se prepararam para embarcar para a Palestina. Naquela primavera, em Nahariah, as conversas só giravam em torno da velha senhora Frank, insistindo para ver os filhos. No final de abril, Johanna pôde ver Julius e Myrtil. Dois dias depois, morreu.

A odisséia de Johanna Frank, que tivera início em Hunsrück no início da era Bismarck, o Chanceler de Ferro, cujas reformas abriram caminho para a Idade de Ouro dos judeus alemães, chegava ao fim.

Os funerais foram emocionantes. Mais tarde, Julius, que continuava sendo um talentoso artista, desenhou a carruagem que conduziu sua mãe por meio de pomares até o local do seu último descanso.

Em 21 de agosto de 1947, Flory e Myrtil pegaram um trem para a Antuérpia a fim de se despedirem de Dorrit e Sybil, que partiam para os EUA. Flory chegara ao ponto de ter o trabalho e a despesa de vestir as filhas especialmente para a grande cena da despedida no *SS Shooting Star*, mas ficaram todos desconcertados ao verem que o imenso navio que haviam imaginado não passava de um simples cargueiro, com capacidade para uns doze passageiros.

Todos se disseram adeus, e as meninas foram embora.

A travessia do Atlântico foi muito agradável. O *Shooting Star* podia não ser um *SS Rotterdam*, mas de qualquer modo era muito animado, e seu reduzido tamanho permitia que a tripulação desse aos passageiros generosas doses de atenção e de suprimentos. Sybil recordou que lhes serviram *sorbet*, a coisa que ela lembrava com mais nitidez de toda a travessia. Que diferença dos biscoitos e das latinhas de carne. "Foi *maravilhoso*! "

Pouco antes de elas embarcarem, os Frank se defrontaram com mais um fantasma dos tempos de guerra: o de Anne Frank, cujo diário acabava de aparecer pela primeira vez em holandês, com o título de *Het Achterhuis* (*O anexo secreto*). A primeira edição, publicada após exaustivos esforços do pai para trazer a público toda a capacidade da filha, teve apenas mil e quinhentos exemplares. Os Frank, que não se encontravam com muita disposição de retornar ao passado, leram somente os trechos publicados nos jornais. E o que leram provocou-lhes arrepios na espinha.

As coincidências entre os seus movimentos e experiências e os daquela família *doppelgänger* em Amsterdam pareciam numerosas demais para ser verdade. Ali, leram eles impressionados, estava uma outra família Frank que fugira da Alemanha em fins de 1933, mais ou menos na mesma época que eles, e que também morara no Bairro dos Rios, onde *eles* viveram durante aqueles terríveis meses da primavera de 1942, depois de terem sido forçados a sair de Hilversum.

Mais coincidências: os Frank — os outros Frank — tinham se escondido em 9 de julho de 1942, apenas cinco dias antes deles.

Ambas as famílias foram cautelosas. Na verdade, se houve alguma diferença neste aspecto — considerando as incursões verdadeiramente imprudentes de Myrtil fora do esconderijo —, a outra família Frank foi até mais cautelosa. O "anexo secreto" da autora fora completamente disfarçado, ao passo que o deles, por trás da porta de um apartamento térreo, não tinha absolutamente disfarce algum. E, mesmo assim, a família Frank da autora — os *outros* Frank — juntamente com os quatro outros infelizes *onderduikers* que se isolaram com eles até acontecer a traição, em agosto de 1944, foram denunciados e morreram, com exceção do pai, Otto.

Por quê?

Mais tarde, os Frank teriam opiniões diversas sobre a questão. Para Flory, a mais religiosa da família, foi a mão de Deus que os salvou.

Para Dorrit, a romântica, o milagre da sobrevivência deles só poderia ser atribuído a algo chamado destino. Sybil, a química aspirante e a mais prática dos quatro, não queria se envolver com esse tipo de questões nebulosas. Eles deram sorte, apenas, disse ela.

Essas perspectivas iriam influenciar o que as Frank depois recordariam sobre suas experiências no esconderijo. Mas, a curto prazo, a publicação de *The Diary of a Young Girl* (como foi chamado na edição inglesa) apenas pareceu tornar a Holanda que eles estavam deixando ainda mais assombrada, reforçando a sabedoria de sua decisão de se mudarem para os EUA.

Passado algum tempo, quando se distanciaram mais dos acontecimentos ali descritos, os Frank compraram o livro e se maravilharam com a precocidade do estilo de Anne Frank e da sua intuição sobre a sua situação e a condição humana. E também choraram, tal como milhões de outros leitores.

Em 1947, porém, Anne Frank era apenas mais um entre os fantasmas. E naquele momento eles queriam apenas seguir em frente, esquecer a guerra. Se Anne tivesse sobrevivido, não teria sentido a mesma coisa?

Comovidos como ficaram com o diário, eles discordaram dela em pelo menos um ponto. "Apesar de tudo", escrevera Anne, "eu ainda acredito que as pessoas são realmente boas, no fundo do coração."

Contemplando os assassinatos e a destruição sem precedentes que Hitler provocara, os Frank não pensavam assim.

A travessia no *Shooting Star* demorou oito longos dias regados a *sorbet*.

Dorrit soube que estavam se aproximando do destino ao ouvir pelo aparelho de rádio os sons sincopados de *The Make Believe Ballroom*, um show de jazz da estação WNEW que fora um sucesso radiofônico por muitos anos em Nova York. Aquilo encheu os deliciados ouvidos dos passageiros e tripulantes com as suaves canções de Glennn Miller, Benny Goodman e outros maestros de salão.

Outra coisa que as meninas sentiram com muita intensidade foi o próprio suor: a chegada coincidiu com os dias de canícula de agosto, a pior onda de calor dos últimos anos. O termômetro chegou a 36°C no dia semitropical, de derreter, em que o *Shooting Star* atracou. Além disso, estava havendo uma greve nas docas, o que protelou o desembarque. Levou horas até que as jovens emigrantes se apresentassem à alfândega dos EUA.

Um senhor de meia-idade, de chapéu de palhinha e terno branco, estava à espera de Dorrit e Sybil. Identificou-se como representante da HIAS, a Sociedade Hebraica de Ajuda aos Imigrantes, a famosa associação judaica de ajuda às vítimas do Holocausto. Evidentemente, a sociedade recebera com antecedência informações sobre a chegada das meninas, talvez por Myrtil ou pelo tio Fred.

O homem da HIAS ficou surpreso: achava que Dorrit e Sybil seriam mais velhas, pelo menos com uns sessenta anos, ou até mais.

"Ele ficou olhando para nós como se fôssemos impostoras", recordou Dorrit.

Bem-vindas a Nova York.

Então, Fred as encontrou. O sobrevivente de Buchenwald, agora um autêntico norte-americano, estava esperando para dar a elas uma apropriada amostra de Nova York. Uma das primeiras coisas que fez, recordou Sybil, foi levá-las a uma genuína cafeteria nova-iorquina.

"Puxa, aquela cafeteria era o máximo!", lembrou Sybil. "E aquela comida toda! Era muito bom! Era *demais*!"

O calor ia diminuindo, à medida que agosto ia-se misturando a setembro. Agora era o momento para Dorrit e Sybil saírem à procura de emprego. Afinal, tinham um aluguel a pagar.

Isso podia esperar, disse-lhes Fred. Divirtam-se antes. Vão conhecer a cidade. E que maravilhosa cidade era Nova York em meados de 1947. As duas refugiadas, tomadas pelo espanto, iam e vinham no retângulo de avenidas de Manhattan, assustadas com as dimensões de seu novo lar, com sua energia, sua variedade, sua riqueza. Caminhavam pelo Sheap Meadow, no Central Park, repleto de famílias bem vestidas, de namorados, amigos, piqueniques, descanso, brincadeiras, jogos. Andavam pela Quinta Avenida, ladeada por lojas de departamentos cheias de alegres compradores, os braços cheios de mercadorias e sacolas de compras. Subiam e desciam os cento e dois andares do Empire State Building, com seu "elevador ininterrupto mais longo sobre a face da terra"; para cima e para baixo pela Park Avenue com seus toldos; e pela Madison Avenue e também a Terceira Avenida; pelos desfiladeiros de concreto cheios de vida, movimento, poder, promessas. Nada nos seus mais entusiásticos sonhos poderia tê-las preparado para tal espetáculo.

Os Estados Unidos também sofreram e se sacrificaram. Mais de trezentos mil soldados morreram na Segunda Guerra Mundial. Mas, quaisquer que fossem as feridas psicológicas remanescentes do conflito, elas haviam sarado. Apenas a eventual visão de algum veterano ferido, na rua, poderia lembrá-las de que efetivamente tinha havido uma guerra.

Implícita em todo aquele contentamento, naquela autoconfiança, naquele poder que elas sentiam elevar-se das calçadas e irradiar-se dos arranha-céus, estava a satisfação pelo fato de que os EUA haviam triunfado — pelo fato de que esses mesmos nova-iorquinos com quem elas cruzavam nas ruas e que viam de relance entrando e saindo cheios de confiança dos hotéis, bebendo nos restaurantes, acenando para os táxis, à toda velocidade nas limusines, eram o povo que tinha vencido a guerra. Aquela era a ruidosa e animada cidade representada pela composição eletrizante da famosa tela do pintor holandês Piet Mondrian: *Victory boogie-woogie*. Em 1947, Nova York ainda era muito a vitória *boogie-woogie*. Que contraste comparando-se com os rostos pálidos e os edifícios de Londres, Haia e Amsterdam, decadentes, abatidos, destruídos pelos ataques. Aqui era a nova *Großstadt*, a grande cidade, como Berlim certa vez se descrevera *après le déluge*.

Era esta a cidade descrita por Jan Morris em *Manhattan'45 1945*:

Esta era a Cidade Maravilha, a Última Palavra em praticamente tudo.

Não eram os jardins do terraço do Rockfeller Center quatro vezes maiores que os Jardins Suspensos da Babilônia? Não tinham os edifícios de

Manhattan recebido, um após o outro, o título de maior edifício da terra — depois do Singer, o Metropolitan, o Life depois do Woolworth Building, até Wall Street, o Cities Service Building, o Chrysler e o inigualável Empire State?

E os museus! Havia tantos museus — o Met, e o Frick, e o Museu de Arte Moderna. Mamãe vai passar momentos maravilhosos, quando vier. E os cinemas! Uma das primeiras coisas que Dorrit quis fazer foi ver *E o vento levou*, a grande sensação de 1939, com Vivien Leigh e Clark Gable, baseado no livro que ela lera e relera no esconderijo. Se desse sorte, haveria uma reapresentação em algum teatro da Times Square. Uma tarde no início de setembro, após outro passeio pela cidade, Dorrit e Sybil foram vê-lo. Durante três horas elas soluçaram e choraram (ao menos Dorrit, pois Sybil não era muito do tipo que chora) enquanto Atlanta se incendiava e Scarlett e Rhett realizavam o seu *pas de deux*.

"Foi tão fantástico", disse Dorrit, com os olhos ainda brilhantes pela lembrança. "E depois, sair do teatro em Times Square e ver a fumaça saindo do Camel [o anúncio dos cigarros Camel em Times Square]. Foi como um sonho."

Logo as moças conseguiram emprego. Dorrit foi trabalhar como secretária para uma agência temporária no Rockfeller Center. Sybil conseguiu um lugar como assistente de laboratório na US Vitamin Corporation. O fato de ambas falarem fluentemente o inglês com certeza ajudou muito.

Imediatamente as duas irmãs contraíram a mania que assolava Nova York: a febre do World Series de beisebol. O New York Yankees ia jogar com os Brooklyn Dodgers, também conhecidos como The Bums. Claro, nenhuma delas sabia absolutamente nada sobre esse esporte. "Eles estão ganhando? Eles estão ganhando?", perguntava ansiosamente Dorrit a seus colegas de escritório, mesmo que não tivesse a menor idéia de quem estava ganhando o quê.

E então, assim como Dorrit e Sybil se haviam tornado holandesas entusiastas em 1933, agora, em 1947, elas se tornaram entusiastas norte-americanas. Ou, melhor: nova-iorquinas.

Na primavera seguinte, Flory chegou de visita. Simpatizou com o novo namorado de Dorrit, Kurt Sander. Ele era um judeu alemão naturalizado que fugira da Alemanha em 1933, porém decidira vir para os Estados Unidos após um período de dois anos na Dinamarca. Em 1942, Sander se alistou no Exército norte-americano, sendo um dos diversos alemães que usaram o conhecimento da língua e da psicologia da antiga pátria nos interrogatórios dos prisioneiros de guerra capturados. Servindo na 83ª Divisão, que lutou na França e na Alemanha, o capitão Sander desempenhou um papel importante nas negociações para a rendição do bastião de Saint Malo. Ele estava lá quando a 83ª Divisão foi a primeira unidade dos Estados Unidos a atravessar o rio Elba, a caminho da libertação de Berlim — ou assim se pensava, até chegar a ordem de Eisenhower para que os homens ficassem onde estavam. Tinha-se decidido que Berlim ficaria a cargo dos russos.

Sander recebeu a estrela de bronze pelos serviços como interrogador no Exército. Após o fim da guerra, pediram-lhe que trabalhasse em Nuremberg. Designaram-no para interrogar Hjalmar Schacht, o homem que ajudara a salvar a moeda alemã em 1923 e que mais tarde se tornou ministro da Economia de Hitler.

Dorrit sentiu-se atraída pela história do capitão Sander. E também pelo próprio capitão Sander. "Saímos juntos doze vezes", recordou ela.

Dorrit e Kurt Sander casaram-se no Hotel Madison, em 11 de setembro de 1949. "Foi uma história muito refinada", comentou Sybil.

Naquele inverno, Flory e Myrtil compraram um apartamento em Riverside Drive, no West Side de Manhattan, de onde podiam ver o sol se pondo sobre o rio Hudson e a sua nova pátria adotiva. Finalmente, os Frank tinham encontrado um porto seguro.

EPÍLOGO

Diversamente da Holanda, cujo asilo revelou-se uma cruel miragem, os EUA, onde foi terminar a odisséia dos Frank, em fins dos anos 1940, foram um autêntico porto seguro. Se os Frank não foram completamente felizes depois, com certeza chegaram muito perto disso, no decorrer dos vinte anos subseqüentes.

Pouco depois do casamento da irmã, Sybil começou um romance com Carl Ehrlich, outro judeu alemão naturalizado norte-americano e veterano do Exército dos Estados Unidos. Tal como seu futuro cunhado, Kurt Sander, Ehrlich também fora refugiado antes da guerra, e atuara na ofensiva das Ardenas. A certa altura, durante o pânico gerado pelas infiltrações de alemães falantes do inglês na retaguarda das linhas norte-americanas, o sotaque do sargento Ehrlich quase fez com que ele fosse morto.

Sybil e Carl casaram-se em outubro de 1950, no Hotel Pierre, numa cerimônia pequena porém muito elegante. Desta vez, Myrtil e Flory estavam presentes para testemunhar o feliz acontecimento, pois já haviam se mudado para Nova York, sem se desfazer da antiga residência em Haia.

Dorrit e Kurt foram residir em Long Island, onde eu nasci, em 1951, o primeiro da nova geração dos Frank. Meu irmão Lee nasceu em 1956. Kurt, que preferiu retornar à vida civil a permanecer no Exército regular (decisão de que se arrependeria depois), continuou o trabalho como executivo de merchandising, sua profissão antes da guerra. Entretanto, sua verdadeira vocação continuava sendo o Exército. Ele ficou na reserva ativa, reformando-se como tenente-coronel em 1964. Foi a realização que mais o encheu de orgulho.

O primeiro filho de Sybil, Gerald, nasceu em 1953. Sua irmã, Vicki, veio quatro anos depois. Agora, os Frank norte-americanos perfaziam dez pessoas.

Nesse meio tempo Myrtil, com a ajuda de Flory, prosperou como negociante de arte, especializado na produção do século XX. O apartamento dos Frank em Riverside Drive, onde Myrtil realizava seu trabalho, era em si mesmo uma verdadeira galeria, e os netos brincavam à sombra de Kandinskys, Signacs e outros semelhantes. Como era de se prever, Flory sentiu-se muito bem no papel de *grande dame* do cenário artístico nova-iorquino. Nada a deixava mais feliz do que assistir a um novo vernissage, e, para o sorridente Myrtil, nada melhor que acompanhá-la.

Desta vez, diferente de em Berlim, o sorriso de Myrtil era genuíno. Embora talvez seja exagero dizer que os Frank se apaixonaram novamente, posso recordar com segurança a alegria deles em companhia um do outro, o que também demonstram as fotos de ambos nos anos 1950 e 1960. Passavam as temporadas de verão em Haia, usada como base para explorar o resto da Europa, e os invernos em Nova York, viajando para lá e para cá no *SS Rotterdam* e em outros navios de luxo. Pareciam verdadeiramente desfrutar de ambos os mundos. Não lembro de vê-los discutindo muito sobre a guerra: estavam divertindo-se demais para isso.

Os Frank jamais se esqueceram de seu débito com a Holanda e com o povo holandês que ajudou a salvar suas vidas. Em prova de gratidão, Myrtil doou, nos anos 1960, uma obra de arte ao *Gemeentemuseum*, em Haia.

Numa visita a Veneza em 1947, Myrtil espantou-se ao encontrar um velho amigo: o Rubens — o *seu* Rubens, que ele vendera no mercado negro em 1942, antes de a família seguir para o esconderijo —, numa galeria local. No entanto, não tinha condições de comprá-lo de volta.

Pelo que pude saber, hoje o quadro se encontra no Museu do Prado, em Madri.

Myrtil nunca perdeu aquele impiedoso senso de humor, que se revelara uma bênção quando os Frank estavam escondidos. Ele faleceu em 1968, aos setenta e quatro anos. Embora abalada, Flory pôde recuperar-se da perda do marido e continuou atravessando o Atlântico todo verão, viajando pela Europa inteira e conseguindo mesmo fazer alguns negócios de arte por conta própria.

Ela morreu em 1981, aos oitenta e cinco anos. Se, como se diz, viver bem é a melhor vingança, Flory e Myrtil foram uma positiva prova disso.

Em 1965, Dorrit fez sua primeira visita sentimental ao antigo país de adoção e ao n.14 da Pieter van den Zandestraat. Foi aí que a semente deste livro nasceu (como se descreve a seguir na conclusão). Mas os moradores do apartamento não estavam em casa.

Em 1982, um ano depois da morte de Flory, a sobrevivente *onderduiker* retornou mais uma vez à Holanda, desta vez com Sybil a reboque. Os moradores do apartamento, uma família de três pessoas, inclusive um garoto, ficaram felizes de recebê-las. Naquela viagem, as duas irmãs também visitaram a antiga salvadora, Annie, que estava doente, morando na Zelândia. Annie morreu dois anos mais tarde, seguida pela irmã Tine, que faleceu em 1986.

Jeanne Gutschmidt, Houtepen de solteira, a outra antiga ajudante, mora atualmente em Enkhuizen, pitoresca cidade holandesa no IJsselmeer. Ela continua a ser uma das melhores amigas de Dorrit. As duas se encontram todos os anos, ou quase todos, em Haia, onde passam a maior parte do tempo percorrendo os museus locais, inclusive o Mauritshuis, e conversando coisas leves. Só raramente falam sobre a guerra.

Os Frank não foram, naturalmente, os únicos judeus que sobreviveram à guerra escondendo-se. Segundo uma estimativa feita por Bert Jan Flim, aproximadamente mil outros judeus sobreviveram em Haia da mesma maneira, inclusive um cujo esconderijo ficava logo dobrando-se a esquina da rua dos Frank. Também cerca de seis outros ficaram escondidos na Noordeinde.

As conseqüências da guerra na Holanda, e especialmente o aniqüilamento dos judeus holandeses, continuaram perturbando a vida naquele país por muitos anos.

Em 1949, Hans Albin Rauter, o ex-chefe da SS na Holanda e, segundo Seyss-Inquart, o homem mais diretamente responsável pela dizimação da população judaico-holandesa, foi julgado e executado naquele país: foi o último a ser morto entre os membros da chamada "máfia austríaca" que governou a Holanda durante a guerra.* Franz Fischer, o último criminoso de guerra numa prisão holandesa e o oficial da SS que supervisionou as deportações que partiam de Haia, foi libertado, em meio a protestos generalizados, em 1989.

A guerra e a questão de saber se teria sido possível agir diferente para salvar os mais de cento e dois mil judeus holandeses que morreram nos campos de extermínio, ou o pequeno número — como os Schnell — assassinados em solo holandês, continua a ser assunto de muita controvérsia.

A "culpa da guerra" na Holanda foi um fator importante na política externa desse país no período imediatamente posterior a ela. Por muitos anos, a Holanda foi o país mais amigo de Israel na Europa, motivo pelo qual os holandeses foram punidos em 1974, quando a sua foi a única nação européia a ser atingida pelo boicote do petróleo da OPEP.

Desde a publicação original em holandês, em 1947, com o título de *Het Achterhuis*, o diário de Anne Frank, publicado em inglês em 1952 como *The Diary of a Young Girl*, tornou-se o mais lido documento proveniente do Holocausto. Foi também adaptado para o teatro e representado pelo mundo inteiro. Em 1956, a primeira dramatização teve a

* Um nazista, alemão de nascimento, que desempenhou um papel importante na impiedade do último ano da ocupação — August L.H. Albrecht — foi executado depois. Como chefe do *Einzatzkommando* da polícia de segurança na cidade de Leeuwarden, em 1944-45, Albrecht foi considerado por um tribunal especial de justiça como pessoalmente responsável por numerosos assassinatos, e foi executado em 1952.

sua *première* européia em Gothenburg, Suécia. No ano seguinte, causou sensação em sua primeira apresentação na Alemanha. Entretanto, como observa Melissa Muller, uma das biógrafas de Anne Frank: "Enquanto a dramatização tornou o livro um best-seller mundial, ela também contribuiu grandemente para que se romantizasse e sentimentalizasse a história de Anne Frank."

Em 1960, em conseqüência dos esforços de Otto Frank e de um grupo de outros cidadãos holandeses envolvidos, a Casa de Anne Frank foi inaugurada como museu na Prinsengracht n.263, onde os Frank se haviam escondido dos alemães antes de serem descobertos pela denúncia de um informante, cuja exata identidade permanece um mistério até hoje. Em 2002, as declarações da escritora Carol Ann Lee ganharam as primeiras páginas dos jornais holandeses quando ela afirmou que os Frank foram traídos por um ex-sócio do escritório de Otto e, o que é mais controvertido, que Otto sofreu chantagem desse mesmo homem depois da guerra. Entretanto, o Instituto para Documentação de Guerra da Holanda declarou não ter encontrado provas que apoiassem as declarações de Lee.

A Casa de Anne Frank continua a ser uma das atrações turísticas mais populares da Holanda, recebendo acima de oitocentos mil visitantes a cada ano.

Em 1987, o local do antigo campo de trânsito de Westerbork também foi transformado em um impressionante museu. Foram demolidas as horrorosas estruturas originais do campo, inclusive os galpões que abrigavam os internos, com exceção de uma lúgubre guarita. Perto dali, no cemitério da cidade, estão os túmulos de Eva e Alfred Schnell, assassinados em Zwolle em novembro de 1944 depois que seu esconderijo foi descoberto. Como uma de suas últimas *mitzvahs*, Annie fez com que seus corpos fossem trasladados para lá.

Em abril de 2003, realizei a minha própria peregrinação a Westerbork, seguindo o mesmo caminho que, sessenta e um anos antes, minha mãe fizera para visitar Edgar. A viagem de trem de Amsterdam para lá ainda tem a mesma duração que em 1942.

Os funcionários do museu gentilmente permitiram que ele ficasse aberto até mais tarde por minha causa, para que eu pudesse passear por ali e também pelo distante terreno do campo. Mesmo não existindo mais os galpões onde Edgar e seus pais estiveram encarcerados, e onde Dorrit os foi visitar em maio de 1942, não é difícil fazê-los ressurgir na imaginação. Com os olhos da mente, eu podia ver minha mãe e seu noivo, já condenado, darem o último passeio juntos até o limite do campo, onde a urze voltara a crescer.

Mais difícil de imaginar é a infernal cena que aconteceu na noite de 15 de julho de 1942, quando Edgar e mais onze seres humanos apavorados foram conduzidos a pé até a estação de Hooghalen, a quase dez quilômetros de distância, para embarcarem no primeiro transporte da Holanda para o leste.

Segundo Martin Gilbert, autor de *The Righteous*, pela última conta mais de quatro mil holandeses foram qualificados como Homens Justos — ou seja, não-judeus que arriscaram as vidas para salvar seus irmãos judeus — e foram imortalizados no *Yed Vashem*, o memorial do Holocausto em Israel. Somente a Polônia tem um número maior.

A comunidade judaico-holandesa, embora atualmente não passe de um mero vestígio da vívida personalidade anterior à guerra, conseguiu refazer-se, pelo menos em parte. Hoje há aproximadamente trinta mil judeus vivendo na Holanda. Embora dificilmente se possa descrevê-los como florescentes, com toda a certeza eles estão vivos e bem.

Graças a uma onda de imigrantes judeus provenientes da antiga União Soviética, a vida dos judeus na Alemanha passou recentemente por uma espécie de renascimento. Ali a população total de judeus chega hoje a mais de cem mil, cerca de um quinto do tamanho que tinha em 1933, quando os nazistas tomaram o poder e deram início a sua diáspora.

Os Frank foram a última família judaica a viver em Breitenheim.

POSFÁCIO

Uma vez que a história da família Frank é a minha própria história, fica difícil afirmar exatamente quando a odisséia deste livro começou de fato. Em certo sentido, começou quando eu era ainda muito jovem, ao ouvir pela primeira vez minha mãe contar sua terrível e prodigiosa história dos tempos da guerra. Embora eu não tenha sido educado conscientemente como um "filho do Holocausto" (termo com o qual não me sinto bem, por estar muito associado a uma condição de vítima), minha mãe sempre acreditou que o motivo pelo qual sobreviveu à guerra, o motivo de ter passado por tudo aquilo, foi que era seu destino ter estes dois filhos — eu e meu irmão Lee.

Nunca tive muita certeza do que ela queria dizer, embora, sem dúvida alguma, isso ajude a explicar uma certa *hubris*, de minha parte e do meu irmão. Desde muito pouca idade tínhamos consciência de ser diferentes. Ser judeu era uma parte desse sentimento, apesar de isso quase nada significar para os nossos vizinhos judeus de Nova York. A guerra e o Holocausto, porém, esses sim tinham muito a ver.

Quando eu era criança, minha mãe nunca me fez uma narrativa muito detalhada de suas experiências no esconderijo. O que ela fez foi tentar nos proteger dessas experiências e também das anteriores, de quando ela vivia na Alemanha. Como poderia transmitir-nos o que ela e sua família haviam experimentado, sentido, sofrido e presenciado durante aqueles três anos de provação? Era muito mais fácil para o nosso pai — um judeu alemão naturalizado, que serviu como oficial da inteligência do Exército norte-americano nas linhas de frente da Europa, sendo condecorado por isso — nos regalar com os lances simples e diretos da *sua* guerra do que para minha mãe nos deixar emocionados com a sua narrativa, tão mais sombria e complexa. E assim, após esboçar alguns contornos da história, ela manteve fechadas as cortinas que encobriam o nosso infeliz passado. Finalmente, um dia em julho de 1965, como parte de uma viagem afetiva pela Europa, acompanhei minha mãe em sua primeira visita, desde a partida para os Estados Unidos em 1947, à Pieter van den Zandestraat. Ela bateu na porta do número 14, o apartamento que anos atrás servira de esconderijo para os Frank. O atual morador do apartamento estava em casa, e convidou minha mãe para entrar.

Em vez de ficar ao lado dela, eu, um documentarista estreante, corri até o outro lado da rua, até a escada oposta, e dali tirei uma melodramática foto do apartamento, emoldurada por uma janela quebrada, parecendo muito a imagem que os vizinhos deviam ter dos fugitivos, vinte anos antes. As cortinas estavam fechadas, tal como na época em que eles receavam ouvir batidas à porta, o que, felizmente, jamais aconteceu.

Também fiz várias outras fotos da Pieter van den Zandestraat, inclusive da loja vazia da esquina onde meu avô plantou a história de que era um médico suíço-alemão com a esposa sofrendo de problemas mentais.

A visita a Haia e ao local do calvário da família Frank teve imenso impacto sobre mim. Na verdade, pode-se dizer que foi naquele memorável dia, quase quarenta anos atrás, quando eu tinha 14 anos, que concebi este livro, pelo menos de maneira subliminar.

Durante toda a minha adolescência e os meus anos pós-faculdade como jornalista *freelancer*, porém, as experiências de minha mãe não tiveram um papel muito significativo em minha vida. A porta para o número 14 e para a caixa de Pandora — ou será que eu deveria dizer para o *Rashomon*? — que se encontrava por detrás daquelas cortinas permanecia selada para mim.

Às vezes, a guerra e os danos emocionais causados por ela à minha mãe projetavam-se de repente em minha visão. Uma dessas ocasiões foi no início dos anos 1970, quando nossa família assistia ao filme de suspense *Limite de segurança*, sobre a Guerra Fria. O filme, uma história de advertência sobre o Armagedom nuclear, terminava com uma angustiante "contagem regressiva" durante a qual — uma vez que a cidade deveria ser destruída em função de um acordo secreto entre os Estados Unidos e a União Soviética, como compensação pelo acidental incêndio de Moscou provocado pelos norte-americanos — sucedia-se uma montagem de cenas de nova-iorquinos inocentemente esperando a morte iminente, que aconteceria quando a contagem chegasse ao zero. No meio daquela contagem regressiva, que evidentemente desencadeou lembranças das falhas nos lançamentos dos V-2 e das bombas dos Aliados errando o alvo e por pouco não destruindo também o prédio onde se encontravam escondidos os Frank, minha mãe teve uma crise nervosa, como se a bomba do filme estivesse realmente vindo em direção à nossa casa, no bairro de Queens, Nova York. Lembro de meu pai acalmando-a na cozinha, enquanto mansamente tentava nos explicar o que estava se passando.

Entretanto, de um modo geral a guerra para minha mãe permaneceu tão opaca quanto as cortinas de musselina no número 14. Como alguns sobreviventes do Holocausto, ela também não se sentia especialmente impelida a testemunhar sobre coisa alguma. Foi suficiente que víssemos o local onde aconteceu a provação dos Frank durante a guerra, que conhecêssemos a sua história básica, principalmente aquela parte da busca que os alemães fizeram de casa em casa na rua, no dia 11 de novembro de 1944, e na qual, por alguma inexplicável razão, eles não se detiveram à sua porta. Era uma forma de que pudéssemos passar a história adiante, pelo menos em linhas gerais, para a próxima geração. Foi essa também, segundo me recordo, a atitude dos meus avós, Flory e Myrtil, enquanto meu irmão e eu crescíamos. O futuro era mais importante que o passado. E, na verdade, nós *éramos* o futuro!

A certa altura, inevitavelmente, eu também acabei percebendo os paralelos entre a história da família da minha mãe e a de sua homônima, Anne Frank, inclusive a incrível simetria entre os movimentos das duas famílias, entre os anos de 1933 — quando Otto Frank, a esposa e as filhas fugiram da Alemanha nazista para o exílio holandês, enquanto Myrtil Frank, a esposa e as filhas faziam o mesmo — e 1942, quando, durante os primeiros ataques contra a comunidade judaica de Amsterdam, confinada aos guetos, as duas famílias perseguidas, separadas apenas pela distância de alguns prédios no sul de Amsterdam, foram esconder-se com uma diferença de apenas poucos dias uma da outra, a de Otto Frank em Amsterdam e a de Myrtil, em Haia. E mesmo assim, eu ainda não me sentia especialmente inclinado para escrever a respeito.

Uma herança do passado que minha mãe efetivamente me transmitiu foi o interesse pela Holanda e pelo povo desse país, que, segundo ela, desempenhou um papel tão significativo na sua salvação e na de sua família. Afinal de contas, se não fosse aquele corajoso grupo de quatro holandesas lideradas por Annie van der Sluijs — a mulher que alugava o número 14 e que conspirou com meu avô para fazer os Frank "submergirem" ali, dando-lhes proteção — de fato eles *não* teriam sobrevivido. Mais tarde, ao pesquisar melhor sobre esse assunto ainda tão delicado e tentar harmonizar o heroísmo de Annie e suas irmãs Tine e Ans — como também a bravura de sua amiga Jeanne Guthschmidt — com o "sucesso" dos nazistas na erradicação de mais de três quartos da população judaica anterior à guerra, descobri que as coisas não tinham sido tão preto-no-branco como antes acreditei. Também descobri que a relação entre Tine e meu avô era mais complicada do que pensei.

Mas isso não foi senão muito mais tarde. Quando eu era menino, para mim todos os holandeses eram heróis. Eu *adorava* a Holanda. Certamente eu era o único garoto na escola primária que sabia cantarolar o *Wilhelmus*, o hino nacional holandês.

Hoje continuo a amar a Holanda. E consigo ainda cantarolar a melodia do *Wilhelmus*. Apenas não acho mais que todos os holandeses sejam heróis. Mas Annie, suas irmãs e Jeanne com toda certeza o foram, assim como os milhares de outros holandeses e holandesas que arriscaram a vida para salvar seus amigos e vizinhos judeus. Só que não foram em quantidade suficiente.

Meu avô, um homem arrojado, carismático, rústico e amável, com um impiedoso senso de humor, e que se sentia feliz por estar *vivo*, sem o menor receio de demonstrá-lo, também foi meu herói durante o meu crescimento. E continua sendo, talvez mais ainda, principalmente agora que sei de toda a criatividade e astúcia que ele usou para manter viva a família. Talvez eu o entenda um pouco melhor. Mas estou me adiantando.

O amor que herdei pela Holanda, pelos holandeses e pela história holandesa levou-me a viajar à Holanda no outono de 1974, pela primeira vez por conta própria, escrevendo ali para o *New York Times* um artigo sobre o país, no qual abordava o repentino surto de dificuldades econômicas e sociais que os holandeses estavam vivenciando no próprio contexto histórico. Chamei o artigo de "Inocência perdida". A tese era a de que, após um quarto de século vivendo com prosperidade e sem problemas, os holandeses — golpeados de súbito por uma combinação de escândalo real e problemas raciais sem precedentes (devidos ao influxo de uma torrente de refugiados da antiga colônia holandesa do Suriname) — haviam perdido por fim, irrevogavelmente, a inocência a respeito do mundo, concluindo um processo que se iniciara no dia 10 de maio de 1940, o dia do choque da invasão nazista.

E ainda assim, embora em meu artigo eu abordasse a guerra, continuava evitando escrever ou pensar sobre a guerra da minha mãe. Não tinha certeza se iria mesmo visitar o apartamento do número 14.

Voltei a Haia três anos depois e me hospedei com minha avó, que estava passando o verão lá. Lembro de ir a uma porção de exposições de arte com aquela pessoa dominadora, ainda belíssima e de alguma forma irritante que era ela. Lembro também de conversarmos muito, os dois. Flory gostava de uma boa conversa à mesa do jantar. De fato, fazia questão disso. Mas não recordo, e tampouco o meu meticuloso diário o menciona, alguma vez em que discutíssemos sobre a guerra. Nem mesmo fui visitar a Casa de Anne Frank. Bem que eu desejava, mas as filas eram muito compridas.

É claro que naquela época era difícil passar algum tempo significativo na Holanda sem ter alguma consciência da guerra. Caminhando pela agradável praia cercada de dunas de Scheveningen, perto do local onde os Frank viveram a primeira parte do exílio holandês e de onde viram o céu encher-se de pára-quedas alemães, naquele dia de maio de 1940, algumas vezes eu me surpreendia refazendo os acontecimentos desse infame dia, que ficou conhecido como o Pearl Harbor holandês. A comprida fileira de bunkers construídos pelos alemães como parte da Muralha Atlântica, ao longo da praia, e que em cada detalhe era ainda tão formidável quanto trinta anos atrás, era também um estímulo à memória. Mas depois de alguns passeios como aquele, não fui mais vê-la.

Meu diário registra pelo menos uma ressentida desavença sobre guerra em minha primeira estada em Haia, em 1974, quando os Estados Unidos ainda se enlameavam no Vietnã e às vezes os norte-americanos no exterior eram alvos de observações agressivas. Não muito tempo antes, eu próprio fora um veemente contestador da guerra do Vietnã. Entretanto, quando um holandês esquisito sentado numa mesa próxima, no meu bar preferido, começou de repente a falar mal dos Estados Unidos, eu reagi, para minha própria surpresa: "Se não fossem os Estados Unidos", exclamei, "Seyss-Inquart ainda estaria vivendo no palácio Noordeinde!" Localizado no centro de Haia, não muito longe da Pieter van den Zandestraat, o palácio Noordeinde continua sendo a tradicional residência da soberana holandesa, a rainha Guilhermina, que cresceu e sempre viveu ali.

Na verdade, minha história estava um pouco equivocada: Seyss-Inquart de fato nunca residiu naquele palácio. Ele confiscou outra propriedade de Guilhermina para uso próprio, a mansão Clingendael, nas dunas. Mas quase acertei. Afinal, jamais me considerei uma autoridade sobre a guerra. E além disso, tecnicamente falando, foi o Exército *canadense*, e não o norte-americano, que libertou Haia e o resto da região oeste da Holanda, em 1945.

De qualquer modo, a justificada raiva subjacente à minha explosão patriótica era mais derivada da guerra de meu pai e da *sua* justificada raiva contra os arrogantes oficiais nazistas prisioneiros de guerra que ele interrogou quando a sua divisão, a famosa 83ª "Thunderbolt", precipitou-se pela França e a Alemanha. Nada tinha a ver com a guerra aflita e subterrânea de minha mãe, que para mim ainda permanecia distante.

Só por volta de 1979, quando eu tinha 28 anos, uma década e meia depois da minha primeira visita ao apartamento número 14, é que finalmente decidi escrever algo sobre a guerra de minha mãe. Realmente, era minha idéia publicar uma versão da sua história, no momento em que Anne Frank estaria completando 50 anos, traçando um paralelo entre as duas fatídicas histórias familiares, a trágica, de Anne Frank, e a mais afortunada, de minha mãe, que seria uma espécie de mágico apêndice ao *Diário de Anne Frank*. Eu queria fazer uma *mitzvah*. E talvez, claro, dar essa alegria a minha mãe.

Ao invés disso, ativei o mecanismo para reeditar a minha própria versão de *Rashomon*.

Rashomon é o filme de 1951 do grande diretor japonês Akira Kurosawa. Baseado em dois contos de Ryunosoke Akutagawa, o filme é manifestamente um thrilller sobre o estupro de uma mulher, Masago, e o assassinato de seu marido, Takehiro, numa floresta. Mas é também uma história sobre a natureza da verdade objetiva em si e a possibilidade de conhecê-la.

Passado no século XI, o filme abre com uma conversa entre três homens, um cortador de lenha, um clérigo e um homem comum, que estão se protegendo de uma tempestade nas ruínas do portão *Rashomon*. O clérigo narra os detalhes de um julgamento a que assistiu pouco antes, envolvendo um estupro seguido de assassinato.

Enquanto ele fala, o público vê os quatro principais envolvidos: a mulher, Masago; o bandido Tanjomaru; o espírito de Takehiro, manifestado em um médium; e o cortador de lenha, que admite ter testemunhado o crime. Cada ponto de vista do acontecimento é reproduzido, deixando ao público o desafio e a tarefa de conciliar as perspectivas conflitantes.

Como fanático por cinema, fiquei profundamente impressionado ao vê-lo pela primeira vez, no início dos anos 1970, no Museu de Arte Moderna, quando me encontrava em licença involuntária (um eufemismo para suspensão) da Universidade de Cornell. Passava meus dias inspecionando microfilmes nos fundos do segundo andar da Biblioteca Pública de Nova York, e minhas noites atualizando-me nos clássicos estrangeiros — *existiria* algum clássico norte-americano? — no MomA. Estou certo de que vi *Rashomon* pelo menos duas vezes.*

Entretanto, não esperava muito dessa minha reedição do filme. Mas foi isso o que ocorreu quando, já mais confiante quanto à minha capacidade, entrevistei as três sobreviventes da história: minha mãe, minha tia e minha avó. Infelizmente, tinha deixado passar meu avô e ele agora não poderia manifestar-se em um médium, por mais que isso pudesse dar-me satisfação. Eu achei, porém, que com aquelas três testemunhas teria material suficiente para montar a história original.

Imediatamente começaram a aparecer sérios problemas. Primeiro, embora eu tivesse familiaridade com os dramáticos acontecimentos da história e pensasse ter uma idéia do impacto que eles tiveram sobre minha mãe, logo me dei conta de que não fazia absolutamente idéia alguma do que realmente se passara no interior do número 14 da Pieter van den Zandestraat entre 14 de julho de 1942 — quando os Frank foram "submergir" no desconhecido, por detrás daquela porta — e 8 de maio de 1945, quando finalmente puderam emergir para a liberdade.

Agora, quando minha mãe me descrevia os dias e noites intermináveis de espera e de oração enquanto as bombas e os mísseis caíam e os alemães davam buscas pelas ruas à cata de judeus e de futuros escravos, dei-me conta do motivo pelo qual ela fugira durante a exibição do filme *Limite de segurança* anos atrás. Além disso, desde que comecei a compreender como eram tênues as possibilidades de ela sobreviver a tudo aquilo — às bombas, aos mísseis, aos alemães, aos holandeses pérfidos do tipo que traíram a família homônima de Amsterdam, e finalmente,

* Meu supervisor na biblioteca era Herbert Boucher, o mesmo Herbert Boucher cuja história e memórias, *Miracle of Survival*, são citadas mais atrás neste livro. Os Sander e os Boucher tornaram-se amigos nos anos 1950.

ao Inverno da Fome de 1944-45, quando milhares morreram de inanição, (que dirá de uma família *inteira* de quatro pessoas, a *minha* família, sobreviver a tudo aquilo) —, entendi também o que minha mãe queria dizer quando afirmou que seu destino era resistir à provação.

Quando dei a minha primeira espiadela pelas cortinas fechadas do número 14, compreendi de onde vinha a minha inexplicável reserva de *hubris*. Agora eu sabia de onde *realmente* vinha.

De forma não surpreendente, talvez, embora mais perturbadora, a interpretação dada por minha mãe ao "milagre da Pieter van den Zandesdtraat n.14" diferia da de minha avó e da de minha tia. Por que puderam os Frank atravessar todos aqueles intermináveis dias (mil e vinte e dois, para ser exato)? Por que, inexplicavelmente, aquele grupo de buscas de novembro de 1944 não se deteve à sua porta? Por que foram no andar de cima, mas não no de baixo?

Minha avó, a mais religiosa dos três *onderduikers* sobreviventes, tinha certeza de que fora a Inescrutável Vontade d'Ele. Minha tia Sybil, a menos sentimental, tinha a convicção de que a sobrevivência fora pura questão de sorte, sem nada de inescrutável envolvido.

E as três diferiam também quanto a outros aspectos. Muito depressa — demasiadamente depressa — eu perdera a antiga inocência quanto à história de "A família Frank que sobreviveu", como chamei o meu planejado e cada vez mais espinhoso projeto.

A falta de quaisquer anotações pessoais ou de um diário como o que Anne Frank mantivera tornava difícil, senão impossível, conciliar aquelas imagens contrastantes: *Rashomon* mais uma vez. O que começara como uma *mitzvah* se havia transformado num verdadeiro rodamoinho autobiográfico.

Além disso, acima do projeto pairava também o espírito de Anne Frank, autora do mais lido documento saído do Holocausto. Seria a história da minha mãe realmente diferente da dela, para merecer ser contada? Será que acrescentava alguma coisa ao registro público? E quem era eu para achar que poderia produzir mesmo que um simples apêndice àquele prodigioso diário?

Um amigo meu, David Harris, meu confidente na época e agora o diretor-executivo do Comitê Judaico-Americano, sabendo do meu dilema, aconselhou-me, sabiamente, a deixar de lado a caleidoscópica história por uns dez ou quinze anos, até que pudesse ter uma visão mais ampla sobre ela.

E foi isso o que fiz. Minha editora na *Times Magazine* ficou desapontada, mas compreendeu. Eu precisava, primeiro, ter um distanciamento maior antes de transpor o umbral do número 14. Também precisava ler e aprender mais a respeito da experiência dos holandeses na Segunda Guerra Mundial, principalmente sobre a destruição daquela comunidade judaica, antes de poder fazer qualquer generalização valiosa sobre a tribulação da família Frank e da relação desta com a dos demais judeus, inclusive a de Anne Frank e sua família. E, mais importante: eu precisava ter mais experiência de vida. Estava com 28 anos, apenas.

Na realidade, acabei esperando mais tempo — duas décadas —, até que um dia, em 2000, quando tomava um drinque no Oxford and Cambridge Club com Richard Bannerman, produtor da Rádio 4 da BBC, por acaso me referi à história da nossa família Frank, há tanto tempo enterrada. "Gostaria de fazer alguma coisa com isso", comentou Richard.

E assim fizemos. O documentário radiofônico dividido em duas partes e intitulado "The Frank Family that Survived", transmitido em duas noites sucessivas de domingo, em setembro de 2001, foi o compensador resultado.

Passaram-se vinte e dois anos desde que metaforicamente abri a porta do número 14, durante os quais não parei de ler sobre a história holandesa e de visitar e fazer reportagens sobre a Holanda. Esse tempo foi suficiente para que eu amadurecesse e ganhasse nova perspectiva, conhecendo melhor o contexto geral, de modo a poder finalmente ultrapassar aquele turbulento umbral da memória e fazer justiça à história da família de minha mãe, como também enquadrá-la em seu próprio contexto histórico.

Dorrit e Sybil concordaram que eu as entrevistasse novamente para o documentário radiofônico. Flory, claro, há muito nos havia deixado. Felizmente eu ainda possuía as notas manuscritas das nossas primeiras entrevistas, de modo que ela pôde participar, por assim dizer, de além-túmulo.

Uma nova visita ao número 14, que quarenta anos antes eu havia fotografado com minha Fujica 35-SE, quando minha mãe me levara lá pela primeira vez, foi igualmente útil (embora eu descobrisse, para minha surpresa, que me faltava coragem para bater na porta). Também o foram os bons serviços do notável arquivo holandês da guerra, o Instituto de Documentação de Guerra da Holanda. Ali, certa manhã inesquecível de julho de 2001, após ficar girando para frente e para trás o aparelho de microfilme, acabei por encontrar a referência aos Frank no censo de judeus holandeses realizado pelos alemães (ou melhor, realizado para eles pelas submissas autoridades holandesas) no início de 1941, antes da "submersão". Depois, em outro carretel, encontrei os documentos indicando quando e onde minha bisavó Leontine — que não quis esconder-se com os Frank e foi levada de sua pensão em Amsterdam numa das últimas grandes *razzias* — e o noivo de minha mãe, Edgar Reich, que estava entre os primeiros judeus a serem mandados para Westerbork, foram deportados desse campo respectivamente para Sobibor e Auschwitz, e depois mortos.

Uma visita ao instigante e informativo Museu da Resistência, em Amsterdam, no qual se pode "caminhar através" de uma imaginativa e obsessiva mostra dos cinco anos da ocupação alemã e das diversas formas de reação dos holandeses (ainda controversas), desde a colaboração ativa até a resistência violenta, forneceu-me também novas inspirações.

Estariam de volta os pesadelos que tive da primeira vez que tentei escrever algo sobre essa história? Claro que sim. Mas no fim, eles se foram. E também retornou, pelo menos em certa medida, o já mencionado efeito *Rashomon*, já que me deparei, nas minhas anotações de entrevistas, com as mesmas torturantes contradições encontradas anos atrás.

Mas não chegavam a constituir um problema, em parte porque a verdade essencial e mais abrangente da inacreditável história dos Frank estava muito mais clara desta vez, e era que eles *tinham* sobrevivido. De acordo com inúmeras autoridades sobre o Holocausto holandês a quem consultei, as chances de uma família de quatro pessoas sobreviver aos últimos três anos da draconiana ocupação alemã a) *unidos*, isto é, não tendo se separado, como fez a maior parte dos *onderduikers* holandeses; b) em *um* só lugar, e não em sucessivos esconderijos, como a maioria; e c) em *Haia*, onde tinha sede a administração alemã, inclusive o zeloso Seyss-Inquart e o seu entusiástico colega Franz Fischer, responsável pelas deportações da capital, eram praticamente nulas. "Apenas algumas famílias, se tanto, sobreviveram nessa situação", disse-me Dienke Hondius, historiadora da Casa de Anne Frank.

Sessenta anos depois do fato, e depois das centenas de horas de entrevistas que realizei com minha falecida avó, minha mãe e sua irmã, ainda me espanta a maneira como os Frank conseguiram ir até o fim, "agüentar tudo aquilo", como referia-se Sybil à provação. Mas agora tenho uma intuição maior de como eles conseguiram realizar a façanha.

Certamente uma das razões de eles terem sobrevivido (como sugerira Flory antes) foi que se mantiveram unidos, e não "fracionaram suas forças" enviando as crianças para outro lugar. "Eu era contra nos dividirmos", disse Flory em nossa primeira entrevista (já citada). "Estou certa de ser esta uma das razões de termos conseguido." Eu não sabia exatamente o que minha avó queria dizer com isso em 1979, mas agora sei, especialmente depois de conhecer mais sobre o doloroso *hongerwinter* final, quando muitos *onderduikers* isolados desistiram da luta, sucumbindo à fome e ao frio.

A coragem de meu avô em correr os riscos que correu, inclusive saindo do esconderijo para aumentar os suprimentos de comida da família — mesmo que agora, pensando retrospectivamente, alguns desses riscos parecessem um tanto temerários —, foi nitidamente um outro fator para a sobrevivência dos Frank.

Quanto ao resto... Destino? Deus? Sorte? Quem poderá saber?

De qualquer modo, *desta vez* eu me sentia capaz de transpor aquela porta e acabar o trabalho. Nunca vou esquecer a sensação de satisfação e de trabalho concluído que tive depois de terminar a gravação de "The Frank Family That Survived" nos estúdios situados na cobertura da Broadcasting House, de onde Edward Murrow, um dos jornalistas cujo heroísmo mais admiro, transmitira para os Estados Unidos as notícias sobre a guerra, sessenta anos antes.

Recebi muitos e-mails e mensagens dos que ouviram o programa em setembro de 2001, cuja primeira parte foi ao ar nos tenebrosos dias logo após os ataques terroristas de 11 de setembro, quando a humanidade parecia mais uma vez se encaminhar para o abismo. "Esse é o tipo de coisa que me dá esperanças", declarou um ouvinte.

E assim, a série radiofônica "The Frank Family That Survived" transformou-se no livro, e esse projeto de longa gestação, parcialmente realizado, pôde então começar a tomar sua forma definitiva.

Em certo sentido, comecei este livro do zero, porque sabia que poderia fazê-lo. Contando com um espaço maior, e com mais dois anos de pesquisa, pude fazer consideravelmente mais do que conseguira na versão anterior para o rádio.

Este livro é o primeiro lugar onde me foi possível contar adequadamente toda a saga da família Frank. Os programas de rádio centravam-se quase inteiramente em sua temporada holandesa e nos anos em que eles ficaram escondidos em Haia.

Aqui, eu pude recuar a câmera e iniciar a saga da família na Renânia do século XIX, onde ela se originou, tomando Myrtil e Flory desde a sua juventude como jovens judeus alemães assimilados, através da Grande Guerra. Em seguida, descrevi a mudança para a revolucionária Berlim do início dos anos 1920, onde eles viveram num grande apartamento no elegante bairro Hansa Viertel, e os dias felizes — e de pouca duração — no final daquela mesma década, quando os Frank atingiram as camadas mais altas da cosmopolita elite judaica, responsável por aquele momento tão romantizado que foi a Berlim de Weimar.

Toda uma terça parte deste livro — e três quartos do período histórico total abordado, de oitenta anos — se passa na Alemanha: desde o nascimento, em 1866, de Max Frank, o pai viticultor de Myrtil, no mesmo ano em que Bismarck chegou ao poder, até 1933, quando os Frank fugiram da Alemanha para a longa miragem do exílio holandês.

Mostrar os Frank em seu contexto original e descrever a vida que levavam naquela época, incluindo as decisões que tomaram — particularmente as decisões de Myrtil —, permite entender melhor o seu comportamento posterior. As tensões que atingiram o lar dos Frank em Berlim nos anos 1920, especialmente entre Myrtil e Flory, pressagiavam as tensões que eles iriam experimentar e superar, passada uma década e várias etapas, ao "submergirem" no número 14. Da mesma forma, a decisão de Myrtil de enviar Flory e Dorrit para fora da Alemanha, durante o perigoso período da hiperinflação de 1923, foi uma antecipação da sua decisão, em março de 1933, de deixar a Alemanha a poucas semanas de Hitler assumir o poder, como também a decisão ainda mais difícil, doze anos depois, de levar a família para um esconderijo.

Lançando minha rede mais além, entrevistei todos os membros da família que desejara mas não conseguira para o programa de rádio — inclusive a sobrinha e a ex-cunhada de Myrtil, Celia e Louise, como também sua sobrinha israelense, Lotte (a historiadora da família). Com isso, aprendi muita coisa sobre a primeira parte da saga dos Frank, na Alemanha, como também um bom número de detalhes sobre Myrtil e Flory que eu ignorava.

Ao mesmo tempo, tentei usar a família Frank como um prisma através do qual pudesse observar os tumultuados tempos (particularmente as terceira, quarta e quinta décadas do último século) vivenciados por uma família bem situada e típica de judeus berlinenses. Era assim exatamente que eles se viam: como alemães e berlinenses, em primeiro lugar, e judeus, logo em seguida. Até, é claro, a ascensão do nazismo fazer com que passassem a pensar de forma diferente.

De certo modo, a parte alemã deste livro foi mais difícil de realizar que a holandesa. Juntando todas as minhas visitas à Holanda, nos últimos trinta anos, passei algo perto de um ano naquele país. A certa altura, após minhas seguidas visitas nos anos 1970, eu conseguia até mesmo falar e ler o idioma, de forma rudimentar. Ainda posso orgulhar-me do meu "*Scheveningen*". Pelo contrário, antes de começar a parte alemã, tinha apenas uma compreensão aproximada e colegial da história daquele país, tendo-o visitado só uma vez, e brevemente. Isso é em parte devido ao bloqueio que herdei em relação a tudo o que dissesse respeito à Alemanha, pela germanofobia (por sinal, muito compreensível) de meus pais.

Assim, o primeiro passo que eu devia dar era mergulhar na história da Alemanha e dos judeus alemães, valendo-me de textos importantes como *The Pity of It All*, de Amos Elon. Um livro sobre Breitenheim publicado por ocasião do aniversário de setencentos anos do vilarejo — enviado a mim por Nina Senger, uma historiadora de arte de Berlim com a qual fiz contato pela Internet e que se tornou uma entusiasmada correspondente alemã — também foi de muita ajuda.

Na Holanda, tentei aproveitar várias oportunidades historiográficas: com a ajuda de outros historiadores, particularmente de Bob Moore, autor de *Victims and Survivors*, o respeitável estudo sobre ao extemínio dos judeus holandeses publicado em 1997, procurei mostrar a tranqüilidade ilusória da Holanda dos anos 1930, como também a Holanda ocupada, abatida e devastada de 1940-45, e dar uma nova visão dessa tragédia dentro de uma tragédia que foi o Holocausto holandês.

Li muitas e excelentes monografias, como também outras histórias em geral sobre diversos aspectos desse último episódio. Além da obra de Moore, esses trabalhos incluem o volume que a precedeu, menos exato porém ainda fascinante, *The Destruction of Dutch Jewry*, por J. Presser; e *The Hunger Winter*, a iluminadora história geral e pessoal escrita por Henri van der Zee sobre o desesperado inverno de 1944-45 e a posterior libertação. E ainda o catálogo do Museu da Resistência, impressionante de ponta a ponta, de autoria de sua curadora, Liesbeth der Horst, só para citar alguns deles. Entretanto, não existe nenhuma descrição geral confiável da guerra na Holanda, nem dos esforços nazistas para extirpar a sua venerável comunidade judaica.

A maioria dos leitores do diário de Anne Frank acredita que todo o grupo de oito *onderduikers* teria sobrevivido à guerra — e não Otto Frank, apenas — se não tivessem sido denunciados aos nazistas em agosto de 1944, depois de um período terrivelmente infeliz de vinte e seis meses isolados no *achterhuis* que Otto elaboradamente construíra e ocultara.

Mesmo assim, teriam de sobreviver a quase outro ano inteiro, antes da libertação. Como esta narrativa deixa claro, não há nenhuma garantia de que os Frank de Amsterdam tivessem resistido ao frio, à fome e à doença que ceifaram tantas vidas, de judeus e de não-judeus, abaixo e acima do chão, nos meses ainda mais infernais que estavam por vir.

E se Anne Frank tivesse sobrevivido, o que poderia ter-lhe acontecido, então? Como seus equivalentes em Haia, Otto Frank poderia ter decidido enviar Anne e a irmã Margot para os EUA, assim como Myrtil e Flory fizeram com as filhas depois da libertação. O tratamento ruim ou indiferente dado aos mais de cinco mil judeus que retornaram dos campos de extermínio, como também aos cerca de quinze a dezoito mil *onderduikers*, incluindo o grupo mais afortunado de Myrtil, sugerem que Otto Frank poderia também ter tomado medidas semelhantes, caso Anne e Margot houvessem sobrevivido.

De qualquer forma, embora Anne Frank e sua família estejam presentes apenas perifericamente nestas páginas, esta memória histórica tem a intenção de colocar, pelo menos em parte, tanto a atuação de Anne quanto a da minha própria família Frank dentro de uma abordagem histórica mais abrangente. Na verdade, ao invés de sentir-me desencorajado pela reputação de Anne Frank, como ocorreu um quarto de século atrás ao tentar pela primeira vez escrever esta história, agora eu gosto de pensar (observando que estaríamos comemorando seu 75º aniversário) que a escritora mártir, que constantemente especulava em seu diário sobre os judeus em outras circunstâncias, teria gostado de saber que a cem quilômetros de onde estava havia uma outra família judia enfrentando uma jornada semelhante à dela, e que, finalmente, conseguiu sobreviver.

PÓS-ESCRITO

O fim da Jornada

A longa odisséia subjacente a este livro — a minha odisséia — não chega ao fim com a publicação de sua primeira edição, no verão de 2004. Nem poderia fazê-lo, antes que eu conhecesse dois lugares que até hoje só visitara na imaginação: Breitenheim, o principal cenário do primeiro capítulo, onde teve início a saga da família Frank; e o apartamento térreo da Pieter van den Zandestraat n.14, em Haia, situado a um quilômetro e meio do quartel alemão no Binnenhof e onde, como o leitor pôde ver, os Frank ficaram escondidos à plena vista dos nazistas durante três anos, milagrosamente sobrevivendo.

Os motivos de eu não ter visitado o Hunsruck, como é chamada a ainda remota região da Renânia onde os Frank se originaram, são diversos dos que tive para não visitar o apartamento do número 14. De fato, por mais que eu desejasse conhecer Breitenheim, o vilarejo onde Myrtil nasceu e foi criado — e que, pelo menos a julgar-se pelas fotos do local que estão no website da região, parece praticamente inalterado comparando-se com as velhas fotos que vi em minha mesa de trabalho nos EUA —, e Meisenheim, a cidade próxima onde os Frank iam assistir ao *shul*, não tive condições de programar uma viagem em separado à Alemanha com esse fim.

De qualquer modo, o material de que dispunha — inclusive as diversas descrições feitas por pessoas que *efetivamente* visitaram a região, como minhas primas Celia e Lotte, e a abrangente edição comemorativa sobre Breitenheim publicada por ocasião do 700° aniversário da cidade

— era mais do que suficiente para eu poder fazer justiça ao ambiente original de Max e Myrtil. Assim, só em pensamentos, por assim dizer, é que visitara o Hunsruck — e, como a "terra natal" pode bem testemunhar, levei um bom tempo perambulando por ali, à cata de informações.

Entretanto, com toda certeza eu queria ir ao Breitenheim real, quando não fosse pelo livro, por mim mesmo. É claro que eu *tinha* de ver a casa dos Frank, se pudesse, e resolvi que faria isso logo depois de terminar a minha residência em Cornell.

Por outro lado, o meu fracasso ou a minha incapacidade de bater à porta do número 14 e *entrar lá* de fato — e não apenas ficar do lado de fora, como fiz em todas as outras visitas anteriores (como observei no Posfácio) — foram por falta de coragem, suponho, e não de tempo.

Evidentemente, eu *sabia* como era o interior da casa. Como não poderia saber, depois de todas as entrevistas com Flory, Sybil e Dorrit? Até mesmo a planta original eu possuía. Entretanto, algo sempre me impedira de transpor aquela porta, tal como senti quando acompanhei minha mãe em sua primeira visita depois da guerra ao local do calvário dos Frank, naquele verão de 1965, já faz tanto tempo.

Mas, é claro, eu queria visitar o número 14, mesmo assim. Sabia que só então a *minha* jornada, como a da família Frank, estaria verdadeiramente terminada.

Com o desenrolar dos acontecimentos, na minha primeira viagem ao continente após a publicação de *A família Frank que sobreviveu*, em outubro de 2004, consegui encontrar tempo e coragem para realizar ambas as coisas.

Primeiro, fiz uma visita sentimental — e reveladora — às velhas origens dos Frank em Hunsruck. Em seguida, depois de alguns dias e de uma viagem de seis horas por trem, vi-me mais uma vez em Haia, desta vez atravessando a soleira do apartamento número 14 e também abrindo *aquela* caixa de Pandora.

No total, foi de fato uma jornada — ou o fim de uma jornada, eu diria. As epifanias vieram rápidas e furiosas.

HUNSRUCK

O primeiro choque — e devo dizer: um agradável choque — aconteceu quando entrei na antiga e alta sinagoga de Meisenheim, conhecida hoje como *Haus der Begegnung*, ou Edifício da Assembléia, como convidado do fantástico homem que ajudou a salvá-la, o pastor da cidade, já aposentado, Gunther Lenhoff.

Evidentemente, eu sabia pela minha prima israelense Lotte — nossa genealogista e neta do patriarca da família, Max — que havia uma sinagoga em Meisenheim, logo depois da estrada de Breitenheim, e que os Frank iam ao *shul* todas as sextas-feiras à noite, fazendo a pé o percurso de três quilômetros e meio que separavam aquele local de culto de sua residência-vinícola. Mas isso era tudo o que eu sabia.

Eu supunha, equivocadamente, que aquele local santificado era uma edificação simples, talvez com uma sala apenas. Afinal, que tamanho poderia ter a sinagoga de uma localidade tão pequena que até hoje (a população de Meisenheim é de pouco mais de duas mil pessoas, quase a mesma de um século atrás) é impossível localizá-la num mapa, mesmo naqueles mais detalhados da *Deutschland*? Supunha também — mais uma vez, equivocadamente, ou em parte, como se revelou depois — que o *shul* fora destruído, ou incendiado, nos tumultos da Kristallnacht de novembro de 1938, como aconteceu a tantos outros templos semelhantes, por toda parte. A Alemanha dera uma triste imagem daqueles restos incendiados, inclusive da que ficava mais próxima, em *Kaiserlauten*, e que eu encontrara ao longo da minha pesquisa documental. E se de algum modo ela pudera sobreviver àquele pogrom "espontâneo", eu achava que teria sido arrasada depois, nos outros que iriam suceder-se, durante os anos ainda mais tenebrosos que restavam ao Reich dos Mil Anos. De novo, estava errado.

Na verdade, o *shul* de Meisenheim não constava nem mesmo da lista de lugares a visitar que eu compusera às pressas no dia anterior, durante a longa, tortuosa e paisagística viagem de trem, percorrendo noventa e cinco quilômetros para o norte, através de desfiladeiros e exuberantes montanhas do vale do Moselle, de Frankfurt até Bad Kreuznach, a estação mais próxima do meu destino final.

Pode-se bem imaginar, então, todo o meu espanto — e satisfação — ao constatar que o *shul* de Meisenheim, com seus três andares, não só era muitas vezes maior do que eu imaginara como também fora reabilitado milagrosamente — esta é a palavra apropriada — e transformado em uma fulgurante assembléia multiconfessional, acrescida de um elaborado museu no andar térreo que narra escrupulosamente toda a cronologia da história e da destruição dos judeus daquela região. Eu sabia que Berlim tinha o seu Museu do Holocausto. Mas a pequena Breitenheim? Espantado não é bem o termo. Maravilhado é mais correto. E, é claro, emocionado.

O pastor Lenhoff, um homem bondoso, um pouco áspero, na casa dos sessenta anos, que fala inglês fluentemente — coisa rara no distrito —, esboçou a notável história por trás da salvação da sinagoga, enquanto me guiava desde o pequeno *gasthaus*, nos limites de Meisenheim, até o venerável coração da cidade de novecentos anos de idade e ainda muito semelhante ao que sempre foi, com os elevados pináculos das suas *kirsche* medievais varando o céu, tal como viu pela primeira vez, nos anos 1740, o meu tetravô, David Frank.

O pastor, que também era curador da *Haus der Begegnung*, disse-me que mais tarde, naquela mesma manhã, deveria receber um grupo de visitantes domésticos, vindos de ônibus de Frankfurt em peregrinação até aquela casa consagrada de novo, e que agora era evidentemente um lugar bastante conhecido. Sabendo da minha casual peregrinação na noite anterior por Karen Gross, uma historiadora local — afinal, Meisenheim *é* uma cidade pequena —, Lenhoff concordara em me incluir no passeio. E fico muito feliz que o tenha feito.

Quanto a mim, nada fiquei sabendo do arranjo até que o corpulento clérigo apareceu-me durante o café da manhã, entre um suco de laranja e dois ovos estrelados, e conduziu-me resolutamente até o automóvel que o esperava. O que eu tinha combinado com a sra. Gross — de quem tive a sorte de tomar conhecimento pelo encarregado local de turismo (vindo a saber, também, que, entre todos os lugares do mundo, ela era justamente de Binghamton, Nova York)* — era que eu iria a Breitenheim.

Não. Breitenheim ficava para amanhã. Meisenheim é que era hoje. *Jawol mein Pastor*! Não cabe a nós argumentar! O pastor Lenhoff prometeu explicar-me tudo. E foi o que fez.

E assim, enquanto o meu ardoroso guia precipitava-se pela cidade de velhos muros, eu ia conhecendo a trágica história da ascensão e queda da comunidade judaica de Meisenheim, que, em suma, é essencialmente a mesma da ascensão e queda dos judeus alemães. Vim a saber como, em fins do século XIX, a comunidade de cento e sessenta judeus, então bem assimilados, constituía aproximadamente dez por cento da população da cidade. E como os seus congregados, prósperos e seguros — o que devia presumivelmente incluir meu trisavô, Gottlieb Frank, que então residia na contígua Breitenheim —, juntaram seus recursos e, em 1890, pouco antes do nascimento do meu avô Myrtil, ergueram uma alta sinagoga de quatro andares. "Era o orgulho da cidade", afirmou Lenhoff, mantendo os olhos na estrada cheia de curvas.

Então, prosseguiu ele, resumindo a história, pois já estávamos chegando, veio a era nazista e a *Kristallnacht*. "Você sabe o que aconteceu depois."

Na verdade, eu não sabia. O pastor me esclareceu devidamente. Sim, o *shul* dos Frank fora incendiado, e com toda certeza *teria sido* destruído. No entanto, como explicou Lenhoff, como o templo ficava junto das instalações dos nazistas, a população local decidiu incendiar apenas o seu interior. O edifício em si foi poupado e deixado vago durante os anos da guerra, um pequeno consolo para a devastada e apenas residual congregação judaica que, como as muitas outras comunidades de judeus na Renânia, foi completamente eliminada antes de 1942, a maioria de seus membros remanescentes sendo enviada para os campos de concentração de Theresienstadt e Gur, nos Pireneus. Uma das congregadas

---

* Binghamton, Nova York, é a cidade natal de Rod Serling, o tema do meu primeiro livro: *Serling*. Passei ali muito tempo. Também fica perto de Ithaca, onde moro.

originais, que fugiu para a França durante a guerra, retornou para viver em Meisenheim depois da guerra, informou Lenhoff, ele próprio tendo se mudado para lá na década de 1980. "Mas, é claro, agora ela já não se encontra mais entre nós."

O velho edifício, danificado pelo fogo, também estava então quase destruído. Comprado por um empresário, ele deveria ser reformado e convertido em um supermercado.

"Foi aí que eu entrei", disse o pastor Lenhoff, que ainda se horrorizava ao pensar no que seria a dessacralização final da velha sinagoga. "Queremos ter boas relações com Israel, e transformamos as nossas antigas sinagogas em supermercados?! Como podemos permitir isso?!"

Evidentemente, o próprio Lenhoff não dispunha dos fundos para salvar o edifício. Mas, felizmente, havia um grupo de cidadãos de Meisenheim igualmente conscientes, também indignados, com os quais ele entrou rapidamente em contato e que dispunham desses recursos. Mas o que fazer com o edifício, com o seu interior enegrecido e ainda mostrando os estragos da *Kristallnacht*? Não tendo sobrado nenhum judeu ali — apesar do retorno de um modesto número deles para algumas das maiores cidades alemãs —, e sem a menor perspectiva de se cultivar uma nova sinagoga, os salvadores do templo decidiram, numa tirada de gênio, transformar o violado edifício numa casa multiconfessional de cultura e de reuniões. Decidiu-se, com a bênção dos patronos da cidade, que o andar térreo, onde haviam estado os bancos e o altar originais, tornaria-se um museu dedicado à preservação da memória da vida judaica que havia desaparecido na cidade e na região.*

Com certeza, foi muita coisa para uma viagem de quinze minutos de automóvel. E então, de repente, estávamos lá.

Emudeci. Eu sabia, é claro, que havia gente na Alemanha — bons alemães, se é que posso usar esse tipo de expressão —, não-judeus, dedicada a preservar a memória do Holocausto e o que aconteceu antes dele, porém encontrar uma dessas pessoas em carne e osso foi uma revelação.

---

* Reforcei o que soube por Lenhoff com a leitura de um folheto excelente, publicado pela cidade, sobre a Casa da Assembléia e sua história subjacente.

"*Eu* sou daquela geração", disse Lenhoff, elevando a voz por causa do barulho do motor, "que perguntou aos pais, quando eles voltaram da guerra, *se* é que voltaram" (o pai de Lenhoff, soldado da Wehrmacht que serviu na Rússia, foi capturado e enviado para a Sibéria antes de retornar finalmente para casa, em 1951) "Como pôde *isso* (o Holocausto) acontecer? *Como*?"

Rapidamente, pois o grupo de Frankfurt estaria chegando dentro em pouco, o clérigo-curador escoltou-me pelo museu judaico minuciosamente organizado no térreo, onde costumavam ficar os bancos e o altar.

Ouviu-se o som do cano de descarga de um ônibus: o grupo chegara. O pastor desculpou-se, deixando-me na minha mudez a examinar as variadas vitrines com fotos, documentos selecionados e muitas relíquias datando dos grandes dias da comunidade judaica, inclusive o importante papel que ela outrora desempenhara na indústria local de vinhos. Um daqueles documentos me pareceu familiar, num dos estojos. Olhei mais de perto. Era uma folha de papel timbrado do meu trisavô, igual à que Lotte me enviara, com o elaborado cabeçalho que reproduzia a antiga adega da velha residência-vinícola dos Frank e que eu usara para conjurar lá na América o mundo perdido de Max e Myrtil. E agora eu estava ali. Junto dela havia uma garrafa do vinho produzido por Max.

Houve ainda mais uma estonteante emoção: uma placa na parede do museu, doada pelos Frank de Israel e dedicada, segundo os dizeres cuidadosamente esculpidos, "à memória de Max e Johanna Frank, por seus parentes em Israel e nos Estados Unidos". Sem o meu conhecimento, a família de Lotte providenciara para que seus avós fossem lembrados em sua antiga casa de devoção, e fora gentil o bastante para incluir a nós, os parentes norte-americanos, na inscrição. Foi a primeira vez que os Frank norte-americanos souberam disso!

Embora admirado diante de todos esses objetos relativos aos Frank, e percebendo o cuidado que se teve ao recolhê-los e apresentá-los, devo dizer que não fiquei menos impressionado, e comovido também, com um diorama que contornava a sala e que reproduzia a história dos Frank e de seus correligionários menos afortunados, em seu contexto pleno e emocionante, especialmente o recanto dedicado à era nazista, mostrando com detalhes o destino de vinte e um habitantes de Meisenheim mortos em campos de concentração. Junto via-se um mapa da Alemanha e de outros territórios ocupados, com os pontos onde se localizavam os principais campos de concentração e de prisão nazistas, inclusive os de Amesfoort e de Vught, na Holanda.

Fiquei também muito impressionado, quando entrou na sala o grupo de turistas pastoreado pelo curador, muito justificadamente orgulhoso, ao constatar que aquela era a seção do museu que mais atraía a atenção do público. *Aqueles* alemães se lembravam.

"Meu nome é Gordon *Frank* Sander", disse eu, finalmente recuperando a voz, "e sinto-me orgulhoso por estar aqui."

Ainda restavam duas coisas que eu desejava fazer, enquanto me encontrava no local das minhas raízes.

Primeiro, queria tentar achar o túmulo do meu bisavô. Já vira uma velha fotografia dele, tirada na década de 1930. Entre os muitos materiais ilustrativos na parede do museu estava uma foto, aparentemente recente, do velho cemitério judaico da cidade, situado numa clareira da floresta, que parecia estar em bom estado. Talvez o pastor me pudesse ajudar a encontrá-lo — e Max também?. "Há vinte anos não vou a esse cemitério" disse Lenhoff, depois de se despedir de seus outros convidados. "Mas por que não? Vamos tentar."

Então partimos imediatamente para o campo, subimos uma montanha, depois outra, depois seguimos por uma estrada suja, em seguida atravessamos um riacho a pé — nesse ponto, devo dizer, o bom pastor já começava a demonstrar sinais de cansaço. Então, depois de pularmos uma cerca de estacas, proferindo muitas interjeições de fadiga (opa!, cuidado!), chegamos ao cemitério, com seus cerca de cem túmulos recobertos pela relva, surgindo do nevoeiro, como num sonho, com toda a certeza o mais belo cemitério que já vi. Por que os pais da extinta congregação decidiram colocá-lo em lugar tão inacessível é difícil de entender. No entanto, por mais inconveniente que fosse para os descendentes daqueles mortos, aquele local montanhoso também fora a salvação do próprio cemitério. Nenhum dos túmulos, pude perceber com alívio, fora violado. Não surpreende: o que iriam os nazistas (ou os neonazistas) procurar num lugar desses?

E assim saímos pelo cemitério à procura de Max. Lenhoff se encarregou de uma extremidade, eu da outra. *Aqui, Max... Onde está você, Max?*

Infelizmente, não foi possível encontrar Max. Não importa, afirmei a Lenhoff enquanto fazíamos o complicado caminho de volta em seu carro, e eu próprio comportava-me também como um pastor: ele sabe que nós estamos aqui.*

De fato. E agradeci àquele formidável homem por um dos dias mais memoráveis da minha vida.

Faltava agora Breitenheim. Na verdade, a viagem para lá, no dia seguinte, foi memorável também, embora de forma diversa e não tão agradável. Como disse antes, eu tinha muita vontade de visitar a velha casa dos Frank, entrar nela, ver onde Myrtil e Julius haviam crescido, talvez ver um pouco da velha adega dos vinhos. Claro, eu *tinha* de ver a casa!

Bem, com a sra. Gross mostrando o caminho, eu pude conhecer efetivamente Breitenheim, ou a maior parte do que há, ou do que haveria para ver, da minha cidade ancestral — ou melhor: do vilarejo, pois eram apenas cerca de trinta casas, agrupadas ao redor de um cruzamento. Em certo ponto, ali, tinha havido uma loja, mas estava fechada. Também houve uma *gasthaus*, a mesma que vi no livro de Breitenheim e que aparece na foto feita no ano de 1938 dos oito festivos rapazes com suas canecas de chope, dos quais apenas um sobreviveria à iminente guerra. E eu pensava que *aquela* é que era a casa dos Frank.

Não, corrigiu-me a meticulosa sra. Gross. Eu estava errado. *Aquela* casa, a casa do papel timbrado, ficava depois da próxima esquina.

E ficava mesmo.

Não, eu não entrei. Sequer tentei. De qualquer forma, a atual moradora, possivelmente a filha do ex-prefeito nazista da cidade — o mesmo que teria comprado a casa de Max, depois que ele foi à falência durante a hiperinflação dos anos 1920 — não pareceu com muita vontade de convidar-me a entrar, quando surgiu de repente à porta e ficou olhando para mim (seria aquilo em seu rosto uma ruga de irritação?).

---

* Segundo os registros da sra. Gross, revelou-se que Max está enterrado no cemitério judaico de Bad Kreuznach. Pelo menos ela pôde confirmar que o pai *dele*, Gottlieb, *foi* enterrado lá.

Saberia ela quem eu era? Talvez presumisse. Não teria sido difícil. Tentei atrair sua atenção. Ela veio até o pátio para cuidar da roupa lavada. E mais uma vez desviou o olhar.

"Essa região se tornou muito sombria, durante a guerra", me dissera Karen na noite anterior.

Compreendi.

E assim, de um dia para o outro, acho que se pode dizer que eu vi, ou relanceei os olhos, pelas duas faces da Alemanha, durante a minha incursão à Renânia: a Alemanha com visão abrangente, voltada para o futuro, cujo exemplo era Lenhoff — a "boa" Alemanha, se preferirem, a Alemanha que o meu avô amava... — e a outra, aquela da qual ele teve de fugir para a Holanda.

Naquela noite, a minha última em Meisenheim, saí para passear à luz da lua, pelo cintilante rio Glan, até o exuberante parque do outro lado. Deitei-me e fiquei olhando o céu. Uma última surpresa, uma última epifania: o céu estava nítido, nítido o suficiente para se ver estrelas cadentes, algo que eu jamais vira antes, naqueles poluídos céus industriais da Europa. E então ocorreu-me um pensamento: esses céus eram os mesmos que o meu avô devia ver quando menino, talvez daquele mesmo lugar em que me encontrava.

De algum modo, pensei, eu tinha voltado para casa — pelo menos, na medida em que, como judeu, eu poderia sentir-me em casa naquele bucólico recanto do país que meus avós, e meus pais, certa vez chamaram orgulhosamente de pátria, antes do dilúvio nazista.

Pieter Van Den Zandestraat N.14

Já vira o bastante de Hunsruck e de minhas raízes germânicas. Por enquanto, dei-lhes um até breve.

Agora era hora de acelerar o tempo, do final dos 1800 e início dos 1900 até os mil dias de 1942, 1943, 1944 e 1945, na época e no local em que o tempo parou para os Frank e eles "submergiram" a fim de escapar de seus cruéis ex-compatriotas.

Mais uma pedra a desencavar. Hora de visitar o apartamento da Pieter van den Zandestraat n.14. Se... se eu pudesse entrar lá! O "sucesso" da minha incursão alemã deu-me coragem. Nada poderia deter-me agora.

E assim, já no sábado seguinte, à tarde (achei que seria o melhor momento para eu conseguir entrar), mais uma vez lá estava eu, caminhando decidido pelo calçamento de pedras do *centrum west* de Haia, em direção àquela mesma porta fatídica diante da qual já estivera, ainda um impressionável menino de quatorze anos, acompanhando minha mãe, que retornava ao seu Gólgota dos tempos da guerra.

Prendi a respiração e toquei a campainha uma, duas, algumas vezes. Ninguém atendeu. Examinando aquela rua sem saída com os olhos semicerrados, ela parecia exatamente a mesma de 1965 e de todas as outras vezes em que lá estive de visita. Apenas os modernos automóveis estacionados ali pareciam sugerir a ascensão social da população local. Fora essa modificação, e a janela de vidro com desenho à Mondrian através da qual os Frank, isolados em sua reclusão, espiavam o exterior — quando se atreviam —, agora substituída por outra, grande e lisa, nada parecia ter mudado. As cortinas estavam cerradas, assim como ficaram durante toda a longa ocultação dos Frank, e como estavam quando eu e Dorrit fomos lá em 1965, e também quando lá retornei em 1974, 1977, 2002 e 2003.

Toquei a campainha uma quinta vez. Agora eu já estava desafiando o destino. Os vizinhos de quem quer que morasse ali no número 14 já começavam a espiar o intruso — e numa rua tão pequena, sobretudo numa rua holandesa, qualquer pessoa que não residisse nela era um intruso em potencial. *Será* que alguém morava no número 14? Não havia plantas ou quaisquer outros indícios evidentes de vida na janela, como é comum na Holanda. Talvez o apartamento estivesse para alugar. Teria eu vindo a troco de nada? Se não, por que o atual morador não estaria em casa num sábado à tarde? Não estão *todos* os holandeses sempre em casa nos sábados à tarde?

Na verdade, aquele não estava. E todos aqueles pares de olhos perfurando-me as costas já haviam me deixado nervoso. Hora de ir embora. Talvez mais tarde. É, mais tarde. Decepcionado, embora ainda esperançoso, passei um bilhete por debaixo da porta, explicando quem eu era, que escrevera um livro a respeito de uma família de judeus que havia se escondido ali dos alemães, e assim por diante, e que voltaria mais tarde. Então, triste por ter sido em vão que reuni coragem para finalmente bater à porta, voltei para o hotel e caí num sono profundo.

Segundo *take*. Várias horas depois, tendo recuperado as forças com vários jonge genevers, pus-me de novo a caminho pelas ruas escuras e às vezes macabras do *centrum west*, engoli em seco e toquei mais uma vez a campainha do número 14.

Nada. Até que, magicamente, acenderam uma luz. Então, alguém *morava* no número 14... Agora, ainda dominado pelos nervos, comecei a duvidar de que o atual morador me deixasse entrar. Preocupei-me que meu bilhete pudesse tê-lo posto de sobreaviso. A quem poderia interessar que certa vez a minha família se escondera dos alemães ali? Afinal, já estava tarde e, como eu bem sabia por experiência própria, não se deve bater à porta das pessoas tarde da noite, a menos que se trate de alguma emergência.

Tive sorte. O homem que apareceu mostrou-se muito amável. Sim, ele lera meu bilhete. Sim, disse ele, eu podia entrar. Ele ouvira qualquer coisa sobre aquele apartamento ter sido usado durante a guerra por uma família de *onderduikers*. Klaas Pen era seu nome. Trabalhava numa companhia aérea holandesa. Serviu-me um drinque. Dei-lhe um exemplar do meu livro.

Ali também houve algumas surpresas. Primeiramente, o tamanho do lugar. O apartamento, belamente reformado, que Pen disse ter comprado alguns anos antes, parecia consideravelmente maior que a câmara úmida que me havia sido descrita. Mas então, pensei, os Frank haviam usado apenas uma parte dele. Aquele era um lugar agradável para um solteiro viver, principalmente com o espaçoso jardim dos fundos, algo que Flory, Dorrit e Sybil tinham deixado completamente de fora de seus relatos. Não era de surpreender: elas jamais foram lá.

A outra surpresa foi um cubículo secreto escondido por detrás de um guarda-roupa. Pen disse-me que o descobriu quando comprou o apartamento, cinco anos antes. O pequenino espaço, medindo cerca de três metros cúbicos, no máximo, poderia ter abrigado os quatro Frank de pé, bem eretos, durante alguma busca.

No entanto, estranhamente, nem minha mãe nem minha avó jamais o mencionaram. Com certeza ele não fora usado durante as batidas em busca de mão-de-obra para trabalhos forçados naquela rua, em novembro de 1944, quando os Frank estiveram mais perto de ser abordados. Talvez meu avô achasse que não teria adiantado, e que os alemães, especialistas em encontrar esconderijos como aquele, os teriam achado de qualquer maneira, assim que irrompessem pela porta.

Klaas e eu sentamo-nos, bebericando nossos drinques, meditando sobre o milagre que acontecera ali, dentro daquelas mesmas paredes. Por que os Frank tinham sobrevivido?, pensei de novo. Como conseguiram passar por tudo aquilo? Como puderam sobreviver por mais de mil dias escondendo-se, na realidade, à vista de todos?

Uma coisa voltou a me ocorrer: os vizinhos dos Frank na Pieter van den Zandestraat mereciam também algum crédito por aquele destino tão improvável. Com certeza, alguém deve ter desconfiado de que algo suspeito acontecia por trás daquelas cortinas, sempre fechadas, além das constantes incursões para lá e para cá de Jeanne e dos outros ajudantes dos Frank, para não mencionar as escapadas de Myrtil...

Mesmo assim, ninguém os denunciou, nem mesmo durante o *hongerwinter*, quando uma informação bem-sucedida poderia significar uma recompensa salvadora pelos nazistas.

"Esta era uma boa rua", disse eu.

"E ainda é", respondeu Klaas. Terminei o drinque e parti. Sentia-me em paz.

Não, eu não tinha voltado para casa. Embora os Frank um dia tivessem considerado a Holanda como sua casa, eles sempre pensaram no apartamento do número 14 como nada mais, nada menos que o local do seu esconderijo. Mas senti que eu havia estado em outro lugar também muito sagrado, verdadeiramente.

Minha jornada chegara ao fim.

REFERÊNCIAS

Prólogo *(p.xx a xx)*

"assassinando nove grevistas e simpatizantes": L. van der Horst, *Museu da Resistência*, p.42.
"Aus der Fünten … já comunicara ao Conselho": B. Moore, *Victims and Survivors*, p.92.
"alguma coisa tinha de ser feita": idem.
"concordara em permitir que os holandeses conduzissem": idem.

1. Breitenheim *(p.xx a xx)*

"Nós, judeus": *Israelit*, ago 1914.
"Se não somos alemães": A. Elon, *The Pity of It All*, p.177.
"Meu germanismo e meu judaísmo": idem, p.347.
"não se permitia que os judeus possuíssem terras": idem, p.107-8.
"Somente as nações papistas": idem, p.25.
"Os judeus trazem": idem, p.25.
"Nada menos do que sete mil judeus": idem, p.203.
"a verdade é que": P. Johnson, *A History of the Jews*, p.404.
"Se havia uma região": A. Elon, op.cit., p.21.
"a maioria das vinícolas renanas": *Breitenheim: einst und heute*, p.35.
"Possivelmente esse último artigo": idem, p.38.
"Nenhum país do mundo": K. Baedecker, *Baedecker's Rhine*, p.17.
"frenesi de ganhar dinheiro": A. Elon, op.cit., p.26.
"Toda a aparência da cidade": K. Baedecker, op.cit., p.282.
"As lâmpadas irão apagar-se": B. Tuchman, *The Guns of August*, p.146.
"*Die Juden sind unser Unglück*": A. Elon, op.cit., p.217.
"Estou convencido de que": A. Elon, op.cit.
"Nós, judeus, somos alemães": idem.
"necessária à defesa": D.C. Large, *The Perils of Prominence*, p.10.
"Sou um alemão de fé judaica": idem, p.11.
"Praticamente só": idem, p.18-9.
"Segundo o cenário original": B. Tuchman, op.cit., p.43-5.
"a Holanda estava preparando-se para o pior": K. van Hoek, "Wilhelmina Regina", *Atlantic Monthly*, out 1938, p.478.
"O Exército foi forçado": idem.

2. Os dias ultradadá *(p.xx a xx)*

"Uma revolução terrorista": *The New York Times*, 5 dez 1918.
"Chega um momento": *A rua*, filme, UFA, Alemanha, 1923.

"Uma pobre cidade de província": O. Friedrich, *Before the Deluge*, p.5.
"Quase cada setor": K. Baedecker, *Baedecker's Berlin*, p.25.
"É uma nova cidade": O. Friedrich, op.cit., p.5.
"Só algumas partes": idem.
"A luta civil em Lichtenberg": *The New York Times*, 11 mar 1919.
"Não se vêem mais": idem.
"O ódio fervilhava": H. Hoover, *The Memoirs of Herbert Hoover*, p.463-7.
"Qual mão não se encolheria": *Encyclopedia Americana*, vol.VIII, p.118.
"setenta e cinco mil revendedores de alimentos": *The New York Times*, 4 set 1919.
"a situação da alimentação na capital": *The New York Times*, 8 jan 1921.
"Se a Alemanha continuar sofrendo": idem, jan 1921.
"Ninguém sabia o que poderia acontecer": O. Friedrich, op.cit., p.61.
"Dia a dia": E. Coué, *Self Mastery Through Conscious Autosuggestion*, p.3.
"Quase todos os dias nas ruas de Berlim": O. Friedrich, op.cit., p.63.
"O fracasso do *Kapp Putch*": idem, p.63-4.
"Eu estava num trem": C. Rosenstein, *Memories of Weimar Germany*, p.50-60.
"novamente a sua ligação": O. Friedrich, op.cit., p.82.
"Meu caro amigo": idem, p.98-9.
"Esse crime atroz": idem, p.115.
"tanto os judeus quanto os não-judeus": D.C. Large, op.cit., p.14.
"Em julho, o marco": idem, p.15.
"Numa típica história de horror": idem.
"Além de acharem os *Ostjuden*": idem, p.16.
"Em 5 de novembro de 1923, uma espécie de pogrom": idem, p.17.
"Agora ... esperávamos a queda": S. Haffner, *Defying Hitler*, p.51.
"O pintor norte-americano": T. Ludington, *Marsden Hartley*, p.163.

3. *"Quem tivesse Berlim, teria o mundo" (p.xx a xx)*

"Quem tivesse Berlim": D.C. Large, op.cit., p.25.
"Enquanto eu vir suas calcinhas": O. Friedrich, op.cit., p.12.
"a década louca": S. Haffner, op.cit., p.42.
"Durante a era Stresemann": ibid., p.62.
"Mas, enquanto Stresemann": ibid., p.66.
"Em Berlim, tudo era melhor": D.C. Large, op.cit., p.10.
"Os judeus controlavam as artes": C. Rosenstein, op.cit., p.52.
"O homem não freqüentava a sinagoga": ibid., p.67.
"A morte do ministro das Relações Exteriores": S. Haffner, op.cit., p.68.
"Um artigo publicado": *National Geographic*, out 1928, p.655.
"Nas eleições de setembro de 1930": O. Friedrich, op.cit., p.301.
"Acabou-se a Alemanha": idem.
"a selvagem, súbita flecha": J. Gunther, *Inside Europe*, p.46.
"O amanhã pertence a mim": letra de John Kander e Fred Ebber para o filme *Cabaret*, MGM, EUA, 1972.

"Em geral, hoje mais do que nunca": S. Friedlander, *Nazi Germany and the Jews*, p.15.
"Eu fui para a sinagoga": C. Rosenstein, op.cit., p.54.

4. *A longa miragem* (*p.xx a xx*)

"'Antiquada' não é um adjetivo": R.T. Fuller, "Bicycling Through Holland", *Travel*, abr 1933, p.16.
"a proximidade da Holanda": H. de Leuw, "Hollland Strikes the Modern Note", *Travel*, mar 1939, p.37.
"O sr. Colijn": W. Churchill, *The Second World War: Their Finest Hour*, p.34-7.
"O governo logo": E.N. van Kleffens, *The Rape of the Netherlands*.
"Os Países Baixos foram": O. Grambling, *Free Men are Fighting*, p.93.
"Assim como os milhares de outros judeus alemães": *Literary Digest*, 27 abr 1935, p.12.
"Quando ocorreu a próxima votação importante": idem, 5 jun 1937.
"Eu queria saber quem": K. van Hoek, op.cit., p.479.
"Este é o casamento": ibid., p.482.
"o ex-soldado da tropa de assalto": *Newsweek*, 16 jan 1937, p.15.
"O *Essner Nationale Zeitung*, jornal porta-voz": K. van Hoek, op.cit., p.482.
"Contenham o mar!": *Literary Digest*, 19 set 1936, p.16.
"Entre 1935 e 1937, Colijn": *Literary Digest*, 5 jun 1937, p.24.
"Ele me explicou": W. Churchill, op.cit., p.34.
"Segundo a foto": *Breitenheim*, op.cit., p.123.
"Os Estados Unidos deram prova": S. Friedlander, op.cit., p.299-300.
"Mais de sete mil requisitaram": B. Moore, "Jewish Refugees in the Netherlands", p.73-5.
"Aconselho a todos a que não fiquem": *Time*, 24 abr 1940, p.40.
"Era isso, igualmente, o que a maioria": E.N. van Kleffens, op.cit., p.52.
"Em outubro, o Führer": W. Shirer, *The Rise and Fall of the Third Reich*, p.721.
"Rotundos holandeses": B. Lansing, "Letter from Amsterdam", *The New Yorker*, 9 mar 1940, p.40.
"Certos especialistas militares britânicos": ibid., p.42.
"um total de aproximadamente vinte mil": B. Moore, op.cit., p.74.
"É esmagador o poder de uma grande nação": W. Churchill, op.cit., p.34.

5. *Terra de sombras* (*p.xx a xx*)

"Embora tenham morrido cinco mil soldados": "The World at War: Occupation: Holland 1940-1944", vol.6, episódio 18. BBC, 1974.
"Muitos holandeses foram": D. Bess, "Occupied Holland", *Saturday Evening Post*, fev 1941.
"O poder de resistência": W. Shirer, op.cit., p.722.
"Mais de oitocentos civis": idem.
"Em nenhum outro lugar": G. Ratlinger, *The Final Solution*, p.329.

"Não iremos perseguir": W.N. Posthumus (org.), "*The Neetherlands Under German Occupation*", *Annals of the American Academy of Political Science*, fev 1946, p.1-180.
"os holandeses ostentaram cravos brancos": L. van der Horst, op.cit., p.31.
"Foi demitido": B. van der Boom, *Den Haag in de Tweede Wereldoorlog*, p.290.
"Como Christopher Browning": C. Browning, *The Origins of the Final Solution*, p.202-5.
"Então, em setembro de 1940": J. Presser, *The Destruction of Dutch Jewry*, p.15.
"Tudo aconteceu passo a passo": T. Taylor, *The Anatomy of the Nuremberg Trials*, p.634.
"Não havia necessidade": B. Moore, *Victims and Survivors*, p.42.
"Liderada por ativistas comunistas, a *Februaristaking*": ibid., p.72-3.
"Até maio de 1941": J. Presser, op.cit., p.111.
"Os alemães continuaram": B. Moore, op.cit., p.262-3; P. Romijn, "The Experience of the Jews in the Netherlands during the German Occupation", p.312.
"Recentemente, Lobstein": ibid., p.307.
"quando a família Reich": B. Moore, op.cit., p.264.
"Havia também uma nova e detestável": J. Boas, *Boulevard des Misères*.
"Dali a seis semanas": S.Spector (org.), *Encyclopedia of the Holocaust*, p.432; J. Garland (org.), *The Holocaust*, p.1.

6. *A decisão* (*p.xx a xx*)

"Relativo ao decreto": J. Garland, op.cit., p.8.
"existiam outras condições prévias": B. Moore, op.cit., p.150.
"a verdadeira tragédia", ibid., p.154.
"O planejamento logístico": entrevista com Leo Ullman, set 2003.
"Isso ajuda a explicar": B. Moore, op.cit., p.150.
"Até muito, muito tempo depois": entrevista com L. Ullman.
"Até aquele ponto": B. Moore, op.cit., p.196.
"até a guerra acabar, o número total": L. van der Horst, op.cit., p.86.
"junto com várias centenas de outros judeus": B. Moore, op.cit., p.264.
"Como os Frank mais tarde souberam": C.A. Lee, *The Biography of Anne Frank*, p.103.
"Em 29 de abril de 1942": B. Moore, op.cit., p.89-90.
"O Conselho Judaico protestou": ibid., p.314.
"A maior mudança foi o uso": G. Kennan, *Sketches From a Life*, p.75.
"Por causa disso": idem.
"Frustram-se as medidas contra os judeus holandeses": *The Times*, 10 mai 1942.
"Alguns não-judeus": idem.
"Tomar consciência de que os judeus": D. Hondius, "Survivors in the Netherlands and their return", p.51.
"Os holandeses preferem o desafio": A.J. Barnouw, *The New York Times*, 10 mai 1942.
"Eles estão firmemente convencidos": idem.

"um número cada vez maior de holandeses": L. van der Horst, op.cit., p.67.
"Em 11 de maio, os alemães": W. Laqueur (org.), *The Holocaust Encyclopedia*, p.438.
"Em maio de 1942, Adolf Hitler": *The New York Times*, 21 mai 1942.
"Ó Adolf Hitler/ Führer alemão!": E. Somers e R. Kok, Het 40-45 Boek, p.145.
"Ele tem mais cadáveres": *The New York Times*, 21 mai 1942.
"Os únicos judeus": B. Moore, op.cit., p.96.
"Depois de 1940": A. Frank, *The Diary of a Young Girl*.
"A nossa liberdade": idem.
"para Westerbork e daí para o leste": B. Moore, op.cit.
"Três dias mais tarde": G. Ratlinger, op.cit., p.332.
"Isso era novo": ibid., p.334.
"Nove dias mais tarde": idem.
"Às três horas": Frank, op.cit., p.19.
"Os judeus que viviam no Rivierenbuurt": entrevista com L. Ullman.
"A convocação não era": Frank, op.cit., p.20.
"todo o inferno [se soltou]": G. Mak, *Amsterdam*, p.274.
"Uma vez que as notícias": entrevista com L. Ullman.
"Lá estava ela, uma menina": J. Presser, op.cit.
"Deixar de se apresentar": B. Moore, op.cit., p.151.

7. A submersão (p.xx a xx)

"Os alemães começaram": *The Times*, 7 jul 1942.
"Pelo contrário, Rauter e o seu tenente": B. Moore, op.cit., p.93.
"Baseando-nos em nossa experiência": G. Mak, op.cit., p.258.
"As punições pela desobediência": B. Moore, op.cit.
"Segundo Geert Mak": G. Mak, op.cit., p.266.
"A *razzia* foi bem-sucedida": B. Moore, op.cit. p.93.
"Porém Erich Deppner": S.Spector (org.), op.cit.
"Assim, logo em dezembro de 1941": M. Gilbert, *The Holocaust*, p.237.
"Rauter, o chefe da SS": G. Ratlinger, op.cit., p.333.
"Minha maior dor de cabeça é": idem.
"como aconteceu com um grupo de judeus suecos": M. Gilbert, *The Atlas of the Holocaust*.
"a deportação dos judeus holandeses": S.Spector (org.), op.cit.
"Os trens da Holanda": D. Hondius, op.cit., p.51.
"'plano satânico' dos alemães": *The New York Times*, 26 jul 1942.
"Todos os judeus que não se apresentarem": H. Boucher, *Miracle of Survival*, p.124.
"a situação [dos judeus]": S.Spector (org.), op.cit.
"Devido a alguns comentários engraçados": G. Mak, op.cit., p.264.
"Paramos em Auschwitz": idem.
"A rádio britânica diz": A. Frank, op.cit., p.59.
"Rauter deu instruções a seu colega": G. Ratlinger, op.cit., p.335.
"um brutamontes e um burocrata": B. van der Boom, op.cit., p.291.

"só mil e duzentos dos quatro mil convocados": idem.
"Calcula-se que cerca de vinte e cinco mil": idem.
"Os totais programados": idem.
"Essas medidas incluíam a oferta de recompensas": B. Moore, op.cit., p.207.
"A polícia holandesa age": G. Mak, op.cit., p.260.
"Em seu respeitado estudo": C. Browning, op.cit., p.204.
"Em Haia, a polícia comandada": B. van der Boom, op.cit., p.270.
"A parte holandesa da muralha": G. Ratlinger, op.cit., p.339-40.
"Vários fatores fizeram": R. Tallantype, "Holland on the Eve of the Invasion", *Travel*, jul 1944, p.17.
"Com a moradia em Haia": B. van der Boom, op.cit., p.290-1.
"Antes do fim do ano": G. Ratlinger, op.cit., p.335.
"Nos bairros cada vez mais": G. Mak, op.cit., p.268.
"No Natal de 1942": G. Mak, op.cit., p.269.
"Era simplesmente como se fossem amigas": entrevista com Jeanne Houtepen, jun 2003.

8. *Meu nome é Toni Muller* (*p.xx a xx*)

"A tensão na Holanda": *The New York Times*, 3 mar 1943.
"Alguns escritores, tais como Hanson Baldwin": H. Baldwin, *Battles Lost and Won*.
"Outro holandês que nitidamente": B. van der Boom, op.cit., p.291.
"Em julho de 1942": L. de Jong, *The Netherlands and Nazi Germany*, p.32.
"Foi necessário quase um mês": W. Laqueur (org.), op.cit., p.434.
"Observando aprovadoramente a carnificina": B. Moore, op.cit., p.101.
"Em fevereiro, o ritmo": B. Van der Boom, "The Deportation of the Jewish Community of the The Hague", conferência não-publicada, p.4.
"Segundo os meticulosos registros": M. Gilbert, *Atlas of the Holocaust*, p.148.
"Em seguida, em 9 de fevereiro": idem.
"O destino final para os judeus holandeses": idem.
"Entre março e julho de 1943": W. Laqueur (org.), op.cit.
"Evidentemente cheio de si": idem, p.6.
"Os judeus esperam": idem.
"A guerra aos *onderduikers*": idem.
"A maior parte deles": idem.
"O chefe de polícia observou": idem.
"Um pequeno trecho de filme": "The World at War: Occupation: Holland 1940-1944", op.cit.
"Em 6 de abril, um trem": M. Gilbert, op.cit., p.157.
"O mês seguinte, maio de 1943": ibid., p.160.
"Em 2 de abril de 1943": E. Somers e R. Kok, op.cit.
"Para que a grande maioria": B. Moore, op.cit., p.156.
"Corrie ten Boom, uma libertadora": C. ten Boom, *The Hiding Place*, p.107.
"Anos depois, Jeanne minimizou": entrevista com Jeanne Guthschmidt.

"Na verdade, a maioria dos holandeses": B. Moore, op.cit., p.159.
"Acho que os holandeses": entrevista com Ernst Sittig, abr 2002.
"Não, não... Como poderia": C. ten Boom, op.cit., p.94.
"Em 4 de abril": *The New York Times*, 4 abr 1943.
"Não existe nenhuma animosidade": "The World at War: Occupation: Holland 1940-1944", op.cit.
"A resposta foi esmagadora": L. van der Horst, op.cit., p.68-73.
"Então, numa medida particularmente": W. Warmbrunn, *The Dutch Under German Occupation*, p.106-11.
"A greve foi reprimida": L. van der Horst, op.cit., p.83.
"De uma hora para outra, surgiu": ibid., p.45.
"Estava ficando cada vez mais difícil": C. ten Boom, op.cit., p.92.
"Confesso que também estou": ibid., p.93-4.
"Os membros [do Conselho Judaico]": L. de Jong, op.cit.
"O pânico explodiu": G. Mak, op.cit., p.261.
"O mais destacado entre eles foi": B. Moore, op.cit., p.119-24.
"As deportações atingiram seu pico": M. Gilbert, op.cit., p.161.
"Julho de 1943 assistiu": idem.

9. A moça da casa em frente (*p.xx a xx*)

"Em Berlim, Joseph Goebbels": *The New York Times*, 4 abr 1943.
"Como observou John Keegan": J. Keegan, *Six Armies in Normandy*, p.75-86.
"Para uns, a tensão causada": B. Moore, op.cit., p.158.
"Aparentemente, foi isso o que aconteceu": C. ten Boom, op.cit., p.112.
"Um ponto importante para a irritação": A. Frank, op.cit.
"Em 29 de setembro": G. Ratlinger, op.cit., p.335.
"Uma foto tirada em": E. Somers e R. Kok, op.cit., p.327.
"Mesmo assim os trens": M. Gilbert, op.cit., p.171.
"Rauter cumprira a promessa": G. Ratlinger, op.cit., p.336-8.
"Na vizinha Bélgica": W. Warmbrunn, *The German Occupation of Belgium*, p.163.
"Em novembro de 1943": M. Gilbert, *The Righteous*, p.256-9.
"Como escreve o jornalista holandês": G. Mak, op.cit., p.267.
"Na Beethovenstraat as noites", G. Weil, *Tramhalte Beethovenstraat*.
"Entretanto, como conta seu assessor": L. de Jong, op.cit., p.27.
"O primeiro-ministro holandês": idem.
"Todos sabiam que": idem..
"Uma das mais vívidas imagens": E. Somers e R. Kok, op. cit., p.159.
"Quem, exatamente, seria um colaborador": *The Times*, 10 mai 1944.
"Certos servidores públicos": idem.
"Várias semanas depois": B. Moore, op.cit., p.199-200.
"Uma foto dessa visita": E. Somers e R. Kok, op.cit.
"Em março de 1944": M. Gilbert, op.cit., p.181.
"Em 3 de março, um carregamento": M. Gilbert, *Atlas of the Holocaust*, p.181.
"As recompensas foram aumentadas": B. Moore, op.cit., p.207.

10. O ataque *(p.xx a xx)*

"[Precisamos] demonstrar": W. Warmbrunn, op.cit., p.60.
"As semanas que estão para vir": H. van der Zee, *The Hunger Winter*, p.33.
"Coragem ... desencorajados": W. Churchill, *Never Give In!*, p.302.
"A febre da invasão": A. Frank, op.cit., p.124.
"Há uma revolução na Europa": C. ten Boom, op.cit., p.164.
"Todas essas regiões": *Travel*, jun 1944, p.34.
"Em Haia, como em outras partes": H. van der Zee, op.cit.
"Ele focalizou o centro tranqüilo": C. Ryan, *The Longest Day*, p.186.
"Hitler também se mostrou cético": J. Keegan, op.cit., p.84-90.6
"Sob o comando do general": C. Ryan, op.cit., p.210.
"Em 10 de junho": *The New York Times*, 12 jun 1944.
"Em 7 de julho de 1944": ibid., 9 jul 1944.
"O governo de Gerbrandy": D. Hondius, *The Return*, p.56.
"Em Londres, a rainha Guilhermina": H. van der Zee, op.cit., p.111.
"Agora que os Aliados": ibid., p.18.
"Essas declarações precipitadas": ibid., p.21.
"O país inteiro estava": E. Velmans, *Edith's Book*, p.85.
"Seyss-Inquart demonstrou": H. van der Zee, op.cit., p.130-4.
"Os membros da NSB": ibid., p.23.
"Então, no dia 3 de setembro": M. Gilbert, op.cit., p.208.
"Chegou a hora pela qual": H. van der Zee, p.29-33.
"Agora estamos sobre a Holanda": E. Murrow, *In Search of Light*, p.83-5.
"Devido a um pedido": H. van der Zee, op.cit., p.25.
"A Ferrovia estatal Holandesa": ibid., p.20.
"Ten Boom recordou horrorizada": C. ten Boom, op.cit., p.116.
"Maastricht é um mar": H. van der Zee, op.cit., p.25.
"Não há nenhum sinal": *The New York Times*, 30 set 1944.6
"Alguns foguetes explodiam": V-2 website, www.v2rocket.com/start/deployment/denhagg/html
"Ele convocou as duas": H. van der Zee, op.cit., p.32.
"declarando 'guerra biológica'": ibid., p.33.
"Resumindo, incluindo o último embarque": G. Ratlinger, op.cit., p.341.
"Fracassamos": "The World at War: Occupation: Holland 1940-1944", op.cit.
"Um artigo publicado em junho": *Nieuwe Drentsche Courant*, n.19, 22 mai 1945.
"O Escritório Holandês": idem.
"Em *Victims and Survivors*": B. Moore, op.cit., p.262.
"Bert Jam Flim, um dos muitos": B.J. Flim, "Opportunities for Dutch Jews to hide from the Nazis".
"Nós holandeses entramos agora": H. van der Zee, op.cit., p.43.
"Naquele dia": ibid., p.43.
"Os habitantes de Putten": ibid., p.45.
"Em 1º de outubro": ibid., p.48.
"Como resultado da ocupação": *The Times*, 7 out 1944.

"Abriram-se as cortinas": H. van der Zee, op.cit., p.39.
"Algumas semanas mais tarde": N. Buchsbaum, *Fotograaf Zonder Camera*, p.56.

11. SOS Holanda *(p.xx a xx)*

"Parece que algo inteiramente fora": H. van der Zee, op.cit., p.189.
"A expressão 'morto de fome'": ibid., p.190.
"À miséria generalizada": R. Fruin, *The Siege and Relief of Leyden in 1574*, p.52.
"cerco e da libertação de Leiden": idem.
"Depois do cerco": *Encyclopaedia Britannica*, vol.X, "Leiden", p.640.
"Três anos depois, em 1943": *Annals of the American Academy of Political Science*, op.cit., p.73-95.
"com seus característicos óculos": H. van der Zee, op.cit.
"a quem Hitler certa vez descrevera": idem.
"para ouvir a deprimida rainha Guilhermina": *The New York Times*, 26 dez 1944.
"Na véspera de Ano-Novo": H. van der Zee, op.cit., p.420.
"Embora Eisenhower": H. Baldwin, op.cit., p.84-6.
"Em todo o oeste da Holanda": H. van der Zee, op.cit.
"Em início de dezembro": idem.
"As rações semanais de alimentos": idem.
"Os canais e o IJsselmeer": idem.
"Tecnicamente, o inverno": *Records of the Royal Netherlands Meteorological Society*, Amsterdam.
"De manhã cedo": H. van der Zee, op.cit., p.146-8.
"No distrito judeu quase vazio": idem.
"Por todo o inverno": *Annals of the American Academy of Political Science*, op.cit., p.93-109.
"A localização de Haia", idem.
"O agravamento da situação": idem.
"Para cada boca": Fruin, op.cit.
"A morte de um *onderduiker*": H. van der Zee, op.cit., p.52.
"Em 25 de novembro de 1944": V-2 website, op.cit.
"Depois da guerra, visitantes": *National Geographic*, set 1946.
"Houve muitos erros": V-2 website, op.cit.
"Em 4 de fevereiro": idem.
"Em 8 de dezembro de 1944": H. van der Zee, op.cit.
"Uma das imagens mais memoráveis": ibid., ilustrações.
"Em 6 de janeiro, ele visitou": idem, p.41.
"Seis semanas mais tarde": ibid., p.174.
"Em 28 de janeiro foram atingidos": ibid., p.147.
"Não podemos deixar de perguntar-lhe": ibid., p.146.
"O povo da Holanda lutou": H. van der Zee, p.190.
"Estou tentando deixar solucionado": H. van der Zee, idem.
"Em 15 de fevereiro, Richard Law": *The Times*, 15 fev 1945.
"porém tratava-se de um conflito cavalheiresco": *The Times*, 19 fev 1945.

"O mês de fevereiro trouxe": *Records of the Royal Dutch Meteorological Society*, op.cit.
"PROIBIDO CORTAR ÁRVORES": L. van der Horst, op.cit., p.108.
"Um 'comando de saque' especial": *Annals of the American Academy of Political Science*, op.cit., p.53.
"Sou um ladrão": B. van der Boom, op.cit., p.228.
"Mais de vinte mil pessoas": L. van der Horst, op.cit., p.108-9.
"Nas últimas semanas": E. Schnabel, "The Last Days of Anne Frank", *Life Magazine*, jul 1957, p.82-5.
"um automóvel que transportava Rauter": H. van der Zee, op.cit., p.181.
"A vingança de Himmler": ibid., p.182.
"Na manhã de 8 de março": idem.
"simplesmente mais um exemplo": *The Times*, 12 mar 1945.
"Quatro dias depois": H. van der Zee, op.cit., p.183.
"A população de Haia": ibid., p.185-8.
"O resultado do desastrado ataque": idem.
"Churchill sentiu-se ultrajado": M. Gilbert, *Churchill*, p.324.
"FOME NA HOLANDA": *The Times*, 5 mar 1945.
"Um representante da Cruz Vermelha": H. van der Zee, op.cit., p.233.
"as três províncias do oeste": ibid., p.190.
"Em 12 de março": *36th Division History*, p.65.
"Na noite anterior ao ataque": H. van der Zee, op.cit., p.206.
"que não era nenhum admirador": H. van der Zee, op.cit., p.231.
"Nas ruas meio destruídas": idem.
"Está indo tudo bem": idem.
"Fome, fome": idem.
"Em 10 de abril": ibid., p.230.
"Seja como for": ibid., p.232-3.
"Enquanto os pára-quedistas olhavam apavorados": ibid., p.211.
"Por cinco longos anos":*The New York Times*, 3 abr 1945.
"Buchenwald ... está numa pequena": E. Murrow, op.cit., p.91-5.
"Ao que parece": idem.
"Mas, em 22 de abril": H. van der Zee, op.cit., p.221.
"Operação Maná": ibid., p.247.
"Naquele glorioso dia": ibid., p.256.

12. Ver o céu *(p.xx a xx)*

"É impossível transpor": *The New York Times*, 5 mar 1945.
"A *Netherlands News Agency*": idem.
"Exigiram-se sentenças de morte": *Associated Press*, 22 ago 1945.
"No dia anterior": ibid., 10 mai 1945.
"Agora escute aqui": H. van der Zee, op.cit., p.265.
"Os alemães capitularam": ibid., p.275.
"Como escreve Van der Zee": idem.

"A alegre recepção": *Official History of the Canadian First Army*, Montreal, 1984.
"Mas eles acenavam com fitas": *The New York Times*, 5 mar 1945.
"No pior incidente": ibid., 9 mai 1945.
"No total, cento e dez mil": R. Hilberg, *Perpetrators, Victims, Bystanders*, p.209.
"Em agosto, o *Concertgebouworkest*": *The New York Times*, 12 fev 1946.
"Quando Van Beinum subiu ao palco": idem.
"Esse tratamento se assemelhava": D. Hondius, op.cit., p.75-80.
"Não havia ninguém para nos receber": L. van der Horst, op.cit., p.120.
"O porto, outrora tão movimentado": *The New York Times*, 6 jul 1945.
"De longe a mais espetacular": idem.
"O correspondente também destacou": idem.
"Um daqueles seres desapontados": M. Muller, *Anne Frank: The Biography*.
"Desses, pouco mais de duzentos mil": L. van der Horst, op.cit., p.119-22.
"Não foi surpresa quando": *The New York Times*, 5 set 1945.
"Em 27 de novembro, milhares": A. van der Heide, "Chronology of Dutch wartime history", *The Windmill Herald*, 23 mar 1995.
"No mês seguinte": *The New York Times*, 12 fev 1945.
"No final, entretanto, os holandeses acharam": idem.
"Em junho, um terrível motim": idem.
"David Anderson observou": idem.
"Chegou o tempo": idem.
"O pequenino Anton Mussert": *The New York Times*, 7 mai 1946.
"Sobre a *Anschluss*": ibid., 19 nov 1945.
"Seyss-Inquart não decepcionou": ibid., 16 nov 1945.
"Os líderes da Resistência": idem.
"Ele disse que tinha conhecimento": G.M. Gilbert, *Nuremberg Diary*, p.48.
"Passados vários meses": *The New York Times*, 16 mar 1948.
"Um representante da Cruz Vermelha Holandesa": idem.
"Gustav Steinbauer, o advogado austríaco": idem.
"No final de maio": ibid., 23 mai 1947.
"Depois do fim do grande conflito": idem.
"Sobre a Grã-Bretanha caiu": idem.

13. *Uma maravilhosa cidade* (*p.xx a xx*)

"Quando Frank Sinatra": *Newsweek*, 18 ago 1947, p.10.
"Torres rebrilhando no céu": J. Morris, *Manhattan '45*, p.47.
"Apesar de tudo": A. Frank, op.cit.
"Esta era a Cidade Maravilha": J. Morris, op.cit., p.50.

Epílogo (*p.xx a xx*)

"Segundo Martin Gilbert": M. Gilbert, *The Righteous*, p.320.

BIBLIOGRAFIA

Baedecker, K. *Baedecker's Rhine*. Leipzig, 1878.

_____. *Baedecker's Berlin*. Leipzig, 1905.

Baldwin, H. *Battles Lost and Won*. Nova York, 1966.

Boas, J. *Boulevard des Misères: The Story of Transit Camp Westerbork*. Nova York, 1985.

Boas, H.J. *Religious Resistance in Holland*. Londres, 1945.

Boucher, H. *The Miracle of Survival*. Berkeley, 1997.

Boom, C. ten et al. *The Hiding Place*. Nova York, 1992.

Brasz, G. e Y. Kaplan (orgs.). *Dutch Jews as Perceived by Themselves and by Others*. Leiden, 2001.

Breitenheim: einst und heute. Breitenheim, 1992.

Brendon, P. *The Dark Valley — A Panorama of the 1930s*. Grã-Bretanha, 2001.

Browning, C.R. *The Origins of the Final Solution*. Londres, 2004.

Buchsbaum, N. *Fotograaf Zonder Camera*. Amsterdam, 1972.

Churchill, W. *Never Give In!: The Best of Winston Churchill's Speeches*. Nova York, 2003. [Ed. bras.: *Jamais ceder! Os melhores discursos de Winston Churchill*. Rio de Janeiro, Jorge Zahar, 2005.]

_______. *The Second World War: Their Finest Hour*. Boston, 1949.

Coué, E. *Self Mastery Through Conscious Autosuggestion*. Nova York, 1924.

De Amicis, E. *Holland and Its People*. Nova York, 1881.

Dawidowicz, L.S. *The War Against the Jews, 1933-45*. Londres, 1987.

De Jong, L. e S. Schamma. *The Netherlands and Nazi Germany*. New Haven, 1990.

Elon, A. *The Pity of It All*. Nova York, 2003.

Flim, B.J. "Opportunities for Dutch Jews to hide from the Nazis", in G. Brasz e Y. Kaplan (orgs.), op.cit.

Fischer, D. e A. Read. *Berlin: The Biography of a City*. Londres, 1994.

Fogelman, E. *Conscience and Courage: Rescuers of Jews During the Holocaust*. Londres, 1995.

Foot, M.R.D. *Resistance: European Resistance to Nazism 1940-45*. Londres, 1976.

Frank, A. *The Diary of a Young Girl*. Nova York, 1995.

Friedlander, S. *Nazi Germany and the Jews: The Years of Persecution, 1933-39*. Londres, 1997.

Friedrich, O. *Before the Deluge*. Nova York, 1972.

Fruin, R. *The Siege and Relief of Leiden in 1574*. Haia, 1927.

Fundação Anne Frank. *Anne Frank, 1929-1945*. Amsterdam, 1979.

_______. *Anne Frank: A History for Today*. Amsterdam, 1996.

Garland, J. (org.). *The Holocaust: Deportation of Jews to the East*. Nova York, 1982.

Gies, M. e A.L. Gold. *Anne Frank Remembered*. Nova York, 1987.
Gilbert, G.M. *Nuremberg Diary*. Nova York, 1947.
Gilbert, M. *Atlas of the Holocaust*. Londres, 1988.
_______. *Churchill: A Life*. Londres, 1995.
_______. *The Holocaust: A History of the Jews of Europe During the Second World War*. Londres, 1985.
_______. *The Righteous: The Unsung Heroes of the Holocaust*. Londres, 2003.
Gill, A. *The Journey Back From Hell: Conversations with Concentration Camp Survivors*. Londres, 1988.
Grambling, O. *Free Men Are Fighting*. Nova York, 1942.
Gunther, J. *Inside Europe*. Londres, 1936.
Haffner, S. *Defying Hitler: A Memoir*. Londres, 2002.
Hilberg, R. *The Destruction of the European Jews*. Nova York, 1985.
_______. *Perpetrators, Victims, Bystanders: The Jewish Catastrophe, 1933-45*. Nova York. 1992.
Hillesum, E. *Letters from Westerbork*. Londres, 1987.
Hirschfeld, G. *Nazi Rule and Dutch Collaboration: The Netherlands under German Occupation, 1940-45*. Nova York, 1988.
Hondius, D. "Survivors in the Netherlands and their return". *Patterns of Prejudice*, n.1, 1994.
_______. *The Return*. Princeton, 2004.
Hoober, H. *The Memoirs of Herbert Hoover*. Nova York, 1951.
Israel, J. e R. Salverda. *Dutch Jewry: Its History and Secular Culture, 1500-2000*. Leiden, 2002.
Jackson, J. *France: The Dark Years, 1940-44*. Nova York, 2001.
Johnson, P. *A History of the Jews*. Londres, 1993.
Keegan, J. *Six Armies in Normandy*. Londres, 1990.
Kennan, G. *Sketches from a Life*. Nova York, 1989.
Kershaw, I. *Hitler: 1936-1945, Nemesis*. Nova York, 1989.
Klemperer, V. *I Will Bear Witness: A Diary of the Nazi Years, 1942-1945*. Nova York, 1999.
LaCapra, D. *Writing History, Writing Trauma*. Baltimore, 2001.
Laqueur, W. *The Holocaust Encyclopedia*. New Haven, 2001.
Large, D.C. *The Perils of Prominence: Jews in Weimar Berlin*. Nova York, 2002.
Lee, C.A. *The Biography of Anne Frank*. Londres, 1999.
Lindwer, W. *The Last Seven Months of Anne Frank*. Nova York, 1991.
Ludington, T. *Marsden Hartley: The Biography of an American Artist*. Ithaca, 1992.
Lukacs, J. *The Last European War: September 1939 — December 1942*. Londres, 1976.
_______. *The Duel: The Eighty-Day Struggle Between Churchill and Hitler*. Londres, 1990. [Ed. bras.: *O duelo: Churchill x Hitler. 80 dias cruciais para a Segunda Guerra Mundial*. Rio de Janeiro, Jorge Zahar, 2002.]
Mak, G. *Amsterdam*. Cambridge, 2000.
Marrus, M.R. *The Holocaust in History*. Londres, 1989.

Miller, R. et al. *The Resistance*. Time-Life Books, Canada, 1979.
Moore, B. *Victims and Survivors: The Nazi Persecution of the Jews in the Netherlands, 1940-45*. Londres, 1997.
_______. "Jewish refugees in the Netherlands". Leo Baeck Institute Yearbook, XXIV, 1984.
Morris, J. *Manhattan '45*. Nova York, 1987.
Mulder, D. *Kamp Westerbork*. Westerbork, 1991.
Muller, M. *Anne Frank: The Biography*. Nova York, 1998.
Murrow, E. *In Search of Light*. Nova York, 1967.
Paldiel, M. *The Path of the Righteous: Gentile Rescuers of the Jews During the Holocaust*. Nova Jersey, 1993.
Pomerans, A. *An Interrupted Life: The Diaries of Etty Hillesum 1941-1943*. Nova York, 1983.
Presser, J. *The Destruction of Dutch Jewry*. Londres, 1969.
Rachlis, E. et al. *The Low Countries*. Nova York, 1963.
Ratlinger, G. *The Final Solution: The Attempt to Exterminate the Jews of Europe, 1939-1945*. Nova York, 1953.
Ready, J. Lee. *World War Two: Nation by Nation*. Londres, 1995.
Romijn, P. "The experience of the Jews in the Netherlands during the German Occupation", in J. Israel e R. Salverda (orgs.), op.cit.
Rosenstein, C. *Memories of Weimar Germany*. Leo Baeck Institute, n.328, 1954.
Roters, E. et al. *Berlin, 1910-1933*. Nova York, 1982.
Ryan, C. *The Longest Day*. Nova York, 1959.
Schloss, E. *Eva's Story: A Survivor's Story by the Step Sister of Anne Frank*, Londres, 1988.
Schnabel, E. *The Footsteps of Anne Frank*. Londres, 1976.
Shirer, W. *The Rise and Fall of the Third Reich*. Nova York, 1960.
_______. *This is Berlin: Reporting From Nazi Germany, 1938-40*. Londres, 1999.
Somers, E. e R. Kok. *Het Boek 40-45*. Zwolle, 2002.
Spector, S. (org.). *Encyclopedia of the Holocaust*. Londres, 2000.
Taylor, T. *The Anatomy of the Nuremberg Trials: A Personal Memoir*. Boston, 1992.
36th Division History. Nova York, 1946.
Tuchman, B. *The Guns of August*. Nova York, 1962.
Trachtenberg, I. *So Slow the Dawning*. Nova York, 1973.
Van der Boom, B. *Den Haag in de Tweede Wereldoorlog*. Haia, 1995.
Van der Horst, L. *Museu da Resistência*. Amsterdam, 2000.
Van der Zee, H. *The Hunger Winter: Occupied Holland, 1944-45*. Londres, 1982.
Van Kleffens, E.N. *The Rape of the Netherlands*. Londres, 1940.
Velmans, E. *Edith's Book*. Londres, 1998.
Warmbrunn, W. *The Dutch Under German Occupation, 1940-45*. Nova Jersey, 1963.
_______. *The German Occupation of Belgium, 1940-1944*. Nova York, 1993.
Weil, G. *Tramhalte Beethovenstraat*. Zurique, 1992.
Wheal, E.A. et al. *Encyclopedia of the Second World War*. Princeton, 1989.

AGRADECIMENTOS

Antes de tudo, quero agradecer à minha mãe, Dorrit, à minha tia Sybil e à minha avó Flory, já falecida. Esses três membros da família Frank tiveram a bondade de me deixar entrevistá-los em 1979, quando eu tentava pela primeira vez escrever algo da sua história para um artigo numa revista. Depois, novamente, em 2001, quando produzi uma série para a Rádio BBC, "The Frank Family That Survived" — época em que Flory veio a falecer. E, por fim, mais uma vez no ano passado, quando eu redigia o presente livro, que, na verdade, é como uma tapeçaria tecida pela família.

Como poderia eu agradecer devidamente à minha mãe? Além de permitir que a todo momento eu a entrevistasse, sempre, por horas e horas, para este livro — quando finalmente ele tornou-se um livro —, ela fez muitas outras coisas para ajudar-me, e ajudá-lo, desde então. A longa lista inclui (sem que se limite a isso): viajar a Londres para encontrar-se com Tony Whittome, meu editor na Random House, e com Anthea Morton-Saner, minha agente na Curtis Brown; vasculhar seus álbuns em busca de fotografias — quase todas as fotos deste livro vieram daí; traduzir para mim, do holandês e do alemão, diversos trechos de fontes de pesquisa que eu devia consultar (ela ainda é fluente em ambas as línguas); telefonar para Sybil e para sua amiga Jeanne Guthschmidt (Houtepen, de solteira), sobrevivente do grupo de quatro holandesas que ajudaram os Frank na Pieter van den Zandestraat n.14 e da qual ela continua amiga íntima; responder a intermináveis questões sobre vários aspectos das experiências dos Frank enquanto estavam escondidos; ler diversas vezes todo o manuscrito; e ainda me proporcionar sua comida caseira, sempre me dando ânimo em minhas incursões regulares a Londres e Ithaca — isso numa idade em que muitos contemporâneos seus já estão senis. Por tudo isso e muito mais, mas principalmente por me permitir escrever sobre a família Frank, muito obrigado, mãe!

Também sou profundamente agradecido à minha tia Sybil por sua cooperação, que, embora menos extensa, ainda assim foi da maior importância. Sybil, que em relação à irmã se mostrou menos contadora de histórias e talvez mais traumatizada pelas experiências da guerra, colaborou comigo pela primeira vez em 1979. Mas em 2001, quando resolvi realizar as transmissões radiofônicas, ela sentiu-se infeliz por ter de retornar *para lá*, ou seja, para o número 14 da Pieter van den Zandestraat. Os apontamentos das nossas entrevistas originais foram então suficientes para os dois programas curtos, de quatorze minutos cada um, que eu escrevi na época.

Entretanto, acho que a colaboração e a bênção de Sybil tiveram a maior importância para o livro. Ela me proporcionou essas duas coisas, inclusive escrevendo uma carta de doze páginas que veio a preencher diversas lacunas remanescentes da minha narrativa sobre a saga da família, e também respondendo a várias chamadas telefônicas de meus assistentes, que precisavam checar certos episódios mais recentes. Embora eu não tenha passado o tempo que gostaria com ela, procurei validar todas as suas versões dos fatos, mesmo nos pequenos detalhes em que eles se desviavam dos relatos de minha mãe, além de colocar a sua voz nesta narrativa. Este livro também lhe pertence.

Também sinto profunda gratidão para com minha falecida avó, Flory, a quem entrevistei longamente em 1979 para o artigo original da revista. Fico feliz de que algo finalmente tenha brotado de todas aquelas horas passadas em seu apartamento, em Riverside Drive, discutindo sobre a guerra. Também permeia este livro o espírito imenso do meu falecido avô Myrtil, e sua lembrança ajudou-me a conseguir terminá-lo.

Muitos outros membros da diáspora dos Frank também me forneceram informações e documentação extremamente importantes. Entre eles destaca-se a prima de minha mãe, Lotte, cujos pais, Lisbeth e Ernst, mudaram-se para a Palestina nos anos 1930, dando início a uma nova vida, juntamente com a mãe de Lisbeth, Johanna (minha bisavó). Lotte, a genealogista da família, ajudou-me a retraçar a linhagem dos Frank até o século XVIII, quando o primeiro Frank, David, chegou a Breitenheim trotando em seu cavalo. Além disso, ela me forneceu um verdadeiro tesouro de informações sobre o período renano da família, incluindo o vinhedo e até uma cópia do papel timbrado de Max Frank, reproduzido neste livro. Espero um dia poder encontrá-la e manifestar-lhe pessoalmente os meus sinceros agradecimentos. Enquanto isso, as presentes palavras valem por eles.

Devo muito à minha prima inglesa Celia, filha do meu tio-avô Julius, irmão de Myrtil, que foi para mim uma verdadeira irmã nos anos que passei em Londres e que, com seu marido Martin, incentivou-me o tempo todo. Sem dúvida, neste livro há um pouco dela, e de Julius também, por extensão. Da mesma forma, devo muito à mãe de Celia, Louise, que conseguiu encontrar tempo para responder a um extenso questionário a respeito do ex-marido tão interessante e de seus anos de juventude.

Ainda na família, também devo agradecer sinceramente a meu irmão Lee, pelas diversas informações fundamentais sobre os Frank e sobre a mulher que os hospedou e ajudou no esconderijo, a falecida Annie van der Sluijs, que ele conheceu durante uma peregrinação por conta própria à Holanda no ano de 1981, em companhia de meu primo Gerald. Isto além de toda a assistência geral às minhas pesquisas históricas sobre a família. Agradeço igualmente à filha de Sybil, Vicki, por seu apoio.

Creio que o processo de pesquisa e elaboração deste livro fez com que todos da família se aproximassem um pouco mais.

Afastando-me agora dos Frank e retornando à Inglaterra, devo agradecer a sir John Keegan, a quem tenho o privilégio de chamar de amigo e mentor e que, com sua querida esposa, Suzanne, atuou como verdadeiro catalisador, supervisionando tanto as transmissões de rádio quanto a forma literária desta narrativa, apoiando-me de todas as formas concebíveis, inclusive com alimento e abrigo! E existe por acaso melhor chef ou anfitriã, em toda a Inglaterra, do que Suzanne Keegan? Não seria nada exagerado afirmar que este livro é uma flor de Kilmington.

Por falar em flores, especialmente nas inglesas, seria uma irresponsabilidade minha não manifestar agradecimentos em profusão a Rose Keegan, filha de John e Suzanne, por sua amizade e apoio aos meus diversos projetos ingleses, inclusive este, e por corrigir a minha pronúncia de inglês, também. Com certeza um dos momentos mais memoráveis da minha vida foi em Kilmington Manor numa noite de setembro de 2001, quando, ao lado de John e Rose, ouvi o primeiro trecho de "The Frank Family That Survived". Eu o gravara várias semanas antes, muito nervoso, na Broadcasting House, e naquele momento percebi como eles estavam comovidos. Foi então, acho, que decidi realizar alguma coisa maior com o material. E agradeço também a meu irmão inglês honorário, Matthew, por seu vigoroso apoio (e pelas várias cervejas!).

Ainda sobre a Broadcasting House, também devo manifestar meus profundos agradecimentos a Richard Bannerman, meu produtor na Rádio 4, por guiar "The Frank Family That Survived" através dos labirínticos corredores da BBC e também para fora, através dos microfones. Não fosse pela confiança original de Richard nesse projeto, nem a série nem o livro teriam acontecido.

Gostaria também de expressar meu reconhecimento à sra. Gillian Walnes, da Fundação Anne Frank, que dedicou a vida a manter a memória e os ideais de Anne Frank e que representou para mim um grande esteio.

Chegando à Holanda.

Um dos maiores lucros de um projeto como este são os amigos que fazemos ao longo do percurso. Amigos como Dienke Hondius, historiadora da Casa de Anne Frank. Por suas incontáveis idéias a respeito do Holocausto holandês; por ter me acolhido naquela instituição e também por me permitir usar sua casa em Amsterdam como base temporária para minhas pesquisas; por recomendar-me a outros importantes historiadores holandeses (um grupo muito fechado), além de numerosos outros favores e gentilezas, ela e seu marido, Jan Erik, também da Fundação Anne Frank, merecem a minha mais profunda gratidão. Em novembro de 2003 tive a satisfação de poder retribuir parcialmente a ajuda de Dienke, convidando-a a participar de uma apresentação que fiz sobre o Holocausto holandês na Society of the Humanities, em Cornell. Aquele foi sem dúvida outro belo momento.

Sou também muito grato a outros distintos historiadores holandeses, que me ajudaram a entender melhor o contexto desta história. Bem no alto da lista encontra-se Bart van der Boom, o cronista de Haia durante a Segunda Guerra Mundial, responsável por muito do "colorido local" que surge neste livro e a quem dei muito trabalho, inclusive numa memorável tarde de primavera estudando minuciosamente o mapa de Haia em seu apartamento em Amsterdam, que fica na região de canais e dá para o Preinsengracht, não muito distante da Casa de Anne Frank. Também sou devedor a Bert Jan Flim, outro especialista no Holocausto holandês que me forneceu valiosos dados.

Agradeço à equipe do Instituto de Documentação de Guerra da Holanda, o soberbo arquivo de guerra holandês, onde pude encontrar numerosos documentos-chave relativos aos Frank, inclusive o censo original judaico-holandês de 1941 (que momento aquele, quando o nome de Myrtil saltou diante dos meus olhos, no visor do microfilme), e os terríveis documentos confirmando que Leontine, avó de minha mãe, e Edgar Reich, noivo de minha mãe, foram despachados para Sobibor e Auschwitz, respectivamente. Agradeço também a Johannes Houwink ten Cate, o principal especialista ali sobre o Holocausto, pelo tempo que gastou comigo e os bons serviços que me prestou. O mesmo digo de René Kok, seu colega arquivista, e Peter Romijn, chefe de pesquisa e especialista sobre o Holocausto propriamente dito — ambos responderam a muitas das minhas perguntas, além de fazerem todo o possível para que um pesquisador estrangeiro como eu se sentisse em casa naquela especial instituição. Duas outras instituições holandesas e suas equipes deram-me enorme assistência: o Memorial do Campo Westerbork, o emocionante museu situado no local do antigo campo de trânsito de onde Leontine, Edgar e mais cento e dois mil outros judeus foram despachados para o leste; e a Bibliotheca Rosenthalia, a biblioteca judaica da Universidade de Amsterdam.

Em lugar muito elevado na minha lista de honra holandesa figuram Ernst Sittig, sobrinho de Annie van der Sluijs, e sua esposa Sylvia, meus anfitriões em várias incursões a Haia. Por incrível que pareça, foram eles que *me* procuraram depois de ouvirem a transmissão pela BBC. Ernst, que morou no número 14 da Pieter van den Zandestraat depois que os Frank se mudaram de lá, desenhou para mim uma planta exata do apartamento, e também deu-me esclarecimentos sobre várias outras coisas, inclusive o destino trágico dos Schnell, os judeus alemães imigrados que viviam no local antes dos Frank. Levaram profundamente a sério tanto a mim quanto ao meu projeto, de verdade, e sempre irei amá-los por isso. Também sou extremamente grato a Leo Ullman, outro judeu holandês que "submergiu" em Amsterdam em 1942 e que sobreviveu graças a um solidário policial holandês, por ter compartilhado comigo todas as suas lembranças e observações.

"*Dank je well!*", igualmente, a meus amigos holandeses Jacky Voncken e Theresa Norris, que se encarregaram de atuar como co-anfitriões nas minhas estadas em Amsterdam, abastecendo-me de grandes quantidades de *jonge jenever* e de simpatia e, além do mais, verificando minha pronúncia de holandês. Obrigado a todos, e obrigado a você, Holanda!

Dois alemães contribuíram significativamente para este livro. Sou especialmente devedor a Nina Senger, uma historiadora da arte que vive em Berlim e que, depois de entrar em contato comigo para esclarecer uma dúvida sobre a atividade de meu avô como negociante de arte, retribuiu seguidas vezes o favor concordando em ajudar-me a encontrar um material de que eu necessitava sobre os primeiros tempos dos Frank, inclusive um livro fundamental sobre Breitenheim que de outra forma eu jamais conseguiria. Também agradeço profundamente a meu velho amigo e colega Matthias Matussek, chefe do escritório londrino do *Der Spiegel*, que gentilmente revisou a parte alemã do livro e cuja amizade, junto à de sua esposa, Ulrike, ajudou-me a superar minha atávica germanofobia.

Agora, finalmente, indo para os Estados Unidos e para minha *alma mater*: a Universidade de Cornell. Talvez a mais sábia decisão que tomei ao longo deste projeto tenha sido a de levá-lo de volta a Cornell, onde teve início minha carreira de escritor e historiador, trinta anos atrás. Escrevi o próprio manuscrito como artista residente no Risley Residential College for the Creative and Performing Arts, em Cornell.

Sou profundamente grato aos alunos e à equipe acadêmica de Risley por terem dado, além de tudo, tanto a mim quanto a este livro, um verdadeiro lar e uma família durante os últimos dois anos. Não sei como teria concluído o trabalho se não fosse Risley, e particularmente os três *gung-ho* de lá — Sarah Ruth Jacobs, David Schoonover e Erin Geld —, que foram, sucessivamente, os meus principais assistentes e pesquisadores ali.

Cada um deles trouxe algo de especial para este projeto. Sarah, uma brilhante estudante inglesa do Maine, foi minha ajudante-de-campo durante o ano acadêmico de 2002-03, trazendo-me toda sua persistência e os seus profundos dotes de pesquisadora, além de seu conhecimento da língua alemã. David, o futuro advogado a quem Sarah passou o bastão da pesquisa, deu-me energia durante os capítulos iniciais do livro, trazendo-me sua incomum capacidade analítica e seu jeito especial para desencavar um impressionante material original.

E aí chegamos a Erin Geld, a precoce novata que recebeu o bastão das mãos de David e que investiu neste projeto a maior parte desse seu primeiro ano letivo, além de, cumulativamente, dedicar-lhe a maior parte do seu tempo. Pelo sacrifício das suas noites de sábado, como também de algumas manhãs de domingo; por agüentar a minha caligrafia; pelo inabalável bom humor e a firme confiança em mim e neste projeto, e muitas coisas mais, serei para sempre grato a ela. Não estou certo de que, se houvesse uma oportunidade, ela faria tudo de novo, e tampouco estou certo de que lhe pediria tudo novamente, mas sem dúvida sinto-me feliz por ter ela feito o que fez, quando fez, e sem o que não sei se eu conseguiria fazê-lo!

Obrigado, também, aos três professores de história de Cornell que ajudaram a impregnar-me do amor por essa disciplina e formaram meus padrões historiográficos quando estudante trinta anos atrás, e que retornaram como meus orientadores quando da minha volta à Universidade: Michael Kammen, Lawrence Moore e Dominick LaCapra. Também agradeço a James McConkey, professor emérito de inglês, meu mentor como memorialista, por sua assistência em meu planejamento.

Obrigado ainda à Biblioteca de Belas-Artes de Cornell, sob cujo mágico domo escrevi a maior parte deste livro e onde espero produzir muitos outros. Obrigado, Cornell!

Outros amigos de ambos os lados do Atlântico a quem agradeço pelo fornecimento de informações, alimentação, encorajamento ou outras formas de apoio incluem: Bryan Alexander, Gessei Braverman, Eric Goldstein, Urs Jakob, Ami Hasan, Claire Lauruol, Christian Moustgaard, David Owen, Ron Simon, Bob Stein, Louise Tornehave e Suzanne Tremblay.

Em Nova York, gostaria de manifestar meu reconhecimento a David Harris, diretor executivo do Comitê Judaico-Americano, que foi um suporte para este projeto desde sua concepção, um quarto de século atrás. O Centro de História Judaica, do Leo Baeck Institute, foi também uma formidável fonte.

Por último, mas certamente não menos importante, profundos agradecimentos a Tony Whittome, da Random House, e seu sócio James Nightingale.

Também fico extremamente grato a Anthea Morton-Saner, minha agente na Curtis Brown Limited, por ter sido das primeiras pessoas a acreditarem no projeto. O mesmo quanto à sua equivalente norte-americana, Kirsten Manges, que, como é de nacionalidade holandesa, teve especial interesse no mesmo.

Finalmente chegamos à parte onde eu deveria agradecer à minha esposa. Na verdade, durante este trabalho eu não tinha esposa. Para ser franco, tenho medo só de pensar em alguém tendo de me agüentar durante os momentos mais sombrios dessa particular odisséia literária; assim, afinal, fui em frente sozinho. Talvez, espero, eu não fique tão sozinho na próxima viagem. Entretanto, se fiquei só desta vez, acho que o livro se beneficiou com isso. E agradeço a Deus por ter-me dado a força necessária para completá-lo.

ITHACA, NOVA YORK
20 de abril de 2004

Este livro foi composto em Berling e Berylium
e impresso pela xxxxx em maio de 2007.